비어 있는 중심

비어 있는 중심
미완의 시학

김정란 ( ) 비평집

( )최측의농간

| 일러두기 |

· 이 책은 김정란 시인의 첫 비평집 『비어 있는 중심 - 미완의 시학』(1993, 언어의세계)의 개정판입니다.
· 개정판 발간을 위해 저자는 직접 전체 원고를 면밀히 검토, 일부 수정·보완하였으며 '2판 서문'을 추가하였습니다.
· 초판 본문의 정서법이 현대와 다를 경우 현행식으로 변환하였지만 인용문의 경우 작가의 미적의도가 훼손되는 것을 피하기 위해 인용된 그대로 두었습니다.
· 외국 인명과 지명, 작품명은 원칙적으로 2011년 국립국어원에서 발표한 외래어표기법을 따랐으나 일부, 기존 표기가 보편화 된 경우 독자들의 혼동을 피하기 위하여 관습적인 표기를 따랐습니다.
· 단행본, 정기간행물은 겹낫표『』로, 논문을 포함한 개별 작품(영화, 만화 등과 같이 다양한 분야의 개별 작품 포함)은 홑낫표「」로 표기하였으며 외서의 경우 이탤릭체로 서명을 표기하였습니다.
· 초판의 윗점 표시(저자 강조 표시)는 굵은 활자로 변경 표기하였습니다.
· 독자들의 편의를 위해 초판에 없던 '인명 및 작품 찾아보기'(색인)를 수록하였습니다.
· 시詩의 한 연이 첫 번째 행에서 시작될 때는 <로 표시하였습니다.

2판 | 서문 |

'최측의농간' 젊은 편집자들이 1993년에 출간되었된 나의 첫 번째 비평집 『비어 있는 중심 - 未完의 시학』을 복간하겠다고 찾아왔을 때, 나는 깜짝 놀랐다. 이미 오래 전에 절판되어, 그 책 주인의 운명처럼 거의 유령이 되어버린 이 책을 기억해 주는 사람들이 있다니. 이 지독히, 문자 그대로 '문학적인' 책을 기억해 주는 사람들이, 그것도 젊은이들이 있다니.

그것은 내가 평생 누릴 수 있었던 것 중에서 가장 큰 문학적 오마주였다. 솔직하게 말하면, 몇 십 년 동안 쉴 수 없었던 숨을 조금 쉴 수 있게 된 것 같았다. 이렇게 해서 나는 다시 문학으로 돌아갈 수 있는 것일까. 그런데 내가 언제 문학을 떠나기는 했던가. '반조선일보 운동' 이후, 그 동안 내가 한국 문단에서 겪어야 했던 온갖 수모와 박해에 대해서는 길게 이야기하지 말자. 언젠가 모든 진실이 드러날 것이다. 하늘은 오래 기다려 주신다. 나는 그렇게 믿고 있다.

내가 이 책을 쓰던 당시에 마음에 품고 있었던 문학에 대한 깊은 믿음을 지금까지 간직하고 있는지는 잘 모르겠다. 그동안 문학의 이름으로 너무 많은 고통을 겪었기 때문이다. '그 일'이 벌어진 것이 2000년 언저리였으므로 거의 20년 동안 그랬다. 이제 많이 나았지만, 상처는 여전히 내 영혼 깊은 곳에서 아가리를 벌리고 있다. 그러나 전처럼 피를 뚝뚝 흘리지는 않는다. 내가 오랜 고통의 기간을 통해 내 영혼 안에서 삼투압을 조절하는 방식을 익혔기 때문이다. 피는 조금씩 흘러나와, 내가 내면에 마련한 비밀통로 안으로 조용히 흘러들어간다. 그리고 자기들끼리 모여 산다.

　나는 시인으로 태어났고 시인으로 살았으며 시인으로 세상을 떠날 것이다. 그것이 내 운명이다. 처음에 '문학비평'이라고 분류될 수 있는 글을 쓰기 시작했을 때, 나에게 '문학비평가'라는 자의식은 없었다. 나는 단 한 번도 문학비평가로서 사유해 본 적이 없다. 그제나 저제나 나는 시인이다. 따라서 이 책에 쓰인 모든 글들은 시인의 정체성을 가지고 쓴 글들이다. 내가 왜 이 말을 강조하는지 이해할 사람들은 이해할 것이라고 생각한다. 내가 문학비평을 시작한 이유는 한국 문학비평가들이 시를 너무나 읽을 줄 모른다는 불만 때문이었다. 나는 단지 시를 잘 읽어보고 싶었을 뿐이다. 그것이 내가 비평을 시작하게 된 유일한 이유였다. 그리고 『비어 있는 중심』으로 나는 섬세한 읽기의 어떤 지평 하나는 보였다고 생각하고 있다. 비평을 발표하면, 시인들이 제일 좋아했다. 이해받지 못하고 구석에 처박혀 있던 여성시인들이 더 좋아했다.

　내가 이해하는 비평의 이유는, '소통'이다. 비평가에게 읽을거리로 주어지는 텍스트는 절대현실이다. 비평은 포스트텍스트일 뿐이다. 좋은 비평가는 자신이 소유하고 있다고 생각하는 이데올로기(정치적인 것이든 문화적인 것이든)로 텍스트를 재단하고 규명하고 그 행위를 통해 텍스트에 대한 우위를 확보하려고 하는 자가 아니다. 그는 텍스트와 소통한다. 그리고 그 소통의 결실인 포스트텍스트를 생성시킨다. 그런데 내가 보았던 한국의 비평가들은 이론의 잣대를 들고 대개 텍스트를 바깥에서 읽는 것처럼 보였다. 그리고 자기가 들고 있는 이데올로기의 잣대로 텍스트를 규정하고 정의하고, 그런 문학정치적 행위를 통해 상징권력을 생성시키고 텍스트 선별권을 장악한 뒤, 스스로 머리에 왕관을 쓴다. 좋은 비평은 비평이 아니라 텍스트가 말하게 한다. 좋은 비평가는 텍스트의 침묵을 읽어내는 자이다. 그는 말하고 있는 자신보다 침묵하고 있는 텍스트가 언제나 존재론적으로 우위를 점하고 있다는 것을 알고 있다. 왜냐하면 그는 자기가 프로메테우스 뒤를 쫓아가는 에피메테우스라는 것을 알고 있기 때문이다. 텍스트를 넘어서는 포스트텍스트는 없다.

유난히 더운 여름이 지나가고 있다. 그러나 조금씩 세상이 제자리로 돌아오고 있는 것이 느껴진다. 어쨌든 그 사이, 영혼이 깊어질 사람들은 저 혼자 깊어졌다. 상지대학교에서의 처참한 싸움도 이제 마무리 단계에 접어들었다. 여전히 영혼이 검은 자들이 시태를 장악하고 있지만, 다행히 숨 쉴 공간을 마련할 방편은 많아졌다. 어제 페이스북에 올렸던 시다.

    네 눈을 보았던 기억이 난다.
    언제였는지는 기억나지 않는다.
    사막을 건너온 어린 왕들의 눈물과 기다림과 배고픔과 갈망과 좌절과
    그럼에도 불구하고 그들이 끝내지 않았던 인내와 희망에의 소명이

그 눈 안에서 번쩍였었다

도시의 소음이 지나갔다
너절한 영혼의 소유자들이 권력을 붙잡고
돈과 거래하는 시장의 법석도
요란한 관념의 완장을 차고 그 법석 안에서 제 몫을
챙기느라 분주한 언어의 환관들도

꽹꽹대며 지나갔다

네 눈빛은 이제 보이지 않는다
너도 보이지 않는다

그러나 나는 강력한 추억의 힘과 함께 있다
그 눈빛을 통해 보았던 나를 잊지 않고 있기 때문이다

2017년 7월 28일 염천
김정란 큰 절 올림

초판 | 책 머리에 |

이 책의 원고를 청하출판사에 넘긴 것은 1991년 가을이었다. 교정지는 곧 나왔다. 그러고 나서는 나의 예의 그 낑낑대기가 시작되었다. 그러니까 나는 정작 손대어 고치지도 못하면서 일 년이 넘도록 원고뭉치를 끼고 있었던 셈이다. 제일 잘 보아준다면 글에 대한 지나친 욕심 때문이고, 대강 보아준다면 엄살 때문이고, 그리고 냉혹하게 사실을 말한다면 나의 모자람 때문이었을 것이다. 하지만 언제까지나 끼고 헤맬 수만은 없었으니까…… 나는 용기를 내기로 결심했다. 지금 내 심정은, 헤아릴 수 없을 정도로 민망하다. 그러나 독자들이여, 앞으로는 조금은 더 나아지도록 노력하겠다. 그 약속으로 그만 이 부끄러운 글들을 용서해 주었으면 한다.

처음에, 어쨌든 '평론'이라고 부를 수밖에 없는 형식의 글쓰기를 시작했을 때, 나는 나름대로 어떤 하나의 새로운 형식을 개발하고 싶다는 분명한 의도를 가지고 있기는 했었다. 그것은, 우선은 한국에서 발표되는 대부분의 평문들이 너무나 딱딱하고 재미없는 이론에만 매달려 있고, 그리고 무엇보다도 향기가 없다는 불만 때문이었다. 나는 어떤 아주 가볍고 우아한, 그러면서도 치열하고 깊은 사색의 결과물인 글을 쓰고 싶었었다. 글 쓰는 자의 영혼의 결이 환히 드러나, 텍스트와 텍스트 사이를 자유롭게 드나드는, 어떤 억압과 금기로부터도 자유로운, 치며 날아오르는, 축제와 같은 글쓰기. 몇 개의 탐나는 모델들이 있기는 했었다. 이를테면, 프랑스의 작가들이 기막히게 잘 만들어 내는 '에쎄비평' 같은 것. 풀레Poulet의 형이상학적 비평, 리샤르Richard의 우아하고 섬세한 꼼꼼히 읽기, 얀켈레비치Jankélévitch의 가볍고 명랑한, 그러나 너무나 명석한 스토이시즘, 나는 그런 글들을 흠모했었다. 거기에다가 아주 일상적인, 현장의 세련성을 가미할 것. 언감생심! 결국 나는 아주 괴상망측한 못생긴 형태밖에는 만들어 내지 못했다. 그러나 어쨌든 이것은 조심스러운 출발이니까(나는 우물우물 작은 소리로 자신 없게 말한다).

   이 글들은 결국, 동시대인들의 텍스트들을 통해서 삶의 참된 모습에 이르려는 나의 애씀의 흔적들일 따름이다. 글쓰기라는, 밥도 돈도 안 되는, 이, 외로운 작업에 여전히 매달려 있는, 너무나 성실한, 이미 사라졌다고 선포되는 '본질'의 왕국의 유민들. 내가 함께 살아있음을 고마워하는, 이 풍요로운 시대의 가난뱅이 동료들, 이 글들은 그들에 대한 나의 서투른 사랑 고백이다. 그들의 글을 통해서 나는 '아직은' 또다시 살아볼 용기를 내는 것이다.

1992년 12월 19일, 14대 대선이 끝난 뒤
김정란

차례

2판 서문 · 5

초판 책 머리에 · 9

제1부

- 미완의 테트락티스, 또는 비어 있는 중심 · 15
- 동물들의 이미지 ― 위대함의 소청 · 63
- 서 있는 성모들, 스타바트 마테르 ― 한국의 여성시인들 · 115
- 상처의 소유에서 상처의 초월적 극복에게로
  └ 이성복의 시세계 · 143
- 정현종, 꿈의 사제 ―『사물의 꿈』을 중심으로 · 183
- 바벨의 언어를 넘어서, 암매장된 언어의 기억을 찾아서
  └ 송찬호의 시세계 · 211
- 절뚝 걸음, 상처 또는 추함에 대한 소명
  └ 버림받은 아폴론의 딸, 지성과 광기 사이, 김승희의 시세계 · 229
- 양선희, 또는 거리의 부재 ― 양선희 시집『일기를 구기다』· 243
- 살의 말, 말의 살 또는 여자 찾기
  └ 오규원의 시 읽기 또는 오규원의 부재 읽기 · 267
- 절벽에서의 투기, 위험한 초월
  └ 박용하 시집『나무들은 폭포처럼 타오른다』· 293
- 형식으로부터의 탈출, 소멸의 꿈
  └ 허순위 시집『말라가는 희망』· 307
- 죽일 수 없는 난장이의 꿈
  └ 조세희『난장이가 쏘아올린 작은 공』의 한 읽기 · 325

제2부

· 갈증과 긴장 — 이브 본느푸아의 시적 탐색 · 351
· 지워지기, 또는 아주 조금 존재하기 — 필립 자코테의 시학 · 395
· 신화와 형이상학
  └ 미셸 투르니에 소설 속 '같음'의 추구, 「과묵한 연인들」을 중심으로 · 411
· '강제'로부터 '소유'에게로 : 작은 니체들의 탄생
  └ 『현대세계의 일상성』, 앙리 르페브르 · 453
· 지혜를 향한 변환의 연금술 — 헤르만 헤세의 『유리알 유희』 · 469
· 지워지는 글쓰기
  └ 마리 르도네의 소설, 신화의 소멸, 또는 소멸의 신화 · 479

· 인명 및 작품 찾기 · 491

제1부

미완의 테트락티스tetractys, 또는 비어 있는 중심

1. '3'의 상징주의와 물의 상실

언제부터인지 모른다. 나는[1] '3'이라는 숫자를 아주 막연히, 그러나 아주 끈질기게, '갈증'과 연관시켜 생각해 왔다. '3'은 언제나 내게 어떤 금속성의 질감을 가지는 날카로운 햇살, 절정, 사막, 불협화음, 북북 그어 대는 바이올린의 신경질적인 음향, 그런 것들을 연상시키는 숫자였다. 그 환상 아래에는 아마도 내가 받고 자란 기독교 교육의 영향도 작용하고 있었을 것이다. 두 명의 도둑과 함께 십자가형을 당한 그리스도의 3, 사흘 만에 부활한 그리스도의 3, "나는 목마르다(요한 19:28)"라고 십자가 위에서 말한 그리스도

---

1 다른 평문에서 그렇게 했듯이 나는 다시 나에 대한 이야기로 글을 시작한다. 용서하기 바란다. 그러나 나는, 스스로에 대한 담론이야말로 가장 진실한 담론이라고 생각하고 있다. 내가 원하는 바는, 그렇게 해서 나를 해체하고 재구성하는 것이다. 그렇게 함으로써 나는 내가 눈치를 보고 있는 어떤 지배담론의 억압으로부터 - 나 자신의 개인 신화로부터도 - 자유로워지기를 바란다. 나는 나의 언술행위가 가장 작고 시시한, 그러나 아주 생생한 주변 담론의 역할을 하게 되기를 바라는 것이다.

의 3과 갈증의 레미니상스? 나는 언제나 내 멋대로 그리스도가 숨을 거둔 시간이 오후 3시라고 생각해 왔다. 그것이 어디에서 생겨난 오해인지 나는 정확히 모른다. 그러나 나는 줄기차게 그렇게 생각해 왔고, 그것을 한 번도 의심해 본 적이 없다. 이 글을 쓰느라고 다시 뒤져 본 성경에 그리스도는 오후 6시에 죽은 것으로 되어 있다. 그러면 나는 어디에서 3-갈증-죽음의 상상적 연관을 시사 받은 것일까. 아니, 어쩌면 이 연상은 의외로 단순한 근원을 가지고 있는지도 모른다. 그것은 그저 단순히 오후 2-3시 무렵은 태양이 가장 뜨거울 때라는 상식에서 출발한 연상에 불과한 것인지도 모른다.

그러나 역시 아니다. 그것을 넘어서는 그 무엇이 있다. 아니라면, 그토록 오랫동안 내 내면에 숨어 있던 3-갈증의 연상이 내 삶을 짓누르는 어떤 존재론적 왜소함의 주제에 연결되었을 리가 없다. 1981년 나는 이런 시를 썼었다. 이 시 속에서 숫자 3과 갈증의 연관관계는 뚜렷하게 드러난다.

    하루종일 모래바람이 분다
    영혼이나 정신의 또는 모든 생각의
    뿌리와 뿌리의 그림자와

    모든 것들이 뽑힌다 하늘로 머리 풀고
    올라가는 상실감

    어디서든지작은난장이들의너무큰눈[眼]들이
    날아온다 그것만으로 충 분 할 까

    오늘 하루도 길잃은 아이처럼 살았어

불안의 영혼들의 문간쯤에서
알아들을 수도 없는 노래를 불렀어
탁탁 불꽃이 튀는 가슴의 갈증이

보였어. 모든. 것이. 죄. 일어섰어.
모두. 눈을. 뜨고.

어디서든 물을 얻어와야 해, 어디서든,
어느 미궁의 어느 도깨비의
어느 허황한

위협과 정면 대결을 해서라도

이 갈증의 맥脈을 잡아야 해

_김정란, 「오후 세시」

이 시를 쓸 때, 나는 지금 글을 쓰고 있는 나의 입장과 전혀 같은 자리에 놓여 있지 않았다. 그때 나는 숫자 3과 갈증을 연결시킬 어떤 이론적인 근거도 제공할 줄 몰랐다. 그러나, 언어란 얼마나 저절로 그 지시성 이상의 의미를 뛰어넘어 그것의 수천 년 과거로 되돌아가는 것일까. 나는 어느 여성지에 발표했던 이 시의 시작노트 — 지금은 그 모티프를 전혀 기억하고 있지 못하는 — 를 다시 읽으면서 그것을 다시 한 번 더 확인한다. "(……) 사는 일은 괜찮은 것일까. 우리가 할 수 있는 것은 많이 있을까. 언제나 귀환, 끝없는 귀환. 그리고 폐허가 된 나 혹은 타인들을 만나기." 세시의 갈증과 귀환의 소명은 그러므로 삶이 "폐허"라는 자각과 맞물려 있다(그 밑에는 당시 한국 정치상황의 암담함도 한 요소로 작용하고 있었을 것이다). 이 시에 대한 분석은 뒤로 미루어 두기로 하자. 이 시에서 "모래"로 상징되는 "물의 결핍"과 숫자 "3"의 상징적 연결은 원희석의 시에서도 나타난다. 상당히 긴 시이기는 하지만, 우리의 논의를 위해 중요한 메시지를 포함하고 있으므로 전문 인용하기로 하자.

 닭이 운다 **개**들이 밥먹을 시간은 아직 멀었다. 닭이 또 운다 닭은 목에 박힌 숙명의 빨대를 길게 늘려 피곤에 절은 노예의 잠을 깨운다
 팔을 돌린다 다리 **밑**에서 땡볕 **밑**에서 팔이 빠져라 팔을 돌린다 길이 생긴다 여름이다 날씨는 무덥다 아직 찢어지지 않는 아침은 두꺼운 **군용담요**를 뒤집어쓰고 있다. 여름이다 목과 허리를 목욕시키는 무더운 바람이 허기진 내장을 훑으며 지나갔다
 날품팔이 선풍기들은 다리 **밑**에서 신발 **밑**에서 팔을 돌리고 있다 길을 위해 목을 위해 밥을 위해

 땡볕 **밑**으로 다리 **밑**으로 고무장화 **밑**으로 **검은 떡**처럼 생긴 **타르**의 길이 생기고 있다 낡아 털털거리는 선풍기 팔이 잽싸게 왔다갔다 한다 뱀같이 검은 길은 길어져 갔다
 날씨는 무덥다 팔을 돌린다 여름은 가끔씩 어지러운 상황을 만든다 파리들도 모기들도 그늘 **밑**에서 쉬고 있는 한여름의 **오후 3시**다 무섭다 선풍기들은 흘린다, 땀을, 피를, 피곤이 길면 길수록 길은 길어져 갔다 땀은 더 많이 흐른다 날품팔이는 맨손뿐이라 수건 한 장 없지만 **작업반장**은 손에 무엇인가를 들고 있다 **채찍**이다 **구區청장**도 손에 무엇인가를 들고 있다 **넥타이**다
 다리 **밑**으로 땡볕 **밑**으로 **검은** 타르의 길이 생긴다 길은 점점 더 뜨겁고 땀은 비오듯 쏟아진다 길은 땀으로 만든다 **소금**

으로 만든다 아니다 먹이를 달라는 어린 새들의 노란 주둥이로 만든다

    길은 점점 더 길어져 갔다 검은 장화 **밑**으로 긴 길은 생겼다 길은 뜨겁다 **검은 타르**는 **좌우의 싱싱한 풀과 흙을 깨끗이 잡아먹으며 만들어졌다** 날씨는 무덥다 여름이다 시원한 바다가 그리운 한여름의 **오후 3시**다 작업반장은 더 힘껏 눌렀다 늙은 선풍기들은 점점 더 빨리 삽을 놀렸다 날씨는 무더웠다 여름이다 세상은 **용광로**처럼 달아올랐다 이제 막 화덕에서 꺼낸 뚝배기처럼 부글부글 끓었다 조금만 더 돌리다가는 깨질 것 같았다 팔이 생명이 지구가 붕붕거리는 바퀴 **밑**에 납작하게 깔린다 선풍기들의 어깨와 손은 익었다 **붉게 익었다** 태양도 길도 내일도 모두 벌겋게 익었다 속까지 희망까지

    다리 위로 날씬한 다리가 지나갔다 **다리와 다리 사이로 꽃이 보였다 분홍빛**이다 주둥이가 흐물흐물해진 고무장화가 속으로 중얼거렸다 "나도 한때는 분홍입술을 좋아했지······" 채찍은 듣지 못했다 너무 작은 소리였으니까 **눈물**이 묻어 있었으니까

    알사탕만한 땀은 **검은 장화** 위로 검은 타르의 길 위로 계속 쏟아졌다 길 위로 검은 길 위로 목구멍을 위해 연탄을 위해 쌀독을 위해 풀과 나무와 흙의 얼굴 위로 땀은 계속 흘렀다 계속 쏟아졌다 여름이다 **시원한 바다가 그리운 오후 세시의 여름**이다 날씨는 무덥다 바람은 더욱 입김을 뿜으며 **딱딱한 빌딩 옆으로 딱딱한 다리 위로** 헉헉대며 지나갔다 버스도 다 닳은 다리를 끌고 다리를 지나갔다 **버스는 모른다** 길이 땀으로 만들어진다는 것을 땀을 배 밑에 깔고 검은 타르의 길이 생긴다는 것을

> 날씨는 무덥다 여름이다 한낮이다 흐린다 땀은 불어터진 보리알처럼 툭툭 떨어졌다 다리 **밑**으로 검은 길, 타르의 길은 끝없이 이어졌다 선풍기는 멈출 수 없다 시계처럼 바퀴처럼 새 길이다
>
>   다리 위에는 팔을 흔들며 병아리 빛깔의 아이들이 지나간다 노래를 부르며 팔을 흔들며 "나도 한때는 병아리였지……" **검은 고무장화**가 중얼거렸다 채찍은 이번에도 듣지 못했다 채찍을 들고 있었으니까 **눈물**이 묻어 있었으니까 장화는 노래를 불렀다 땀을 흘리며 팔을 흔들며 아주 나직하게 하늘도 듣지 못하게
>
>   날씨는 무덥다 땀이 비오듯 쏟아졌다 길은 점점 더 뜨겁다 한여름이니까 한복판이니까 검은 길의, 검은 인생의 한복판이니까 여름이다 시원한 바다가 그리운 **오후 3시**의 여름, **하얀 땀**, **검은 타르**의 길이다
>
>   _원희석, 「오후 세시의 여름」, 『문학정신』 1990년 1월호,
>   132-133쪽.

얼핏 보기에 이 길고 지루한(그러나 이 시의 지루함은 이유를 가지고 있다) 시에 나타나는 오후 세시의 "3"은 그 객관적 지시성 외에 아무런 다른 의미도 가지고 있지 않은 것처럼 보인다. 여름 오후 세시는 덥다. 그 때문에 바다가 그립다. 그 더운 오후 세시에도 땀을 뻘뻘 흘리며 노동자는 일을 해야 한다. 그리고 인간의 모든 행위가 계급적 이익 추구와 관련되어 있다고 보는 사람들은 "작업반장"의 "채찍"과 구청장의 "넥타이"를, 땀과 땀의 정수인 "소금"의 대가로 생긴 정직한 "길"의 반대편에 얼른 가져다 놓을 것이다. 그리고 아마도 그것이 시인의 일차적 의도였을지도 모

른다. 나는 그것을 부정하지 않는다. 다만 나는 조심스럽게 질문할 뿐이다. 그렇다면 그 그리운 "바다"는, 분배의 정의가 실현되어 이 뜨거운 오후 세시에 무더운 공장 안에서 일하는 대신 피서지에서 휴식할 수만 있다면 그 충만한 의미를 달성하는 것인가, 또는, 더 이상 추구되지 않아도 좋을 것인가. 원희석의 오후 세시는 작가의 의도를 비껴간다, 또는 넘어선다. 겉으로 보기에 그토록 달라 보이는 원희석과 김정란[2]의 오후 세시의 갈증은 분명히 어떤 공통점을 가지고 있다. 1989년, 오후 세시와 갈증의 주제는 김정란의 시에 되돌아왔다. 그것은 표면적으로는 또다시 여름의 기상조건에 관한 시였는데, 왜냐하면 이 시는 『현대시학』의 「여름시어집」이라는 기획특집을 위해서, "여름"하면 연상되는 단어를 주제로 시를 써달라는 요청에 의하여 쓰여진 것이었기 때문이다. 그러나 이번에도 시는 먼 곳으로 시인을 데리고 갔다.

갈증은 어디에서 오는 것일까. 오후 세시. 여름 햇살 아래에서 우리의 존재의 표피는 주름살 하나 없이 팽팽히 긴장된다. 충일. 존재의 꼭대기에 주저 없이 이르는 영혼. 존재의 발치에서 우리를 위로 위로 밀어올리는 탈출하는 기질. 우리 안의, 기왕의, 나날의 구체성에 덜미잡혀 있던, 시원始原의 갈증이 폭발한다. 햇살 아래에서 우리는 갇혀 있는 우리를 떠난다.

이윽고 해거름이 내리고, 다시 우리가 주름투성이의 존재로 주섬주섬 땅 위로 주저앉아 들쭉날쭉한 존재로 귀환할지라도, 우리는 우리 안에서 칼로 우리의 존재와 불화不和하는 저 햇살의 경험을 잊지 못한다. 그리움인 존재. 우리는 늘 쫓겨난 자로

---

[2] 나는 이제부터 나 자신에 의해 분석대상으로 선택된 나의 시의 작자를 3인칭으로 부르려고 한다. 그렇게 함으로써 나는 나 자신의 작품에 대해 엄격한 "거리"를 유지하려고 한다.

서 산다.

　_김정란, 「햇살, 세시의 상승」, 『다시 시작하는 나비』, 문학과지
성사, 1989, 115쪽.

이 시에 나타나는 오후 세시의 갈증은 분명히 육체적 목마름이 아니다. 시인은 훨씬 더 본질적인 갈증의 의미 곁으로 다가간다. 그러나 숫자 3과 갈증, 또는 쫓겨난 자아로서, 삶의 영원한 징후로 시인이 인지하고 있는 "결핍"은 어떻게 한데 묶여지는 것일까.
　기형도가 있다. 그가 나를 도우러 온다. 그에게도 "3"은 갈증, 물의 결핍과 연관되어 있다(지나가는 김에 말해 두자. 그는 일생 내내 그 "물의 결핍"과 싸우다 죽어갔다. 물이 영원한 재생의 모티프, 살아 있는 모든 것이 기대고 있는 생명의 원천이라면 그의 시에 특징적으로 나타나는 "딱딱함"의 환상은 그의 삶이 앓고 있던 지병持病이었다. 그것은 물의 부족으로 인하여 고통당하고 있었던, 성배 전설의 어부왕이 앓고 있었던 "죽을 병"이 암시하는 황폐한 영혼의 상태에 한 치의 오차도 없이 완전히 겹쳐진다. 시는 그에게 어부왕이 기다리던 젊은 영웅 페르스발이었을 것이다).

　　밤 세시, 길 밖으로 모두 흘러간다 나는 금지된다
　　장마비 빈 빌딩에 퍼붓는다
　　물위를 읽을 수 없는 문장들이 지나가고
　　나는 더 이상 인기척을 내지 않는다

　　유리창, 푸른 옥수수잎 흘러내린다
　　무정한 옥수수나무…… 나는 천천히 발음해 본다
　　석탄가루를 뒤집어쓴 흰 개는
　　그 해 장마통에 집을 버렸다

<

　비닐집, 비에 잠겼던 흙탕마다
　잎들은 각오한 듯 무성했지만
　의심이 많은 자의 침묵은 아무것도 통과하지 못한다
　밤 도시의 환한 빌딩은 차디차다

　장마비, 아버지 얼굴 떠내려오신다
　유리창에 잠시 붙어 입을 벌린다
　나는 헛것을 살았다, 살아서 헛것이었다
　우수수 아버지 지워진다, 빗줄기와 몸을 바꾼다

　아버지, 비에 묻는다 내 단단한 각오들은 어디로 갔을까?
　번들거리는 검은 유리창, 와이셔츠 흰 빛은 터진다
　미친 듯이 소리친다, 빌딩 속은 악몽조차 젖지 못한다
　물들은 집을 버렸다! 내 눈 속에는 물들이 살지 않는다
　　_기형도,「물속의 사막」,『입 속의 검은 잎』, 문학과지성사,
　　　　　　　　　　　　　　　　　　1991, 43-44쪽.

　어디에선가 읽은 이 시에 대한 구체적인 노트에 의하면, 이 시는 아마도 시인이 실제로 신문사에서 당직하던 날 밤 "세시"에 쓰여졌던 것 같다. 숫자 3의 선택은 여전히 단순한 우연에 불과하다. 그럴지도 모른다. 그러나 미친 듯이 비가 퍼붓는 데도 여전히 "사막"인 시인의 내면, 그리고 그 사막의 환상에 덧붙여져 있는 "금지" 또는 "죽음"의 주제와 숫자 3의 상징적 연관성이 나에게는 전혀 우연으로 여겨지지 않는다. 나는 이미지들의 연상이 단순히 객관적 사실의 주관적 형상화를 통하여 생겨난다고 생각하지 않는다. 그것은 훨씬 더 다층적으로 형성된다. 그러나 그것은 궁극적

으로는 내밀한 시인의 혼의 구조를 드러낸다. 그래서 나는 이 시의 이미지 연상을 추적하는 김현의 다분히 정황증거를 수집하는 수사관 같은 관점을 비껴간다. "흰 개"는 검은 유리창에 비친 자기 자신의 흰 와이셔츠의 색깔과 관련되어 있다. 그러나 그것만이 아니다. 그것은 기형도를 그토록 악착같이 따라다니던 "입 속의 검은 잎", 그의 죽음의 직관을 운반하는 동물이다(검은 빛을 배경으로 유령처럼 떠오르는 흰색은 거의 절대적으로 혼자 존재하는 적이 없다. 그것은 검은 색에 침투당한 회색이거나 또는 검은색을 배경으로 떠오르는 괴기스러운 형광성의 흰빛이다. 기형도의 흑백 칼라사진 같은 시세계는 이성복의 시에 등장하는 알록달록한 색조, 특히 초록색과 놀라운 대조를 보인다). "흰 개"가 죽음의 직관을 드러내고 있다는 것을 우리는 그의 빼어나게 아름다운 시「나의 플래시 속으로 들어온 개」(126쪽)에서 확인할 수 있다. 죽음의 직관은 흩어진다, 지워진다, 터진다, 사라진다 등의 소멸에 대한 공포를 드러내는 동사들의 도움을 받고 있다. 물의 상실과 흰 개, 흩어짐 등의 의미론적 동위소들은 죽은 아버지에 대한 구체적이고 개인적인 기억 주위로 수렴 된다(나는 "금지 된다"는 표현과 "읽을 수 없는 문장"을 연결해 읽는다. 내 생각에 그 문장은 김정란이 들을 수 없었던 "노래"와 같은 질서에 속해 있었던 것 같다. 그것은 시인의 접근을 허락하지 않은 죽음 저 너머의 신비를 표현하고 있는 문장이 아니었을까?). 다음 시에서 숫자 3은 "삼각형"의 형태로 다시 한 번 더 제시된다.

너무 큰 등받이의자 깊숙이 오후, 가늘은 고드름 한 개 앉혀 놓고 조그만 모빌처럼 흔들거리며, 아버지 또 어디로 도망치셨는지. 책상 위에 조용히 누워 눈 뜨고 있는 커다란 물그림 가득 찬란한 햇빛의 손. 그 속의 나는 모든 것이 커보이던 나이였다.

수수밥같이 침침한 마루 얇게 접히며, **학자풍** 오후 나란히 짧은 **세모**잠. 가난한 아버지, 왜 항상 물그림만 그리셨을까? 낡은 커튼을 열면 양철 추녀 밑 저벅저벅 걸어오다 불현 듯 멎는 눈의 발, 수염투성이 투명한 사십. 가난한 아버지, 왜 항상 물그림만 그리셨을까? 그림 밖으로 나올 때마다 나는 물묻은 손을 들어 눈부신 겨울 햇살을 차마 만지지 못하였다. 창문 밑에는 발자국 하나 없고 나뭇가지는 손을 베일 듯 사나운 은빛이었다.

    아버지, 불쌍한 내 장난감
    내가 그린, 물그림 아버지
               _기형도, 「너무 큰 등받이의자」, 위의 책, 94쪽,

    이 물은 다시 부재하는 물이다. 아니, 더욱더 정확히 말하자. 그것은 부재의 물이다. 왜냐하면 그것은 이미 존재하지 않는 자, 지상에 허용된 형식으로 드러낼 수 없는 자, 그를 드러내기 위해서는 우리가 알고 있는 형식이 "너무 큰 등받이의자"인 자를 그리는 데 사용된 재료이기 때문이다. 그 그림은 현실 속에서 실현될 수 없다. 부재하는 아버지는 늘 드러나 구현된 형식으로부터 "도망치기" 때문이다. 흥미로운 것은 그 "물"이라는 부재의 형식이 태양과 적대관계에 놓여 있다는 점[3]이다. 아버지는 햇빛을 받으면 녹아 버리는 "고드름"이며, 시인은 "물 묻은 손"으로 "눈부신 겨울햇살"을 만지지 못한다. 왜냐하면 전통적으로 태양은 양陽, 지성의 원칙이

---

3 인간의 한계를 뛰어넘으려는 연금술사들의 인공인간의 꿈의 현대적 대중적 판본인 로봇이나 사이보그들은 많은 경우에 태양에 노출되면 그 힘을 잃는다. 그는 늘 젖어 있어야 한다. 어린이 만화에 등장하는 로봇들의 '본부'는 바다 밑이거나 동굴 속이다. 그것은 단순히 비밀을 유지하기 위한 장치가 아니다. 인간에게 풍요를 베풀어 주는 달의 여신의 신전은 많은 경우에 동굴이나 샘 옆에 자리 잡고 있었다. 명동성당의 '동굴의 성모'는 그 한 예이다.

며, 물은 달[月]을 그 지배자로 가지는 음陰, 영성과 직관의 원칙이기 때문이다. 아버지와 "세모", 그리고 "학자풍"은 밀접하게 연관되어 있으며, 그것은 또다시 "얇게 접힘"이라는 기형도 특유의 환상과 관련을 맺고 있다. 기형도의 시에서는 일종의 '박리剝離' 현상이 관찰된다. 그것은 물의 결핍, 또는 모성으로 상징되는 육체성 또는 실체성substantialité의 결핍을 드러내는 형식이다. 그러므로 기형도가 그리려던 "아버지"는 사실은 둘이다. 하나는 현실의, 객관적인, 학자풍의, 세모의 아버지, 또 다른 하나는 비현실의, 부재하는 물의 아버지. 두 번째의 아버지는 차라리 아버지이다, 또는 오히려 어머니이다. 왜냐하면 아버지는 지성적으로, "학자풍"으로, 양의 부성적 원칙으로 파악되는 존재가 아니라, 외양의 문턱을 넘어선 곳에 대한 영감, 음의 모성적 원칙에 의해 예감되는 존재이기 때문이다. 나중에 상세하게 분석하기 위하여 지금 인용하지 않는 기형도의 시「소리 1」에는 3과 물의 상실, 그리고 죽음의 주제가 절묘한 종합을 이루고 있다.

장석주는「오후 세시는 어디에나 행복이 없다」(『붕붕거리는 추억의 한때』, 문학과지성사, 1991, 16쪽)고 노래하고, 아폴론과 디오니소스 사이에서 흔들리는 김승희도 영원히 끝나지 않는 "신비"를 추적하며 숫자 4와 3 사이의 관계에 주목한다.

    4나누기 3은
    영원히 1.33333……
    333……
    이듯이,
    (……)
    영원히 심령세계의 반딧불처럼
    작게

그보다 정처없이

　　(……)

　　_김승희,「무궁동無窮動」,『미완성을 위한 연가』, 나남, 1987,
　　　　　　　　　　　　　　　　　　　　　　20-21쪽.

　그러나 오해를 피하기 위해서 짚고 넘어가자. 모든 상징들이 그렇듯이 숫자상징 역시 단 하나의 의미로 환원될 수는 없다. 상징의 가장 큰 특징은 잘 알려져 있다시피 다가성多價性이기 때문이다. 일반적으로 '완성'을 의미하는 숫자로 알려져 있는 '3'이 언제나, 다만, 가부장적 질서를 대표할 뿐이라고 단정지을 수는 없다. 예를 들어서 헤카트 여신의 세 개의 얼굴을 가진 머리라든가 최근에 어린이들 사이에 인기 있는 일본만화『3×3 아이즈eyes』에 등장하는 얼굴이 세 개 있는 '인간의 상' 등은 명백히 여성성의 파트롱인 달의 세 국면(상·하현/보름/그믐)을 상징하고 있다. 다만 나는 숫자 '3'이 '결핍'의 주제와 관련될 때, 그 '결핍되어 있는 것', 제 4의 존재가 심리적으로 어떤 가치를 가지는가를 묻고 있을 뿐이다.

2. 달[月], 에로스, 또는 영성靈性의 근원 ― 쫓겨난 어머니

　고대로부터 현대에 이르기까지의 모든 인간적 가치의 추구는 ― 19세기 이후에 특히 ― 로고스에 의한 에로스의 타자화에 근거를 두고 있다. 디오니소스적 여성적 가치 ― 항구성의 원칙인 태양의 맞은편에서, 순환성의 원칙을 상징하는 변화하는 천체인 달이 그 가치의 수호신이다 ― 는 언제나 아폴론적인 남성적 가치들에 비해 저열한 것으로 여겨져 왔다. 직관과 영감은 이성의 서슬 퍼런 지배 하에서 구박덩이 콩쥐의 신세를 면할 수 없었다. 그러나 합리적 이성에 기초한 인간발전 신화는 조금씩 그 허구성을 드러내기 시작하고 있다. 이성의 합목적성에 기초한 계획적 세계경영이 그 한계를 노정하고 있는 것이다. 그것은 세기말에 다가가면서 점점 더 구체적인 실례와 더불어 인류의 눈앞에서 증명되고 있다. 이성은 이제 더 이상 전권을 행사하는 왕이 아니다.

지하실의 재투성이 구박덩이 신데렐라가 지상으로 떠오르고 있는 것이다. 그녀와 함께 무의식의 지하실에서 뒹굴던 잿빛의 쥐들, 늙은 호박들이 휘황한 광휘에 싸여 황금마차로 변신할 참인 것이다. 오랫동안 폐서인의 초라한 누옥에 유폐되어 있던 왕비가 환궁을 노리고 있다. 우리는 그 징후가 세기말의 위기의식과 더불어 확산되고 있는 것을 지켜본다.

융은 『종교와 심리학』에서, 그의 모든 연구들이 그렇듯이, 풍부한 구체적 사례연구들을 통하여 현대인의 심층 깊은 곳에 숨어 있는 종교적 갈증을 짚어내고 있다. 그가 '종교적'이라고 분류한 꿈들은 흥미롭게도 모두 4의 상징성과 밀접한 관계를 보이고 있다. 그가 숫자의 신비주의에 기초를 두고 있는 피타고라스학파의 일종의 신비 독트린이었던 테트락티스*tetractys*의 '정신통일' 수련과 연관시키고 있는 이 4의 의미는 어느 경우에도 '통일성'의 추구를 드러내고 있다.[4] 점으로 표현된 테트락티스의 다이어그램은 피타고라스학파의 신비 결사대원들의 일종의 비밀 기호로 사용되었다. 그것은 한편으로는 각 변 공히 네 개씩의 점과 한가운데에 또 하나의 점을 포함하고 있는 삼각형으로, 숫자의 신비주의에서 완성을 의미하는 매우 신성한 숫자였던 10(데카드*Decade*)의 상징성마저 함축하고 있다. 3세기의 유명한 신플라

---

4 융·C. G. Jung, 『종교와 심리학』, 이은봉 옮김, 경문사, 1980, 78쪽.

톤학파 철학자 잠블리크Jamblique는 피타고라스 결사대원들의 서약을 이렇게 전하고 있다. "아니, 나는 우리의 영혼에게 테트락티스를 전해 준 자의 이름으로 이것을 맹세한다. 테트락티스 안에는 영원한 자연의 근원과 뿌리가 들어 있다."[5] 데카드에게 바치는 피타고라스 결사대원들의 기도문을 들어 보자. "신들과 인간들을 낳으신 신성한 숫자여, 우리를 축복하소서. 오 거룩하시고 거룩하시도다, 창조의 영원한 흐름의 뿌리와 근원을 품고 계신 테트락티스여! 신성한 숫자는 순수하고 심오한 단일성에서 출발하여 거룩한 4에 이르나니, 그는 그 후에 만물의 어머니를 낳으셨도다. 어머니는 전체를, 처음으로 탄생하신 분이시며 만물의 열쇠를 쥐고 계시며 결코 빗나감이 없으며 스스로 곤(困)함이 없으신 거룩한 10을 맺어주시는 분이시라."[6] 테트락티스는 데카드의 본성을 지니고 있을 뿐만 아니라, 잘 알려져 있다시피 피타고라스학파의 교의에서 대단히 중요한 부분을 차지하고 있는 음악적 조화의 상징주의에도 관여하고 있다. 피타고라스학파에게 음악은 우주와의 교감을 가능하게 하는 수단이었다.

   4의 상징주의와 연관되어 있는 꿈들은 신비한 근원에의 추구와 진정한 자아의 통일성의 추구를 드러낸다. 4 또는 4의 배수로 공간 분할되어 있는 꿈들이 많은 경우에 중심의 모색이라는 주제를 함축하고 있는 것은 그 때문이다. 그것은 일종의 내면의 만달라이다. 산스크리트어로 원(圓)이라는 뜻을 가지고 있는 만달라는 수련자로 하여금 자신의 진정한 중심을 찾게 하기 위해 사용되는 일종의 명상 보조수단이다.[7] 흥미로운 것은 만달라의 형태는 정해져 있는 것이 아니라, 수련자가 추구하는 바가, 그가 기왕에 소유하고

---

5 M. Ghyka, *Philosophie et mystique du nombre*, Payot, 1978, p. 15, 번역 필자.
6 위의 책, p.16.
7 나타프 G. Nataf, 『상징, 기호, 표지』, 김정란 옮김, 열화당, 1987, 80쪽.

있는 지식이나 또는 기존의 종교교의로써 설명되어지지 않을 때 단계적으로 형성된다고 하는 점이다.[8] 그런데, 옛 사람들이 그린 만달라의 중심이 어떤 신성한 존재로 채워져 있는 데 반해서 현대인들의 내면의 만달라의 중심은 텅 비어 있다고 한다.[9] 그들은 자신의 진정한 영적 중심과의 접촉을 상실한 사람들이기 때문이다. 융이 숱한 예들을 통해서 보여 주고 있듯이, 숫자 4는 모든 신비주의 상징주의 안에서 영성의 추구를 나타내는 숫자이다.

그런데 이 4는 일반적으로 4원소라고 부르는, 세계의 네 가지 구성요소와도 관련이 있다. 3은 일반적으로 그 의미가 잘 알려져 있는 숫자이다. 그것은 전 세계적으로 퍼져 있는 삼위일체의 교의 속에 포함되어 있는 완성의 의미를 가지고 있는 숫자이다. 그러나 융에 의하면 이 완성에는 빠져 있는 요소가 있다. 4원소론과 연관 지어 생각할 때, 융의 견해를 따르면, 삼위일체에는 육체적 무거움이 배제된 채, 철저하게 육체를 가지지 않는 원소들인 불과 공기, 그리고 상대적으로 덜 무거운 물만이 포함되어 있다. 즉, 삼위일체의 교의에는 여성적 요소인 흙, 또는 대지가 빠져 있는 것이다. 융은 가톨릭의 성모마리아가 바로 이 제4신위神位에 해당하는 신성이라고 생각하고 있다. 정통교리에 의하여 억압되어 왔기 때문에 때로 이 제4신위는 악마적인 면모를 가지게 되기도 한다. 그러므로 제4신위의 추구는 성부, 성자, 성령의 남성 신위들의 로고스에 의하여 억압되어 온 에로스의 신위의 복원과 관계되어 있다.

전통적으로 3은 남성성을 상징한다. 일반적으로 숫자의 신비주의에서 홀수는 남성적인 숫자로, 짝수는 분열번식에 의한 분할의 능력 때문에 여성적인 숫자로 여겨져 왔다.[10] 3은 삼각형의 불안정

---

8 C. G. Jung, *Psychologie et Alchimie*, Buchet/Chastel, p. 126 참고.
9 C. G. Jung, 앞의 책, p. 110.
10 M. Ghyka, 앞의 책, p. 14.

〈그림1〉　　　　　　　　　　　기독교의 사위일체, 즉 삼위일체와 마리아.
　　　　　　　　　　　　Quaternité. 프랑스학파(1457) 바젤 박물관

성 때문에 남성적 역동성의 상징으로 사용되었으며, 4는 여성적인 수동성과 안정성을 상징하는 숫자였다. 아프리카의 어느 부족에서는 제의 때에 남성에게는 3과 관련된 행동반복을, 그리고 여성에게는 4와 관련된 행동반복을 할당한다고 한다.[11] 마광수의 유사 페미니즘도 4가 여성의 숫자라는 것을 알고 있다. 그는 젊은 두 여성과 관계를 맺고 있는 남자주인공이 꿈속에서 들어간 피프하우스의 방 번호를 414호로 설정하고 있다.[12] 1은 직립하고 있는 인간,

---

11　나타프, 앞의 책, 142쪽.
12　마광수, 「권태」, 『문학사상』, 1989년 11월호, 350쪽.

또는 존재의 장소를 상징한다. 그것은 전체성 안에서 파악된 개인의 상징이며, 또는 작가 자신이 이야기하고 있듯이 남근男根의 상징이기도 하다. 그는 두 여성 사이에 안겨 있다. 또는 그의 표현대로라면 "여자의 자궁에 매달(려)"있다. 세상에 번개가 치건 말건 그에게는 알 바 아니다. 그는 자궁만 확보하면 되는 것이다.

그렇다면 이제 우리는 앞서 인용한 시들에 나타난 '3'과 물의 결핍이 무엇을 의미하는지 짐작할 수 있게 된다. 그것은 근원의 꿈이다. 그것은 비어 있는 제4신위의 꿈, 객관적 지적 해결방식으로, 또는 인정된 교의의 '지식'으로 파악되지 않는 "무의식이 인지한 신神",[13] 또는 신적인 것을 추구하는 꿈이다. 그들은 플라톤이 티마이오스의 입을 빌어 말하고 있듯이 "여기에 3이 있다. 4번째는 어디에 남아있는가"라고 묻는 자들이다. 그들이 찾고 있는 제4의 것, 즉 지금 부재하고 있는 것이 '물'이라는 것은 특히 의미심장하다. 왜냐하면 그 제4신위는 3이 대표하는 부성적, 지성적 가치들로 감싸 안을 수 없는 모성적 원리이기 때문이며, '물'이야말로 여성적인 음陰을 상징하는 원소이기 때문이다. 그래서 김정란의 시구에 나타난 "상실감"은 "모래바람", "탁탁 불꽃이 튀는 가슴의 갈증"과 연결되어 있다. 그녀의 "길 잃은" 자아가 귀 기울이고 있는 것은 "불안이 영혼의 문간쯤에서 부르고 있는" "알아들을 수도 없는 노래"이다. 그럴 수밖에 없다. 그녀의 미완의 테트락티스, 그녀의 낮의 인식은 그 깊은 밤의 노래를 알아들을 줄 모르는 것이다. 흥미로운 것은 그녀가 상실의 삶의 양태를 "작은난장이들의너무큰눈"에 연결시키고 있다는 점이다. 그녀는 그렇게 말함으로써(이 인식의 영적인 긴박함은 시인이 띄어쓰기를 무시한 채 단어들을 다닥다닥 붙여 쓰고 있다는 사실로도 확인된다) 지성주의적 해결방식

---

13 C. G. Jung, 앞의 책, p. 88..

을 거절하고 있다. 왜냐하면 눈은 '보는' 기관이며, 시각은 감각 중에서 가장 지적인 감각이라고 알려져 있기 때문이다. 잘 보려는 노력을 존재론적 왜소함에 연결시키며 그녀는 짚고 넘어가듯이 "그 것만으로 충 분 할 까"라고 음절을 끊어 질문한다.

  이해를 위해서 구체적인 삽화를 하나 곁들이기로 하자. 프랑스 유학시절에 나는 C양과 한때 생활을 함께 했었다. 나는 그녀와 꿈과 무의식에 관한 이야기를 종종 나누었었는데, 그녀는 나와 이야기를 나누기 전에는 한 번도 꿈을 천연색으로 꾸어 본 적이 없노라고 말했다. 그녀의 꿈은 언제나 흑백이었다는 것이다. 꿈에 관한 이야기를 나누게 되면서 그녀는 갑자기 천연색 꿈을 꾸기 시작했다. 하루는 그녀가 나에게 그녀의 꿈 이야기를 들려주었다. 그 꿈 속에는 네 사람이 등장했는데 하나는 그녀 자신이었으며, 두 사람은 나와 나의 남편 S선생, 그리고 또 다른 하나는 미지의 남성이었다. 그녀의 꿈에 등장한 나와 S선생이 전에 그녀에게 무엇인가를 주었는데 그것을 그녀가 잃어버렸다고 호되게 야단을 쳤다는 것이다. 그녀는 허겁지겁 그 '잃어버린 물건'을 찾아내었는데, 그것은 어떤 족자였다. 그 족자에는 사자 한 마리가 그려져 있었다고 한다.

  이 꿈은 아주 흥미롭게 4의 상징주의를 표현하고 있다. '잃어버렸던 물건'은 말할 필요도 없이 C양이 경시해 왔던 심혼心魂의 가치이다. 우리가 함께 나누었던 대화에 의하여 촉발되었을 그녀의 무의식은 활발하게 개성화*individuation*의 과정으로 진입했던 것이다. 족자 위에 그려져 있던 사자는 중세의 귀족가문의 문장이나 기사들 방패에 등장하는 사자와 똑같은 의미를 가지고 있다. 사자는 사나운 성질이나 그 갈기의 모양 대문에 종종 태양의 동형상징으로 사용된다. 신의 현현이나 신의 지성의 구체화로 여겨졌던 태양은 대표적인 중심 상징이다. 그것은 스스로 빛을 발하는 천체이기 때문이다. C양의 꿈은 그녀의 낮의 자아에 의하여 소외되었던 다른 자아가 개성화 과정을 통하여 새로운 중심을, 즉 의식과 무의식의 단일성 속에서 획득된 큰 자아Soi를 건축하기 위하여 보내는 메시지를 함축하고 있다.

C양의 꿈속에 등장하는 네 명의 인물 중에서 가장 중심인물은 사실 미지의 남성이다. 융을 따라 이야기하면, 그는 C양의 무의식의 화신, 즉 아니무스animus이다. 많은 경우에 아니마나 아니무스는 얼굴이 없는 모습으로 등장한다. 본느푸아Y. Bonnefoy가 그의 매혹적인 수필집 『저 너머의 나라L'Arrière-Pays』에서 들려주고 있는 이 아름다운 테트락티스!

나는 8각형의 작은 성당 안에 있었다. 각각의 내벽에는 (······) 세계에 신의 말씀으로 임재하심Incarnation을 예고하는 시빌르Sibylles[14]들 중의 한 명씩이 그려져 있었다. 그림들은 파손되어 있었다. 그러나 나는 나의 예의 그 추리를 통하여 그 파손된 모양이 나의 시련이 될 것이라는 결론을 내렸다. 왜냐하면 그것은 유한有限le fini을 통하여 하나의 예술로부터 그 외형적인 규정을 벗겨내어 버림으로써, 나로 하여금 화가가 윤곽과 색채에 얽매여 사라지게 할 수밖에 없었던 내면의 형태를 다시 찾아낼 수 있게 해주었기 때문이다. 드디어 껍질이 벗겨진 작품으로부터 현존이 모습을 드러낼 것이다. 그리고 그것은 전적으로 나에게 달려 있는 문제였다. 게다가 공중을 떠도는 목소리가 들렸다. 나는, 거의 이렇게 해석할 수 있었다. "보아라, 나는 내가 쓴 것을 지운다. 왜냐하면 너 스스로 그것을 읽어야하기 때문이다.

---

[14] 예언의 능력의 의인화. 아폴론의 여제관이었으며 예언자로 유명했던 시빌르 때문에 여자 예언자들에게 통상적으로 주어지던 이름. 기독교의 성화들 속에서는 열두 제자들을 대신하여 모습을 나타내기도 한다.

나는 정원으로 면해 있는 세 개의 연이어 있는 방 끝에 앉아 있다. 너는 내 옷자락 약간을 보았을 뿐이다. 너는 여름에 내게 왔다. 사랑하고 싶어 하는 아이, 배우려고 애태우는 아이, 내 무릎에 머리를 누이고 울고 있는 너, 네게 나를 읽어 낼 시간이 있을까……" 나는 조용한 성당 안에서 얼굴이 지워진 시빌르를 바라다보았다. 그리고 나는 알고 있었다. 바깥은 여름이라는 것을. 아닌 게 아니라 귀뚜라미가 울고 있었다. 황폐한 빛, 거리. 나의 모든 삶이, 그리고 나의 소명이 요약되어 있었다. 그러나 나는 두렵지 않았다.

_본느푸아, 『저 너머의 나라 L'Arrière-Pays』, Flammarion』, 1982, pp. 75-76. 번역 필자.

성당의 내벽은 4의 2배수인 8각형으로 되어 있으며, 시인이 약간의 예감으로 그려 내지 않으면 안 되는 여인도 세 개의 방의 끝, 네 번째 방에 앉아 있다. 그 방들은 '정원', 즉 중심으로 향해 있다. 그 중심에 앉아 있는 시인의 아니마는 얼굴이 지워져 있다. 그래서 그녀는 '보이는' 존재가 아니라, '들리는' 존재이다. 바슐라르는 잘 알고 있었다. 귀는 눈이 볼 수 없을 때 더욱더 깊이 듣는다는 것을.[15] 붓다 Buddha가 가장 경계한 것은 색色에 현혹되는 것이었다. 그래서 눈을 내리감은 그는 우주의 모든 소리를 다 빨아들일 만큼 큰 귀를 가지고 있는 것이다(그래서 나는 기형도의 「소리」 연작에 관심을 가진다. 정현종에게서도 존재의 근원은 "소리의 구멍"이라고 불린다).

이 미지의 제4의 존재의 추구를 연금술사들은 종종 카드라투르 Quadrature라고 불리는 원圓의 구적법求積法으로 표현하였다. 원은 플라톤의 『티마이오스』 이래 언제나 가장 완전한 형태라고 여겨져

15　바슐라르G. Bachelard, 『공간의 시학』, 곽광수 옮김, 동문선, 2003.

왔다. 중세의 교부 철학자들 사이에서 가장 잘 알려져 있는 신의 정의는 "신은 그 중심이 도처에 있으며 그 주위는 아무 곳에도 존재하지 않는 구球"[16]라는 것이었다. 신비주의 철학의 한 특징을 이루고 있는 만물조응-Correspondance의 이론에 따르면, 소우주는 대우주를 포함한다. 물질 가운데 잠들어 있는 신의 모습을 연금술사들은 "둥근 것rotundum"이라고 불렀다.[17] 그 둥근 것은 "제1원질prima materia"이라고도 불렸는데, 그것의 추구는 4의 상징주의를 포함하고 있다. 예를 들어서 『현자의 로자리오Rosarium Philosophorum』라는 책에서 익명의 저자는 "남과 여로부터 둥근 원을 만든다. 그 가운데서 정방형을 추출하고, 다시 그것으로부터 3각형을 만든다. 원을 만드시오. 그러면 당신은 현자의 돌을 획득할 수 있다"라고 이야기하고 있다.[18]

〈그림2〉

Jamsthaler, *viatorium spagyricamviatorium*
만물은 3 속에서는 단지 존재할 뿐이다.
그러나 4 속에서는 행복하다(원의 구적법).

상티에Santier와 랄루Laloux가 공동 제작한 「달려가는 소리 하나Un bruit qui court」라는 영화는 이 연금술적 상상력을 흥미롭게 보여 주고 있다. 온통 수수께끼 같은 상징들로 가득 차 있는 이 영화는 표면상 염소치즈의 제조라는 아주 단순한 줄거리를 가지고 있다. 그러나 실상 이 영화는 원료인 염소젖으로부터 치즈로의 변

---

16   G. Poulet, *Les Métamorphoses du cercle*, Plon, 1961, p. 3.
17   C. G. Jung, 앞의 책, p. 82.
18   위의 책, p. 83.

환이 의미하는 존재의 연금술적인 변환을 다루고 있는 영화이다. 영화의 주인공인 두 남자들은 무슨 펌프처럼 생긴 기구에다가 동그라미를 집어넣고는 네모를 끄집어내기도 하고, 그 끄집어낸 기하학적인 형태들을 태양계의 궤도를 재현하는 우주 모형에다가 갖다 붙이기도 한다. 이것은 명백히 우리가 앞서 설명한 카드라투르를 표현하고 있다. 얻어진 기하학적인 형태를 천체의 궤도에 가져다 붙이는 것은 소우주-대우주의 조응을 의미하는 행위이다. 두 남자들은 염소의 젖을 짜면서 입었던 옷을 벗고 작업복인 청바지로 갈아입는다. 이 청바지의 의미는 분명하다. 그들은 원료에 일을 가하여 변형된 자연이라는 2차 현실을 만들어 내는 공작인工作人, Homo faber들이기 때문이다(예술가들은 이렇게 말하는 것이 허용된다면, 영혼의 노동자들이다. 그들은 주어진 재료를 변형시킨다. 모랭Morin은 도구는 인간을 공간 속에서 연장시킨다고 말한다. 그를 따라 말하면, 예술은 인간을 존재 속에서 연장시켜 준다. 예술가들은 '늘어난' 존재들이다). 두 남자는 일을 하면서 계속해서 "암컷 femelle"이라는 말을 중얼거린다. 그것은 연금술사들의 "제1원질"을 일컫는다. 그것이 "암컷"인 이유는, 그 순결한 원질이 인류가 인간화의 길을 걸어오면서 줄곧 배제해 왔던, 모계사회의 짧은 기간 동안을 빼면 계속 억압되어 왔던 여성적 원칙에 관계된 것, 즉 에로스적인 것이기 때문이다. 그들은 작업을 해가며 원시인들이 그렇게 했듯이 그들의 마나mana의 직관을 조상彫像으로 만든다. 온갖 잡동사니 허접쓰레기로 만든 그 일종의 여신상을 바라보며 두 남자는 "위는 음…… 그런대로 괜찮은데 …… 아래가 신통치가 않아"라고 중얼거린다. 문제는 위가 아니라 아래이다. 또는 낮이 아니라 밤이다. 말을 바꾸자. 문제는 우리의 영혼, 우리가 그곳으로부터 비롯했으면서도 우리에게 그토록 미지인 "집안의 미친 여자folle du logis", 그러나 억눌려 있으면서도 분명히 우리의 주체의 일부를 이루고 있는 저 만만한 내부의 까만 옷 입은 "늙은 여자", 아버지가 쫓아낸 우리의 바람난 어머니, 김정란의 표현을 빌면 "따로 노는 자아"이다.

들락날락함, 메롱하고 그녀가 말했다, 뭐 어차피.

나는 메롱하고 따라 말했다, 아무렇게나.
자아여, 네가 따로따로 노는 판에,
_김정란, 「나의 병 3」, 앞의 책, 65쪽.

3. 잃어버린 어머니를 찾아서

'아래'가 문제이다. 융은 『연금술과 심리학』에서 아주 흥미로운 환상을 하나 예로 들고 그것에 대한 해석을 다음과 같이 덧붙이고 있다.

무지개가 다리로 사용되고 있다. 그러나 무지개 위로 지나가서는 안 되고 아래로 지나가야 한다. 무지개 위로 지나가려는 자는 떨어져서 죽게 된다.
신들만이 무지개다리를 무사히 건널 수 있다. 무지개다리를 건너려고 시도하는 인간은 죽을 수밖에 없다. 왜냐하면 무지개는 하늘에 걸쳐져 있는 아름다운 외양에 불과하며 육체에 못 박혀 있는 인간은 그 다리를 건널 수 없기 때문이다. 그들은 다리 밑으로 지나가야 한다. 그러나 다리 밑으로는 물이 똑똑 떨어지고 있다.[19]

---

19 C. G. Jung, 앞의 책, p. 80.

융은 그 환상과 관계된 그림을 제시하고 있다. 인간의 모습을 한 머리 셋 달린 메르쿠리우스가(여기에서 삼두三頭는 달의 세 국면인 상·하현, 보름달, 그믐을 나타낸다) 무지개 위에 올라앉아 있고, 아래쪽에는 두 눈이 가려진 사람이 동물의 안내를 받으며 물 위를 걸어가고 있다. 메르쿠리우스, 즉

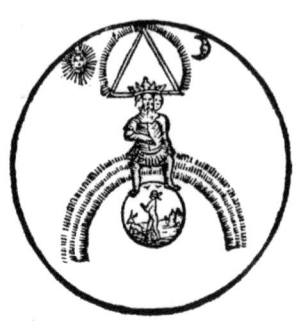

〈그림3〉Kelley,
Tractatus de Lapide philosophorum, 222, p. 101.

수은은 연금술에서 여성적 원칙으로 여겨지는 금속이었다.

원희석의 시로 돌아가 보자. 『문학정신』에 발표된 이 시의 제목은 「오후 세시의 여름」으로 되어 있지만, 이 글을 위해서 시인이 나에게 보내준 같은 시에는 「하얀 땀, 검은 타르의 길」이라는 제목이 붙여져 있었다. 앞서 우리가 이야기한 사회적 주제의 겉옷을 조심스럽게 걷어내면 이 시의 다른 모습이 드러난다. 우선 제목이 암시하듯이 이 시는 일종의 '융합'을 시도하고 있다. 그 시도는 시의 첫 행에서 당장에 드러난다.

　　닭이 운다 개들이 밥먹을 시간은 아직 멀었다

"닭"과 "개"는 각각 새벽과 어둠에 속한 짐승들이다. 흰색과 검은색, 불(땡볕)과 물(땀)의 융합의 주제는 3연에 나오는 "부글부글 끓는 용광로"의 이미지에서 가장 극명하게 드러난다. 아마도 여름의 도로 공사장에서 표면적 글감을 취하고 있는 것 같은 이 시는 그러나 시의 덕성에 의하여 보다 보편적인 주제에 합류하고 있다. 우리는 이 시가 끊임없이 "밑"이라는 단어를 되풀이하고 있는 것에 주의를 기울일 필요가 있다. 그것은 이 시 전체가 지향하고

있는 상상적 지향점인, 지금 부재하고 있는 요소인 "물", 또는 그리운 "바다"의 추구와 관련되어 있다. 그것은 존재의 깊은 아래로 내려가기이다. 그것은 단순히 땡볕과 장화와 다리 "밑"이라고 실증적, 기하학적 관점을 고집할 독자를 위해서 나는 같은 잡지에 이 시와 함께 실린 「콩」(원희석, 앞의 책, 136-137쪽)에 나타나 있는 "흙 속"의 세계, 타락과 부패를 향하여 "달리는" 세계 "밑"의 세계를 제시한다. 그 "밑"은 "싱싱한 풀과 흙"의 세계, 원희석이 최근에 발표한 산문에서 말하는 "맨발"(『현대시학』, 1991년 8월호, 95쪽)의 세계, 문명의 이기인 "버스는 모(르는)" 세계이다. 이 시에는 또한 딱딱함/부드러움의 대비도 나타난다. 도시는 딱딱한 곳이며 그 딱딱한 곳을 부드럽게 만드는 것은 바로 "물", "땀", 딱딱한 다리[橋] 위로 지나가는 부드러운 다리[脚] 사이의 "분홍빛 꽃", 그리고 "눈물"이다. 요컨대 이 시는 "군용담요"에 덮여 있는 어떤 부드러운 여성적 가치를 추구하고 있는 것이다(이 시가 이렇게 밀도를 얻지 못하고 산만하게 길어진 이유는, 아마도, 이처럼 시인의 내면이 추구하는 바와 외형적인 추구 사이에 어떤 불일치가 존재하고 있기 때문이 아닐까. 의도성이 너무 앞설 때, 이미지들은 부자연스럽고 빽빽해진다. 그것들은 그것들의 생명을 살지 못하는 것이다).

이 부드러운 모성적 요소인 물의 부재는 기형도의 시에서 아주 탁월한 시적 성취를 얻는다.

아주 작았지만 소리가 들린 듯도 하여 내가 무심코 커튼을 걷었을 때, 맞은편 3층 건물의 어느 창문이 열리고 하얀 손목이 하나 튀어나와 시들은 푸른 꽃 서너 송이를 거리로 집어던지는 것이 보였다. 이파리들은 잠시 공중에 떠 있어나 볼까 하는 듯 나풀거리다가 제각기 다른 속도로 아래를 향해 천천히 떨어져 내렸다. 나는 테이블로 돌아와 묵은 신문들을 뒤적였다. 그가 조금까지 서 있던 자리에는 무엇인지 알 수 없는 희미한 빛깔이 조금 고여 있었다. 스위치를 내릴까 하고 팔목시계를 보았을 때 바늘은 이미 멈춰 있었다. 나는 헛일삼아 바늘을 하루만큼 뒤로 돌렸다. "어디로 가시렵니까." 내가 대답을 들을 필요조차 없다는 듯한 말투로 물었을 때 그는 소란스럽게 웃었다. "그냥 거리로요." 출입구 쪽 계단에서 무엇인가 떨어지는 소리가 들려왔다. 테이블 위에, 명함꽂이, 만년필, 재떨이 등 모든 형체를 갖춘 것들마다 제각기 엷은 그늘이 바싹 붙어있는 게 보였고 무심결 나는 의자 뒤로 고개를 겪였다. 아주 작았지만 이번에도 나는 그 소리를 들었다. 다시 창가로 다가갔을 때 늘상 보아왔던 차갑고 축축한 바람이 거리의 아주 작은 빈곳까지 들추며 지나갔다. "빈틈이 없는 사람들이 어디 있을려구요." 맞은편 옆 건물 2층 창문 밖으로 길게 삐져 나온 분홍빛 커튼이 아무도 보아 주지 않아 섭섭하다는 듯 부드럽게 움직이고 있었다. "내버려두세요. 뭐든지 시작하고 있다는 것은 아름답지 않습니까?" 그는 깜빡 잊었다는 듯이 캐비닛 속에서 장갑을 꺼내면서 덧붙였다. "아니 그냥 움직이고 있는 것일지라두 말이죠." 먹다 버린 빵쪼가리가 엄숙한 표정으로 할 수 없지 않느냐는 듯 나를 조용히 바라보았다. 어둠과 거리는 늘상 보던 것이었다. 나는 천천히 일어나 천정에 대고 조그맣게 말했다. "나는 압핀처럼 꽂혀 있답니다." 그가 조금 전까지 서 있던 자리에는 무엇인지 알 수 없는 희미한 빛깔이 조금 고여 있었다. "아무도 없을 때는 발소리만 유난히 크게 들리는 법이죠." 스위치를 내릴 때 무슨 소리가 들렸다. 내 가슴 알 수 없는 곳에서 무엇인가 툭 끊어지는 소리가 들렸다. 아주 익숙한 그 소리는 분명히 내게 들렸다.

_기형도, 「소리」, 앞의 책, 118-119쪽.

마치 무슨 기묘한 초현실주의 그림처럼 쓰인 이 시는 나를 매혹한다. 결국 이 시는, 사용된 수법이 전혀 다르기는 하지만, 「집시의 시집」, 「먼지투성이의 푸른 종이」, 또는 「숲으로 된 성벽」이나 「포도밭 묘지」 연작들처럼 어떤 "놀라운 보편"(69쪽)에 대한 "끝을 알 수 없는 질투심"(68쪽)에 부추겨져 씌어졌을 것이다. 그러나 나는 순박한 농부의 시 같은 "집시……" 등 보다는, 대개는 시인이 몰이해를 두려워해 생전에 발표하지 않은 듯한 인용시 계열의 시들이 기형도의 본령이었다고 생각한다.

"굳은 빵쪼가리", "압핀"의 딱딱함은 숫자 3과 (시든) 꽃, 그리고 "툭 끊어지는" 소리가 암시하는 죽음의 주제 주위로 수렴하는 이미지들이다. 이 시에는, 그의 다른 모든 시들에서 그렇듯 물이 부재하고 있다. 3층에서 "시들은 푸른 꽃"이 떨어진다. 푸른색은 기형도에게서, 다른 많은 시인들과 화가들에게 그렇듯이 태초의 순수성을 상징한다. 그 시든 꽃은 사물마다 각각 가지고 있는 어떤 죽음의 그림자를 닮아 있다. "그"는 누구일까. 물론, 내면의 존재이다. 그는 마그리트Maguerite의 그림에 등장하는, 한 번도 그 얼굴을 드러낸 적이 없는 뒷모습[20]만을 보이는, 검은 실크햇을 쓴 타자 *Autre*이다. 시인처럼 사물들에게도 "엷은 그늘이 (……) 붙어" 있다. 즉, 이중화되어 있다. 그 검은 존재는 어떤 의미에서는 저승사자이다. "할 수 없(이)" 따라가야 하는 존재, "소리"로만 존재하는 '아무도 아닌 자의 나라*no man's land*'에서 온 자. 그가 "장갑"을 챙기는 이유는 자명하다. 그는 내면의 제의를 집전하는 제관이기 때

---

20   많은 문화권에서 '뒷모습'을 보이는 것은 특히 예의에 어긋난다고 생각된다. 왜냐하면, 그것은 숨겨져 있는 자아의 뒷면(아주 잔인한 면모를 가지고 있는 달의 보이지 않는 반쪽과 같은 본성을 가지고 있는)과 관련이 있다고 생각되어졌기 때문이다. 터키의 여인들은 남자들 앞에서는 물론이고 여자들끼리 있을 때조차 절대로 뒷목덜미를 가린 수건을 벗지 않았다고 한다. 마그리트의 뒤돌아선 남자는 자아의 숨겨진 반쪽의 재현이다. E. Harding, *Les Mystères de la femme*, Payot, 1976.

문이다. 의관을 차려입지 않으면 안 되는 것이다. 장갑은 그 어느 복장보다도 더욱더 엄숙한 예식을 위한 소품이다. 이 내면의 제의는 당연히 초역사적이다. "묵은 신문들"과 일단 시간적 행진을 멈춘, 그리고 시인에 의해 하루만큼 뒤로 돌려진 시계바늘의 이미지가 시간의 가역성可逆性을 표현한다(게다가 의자 "뒤"로 고개를 꺾는 시인의 섬세한 연출!). "어디"로 가느냐고 시인은 묻지만, 그는 이미 이 내면 여행에서 "어디"가 아무 의미도 없다는 것을 알고 있다. 그는 "대답을 들을 필요조차" 느끼지 않는다. 그 내면여행은 도처*partout*로의 여행이며 무소無所*nulle part*로의 여행이기 때문이다. 이 여행의 방향은 빛의 반대편, "스위치를 내(리는)" 쪽이다. 그 여행의 스폰서는 변화하는 천체인 달이다. 이 여행의 야상적 가치는 우주의 영원한 순환 법칙에 기대고 있다.

    변화하지 않는 것은 변화뿐이지.
                             _기형도, 「나무공」, 앞의 책, 99쪽.

  시인은 그 가치를 위해서 낮의 생활 방식에 X표를 치고 다른 가치를 찾아 떠난다. 그는 달의 여신의 보호를 받는 존재인 것이다.

    그대여. X자로 단단히 구두끈을 조이는 양복
    소매끈에서 무수한 달의 지느러미가 떨어진다
    떠날 사람은 떠난 사람, 그대는 천국으로 떠난다고
    장기 두는 식으로 용감히 떠난다고
    짧게 말했었다. 하늘 나라의 달.
                          _기형도, 「비가 2 — 붉은 달」, 앞의 책, 105쪽.

  나는 "아무도 보아 주지 않(는)", 존재 바깥으로 펄럭이고 있는 듯한 커튼과, 바늘을 "뒤"로 돌리는 행위와 "헛일"을 겹쳐 읽는다. 존재 "바깥"으로 빠져나가려는 시도는 분명히 "헛일"이다. 그것에 성공한 인간은 아무도 없다. 그러나 "그"는 "내버려두라"고 이야기한다. 아름답지 않느냐고. 그렇다, 인간을 가장 인간답게 하는 것은 바로 그 "헛일"을 할 줄 아는 능력 때문이 아닐까. 그 "헛일"은 "장기를 두는" 것처럼 무모한 내기인지도 모른다. 그러나 어떻게 달리 존재를 풍요롭게 하는 '물'을 얻어낼 수 있는가. '신비'의 법칙은 '참여'이다. 우리는 우리 자신을 저당 잡혀야 한다. '치고 빠지기' 전법, 단기 차익을 노리는 증권투자식 얌체 전략으로 우리는 절대로 우리 바깥으로, 또는 우리의 아주 깊은 내면의 '달'의 영역으로 갈 수 없다.

기형도의 테트락티스는 3층에서 끝났다.[21] 가엾게도, 그는 물을 불러낼 수 없었다. 그것은, 시대의, 한가하게 가볍게 자유롭게 내면의 물이나 퍼내게 허락하지 않는 무거움에 대답하기 위해서였다. 오, 리라를, 4현금[22]을 빼앗긴 어두운 시대의 시인, 그대는 그대 밖으로 걸어 나가 버렸다. 그러나 그대의 시는 우리에게 '물'이다. 왜냐하면, 그대의 치열함 덕분에 아직도 이 사막에서 우리는 물을 노래할 용기를 또다시 얻기 때문이다.

한때 너를 이루었던 검고 투명한 물의 날개로 떠오르려는가.
나 또한 얼마만큼 오래 냉각된 꿈속을 뒤척여야 진실로 즐거운

---

21 3층에서 끝난 테트락티스의 한 가지 예만 더 들자. 프랑스의 현대작가 미셸 투르니에의 단편소설 「트리스탕 복스」는 현대인의 자기동일성 추구의 실패를 다루고 있다. 트리스탕 복스라는 방송매체에 의해 만들어진 유령놀이에 한몫 거들던 플라비 양은 그녀가 기어든 놀이가 걷잡을 수 없는 방향으로 전개되고 있다는 것을 깨닫고 3층에서 투신자살한다. 그날 이 소설의 주인공인 디제이 로비네의 밤참이었던 네 마리의 메추라기 고기는 오븐 속에서 새까맣게 타버린다.
22 피타고라스학파에서 사용하던 리라는 네 개의 현을 가지고 있었다. M. Ghyka, 앞의 책, p. 16.

액체가 되어 내 생을 적실 것인가. 공중에는 빛나는 달의 귀 하나 걸려 고요히 세상을 엿듣고 있다

_기형도, 「이 겨울의 어두운 창문」, 앞의 책, 65쪽.

이제하의 「유자약전」은 한국문학에서 가장 귀여운 여자를 만드는 데 성공했다. 모든 예술가들의 여성 추구가 거의 그렇듯이 "유자" 역시 유령이다. 그녀는 존재하지 않는다. 그러나 그 '부재'의 여인은 이 미술 전공의 작가의 펜 끝에서 또는 붓 끝에서 얼마나 아름답게 태어나는지.

이제하의 아니마는 놀랍도록 4의 상징성에 익숙하다. "유자"에 관한 것은 거의 언제나 4의 숫자와 관련되어 있다. 그녀는 주인공 지섭의 "네 번째 여자"(이제하, 「임금님의 귀」, 『문학사상』, 1998, 197쪽)이며(그러나 그녀는 범속한 의미에서의 "그의" 여자가 아니다. 그녀는 결혼해서 이혼까지 했지만, 분명히 "처녀" — 고대적인 의미에서 — 이다.[23] 지섭은 그녀를 사랑하지만, 그녀와 관계를 갖지 않는다) 초등학교 4학년이 되도록 학교에 가본 적이 없으며, 그녀에 대한 환상은 언제나 숫자 4를 중심으로 전개된다. 이 '나른'한 여자는, 이런 용어가 허용된다면, 매우 '자궁적'이다. 그녀의 유방은 "벽"이지만, 엉덩이는 유난스럽게 발달해 있다. 앞서 이야기한 영화의 두 연금술사들처럼 말한다면, 그녀는 "아래"가 괜찮은 것이다. 또는 작가 자신의 말을 빌어 이야기하면 "뒤는 괜찮(은)"(188쪽) 여자이다. 그녀가 작가의 존재의 "아래", 즉 낮의 표면으로 떠올라와 있는 의식의 자아가 아니라 숨겨져 있는 밤의, 무의식의 자아라는 것은 아주 여러 대목에서 확인된다. 그녀는 밤낮으로 잠만 잔다. 그러나 그 '잠'은 그녀의 존재방식이다. 그녀는 '원

---

[23] E. Harding, 앞의 책, 제8장

쪽'으로 살아가는 방식의 화신이다. 융은 무의식이 언제나 '왼쪽' 방향을 선택하는 것을 보여 준다. 그에 의하면 '오른쪽'은 의식적인, 사회적으로 인정받는 기존 가치들의 방향이며, '왼쪽'은 내면의 무의식적이며 개인적인 가치들, 또는 사회에 의하여 인정받지 못하는 소수의 방향이다. 영적인 환기력을 가지는 제의적인 행동들은 거의 언제나 '왼쪽'의 방향을 택한다. 유자가 지섭의 아틀리에에 온 지 7개월 때 됐을 때, 그녀는 이혼한 남편으로부터 전화를 받는데, 느닷없이 "여태까지 자연스럽게 쓰던 그녀의 표준어가 더듬거리며 사투리로 바뀐"(194쪽)다. 부산 출신인 그녀가 그녀의 토속어로 말하는 통화내용은 엉뚱하게도, 그리고 흥미롭게도 '달'에 관한 내용이다.

> "아 아닙니다……왼쪽 발입니다."
> 그러고는 잠시 간격을 두었다가,
> "왼쪽 발입니다."
> 다시 한참 있다가 또,
> "왼쪽 발입니다."
> 그런 똑같은 소리를 나중에는 나른하게 대여섯 번이나 되풀이하고 있다.
> _이제하,「유자약전」, 194쪽.

이 이상한 통화내용에 대해서 묻자, 유자는 "달에 착륙하면 왼발인가, 오른발인가"하는 대화였다고 대답한다. 이혼한 남편은 "오른발"이라고 대답했다고 한다. 그는 아폴론의 후예답게 드러난 환한 지성의 방향을 택한다. 그러나 유자를 지배하고 있는 것은 달의 여신 아르테미스이다. 유자는 자신의 토속어로 "왼쪽"이라고 분명히 자신의 세계를 옹호한다. 재미있는 것은 그것이 어떤 논리적 판단이나 이성적 추리가 아니라 어떤 자연발생적인 직관에 의해 획득된 지식처럼 묘사되고 있다는 점이다.

>   (……) 내가 말했다
>   "넌 어째서 왼발이라고 했어?"
>   그녀는 관심 없는 무심한 눈길을 내게 돌렸다.
>   "왼발이 아녜요?"
>   하고 유자는 되레 그렇게 묻고 있는 것이다.
>   _이제하, 위의 책, 195쪽.

그러고 나서 막바로 이 천진한 여인에 대한 환상이 이어진다. 그것은 온통 '달'과 4의 상징성으로 가득 차 있다.

> 네 명의 발가벗은 똑같은 유자가 길을 가고 있다. 길은 옛 산수화 속에 있는 그런 길, 거기서 이어진 길, 고풍한 병풍 속에서 잡아 뽑아낸 그런 길인데, 드디어 그 길 위에 아스팔트가 깔리고 그것마저 햇빛에 바래져서, 부여스름한 황토 빛으로 탈색된 그런 길이다.
> 그 길이 완연한 파고波高처럼 꾸불거리며 횡단하다 정지해 있고, 그 위를 아무것도 모르는 4명의 유자가 열심히 걷고 있다. 주위의 풍경은 천연색 사진처럼 선명하고 울긋불긋하고 조잡하다. 꾀꼬리마저 운다. 그리고 그 꾀꼬리가 풍경 한복판을…… 기류氣流 같은 노랑색의 줄을 꽁무니로 그으며 날아간다. 새는 풍경 속에 정착하지 못한다. 풍경이 철저하게 평면이기 때문이다. (……) 4명의 유자는 그것만 똑같이 발달한, 튀어나온 엉덩이를 흔들면서 종종걸음을 친다. 베이지색의 크고 둥근 달이 천천히 떠오른다. 달은 오른쪽 동산에서 떠서 서쪽 구릉으로 서서

히 넘어가기도 전에 풍경 한복판에서 가뭇없이 스러진다. 4명의 유자가 깜짝 놀란 듯이 똑같이 걸음을 멈춘다. 첫 번째 유자가 갑자기 공중으로 떠오른다. 그녀는 등에 멘 정체불명의 상자를 흔들며 달이 스러진 곳까지 곡선을 그으며 날아가서, 거기에서 정지한다. 그리고는 태아처럼 허리를 꼬부린다. 두 번째 유자는 길을 잃고 갈팡질팡하다 돌아서서, 기를 높이 추켜든다. 세 번째 유자는 그물을 넓게 멀리 멀리 펼쳐 던지고 총탄세례를 받은 듯이 쓰러져서, 곤충처럼 경련한다. 네 번째 유자는 보이지 않는다. 그녀는 땅에 살을 박고 옴짝도 않는 박쥐우산 뒤에 숨어 있는 것도 아니고, 어디로 도망쳐 버린 것도 아니다. 그저 보이지 않는다. 어디선가 거대한 짐승의 포효하는 소리가 들린다. 풍경이 텅 빈다……

4명의 유자가 구성하는 평면의 4방위 위로 솟아오르는, 작가가 평면인 화폭에 묶어둘 수 없는 꾀꼬리는 연금술사들이 4원소에서 추출해 낸 캥테상스*Quintessence*(다섯 번째 에센스라는 뜻. 오늘날에는 정수精粹라는 뜻으로 쓰이고 있다)의 상징성에 합류한다. 그것이 "새"인 것은, 말할 필요도 없이 그것이 가장 순결한 영성의 상징이기 때문이다. 그 "노란"[24] 꾀꼬리는, 죽음의 침입에 의해 베이지색으로 바뀐 '달'의 이미지에 결합한다. 이것은 조금도 미스터리가 아니다. 이제하처럼 아니마가 발달한 작가는 자기도 모르게 몇천 년 전의 신화적 이미지들을 내면에서 발견하기 때문이다. "새", 특히 비둘기는 달의 여신과 짝을 이루고 있는 새이다. 하딩이 바빌

---

[24] 이 노란색은 연금술사들이 그들 작업*Opus*의 최종목표로 삼았던, 가장 고결한 영혼을 상징하는 '황금'의 상징주의에 완벽하게 겹쳐진다. '달빛'의 상징이었던 달새 — 꾀꼬리는 대표적인 밤새이다*oiseau nocturne* — 로서 이 꾀꼬리는 승화된 유자, 승화된 에로스를 상징하고 있다.

로니아의 달의 여신이었던 누아Nuah의 헤브라이즘의 가부장적 변형이라고 생각하고 있는 창세기의 노아는 대홍수가 끝난 뒤, 비둘기를 내어 보내 물이 빠졌는가를 알아본다.[25] 그것은 달빛의 화신이다. 유자가 들고 있는 상자, 기, 그물, 박쥐우산들도 모두 흥미로운 상징물들이지만, 그것에 관한 자세한 해석은 다음 기회로 미루기로 하자. 다만 여기서는 그것들이 모두 '달'의 상징성과 관계가 있다는 것만 밝혀 두기로 하자. 달의 진행방향의 묘사도 흥미롭다. 하필 "오른쪽에서 서쪽"이라고 표현된 것일까. 이 "왼쪽으로 가는" 존재, 유자는 달이 가장 높은 곳에 왔을 때(그녀의 성씨가 절정의 상징성을 가지고 있는 "남南"씨인 것에 주목하자) 달에 합류한다. 말하자면 그녀의 존재는 가장 절정에 이른 '달'과의 합일에 의하여 가장 완벽하게 성취되는 것이다. 정신분석학자들처럼 메마르게 말한다면, 그녀는 바로 작가 안에 존재하는 달의 소질, 또는 여성적 경향인 아니마의 육화肉化이다. 그녀는 "태아"로, 새로운 존재로 변형된다. 이 달과 연관된 '부활'의 주제는 전혀 새로운 것이 아니다. 달은 그 죽었다 다시 태어나는 특성 때문에 모든 부활신앙의 원형이 되고 있는 것이다. 그 유자는 죽어서 완성된다. 즉, 형태의 범주를 뛰어넘는 지점에서 그녀는 진정하게 존재하기 시작하는 것이다. 그녀는 있지 않다. 그러나 그렇다고 해서 없는 것도 아니다. 그녀는 보이지 않을 뿐이다. 그녀는 있거나 없다. 이를테면, 그녀는 그림자처럼 존재한다. 존재의 변경? 그 네 번째의 존재는, 어떤 짐승의 울음소리처럼 우리의 내면에 존재한다. 밤에 고요히 홀로 있을 때, 우리는 그 소리를 듣는다. 어떤 부름…… 어떤 전율…… 어떤 예감…….

---

25 E. Harding, 앞의 책, p. 115, 창세기 8장 8절.

그 네 번째의 존재 없이도 우리는 잘 살아갈 수 있다. 어떤 이들은 그렇다. 그러나 이를테면 영화 「세 남자와 아기 바구니 *Trois hommes et un counffin*」가 보여 주는 것처럼, 멀쩡하게 '잘 먹고 잘 살며' 충분히 행복해 하던 사람들도 어느 날 갑자기 무의미 속으로 내던져진다. 이 영화의 숫자 4는 우연한 선택일까? 그 아래에는, 영화의 표면적 의도와는 다른, 무의식으로부터 자발적으로 분출하는 어떤 심리적 요소들이 숨어 있는 것은 아닐까?

우선 세 명의 동거인들이 모두 남자 독신자라는 점을 염두에 두어야 한다. 그들은 모두 좋은 직업을 가지고 있으며, 데이트도 하고 충분히 행복하게 살아가고 있다. 그러나 어느 날 모든 것이 뒤죽박죽 되어 버린다. 마리라고 하는, 그들 동료 중의 한 사람의 아기가 들이닥친 것이다. 아기가 하필 남자 아기가 아니라 여자 아기라는 것도, 또 하필 이름이 마리라는 것도 모두 흥미로운 의미를 가지고 있다. 영화가 표면적으로 표방하는 것처럼, 그것이 단순히 아기 낳기를 꺼리는 젊은이들에게 보내는 메시지만을 감추고 있다면, 주인공들이 모두 남성이어야 할 이유도, 또 아기가 여자 아기여야 할 이유도 없는 것이다. 마리 Marie는 마리아의 프랑스식 표기이다. 그녀는 요컨대 '여인 중에 가장 축복받으신 이'인 마리아, 모든 여성의 대표이다. 또는 그것이 우리 식이었다면 '영이' 쯤이 가장 흔한 이름일 뿐이라고 이야기한다 해도 달라지는 것은 아무것도 없다. 그녀는 어쨌든 3의 세계에 밀고 들어간 4번째의 존재, 정관사를 붙여 표기되는 여성 *La Femme*인 것이다. 그녀가 등장하면서 벌어지는 모든 해프닝은 단순한 영화적 장치에 불과하다. 중요한 메시지는 다른 곳에 있다. 마리의 아버지가 파일럿이라는 사실도 무의미하지 않다. 비행기는 가장 세련된 문명의 이기이며, 그것을 조종하는 파일럿은 대지에서 가장 멀리 떨어져 있는 자인 것이다. 그가 마리를 일부러 유기한 것이 아니라는 사실을 우리는 염두에 두어야 한다. 현대인은 다만 저도 모르게 그 네 번째의 존재로부터 멀리 떨어졌을 뿐인 것이다.

아기의 어머니가 나타나 아기를 찾아가 버리자, 세 남자는 갑자기 밀려오기 시작하는 삶의 무의미 앞에 노출된다. 그들은 데이트가 시들해진다. 그들에게 모자라는 것이 단순히 육체적 에로스에 불과한 것이었다면, 그들의 변화는 설명되지 않는다. 여성성의 진정한 의미는 성적 에로티시즘이 아니다. 마리가 떠난 뒤 그들은 서로에게 묻기 시작한다. "야, 임마, 넌 왜 사는지 아냐?" "몰라, 새꺄, 넌 아냐?" 그러고 나서 우리는 마리의 아버지의 아주 흥미로운 행태를 목격하게 된다. 그는 갑자기 임신부의 흉내를 내기 시작하는 것이다. 자연으로부터 떨어져 불모성에 시달리는 현대인의 삶. 그건 웃을 일이 아니었다. 마리가 돌아온다. 세 남자는 신이 난다. 영화는 마지막 장면에서 가장 흥미로운 메시지를 전한다. 마리의 엄마가 마리가 쓰던 침대 안에 들어가 쪼그리고 손에는 엄지손가락을 물고 잠들어 있는 것이다. 여성이라고 해서 그 4의 존재의 소질을 저절로 가지고 있는 것은 아니다. 현대의 여성들은 그녀들 역시 현대의 남성들처럼 대지에서 멀어져 있는, 엄마가 모자라는 존재인 것이다.

이 여성성의 결핍은 요즘 '잘 나가는' 만화가들에게서도 한결같이 발견된다. 김수정의 '둘리'도 엄마가 없고, 이보배의 '하니'도 그렇고, 이상무의 '독고탁'에게도, 이현세의 '떠돌이 까치'에게도 엄마가 없다. 둘리도, 하니도, 까치도 한결같이 엄마를 찾아 헤맨다. 그것이 얼추 6·25를 전후해서 태어난 이들 작가 세대가 가지고 있는 어떤 기아棄兒 콤플렉스에 연결되어 있을 수 있다는 가정을 세울 수도 있다. 그러나 그것은 어떤 보다 보편적인 결핍증상의 징후일 수도 있다(게다가 그들의 청년기인 7-80년대에 그들은 얼마나 무지막지한 사회적 아버지의 억압을 받았던가).

'떠돌이 까치'는 그 까치머리에서부터 이미 모성 이미지와의 연관성을 드러낸다. 새둥지는 가장 모성적인 상징들 중의 하나이다. 게다가 그 까치의 흰색과 까만색의 어울림은 이 작가가 어떤 숨겨진 밤의 가치를 낮의 가치 곁에 나란히 가져다 놓으려고 시도하는 것은 아닐까 하는 가정을 하게 한다. 「야수의 전설」은 바로 그러한 시도를 표면적으로 드러낸 작품이다.

프로타고니스트 까치 곁에는 안타고니스트 마동탁이 따라붙는다. 마동탁은 모든 점에 있어서 '까치'와 대비되는 존재이다. 그는, 까치의 부스스한 머리 대신 짧게 깎은 단정한 머리모양을 하고 있으며[26] 까치의 크고 둥근 눈 대신에 안경을 쓰고 있다. 그 안경은 표면적으로는 공부 잘하는 부잣집 아들의 소품인 것처럼 보이지만, 내가 보기에 그것은 보다 깊은 의미를 가지고 있는 상징적 도구이다. 나의 가정은 그가 까치와 엄지를 두고 다투는 성적 라이벌이라는 점에서 출발한다. '엄지'는 명백히 부재하는 어머니를 대신하는 존재이다. 그녀의 이름이 음성학적으로 '어머니'를 닮아 있을 뿐 아니라, 까치는 강가에 엄지와 나란히 앉아 그녀가 그의 어머니를 닮았다고 직접 이야기하기까지 한다. 그는 엄지의 손을 잡고 돌아가신 어머니의 사진을 강물에 띄워 보낸다. 그에게는 이제, 어떤 의미에서는, 어머니가 필요 없기 때문이다. 그때 지는 해가 붉게 물들이는 강물은 단지 사랑의 밀회에 적합한 로맨틱한 장치에 불과한 것이 아니다. 그 핏빛으로 흔들리는 강물은 오이디푸스적인 온갖 상징들을 동원하는 반전反戰 영화 또는 사회라는 아버지의

---

[26] 머리카락은 명백히 여성적 소질을 가진 상징이다. 남자들을 꼬이는 인어들의 긴 머리카락, 브리짓 바르도의 긴 금발머리는 머리털 — 육체의 상징적 등위성을 나타낸다. '긴 머리 짧은 치마 또는 드러난 육체'는 영원한 여성성의 엠블렘이다. 삼손은 머리카락을 잃어버림으로서 그의 특별한 능력을 상실했으며, 금욕을 신조로 하는 모든 수도사들은 한결같이 머리를 깎는다. 까치의 부스스한 머리카락은 바로 이 주인공의 여성적 성향을 나타낸다.

억압에 도전하는 영화 「더 월The Wall」에서 주인공이 뛰어드는 피 [血]로 가득 찬 풀장과 똑같은 정신분석학적 의미를 가지고 있다. 마동탁의 안경은 그의 시선을 독자들로부터 철저하게 차단하는 역할을 한다. 우리는 그가 무엇을 보고 있는지 알 수 없지만, 그는 우리를 샅샅이 훑어보고 있다. 그는 문학작품들 속에서 이따금 나타나는 장님으로 표현되는 신神의 이미지의 상징성에 합류한다. 위고V. Hugo에게 신은 장님이었다. 그의 빈 동공은 우리가 그 시선의 향방을 짐작할 수 없는 '감시자'의 눈이다.[27] 그는 도전을 허락하지 않는 강력한 아버지의 상징이다. 나는 마동탁의 차고 단단한 얼굴 뒤에서, 장님의 빈 동공의 현대판 변형인 선글라스의 상징성을 적절히 이용했던 박정희의 얼굴을 읽는다. '터미네이터', 잔인한 형 집행자는 '반드시' 선글라스를 쓴다. 그 선글라스는 막강한 힘의 상징이다. 게다가 까치는 '홈런'의 대가이다. 그는 '집으로 달려가는 자'이다. 그가 아버지의 권위를 무너뜨리고 집으로 당당하게 달려가는 순간에 엄지는 꼭 스탠드에 앉아 그를 지켜본다. 그가 아무의 방해도 받지 않고 집으로 달려갈 수 있는 힘은 바로 그녀에게서 나오기 때문이다. 또는 그녀가 없다면 그가 '홈'으로 뛰어가는 것은 아무 의미도 없기 때문이다.

흥미로운 상상세계를 보여 주고 있는 황미나의 『녹색의 기사』는 여러 가지 의미에서 여성성의 추구를 드러내는 작품이지만, 나는 더욱 직접적으로 테트락티스의 상징성을 보여 주는 단편 만화 「우리들의 고래는 어디로 갔나」[28]를 살펴보려고 한다. 이 작품은 실은 아주 단순한 스토리를 가지고 있다. 젊은 남자 셋이 ― 아마도 현대 사회에 잘 적응하지 못하는 듯한 ― '발길 닿는 대로' 여행을 떠난다. "실은(……) 해수욕장이 아닌 진짜 바다"를 찾아 그

27　G. Durand, *Les Structures anthropologiques de l'imaginaire*, Bordas, 1994, p. 101.
28　황미나, 『상실시대』, 원정, 1988.

들은 떠난다. '고래'가 그들이 찾는 '그 무엇'의 이름이지만, 그것이 일반명사인 고래가 아닌 것은 분명하다. 그들이 '누나'라고 부르는 이 만화의 주인공은 어린이용 만화를 그리는 만화가이다. 그녀는 진실한 이야기를 그리고 싶어 하지만, 잡지사 사장은 '흥행성 작품'을 원한다. 그녀는 그녀의 예술로, 콘크리트벽 속에서 고래를 찾아내려 하지만, 그것은 어림없는 이야기다. 그녀는 "애들 데리고 못 놀겠어……"라고 중얼거리다가 "그래! 나도 애다"라고 흠칫 깨닫는다. 그리던 만화를 팽개치고 구석에 쭈그려 앉은 그녀의 모습은 영락없는 태아의 모습이다(그림4). "진짜 바다"를 찾아간

〈그림 4〉

세 젊은이는 아버지의 질서에 의해 저지당한다(그림5). 먹을 것이 떨어진 누나는 내키지 않는 만화를 그려다 주고 고료를 타고, 고료를 받아드는 그녀의 어두운 얼굴 위로, "바닷가에서 세 녀석 중 한 녀석이 고래다! 라고 소리 질러서 나가 보니 고등어더라"는 대사가 오버랩 된다. 고래는 없나봐, 하고 절망하는 세 남자의 눈에 고래 모양의 구름이 들어온다. 결론 : 고래는 어디서나 볼 수 있다, 찾으려는 마음만 있다면. 세 남자는 도시에서 사과 장사를 시작한다.

〈그림 5〉

〈그림 6〉

(그림6)의 1, 2, 3의 숫자를 눈여겨보자. 4는? 이 만화의 마지막 컷인 (그림7)의 모자 속에 있다, 또는 있을 것이다(나란히 배치되어 있는 세 개의 사과를 눈여겨볼 것). 모자는 '누나'로 불려지는, 세 남자에게 결핍된 그 무엇을 감추고 있을 것이다. 왜냐하면 고래를 봤다고 겅중대며 기뻐하는 세 남자가 그 순간에 부른 것은 '누나'라는 이름이며, 고래 구름이 떠 있던 그 자리에 바로 이 모자가 떠 있었기 때문이다(그림8). 가볍게 나르는 일상의 무게와 같은 배낭들(그 배낭은 마치 우주인들의 장비처럼 둥둥 떠 있다. 게다가 그것은 선線 바깥으로 튀어나와 있다). 그리고 저 멀리 아주 시시하게 축소된 아버지의 철조망! 고래는 지금 사과장수 리어카 위에

〈그림 7〉

〈그림 8〉

있다. 게다가 사과는 이브 이래로, 그리고 아프로디테와 파리스의 전설 이래로 여성의 붉은 입술을 따라 다니는 과일이 아닌가!

4. 결론 — 질문하기의 가치

이렇게 말하면, 나는 지금까지 아폴론적인 모든 지적이며 남성적인 낮의 가치들, 인간의 선조적線條的 발전신화의 근거를 이루고 있는 부성적 질서들은 아무것도 아니다, 라고 말해 온 것인가? 그렇지 않다. 나는 다만 3시의 갈증과 더불어 질문했듯이 그것으로 충분한가, 라고 묻고 있을 뿐이다. 인류가 원시의 숲을 벗어나 도시를 건설하고, 자연을 정복해온 것은 분명히 가치 있는 일이었다. 그러나 그 가치는 이제 한계에 다다랐다. 인간의 이성과 그것의 실용적 적용인 과학이 가장 찬란한 성공을 구가하고 있는 우리의 시대는 전례 없는 위기에 직면하고 있다. 우리가 현대 사회에서 직면하고 있는 위기의 특성은 그것이 어느 지역, 어느 분야에 한정된 특수한 위기가 아니라 인간 종의 존립 자체를 위협하는 총체적인 위기라는 사실이다.[29] 인간들은 '잘 먹고 잘 살게' 된 대신에 유례없는 정신적, 영적 궁핍함에 시달리고 있다. 인간은 그 어느 때보다도 시시하고 왜소한 삶을 살고 있다. '잘 먹고 잘 살기'의 신화는 절대적인 물질적 부족은 해결했지만, 그 대신 끝도 없는 상대적 결핍감과, 망가져 치유불가능한 환경을 인간에게 안겨 주었다. 더구나 인간의 이타성에 기대를 걸었던 사회주의가 퇴조하고 물질적 부의 눈먼 추종을 부추기는 자본주의의 이기적 욕망이 전 세계를 휩쓸 기세로 휘몰아치고 있는 지금, 무엇이 인간의 어리석은 욕망

---

29 이동승, 「독일의 생태시」, 『외국문학』, 1990년 가을호, 34쪽.

에 브레이크를 걸 수 있을지 우리는 알지 못한다. 무너진 신상神像들의 자리에 인간은 황금과 과학의 거대한 우상을 세우고 기꺼이 그 노예의 역할을 하고 있다. 인간이 저절로 절제의 덕목을 발휘할 수 있을지는 미지수이다. 테크놀로지는 점점 더 가속화된 속도로 끝도 없이 오만한 달리기를 계속할 것이다. 인간은 점점 더 대지로부터 멀어져 갈 것이다. 문제는, 이 물질적 발전 그 자체가 아니라, 인간이 그것으로 인하여 행복해지지 않는다는 사실이다. 과학의 발달로 인하여 인간은 위대해지기는커녕 점점 더 왜소해지고 있으며, 권력으로부터 자유로워지기는커녕 점점 더 거대해지고 교활해져서 촘촘하게 조여 들어오는 권력의 그물에 꼼짝없이 구조적으로 갇혀 있다.

피폐한 영성의 문제는 단지 눈에 보이지 않는 '추상적'인 위기가 아니다. 그것은 인간의 인간됨을 뿌리에서부터 위협하고 있다. 중심이 와해되면서, 그동안 억압되어 있었던 심혼의 에너지가 무서운 속도로 중심을 향하여 부상하고 있다. 심혼은 가장 고상한 영역에서 가장 악마적인 영역에까지 넓게 퍼져 있다. 신플라톤주의자들은 그래서 영혼을 '여행자'의 이미지로 흔히 묘사했던 것이다. 그것은 가장 아름다울 때 가장 고결한 천사적 가치를 가지지만, 가장 타락했을 때 무서운 악마의 모습을 한다. 나는 대학 시절 어느 친구의 아포리즘과 같은 말을 늘 마음속에 간직하고 있다. "나는 내 상한上限을 알고 있어, 그것은 뻔하니까. 하지만 나는 내 하한下限에 대해 알 수가 없어. 인간은 얼만큼까지 추악해질 수 있는 것일까". 「세 남자와 아기 바구니」가 마약과 아기 마리의 문제를 한데 읽어 넣은 섬세한 의도를 우리는 읽을 수 있어야 한다. 우리가 결핍을 느끼는 모성, 또는 자연의 문제는 마약의 절도를 모르는 육체적 환희의 악마성과 아기의 순결함을 동시에 가지고 있는 것이다. 그것은 달의 여신상들처럼 절반은 까맣고 절반은 하얀 에너지이다. 그것은 성모 마리아이며 동시에 막달라 마리아이다.

그것은 없는 것이다, 라고 말해 보아야 소용없다. 범람하는 맹목적인 타락한 섹스의 추구와 마약과 폭력은 추방된 원시의 귀신들의 귀환이다. 우리가 지성의 도서관 안에서 가장 복잡하고 세련된 이론에 심취해 팔짱을 끼고 있는 동안, 서서히 '무서운 어머니'는 복권의 음모를 꾸미고 있다. 나는 괴상한 복장을 한 펑크족이 입에 가짜 젖꼭지를 물고 있는 사진을 본 적이 있다. 그 기괴한 모습은 나를 소름 끼치게 했지만, 그러나 그의 행태는 분명히 주목받을 만한 코드를 숨기고 있다. 그는 결국 그가 '애'라는 것을, 그의 괴상한 짓거리가 '어머니 자연'의 결핍의 징후라는 것을 알리고 있는 것이다. 아주 간단하게, 지성적인 인사들에 의하여, '영혼이 그렇게 중요한가?'라고 치워져 버림으로써 문제가 해결되는 것은 아니다. 고도의 지적 철학이 인생의 해결책이 될 수 있는 사람은 얼마 되지 않는다. 아직도 대중은 원시의 열광을 찾아 헤맨다. 그나마 잽싼 상업주의에 의하여 왜곡됨으로써 영혼 속을 출몰하는 천년 묵은 여우들의 진정한 의미가 드러날 가능성은 점점 더 없어진다. 가짜들이 판을 벌이고 장사를 해먹는다. 마치 달콤한 언어의 당의정으로 싸인 것 같은 유사 정신주의 책들에 대중이 열광하고, 무책임한 섹스 지상주의가 정신적인 전위처럼 대우받고, '세모' 사건과 같은 종교를 표방한, 그러나 껍데기를 벗겨보면 결국은 가장 세속적인 돈 문제인 황당한 사건이 일어나는 것을 어떻게 설명해야 하는가?

현대인의 중심은 텅 비어 있다. 그것을 채우는 것은 결국 각자의 몫일 것이다. 그러나 우리가 살펴보았듯이, 낮의 추구로 만족하지 않는 우리의 자아는 끊임없이 어떤 부재를 향해 움직인다. 그리고 그 '부재'를 재현하는 이미지들이나 상징들은 지배 담론의 눈치를 보느라 왜곡되고, 위장되어 있지만, 그러나 분명히 어떤 '종교성'을 암시하고 있다. 우리 안의 어두운 창고에 우리의 드러나지 않은 신비가 있다. 그것을 다스리고 길들여 찬란한 천사의 위치로 이끌어 올려야 한다. 그렇게 함으로써 우리는 숨겨져 있는 우리 자신과, 어쩌면 억만 년 진화의 기억을 간직하고 있을지도 모르는 우리의 자아와 조우할 수 있을 것이다. 시대의 징조를 묻는 무리에게 그리스도는 단호히 잘라 말한다. "이 악한 시대가 징조를 원하나 나는 요나의 표적밖에는 보여 줄 것이 없다."[1] 물에 빠지기 전에 물을 다스릴 줄 알게 되어야 한다. 다른 곳에서 징조를 구하지 말자. 징조는 우리 안에, 당대 안에 있다. 황폐함의 이유를 진지하게 묻지 않으면 안 된다. 황폐한 땅의 수수께끼를 풀어야 할 소명을 가진 페르스발은 자기 앞에 나타난 성배와 그 행렬에 대해 "이것들이 무엇입니까? 그리고 무엇을 의미합니까?"라고 묻지 않았기 때문에 5년 동안의 기억상실증에 걸리는 벌을 받는다.[2] 제시 웨스턴Jessie Weston이 소개하는 성배전설과 관련된 제의에는 영웅이 반드시 "이 물건들은 무엇을 의미하며 어디에 쓰이는 것인가?"라는 질문을 던지지 않으면 안 되는 제식 절차가 포함되어 있었다.[3] 그렇지 않으면 '신비'는 영원히 계속되고 땅은 여전히 황무지로 남아 있다. 우리는 지금 질문을 던지는 자들인가? 엘리아데는 이렇게 말한다.

> 그러므로 거꾸로의 탈신비화를 적용하지 않으면 안 된다. 프로이트와 마르크스는 '성聖' 속에서 '속俗'을 찾으라고 우리에게 가르쳤다. 그러나 내가 여기에서 분명히, 의식적으로, 의지적으로 선택하는 경우는, 암묵적으로, 숨겨진 형태로 비평가들이 발견해 내는 '성聖'을 '속俗' 안에서 찾아내는 것이다.
>
> _M. 엘리아데,『일기 초抄 Ⅱ』

---

1 「마태복음」, 16장 48절.
2 Chrétien de Troyes, *Perceval le Gallois ou le conte du Graal*, Stock+Plus, pp. 102-114.
3 Jessie L. Weston, *The Quest of the Holy Grail*, Bell and Sons Ltd., 1913.

그것은 우리가 비어 있는 자들임을 인정하는 일이다. 우리가 결핍의 존재라는 것을 겸손하게 인정하고, 우리가 오만하게 지배했다고 생각했던 자연에게 온당한 자리를 돌려줌으로써 우리는 비었던 중심을 지금까지와 전혀 다른, 배타적이고 독선적인 아버지의 형이상학이 아닌, 어떤 전혀 새로운 형이상학으로 채울 수 있게 될지도 모른다. 그렇게 함으로써 우리는 각자의 페르스발이 될 수 있을지도 모른다. 거대한 사회의 조그만 한 귀퉁이를 차지하는 시시한 각자가, 그러나 자신의 진정한 영성의 의미를 자각하는 각자가.

1991년

동물들의 이미지
_위대함의 소청

1. 이미지의 진단학적 가치

한 시인을 이해하기 위해서 이미지의 분석은 다른 어떤 방법을 동원할 때보다도 훨씬 더 효과적이다. 이미지는 한 시인의 작품 세계를 구성하고 있는 어떤 다른 요소들보다도 훨씬 더 시인의 '넋의 상태'를 진솔하게 드러내어 보여 주기 때문이다. 뛰어난 이미지 분석가는 작품을 깊이 읽을 줄 안다. 왜냐하면 진정한 의미에서의 이미지는 우리의 가장 내밀한 심층에서 끌어올려지는 것이기 때문이다. 이미지는 전통적, 합리주의적 입장의 사상들이 생각하는 바와는 달리 사고의 부스러기, 또는 감각의 잔상에 불과한 것이 아니라, 한 사회적 인간의 자아의 욕구와 주위 환경(생물학적, 사회적)의 객관적 소청 사이의 끊임없는 주고받기 과정의, 뒤랑Durand의 용어를 빌면 "인류학적 도정 *le trajet anthropologique*"의 산물이다. 이미지는 한 인간의 삶의 흔적이며, 그의 욕구와 좌절을 운반하는 탈 것, 세계의 기쁨과 고통에 대한 동화同化의 한 형식, 각자가 택하는

"욥의 대답의 방식"이다.

이미지가 가지고 있는 진단학적 가치는 뚜렷하다. 드즈와이유 Desoille의 '낮의 꿈*le rêve éveillé*'의 실험이나, 로르샤흐Rorschach 테스트 등의 결정적 예들을 제시하지 않더라도, 정신분석학 이후에 그것은 이야기하기에 진부하기조차 한 명제이다. 그러므로 한 시인의 세계라는 미궁 속으로 들어가기 위한 '아리아드네의 실'을 제공하는 이미지 읽기를 시간적 공간적으로 확대해 보면, 우리는 뜻밖에 아주 재미있는 결과를 만날 수 있다. 한 사회의 지배적인 이미지 읽기는 한 사회의 모습을 알게 해주는 흥미로운 단서를 제공할 수 있다. 그러나 이러한 작업은 아주 체계적이며 정치한 분석을 요구할 것이다. 이 짧은 원고는 그러한 본격적인 작업의 한 불완전하기 짝이 없는 시도에 불과하다.

이를테면 근자에 오랫동안 그 세력을 잃지 않고 있는 블랙컬러 *Black color*의 유행은 어떤 징후일까라는 의문을 가져 보는 것은 무의미하지 않다. 상당 기간 동안 검은색은 지배적인 세력을 행사해 왔고 아직까지도 당분간은 퇴조할 기미를 보이지 않고 있다. 검은색이 주조적인 패션 칼라로 떠올랐을 때, 나는 그것이 틀림없이 가죽 패션의 유행으로 이어지리라는 생각을 했다. 왜냐하면 검은색은 우리의 운명의 어두움, 또는 인간의 반쪽을 형성하고 있는 무의식의 빛깔이기 때문이다. 그 밤의 빛깔은 우리가 억눌러 놓은 우리 내면의 동물성에 가까이 다가간다. 까만색 동물 가죽의 맨질맨질한 질감이 주는 야野한 분위기는 실은 야夜한 분위기이다. 야野한 것은 야夜한 것이다. 그러므로 까만색의 유행은 우리 사회의 퇴폐화, 폭력화와 무관하지 않다. '로즈 느와르*rose noire*'라는 가죽패션 전문업체가 등장했을 때, 나는 '장미'와 '검은색'의 클리셰에 웃지 않을 수 없었다. '장미'의 붉은 빛은 야한 여성에게 주어지는 전통적인 빛깔이다. 그것이 천상적인, 낮의 여인이 아니라 지옥의, 깜깜한 밤의 여인에게 주어지는 까닭은 명백하다. 부정적으로 여가 與價된 여성은, 그녀들의 생리적인 특성으로 인하여 인류가 문화를 일구어 온 이래 줄곧 "열두 배로 부정不貞한 성性"이라고 여겨져 왔기 때문이다. 장미의 붉은 빛은 인류를 천상으로 이끌어 가는 구원의 여인 성모 마리아가 아니라 인류를 타락시킨 범죄자로서의 여성, 인류를 유혹하는 이브의 빛깔이다. 현대적인 의미의 대중신화의 심리적 투사의 대상인 여자 배우들의 입술은 그러므로 아주 새빨간 립스틱으로 장식되지 않으면 안 된다. 마릴린 먼로에게는 자신의 립스틱 빛깔을 선택할 권리가 없는 것이다.

  검은색의 세력은 의상에서 머물지 않고 전반적인 생활공간에까지 침투해 들어왔다. 의자, 장롱, 그리고 하다못해 이제는 까만색 냉장고까지 등장한 판이다. 그러나 검은색은 건디기 힘들다. 생각해 보라, 메피스토펠레스의 의상을 늘 걸치고 있기가 얼마나 힘든가. 어떻게 일 년 열두 달, 짐승으로 우글거리는 이 '위험한 영역'의 빛깔과 마주하고 있을 수 있겠는가. 검은색이 행사하는 무시무시한 밤의 매력에 항거하듯이 블랙 앤 화이트가 등장했다. 까만색에 항거하는 매우 지성적인 흰색 스트라이프 무늬들의 균형 잡기 작전. 또는 흰색 물방울무늬들의 훨씬 더 여성적이고 낭만적인 해결 방식. 까만 밤을 배경으로 아주 단정히, 얌전하게, 가장 완벽한 형태인 동그라미들이 나란히 배열되어 있는 '땡땡이'무늬의 설득력. 그리고 드디어 D전자에서는 검은색과 흰색을 적당히 범벅한 회색 전자제품 시리즈를 내어놓았다. 나도 어쩌다 얼렁뚱땅 그 시리즈의 커피포트 하나를 사고 말았지만, 그걸 들여다 볼 때마다 조금씩 기분이 나빠진다. 이건 무슨 음모인가. 뒷방에서 주물떡 주물떡 각서 따위나 주고받는 정치인들의 야합과 이 빛깔 사이에는 혹시 어떤 관계가 있는 것은 아닌가. 희지도 검지도 않은 저 어정쩡한 빛깔. 저것은 혹시 정치인들의 가짜 융합의 빛깔은 아닌가.

그래서 나는 시인들에게 돌아간다. 그들을 만나면, 나는 세계의 어디가 병들어 있는가를 안다. 시인들의 감성은 가장 정직하고 가장 비타산적이며, 게다가 가장 기능이 좋은 사회적 안테나이다. 그러므로 정치인들이여, 민심을, 또는 가장 순수한 형태의 천심을 읽고 싶으면, 힘들여 여론조사를 할 것이 아니라 동시대의 시인들을 열심히 읽으라. 그들은 가장 정직하게 시대의 아픔을 말한다. 그들은 헛소리꾼들이 아니다. 최소한 거짓말쟁이는 시인이 되지 못하는 것이다.

2. 밤의 얼굴들 — 원초적 혼돈과 사회적 타락

처음에 '동물 이미지'에 착안하게 된 것은, 『현대시세계』의 재수록 작업을 하면서였다. 갑자기 눈에 띄게 동물들의 이미지가 많이 등장하고 있는 것을 확인할 수 있었다. 온갖 종류의 짐승들이 시들 속에서 뛰어다니고 있었다. 게, 개, 하이에나, 낙타, 호랑이, 오리, 공룡, 여치……. 이 이미지 사용의 공시대적인 빈번함은 나로 하여금 이것이 어떤 객관적인 시적詩的 징후는 아닐까 하는 생각이 들게 했다. 그러나 막상 실제 분석 작업에 들어가려고 하자, 난감한 문제들이 발생했다. 우선 시간적으로 어떻게 한정 지을 것인가 하는 문제가 마음에 걸렸고, 그리고 실제 작품들 속의 동물 이미지들을 살펴본 결과, 그것들이 의외로 상당히 표면적인 수준에 머물고 있다는 것을 알게 되었다. 요컨대 그 이미지들은 거의가 상징의 수준이 아니라, 알레고리의 수준에 머물러 있었다. 알레고리의 분석만큼 재미없고 밍밍한 작업은 없다. 왜냐하면, 그것은 진정한 의미의 상징들과는 달리 작가의 의도를 투명하게 드러내어 보임으로써 비평작업의 자유를 제한시켜 버리기 때문이다. 다음에는 어떤 분류방법을 택할 것인가 하는 것이 또 문제로 제기되었다. 형태별로 분류하기에는 우리 앞에 놓인 목록이 너무 다양했다. 어떤 흥미로운 분류방법이 없을까 궁리해 보았지만, 결국 나는 가장 무난한 쪽으로 기울고 말았다. 나는 뒤랑의 "상상적 도식*schème*"에 따라 우선 추락과 상승의 두 가지 도식으로 나눈 뒤, 그 동물 이미지들이 궁극적으로 당대의 삶 속에서 어떤 의미를 가지는가를 밝혀 보이고자 한다. 시간적인 문제에 관한 한, 편의상 '최근'이라는 애매한 단서를 다는 수밖에 없었다. 그것은 사실 자료처리의 어려움 때문에 어쩔 수 없이 택해진 편법에 불과하다.

뒤랑에 의하면, 동물 이미지의 상징주의는 어떤 객관적인 자연적 관찰에 기초하고 있지 않다. 동물들이 가진 객관적인 특징은 동물의 상징주의에 있어서 절대적인 요소가 아니다. 뒤랑은 크라프Krappe의 뒤를 이어 오스트레일리아의 쿠르나이Kurnai 족의 예를 들면서 자연적 동물과 상징적 동물 사이의 차이점을 지적한다.[1] 그들에게 사냥의 대상인 동물, 즉 객관적인 인식대상은 동물인 지아크jiak이며, 전설과 옛날이야기 속의 상상적 동물들은 무크-지아크muk-jiak(멋진 동물들)이다. 이 상상적 동물들의 상징주의는 너무나 널리 퍼져 있어서 매우 애매해 보이는 상징체계를 가지고 있다. 발생 심리학자인 장 피아제J. Piaget의 보고에 따르면, 어린이들의 30가지의 꿈 중에서 아홉 개의 경우가 동물의 꿈이었다고 한다. 그런데 특기할 만한 것은, 어린이들은 더군다나 그 동물들의 대부분을 본 적도 없고, 어린이들이 가지고 노는 이미지들로조차도 접해 본 적이 없다는 사실이다.[2] 그것은 동물 이미지들이 구체적 경험과 상관없이 깊은 심리적 심층에 관계되어 있다는 것을 증명해 보이는 예이다.

---

1 G Durand, *Les Structures anthropologique de l'imaginaire*, Bordas, 1984, p. 72.
2 J. Piaget, *La formation du symbole chez l'enfant*, Delachaux et Niesle, 1976, p. 188.

뒤랑은 그러한 입장에서 출발하여, 융의 가정, 즉 '동물 상징은 성적 리비도의 형상'인 것 같다는 가정을 거부한다. 뒤랑이 융의 가정을 거부하고 동물 상징들의 의미를 다시 짚어 내는 것은 그의 상상력 이론의 근간을 이루고 있는 '상상적 도식'의 개념에 의거해서이다. 그에 의하면, 이미지들의 여가작용을 결정하는 것은 이미지들의 실사적인 측면, 즉 이미지들의 존재가 아니다. 이미지들의 여가작용은 감각-운동성의 무의식적 행위들을 이어 주고, 지배반사들*reflexes dominantes*과 상상적 재현을 이어 주는 이미지들의 동사적인 측면이다. 이를테면 태양이 긍정적으로 여가 되는 것은 태양의 '떠오름' 때문이지 태양의 존재 그 자체 때문이 아니라는 것이다. 그 예로 뒤랑은 대부분의 문명권에서 긍정적으로 여가 되는 태양이 적도지방에서는 오히려 파괴자의 모습으로 부정적으로 여가 되는 것을 제시한다. 뒤랑의 상상적 도식 개념을 따라갈 때, 그토록 끈질기게 상상 속에서 등장하는 동물 이미지들은 다름 아닌 '움직임의 도식'에 의하여 상상적으로 여가 된다. 뒤랑은 지배반사들과 상상적인 것의 체계 사이에 존재하는 상관관계를 꼼꼼히 밝혀 보이면서, 인간의 공포가 '움직임'에, 즉 시간적인 변전의 벡터에 관련되어 있는 것을 증명해 보인다. 동물은 그 '움직임'의 특성 때문에 상상력 속에서 죽음에 대한 인간의 원초적 공포를 재현하는 것이다. 그것은 '밤의 얼굴'이다. 그런데 빛이 밤의 반대편에서 존재 이유를 가진다면, 또는 빛이 어둠에 대한 승리로서의 상징적 실존을 가질 뿐이라면, 뒤랑이 멋지게 표현하듯이 "밤은 자율적인 상징적 실존을 가진다."[3] 그것은 우리가 어두운 운명을 공유하는, 죽음의 유한성에 덜미를 잡힌 채 살아갈 수밖에 없는 존재들이기 때문에 그런 것일까. 우리가 바로 깜깜한 심연에서 비롯한 자들이

---

3   G. Durand, 앞의 책, p. 69.

기 때문에? 그 어둠은 깊고 끈질기다. 어둠에 대한 시인들의 인식은 거의 선험적이다.

그 '움직임의 도식'이 부정적으로 여가 하는 이미지들의 맨 앞줄에는 바슐라르가 "덧없는, 그러나 원초적인 이미지"[4]라고 불렀던 꾸물거림이 등장한다. 그것은 달리의 그림 속에 등장하는 개미 떼들, 하드록 그룹 핑크 플로이드의 노래를 영화화한 영「더 월The Wall」에 등장하는 징그러운 구더기 떼들이다. 상상 속에서 카오스는 항상 꾸물거리는 다수성으로 재현된다. 정화진처럼 내면의 어둠에 민감한 영혼이 그것을 모를 리가 없다. 그녀에게 태초의 어둠은 이런 것이다.

> 수억의 구더기떼가 소용돌이 속으로 빨려들어가고 있다.
> 알할랄랄라이
> 랄랄랄하이하이
> _정화진,「춤」,『장마는 아이들을 눈뜨게 하고』, 민음사, 1990,
>   11쪽.

그녀의 카오스의 직관은 'ㄹ'자의 꾸물거리는 모양, 서정기가 박상륭의「유리장」에서 읽어 낼 줄 알았던 뱀의 꿈틀거리는 기호인 'ㄹ'자[5]의 시각효과에 의해 한결 더 생생하게 전달된다. 정화진의 이 '춤'은 정현종의 초월적 춤에서 얼마나 멀리 떨어져 있는가. 그녀의 춤은 카오스의 빠른 꿈틀거림, 획획 현기증 나게 달려가는 시간 앞에서 인간이 느끼는 공포의 형상화이다. 뒤랑은 이 '빨리 달리기'의 환상을 말에 태워진 채 황야로 쫓겨났다는 전설의 인물인 마제파Mazeppa의 이름을 따서 '마제파 콤플렉스'라고 부를 것

---

[4] G. Bachelard, *La Terre et les rêveries du repos*, J. Corti, 1948, p. 56.
[5] 서정기,「살 속에서 살을 넘어 나아가기」,『작가세계』, 1990, 여름호.

을 제안하고 있다. 그것은 운명의 빠른 질주에 대한 상상적 대응이다. 영웅은 언제나 빠른 자들이다. 카우보이들은 공연히 빨리 달리는 것이 아니다. 그들은 달리기에 관한 한 인간의 역량을 한참 벗어나는, 죽음의 질주를 상징하는 야생마들을 길들이는 자들이다. 악의 하수인, 세속적 권위를 상징하는 멧살라와 한판 승부를 벌이는 벤허의 종교적인 승리 역시 '빨리 달리기'의 주제 아래에서 쟁취된다. 현대적으로 변용된 영웅들 역시 빠른 오토바이, 빠른 자동차를 탄다. 서부영화에서도 영웅은 언제나 먼저 총을 뽑아 드는 자, 즉 시간의 흐름에 가장 빨리 대응하는 자이다. 정화진의 춤은 이상희의 춤에 가깝다.

> 마른 꽃대궁처럼
> 눈물이 빠져 나간 몸에
> 다른 눈물이 차오르기를 기다릴 때
> 춤을 춥니다
> 밤의 텅 빈 행간
> 시계소리 사이로
> 심장이 쿵 쿵 쓰러지고
> 녹슨 관절이
> 박수를 칩니다.
> _이상희, 「춤」, 『잘 가라 내 청춘』, 민음사, 1989, 49쪽.

심장의 쿵쿵 댐, 우리 안에서 흘러가는 죽음의 강, 그것이 이상희의 '춤'이다. 시간에 대한 비극적인 선험적 인식은 이상희라는 극도로 예민한 감수성에게서 또 다른 동물 이미지를 불러낸다. 쥐들, 몰래 갉아 먹는 자들.

<
하늘에 얼음구름
천사는 나무천사
노천극장 무대 위에서
죄많은 군중이 던지는
돌을 맞고 나의 백의는
붉어져 간다

세기말을 피해 달아나는
저 쥐들도 알다시피
이것은 얼굴을 물어뜯으며
밤을 기어 간
역사가 긴 흉몽
철새와 성자들
날아가 버린

_이상희, 「쥐들도 알다시피」, 위의 책, 66쪽.

이 시에는 죽음-어둠-쥐의 동형상징주의*isomorphisme*가 얼음과 나무의 딱딱함(기형도에게서 그토록 특징적으로 나타나고 있는)이 환기시키는 절망적 인식과, '바깥(노천극장)'의 이미지가 유발시키는 불안감과 더불어 묘사되어 있다(맨 마지막 연에 암시되어 있는 초월적 해결전망의 부재를 눈여겨볼 필요가 있다). 어둠과 쥐 사이의 동형상징주의는 다음의 시에서는 더욱더 고조된 불안감과 더불어 나타나고 있다.

내 방에 쥐를 들여보낸다
보이지 않는 손

보일 리가 없다
산파의 틀에 사지가 묶이고

　감겨지지 않는 눈
동공 위에 뛰어올라 온 쥐들
　쓰다듬을 수 없는 팔
손톱 밑을 갉작이는 쥐들
　안을 수 없는 가슴
심장을 파는 쥐들
　　　　　　　　　　　　_이상희,「쥐」, 위의 책, 41쪽.

　쥐들은 김기택의 시 속에서는 죽음을 향해 다가가는 어리석은 인간들의 모습이다.

　(……)

어둠은 편안하고 안전하지만 굶주림이 있는 곳
몽둥이와 덫이 있는 대낮을 지나
번득이는 눈과 의심 많은 귀를 지나
주린 위장을 끌어당기는 냄새를 향하여

　(……)

비닐 봉지 향기로운 쥐약이 붙어 있는 밥알들
거품을 물고 떨며 죽을 때까지 그칠 줄 모르는
아아 황홀하고 불안한 식욕
　　　　　　_김기택,「쥐」,『문학정신』, 1990년 6월호.

이 설쳐대는 죽음의 쥐떼들은 우리의 동시대의 시작품 중에서 가장 기괴한 동물도감이 포함되어 있는 최승호의 시 속에서는 조금 다른 뉘앙스와 더불어 등장한다. 그 쥐는 사실은 쥐가 아니라 쥐의 없는 뿔, "쥐뿔"이다. 최승호는 "쥐뿔"을 통해서 위기의 시대를 살아가는 우리들의 허위의식을 풍자하고 있다. 그러나 최승호의 "쥐"를 이해하기 위해서는 작가의 풍자적 의도로부터 그의 쥐를 독립시켜야 할 필요가 있다.

(……)

나를 혼란시킨 뿔쥐들,
잡으러 가면 온데간데 없고
국어사전에도 없고 동물도감에도 없는,
다행히 쥐뿔이라는 말이 있었다
쥐뿔,
그곳이 바로 사전의 구멍이었다
나는 뿔쥐들이
그 구멍으로 쏟아져 나왔다고 생각한다

(……)
_최승호, 「뿔쥐」, 『세속도시의 즐거움』, 세계사, 1990, 71쪽.

이 구절에서 나는 단순히 쥐와 구멍과의 관계만을 취한다. 자의적? 물론 그런 위험이 없는 것은 아니다. 하지만 그 위험은 한 시인의 작품 세계에서 상징들의 의미론적 구조를 읽어 내기 위해서는 어쩔 수 없이 무릅써야 하는 것이기도 하다. 최승호에게서 구멍은 뿔과 요철의 관계로 맞물려 있다(또 프로이트! 아니, 잠깐 기다리자). 그런데 최승호의 환상 안에서 뿔이 나 있는 것은 죽음이다(최승호,「뿔 돋친 벽」, 위의 책, 80쪽). 그에게 죽는다는 것은 몸에 구멍이 뚫린다는 것을 의미한다("그때는 온몸에 뿔이 박힌 채/구멍투성이로 울부짖어야 하겠지만", 81쪽, "새는[……] 구멍이 뚫린 채 떨어진다", 91쪽). 그렇다면 김현에 의해 '변기의 세계관'이라고 명명된 최승호의 시세계의 가장 커다란 특징 중의 하나인 '구덩이에 대한 공포'는 대부분의 평자들이 보고 있는 것처럼 타락한 후기 산업사회를 살아가고 있는 한 개인의 절망만은 아니다. 그것은 타락한 사회에 대한 절망이면서 또한 '살'에 대한 절망이기도 하다. 요컨대 그의 공포는 훨씬 더 근원적인 문제인 것이다. 우리가 그렇게 단정할 수 있는 결정적 단서는 그 구덩이의 공포가 실은 '털'에 대한 공포라는 사실이다.

> 죽음은 뿔과 같다, 딱딱한 것,
> 뾰족한 것, 노려보는 것, **속이 텅 빈 것**,
> 느닷없이 죽음과 마주쳐
> 처음엔 얼마나 놀랐는지,
> 증기탕에서 **털투성이 음부**를 보고
> 울어 버린 소년의 공포 그것이었다.
>
> _최승호,「뿔 돋친 벽」, 위의 책, 80쪽.

쥐는 바로 털 숭숭한 성기, 썩어 가야 하는 흉측한 살의 운명의 상징인 것이다. 다음의 시에서는 "개"라는 또 다른 죽음의 상징이 "쥐"와 "털", 그리고 어두운 구덩이의 공포에 덧붙여져 있다. "개"는 가장 흔히 등장하는 '찢어발기는 자'의 원형이다. 이집트의 아누비스Anubis 신으로부터 지옥을 지키는 머리 셋 달린 케르베로스에 이르기까지 개와 죽음은 상징적으로 아주 가까이 붙어 있다.

<

쥐치포를 입에 물고
뛰어가는 개를 본 날,
개의 날, **개털**의 날,

(……)

존재라는 말이 이미
어둠이고
구멍인데

        _최승호,「개의 날」, 위의 책, 72쪽.

 죽음의 공포는 상상력 속에서 언제나 추락의 도식을 동반한다. 뒤랑이 베흐테레프 등의 반사학의 도움을 얻어 설명하는 바에 따르면, 추락의 공포는 탄생 시에 갓난아이가 산파의 급격한 손놀림, 또는 급격한 고저차의 경험에 의하여 받게 되는 정신충격으로 인하여 강화된다. 추락은 '첫번째 공포의 경험'이다. 추락은 언제나 시간적이며 실존적인 경험이다. 최승호의「엘리베이터 속의 파리」에는 부패와 구덩이의 공포, 그리고 우글거리는 다수의 떼거리의 환상이 한꺼번에 섬뜩하게 추락의 도식과 함께 묘사되어 있다.
 이상희에게도 "개"는 죽음의 시간이다.

 이름 없는 개들
 뼈다귀가 울리도록 짖으며
 길게 쓰러진 빈 병 속을
 왔다갔다
 갔다왔다

_이상희, 「세월」, 앞의 책, 44쪽.

그러나 죽음의 직관에 관한 한, 누가 기형도를 따를 수 있었으랴, 그는 그렇게도 일찍 죽었으니……. 그는 다음의 아름다운 시에 「나의 플래시 속으로 들어온 개」라는 제목을 붙이고 있다.

그날
너무 캄캄한 길모퉁이를 돌아서다가
익숙한 장애물을 찾고 있던
나의 감각이, 딱딱한 소스라침 속에서
최초로 만난 사상, 불현 듯
존재의 비밀을 알아 버린
그날, 나의 플래시 속으로 갑자기, 흰
_기형도, 「나의 플래시 속으로 들어온 개」, 앞의 책, 12쪽.

이경림의 다음 시에는 우리가 앞서 다룬 모든 주제들이 약속이나 한 듯 총망라되어 있다.

헛간이었던지 무너질 듯 서 있던 그 집에서 나는 기다렸다 그를 기다리는 동안 문 밖에는 두런두런 낯모르는 장정들의 목소리 같은 세월이 지나갔다 금속성의 여자 목소리 같은 아이울음 같은 세월이 빠르게 지나갔다 지친 황소 울음 같은 바람소리 같은…… 애가 끓었다. 그는 어디에 있는 걸까 삼부로 빌려 줘 아냐 딸라야 컹컹컹 개 같은 세월이 짖어 댔다. 밤이 오는지 귀퉁이에 거미줄이 넓어지고 박쥐가 숨죽이고 붙어 있는 천정이 무서웠다
아 끝내 그는 오지 않는 걸까

동물들의 이미지

> 문틈으로 캄캄한 것들이 들여다보고 있었다 당신인가
> _이경림, 「유배일지」, 『현대시학』, 1990년 7월호.

빠른 움직임("딸라"이자 역시 상황의 긴박함을 표현하고 있는 것으로 보인다), 어둠과 짐승들, 마지막 줄에 환기되는 카오스의 다수성, 그리고 예견되어 있는 추락.

덤벼들어 인간을 공격하는 잔인한 식인귀의 원형으로서의 크로노스는 정화진의 시에서 가장 뚜렷하게 그 모습을 드러낸다. 그녀는 「붐비는 늑대」(『장마는 아이들을 눈뜨게 하고』, 94-98쪽)라는 긴 시편에서 추석에 빚는 송편을 늑대가 파먹은 내장으로 바꾸어 놓고 있다. 그녀의 그러한 환상의 밑바닥에는 사실은 "열나흘 달빛"이 영향력을 행사하고 있다. 달의 교교한 빛은 태양빛과는 달리 온갖 사악한 세력들을 부추기는 것이다. 어떤 이들에게 정화진의 이 시는 폭력화한 현대사회의 알레고리일 수 있다. 그러나 나는 이 시 속에서 어떤 야성의 부름소리를 듣는다. 왜소해진 우리가 잊고 있는 어떤 원시적인 전율…… 정화진의 시에는 그런 어떤 밤의 부름이 있다.

3. 퇴화된 날개 — 거부된 상승

최승호의 변기 속으로의 추락을 낚아채는 한 명의 요정이 있다. 그러나 이 황홀한 조증躁症의 날개들을 만나기 전에 우리는 아무래도 우울한 날개들을 거쳐가야만 할 것 같다. 왜냐하면, 그 우울함은, 아무리 인정하기 싫다고 해도 동시대의 우리의 얼굴표정이기 때문이다. 우리기 그것에 관해서 더욱더 이야기하지 않으면 안 되는 것은, 그것이 시대의 무거움에 참여하기 위한 시인들의 시적 결의라고 보여 지기 때문이다. 이제 황황히 육체의 어두운 동굴을 걸어 나가 버린, 오, 또 한명의 가벼움의 몽상가에게 그랬듯이 우리에게도 글쓰기는 살기의 동의어가 아닌가.

김승희는 퇴화된 날개를 가지고 하늘로, 아니면 적어도 산으로 가는 대신 시장으로 간다. 그 우울한 날개는 김승희의 시 속에 무겁게 가득 꽉 차 있다. 그녀의 "거위"는 들킬세라 숨겨져 있기는 하지만, 보들레르의 "알바트로스"의 좌절된 귀족주의의 냄새를 진하게 풍긴다.

   1
인류가 최초로 길들인 새는
거위였다고 한다.
거위가 새였다니……?
믿기지 않아. 믿을 수 없어.

내가
새였다니……?

   2
시장바구니를 들고 거리를 내려간다.
거리의 모퉁이에
수족관 가게가 있다.
동포여…… 라고 부르면
무조건 눈물이 앞을 가리는
1980년대 한국인처럼

동포여…… 부르면서

수족관 유리벽에 이마를 대고
　　나는 조금 울었다.

　　물고기들에 대한 동포애 때문에.

　　(……)
　　_김승희,「거위」,『달걀 속의 生』, 문학사상사, 1989, 19-20쪽.

　그러나 20세기 후반의 대한민국에 보들레르에게 남아 있는 자리는 없다. 보들레르의 위대한 데카당스는 김승희의 몫이 아니다. 김승희가 택하는 날개의 오만함은 죽거나 살거나 창공으로 날아 오르는 대신 "한밤에, 일어나,/촛불 아래서/짜라투스트라를 읽"(위의 책, 22쪽)으며 "짜라투스트라를 읽지 않고도/[……] 제 정신을 가지고/달캉달캉" 살아가는 "보통 사람"(23쪽)들에 대한 불만으로 표현될 뿐이다. 그녀의 그노시스주의는 그런데 왜 그렇게 갑갑하게 느껴지는 것일까. 나는 세계에 살고 있으나 이 세상에 속한 자가 아니라고 이야기하는 듯한 그녀의 행간의 메시지는 어째서 서늘한 비상으로 이어지지 못하는 것일까. 그 갑갑함은 이를테면 황지우의 다음 구절을 읽었을 때에도 내 가슴을 짓눌렀다.

　　(……)

　　우리도 우리들끼리
　　낄낄대면서
　　깔죽대면서
　　우리의 대열을 이루며
　　한세상 떼어 메고

이 세상 밖 어디론가 날아갔으면
하는데 대한사람 대한으로
길이 보전하세로
각각 자기 자리에 앉는다
주저앉는다
　_황지우,「새들도 세상을 뜨는구나」,『새들도 세상을 뜨는구
나』, 문학과지성사, 1983.

　날아오르려다 말기, 또는 못 날아오르기, 아니다. 정확히 말하자. '안 날아 오르기'는 이성복처럼 날렵한 상상력의 소유자에게서도 뚜렷이 나타난다. 그의 날개는 갈까 말까 망설이다가, 가보기도 하고 안 가보기도 하지만, 어쨌거나 결국 안 날아 오르고 말기는 했지만, 그의 안에서 초월과 탈출을 부추겼던 날개의 소질이 뚜렷이 알고 있는 것은 "여기는 아님/아님 아님/아님"(「몽매일기」,『뒹구는 돌은 언제 잠깨는가』, 79쪽)이라는 사실이다. 그런데도 이 50년대 산産 시인들은 왜 그렇게도 망설이는가.

　　(……)

　그의 목소리와 웃음과 눈짓은 흘러내린다. 집과 나무와
전봇대도 흘러내린다 그러면 아버지와 어머니와 누이도
흘러내린다 그러면 나는 날아 오른다 금요일, 목요일, 수요일,
화요일, 월요일……天國? 苦痛? 묻黙¿ 아주 높이
올라가서도 연탄 끄는 때절은, 붉은 말을 만난다 나는
말에게 큰절한다〈모든 게 힘들고 어렵다는 느낌뿐이에요〉

　　(……)

동물들의 이미지

_이성복, 「기억에 대하여」, 『뒹구는 돌은 언제 잠 깨는가』, 문학과지성사, 1981, 91쪽.

무기력하게 상실되는 시간, "흐르는 시간"(정현종 「발레」는 그 시간의 수평성에 대한 반역이다)의 끝에서 시인은 날아오른다. 말하자면, 그는 지상적인 것의 상실의 끝에서 천상적 삶의 시작의 동기를 낚아채는 것이다. 그 날아 오르기를 시간의 거꾸로 흐르기의 주제와 맞물려 놓은 시인의 섬세함을 눈여겨보라. 시간을 거슬러 올라가기, 또는 날아오르기의 주제는 천주교 교육을 받고 자란 듯한 이 시인의 잠재의식 속에서 자연스럽게 "하늘"에 있는 것으로 되어 있는 "천국"의 주제를 불러낸다. 그러나 그럴까? 시인은 조심스레 의문부호를 붙인다. 그러자 부정否定의 정신이 득세한다. 그것은 여전히 "고통"이다. 아니면 기껏 뒤집힌 시각으로 바라 보여진 뭣뿐?

그런데 그 '거꾸로 보기'는 정말 그렇게 보잘 것 없는 것일까? 이를테면 이승을 떠나기 사흘 전에 장욱진 화백의 거대한 새가 거꾸로 바라보고 있는 이 조그만 두 개의 산봉우리의 의미는 정말 그렇게 아무것도 아닌 것일까? 상상 속에서 위대함을 달성하는 것은 그렇게 나의 가난한 이웃에게 죄를 짓는 일일까? 어쨌거나 '죄스럽다'고 생각하는 것이 50년대산 시인들의 특징이다. 그들은 가족에 대한 책무로부터 자유롭지 못하다. 그 장자적 엄숙함은 박남철과 같은 전투적 해체주의자에게서마저 읽힌다.

동아일보 1991년 1월 5일자에 게재된 고故 장욱진 화백의 신년 축화.
1990년 12월 24일 타계하기 사흘 전에 작품을 완성했다고 함.

이성복은 하늘 꼭대기에서도 "연탄 끄는 때절은 붉은 말"을 만난다. 아마도 그 말은 정말로 그가 만났던 연탄 수레를 끄는 가난한 이웃의 말이었을 것이다. 그것을 부정하지 않고도 우리는 이 이미지의 인류학적 상징성을 읽어낼 수 있다. 이 이미지는 1980년대의 한국의 하늘에서 한 가난한 젊은 뮤즈가 읽어 낸 아폴론의 수레의 변용이다. 아폴론의 수레가 무엇을 의미하는지 우리는 너무나 잘 알고 있다. 그것은 태양의 궤적, 즉 천체의 시계의 신화적 해석이다. 태양의 수레를 끄는 찬란한 백마들은, 공포의 능력을 빼앗긴 크로노스, 상상적으로 축사逐邪된 죽음의 질주이다. 이성복의 시에서 생활의 힘겨움은 연탄의 검은 빛과 무거움이 상징하는 추락의 운명, 죽음의 의미에 매여 있다. 80년대의 한국의 시인은 하늘 꼭대기에 이르러서도 아폴론의 전차가 아닌, 하데스의 무시무시한 지옥의 말밖에 만날 수 없는 것이다. 삶의 어둠을 질질 끌고 가는 말, 그 말의 이미지에서 이 말의 이미지를 떠올리는 것은 지나친 비약일까?

> 어린 양이 둘째 봉인을 떼셨을 때에 나는 둘째 생물이 "나오너라"라고 외치는 음성을 들었습니다. 그러자 다른 말 한 필이 나오는데 이번에는 붉은 말이었습니다. 그리고 그 위에 탄 사람은 세상에서 평화를 없애 버리고 사람들로 하여금 서로 죽이게 하는 권한을 받았습니다. 곧 큰 칼을 받은 것입니다.
> 　「요한묵시록」6장 3-4절, 『공동번역성서』, 대한성서공회, 1981.

이성복의 말이 붉은 이유는, 그렇다. 그것이 80년대를 살아야 했던 한국 지식인들의 원죄의식에 연관되어 있기 때문이다. 군마에 짓밟히는 당대의 삶의 아픔을 두고 그들은 날아오를 수 없었던 것이다. 이성복은 당대의 아픔에게 "큰절"한다. 왜냐하면, 그는 그것이 그보다 훨씬 더 막강한 존재임을 알고 있기 때문이다.

이렇게 해서 50년대산 한국 시인들의 날개는 시인들 스스로의 검열에 의하여 억압된다. 이 억압된 날개는 김승희의 시로 우리를 다시 돌려보낸다. 그녀의 날개는 실은 잠재태의 "날개"이다. 아니, 더욱더 정확히 말하면 [(날개)]이다. 그 날개는 달걀에 갇혀 있고, 그리고 또다시 냉장고 안에 갇혀 있다. 그것은 아무런 부화의 희망도 없다. 부화되어 상승의 꿈을 부추기는 대신 그것은 "찐 달걀"이 되거나 "무섭게 달귀진 프라이팬 위에서/[……]해체되"(「달걀 속의 生·1」, 『달걀속의 生』, 93쪽)어 우리의 일상의 삶에 에너지를 제공할 뿐이다. 그러나 그녀는 그 닫힌 방에 숨겨져 있는 상승의 꿈을 포기하지 않는다.

> 그대, 푸른 접시 위에,
> 내일 아침
> 금빛 계란 후라이 하나가
> 담겼는가. 지붕 위로 푸득거리며 날아가는
> 황금빛 금시조 한 마리를 보았는가.
> 그러면 그대, 그때 꼭 한 번 더,
> 나의 안부를 다시 물어 주게.
>
> _김승희, 「달걀 속의 生·3」, 앞의 책, 98쪽.

잠재태의 (날개)에의 믿음을 가지고, "결박 속(109쪽)"에서 "신시神市(100쪽)"의 도래를 기다리는 시인의 꿈은 무참하게 프라이된 달걀 속에서마저 금시조의 전설을 불러낸다. 아, 시인이란 얼마나 오만한 자들인가. 김승희는 달걀 프라이에서 솟아오르는 금시조가 자기의 지기知己임을, 자기와 "안부"를 주고받을 만큼 친밀한 존재임을 슬며시 알리는 것이다.

김승희의 환상은 배광훈의 시 속에서 더욱더 아름답게 묘사되어 있다.

> 난 그날 저녁의 밥상에 관해
> 조용히 얘기하련다
> 콩나물 무친 것과 깻잎 장아찌
> 김치, 감자를 넣고 끓인 된장국
> 그 무엇보다 조용히
> 〈구운 고등어〉 한 마리에 관해서.
>
> (……)
>
> 그렇다, 빙 둘러앉은 우리 앞에서
> 우리가, 평생의 소금을 뿌리고 구운 고기가
> 갑자기 〈비행접시〉처럼, 천천히
> 밥상에서 날아…… 가기 시작했다.
> 놀라 일어선 우리들이
> 젓가락을 손에든 채, 날아가는 고기를 따라
> 얼마나 〈머나먼 곳〉으로 떠나갔던지
>
> (……)
>
> _배광훈, 「구운 고기는 날아갔다」, 『현대문학』, 1990년 9월호.

마치, 세계를 상징하는 원탁 주위에 둘러앉아 있던 원탁기사들 앞에 풍요와 순결한 영성靈性의 원칙으로서 나타나곤 했다던 성배聖杯 전설의 장면을 떠올리게 하지 않는가. 우리의 쓰라린 삶처럼 짜게 절여진 간고등어는 느닷없이 일상의 풍경을 떠나 경이

*Le Merveil*의 영역에 편입되는 것이다. 왜 하필 떠오른 반찬이 생선인가 하는 점에 대해서는 다음 장에서 다시 언급하도록 하자. "비행접시"처럼 떠오른 생선에 대해 식구들이 느낀 경악은 말없음표……에 집약되어 있다. 이 샤갈적인 풍경은 정남식의 껄끄러운 언어 속에서 또 다른 분위기를 얻는다.

    (……)

    호 호 호 하
    따뜻한 겨울, 눈에 눈 : 내리는 사람들은
    눈 : 물을 받으리라 처마, 눈썹에 똑똑 떨어지리라
    눈에서 물 딱정벌레가 왔다갔다, 하리라
    이 날, 나는 이해, 끝날을, 폭소처럼
    결국 끝장내지는 못했다
      忘年會 忘年, 망년……망할 년 같으니……잊으리라 무너지
리라
    저녁상. 갈치. 놀라 튀고
    아가리. 갈가리. 찢어지는
    아아아악
    아버지 아
    아버지 버지
    아버지 버지버지
       가
    어머니 어
    어머니 머니
    어머니 머니머니
       의

목을 잠그고 계셨다 잠그고
계셨다 계시었다 계시고 있었다 계시고 있었습
니다 있 었 습 니 다 아버지 아버님 나의
사랑하는 자부님 이 개망나니야!

먼지처럼 아버지를 털어내고 나는. 나와의 망년회도. 턴. 이
밤
어머니와 함께 누울 잠자리 잠자리를 잡았다
날아가는 날아다니는
날……날개
……나는……
……왜……나는……이 쥐구석에서도……모든 것을 다……이
해한다고……고개를, 눈빛 槍날을, 세웠는지
　　　_정남식, 「1987 끝날」, 『시집』, 문학과지성사, 1991.

 수수께끼 같은 이 시는 80년대 시의 해체형식을 한결 더 밀어붙이고 있다. 도대체 헛소리처럼 보이기만 하는 이 시의 언어유희와 뒤틀린 말투 사이사이에는 그러나 해독 가능한 암호들이 숨겨져 있다. 흐흐 웃음소리는 한 해의 마지막 날 흩날리며 떨어지는 눈의 의성어이다. 시인은 망년의 주제를 흩어짐의 주제에 덧붙인다. 그 흩어짐은 "갈가리 찢어지는" 갈치 아가리의 이미지로 더욱 공격적으로 증폭된다. 그러나 망년의 주제, 이 "망할 년"의 한해살이, "끝장내"어야 마땅한 늙은 시간의 해체전략은 정남식의 고유한 발상은 아니다. 인류는 오래 전부터 세시歲時풍속을 통해 시간의 가역성과 싸움을 벌여 왔던 것이다. 새로운 시간의 재생을 목표로 하는 모든 신년제는 낡은 시간의 가치에 대한 전면적인 부정을 앞세운다. 새로운 탄생은 회복된 카오스를 전략적으로 요구하는 것이다.

정남식의 시에서 이 회복된 카오스는 전 세계의 모든 신화적인 태초가 그렇듯이 수성水性 이미지로 구성되어 있다. 이 녹은 눈：의 카오스는 무질서한 꾸물거림, 엘리아데의 용어를 빌면 '비현시태 非顯示態'의 다수의 잠재적 존재양태를 상징하는 '딱정벌레'의 이미지를 동반한다. 늙은 시간에 대한 적의는 식인귀의 원형인 크로노스를 대행하고 있는 듯한, 에로스의 원칙에 대한 우위를 점함으로써 사회의 지배질서로 등장한 로고스의 원칙, 역사적 불가역성의 시간, 총체성의 파괴자인 아버지에 대한 적의로 이어진다. 오이디푸스적 색채 역시 진하다. 마치 말해서는 안 되는 것을 말하는 듯이 더듬거리며 시인이 전하는 아버지에 의한 어머니 교살의 이미지, 그리고 이어지는 "어머니와 함께 누울 잠자리"가 그것을 증명한다. 그러나 그것을 인정하더라도 우리의 해석이 크게 달라지는 것은 아니다.

시인이 먼지를 털 듯이 털어 낸 그 아버지의 질서, 아버지에 의하여 교살될 뻔한 어머니의 질서는 바로 상승, 무게에 대한 승리로 이어지기 때문이다. 어머니에의 귀환은 그러므로 신생新生에의 희망, 밥상에서 놀라 튀는 죽은 갈치의 이미지가 전하는, 삶의 "쥐구석"으로부터의 탈출과 동의어이다. 어머니와 누울 "잠자리"를 재빨리 날아다니는 "잠자리"로 바꾸는 시인의 기민성은 그러므로 금지된 욕망을 말놀이로 위장하는 빤히 들여다보이는 술책 이상의 가치를 가지고 있는 것이다. 마치, 이걸 잘못 말했다간 아버지에게 잡혀갈지도 몰라, 라고 말하듯이 아주 조그만 목소리로, 나는 다 안다, 라고 말해 놓고, 갑자기 벌컥 "눈빛 창槍날을 세웠"다고 "고개"를 들고 큰 소리로 선언하는 이 전언을, 이 시대의 숨통을 조이고 계신 힘센 아버지들이여, 제발 들어 주시기를. 그 곧추세워진 창날의 적의가 "눈"의 빛으로 이루어져 있음을 눈여겨보아 주시기를. 이 시대의 힘없는 쥐들, 우리는 **다 보아 알고 있는** 것이다.

50년대산 시인들의 멈칫거리는 날개들은 황지우의 "파리"의 이미지 속에서 가장 탁월하게 형상화된다. 그의 파리는 나비를 해체한다. 그의 파리는 나비처럼 너울너울 날아(가) 버리는 것이 아니라, 언제나 되돌아(온)다. 아, 황지우의 파리는 의상이 아니라 원효이다.

> 파리는 나비가 아니다
> 파리는 나는 것보다 빨리 와서 붙는다
> 붙어 먹는다
> 벽에 천장에 바닥에
> 사람의 입술에
> 사람의 똥에
> 사람의 밥에
> 달라붙어서 침뱉고 욕하고 살살 빌고
> 뒤로 돌아서 다시 침뱉고 욕하고
> 오줌 똥 찍 갈겨 놓고
> 횡
> 날아가 버린다
> 나는 것보다 더 빨리 와서 도로 붙는다
>
> (……)
>
> _황지우, 「파리 떼」, 앞의 책.

그리고 이어지는 감옥의 경험에 대한 산문체의 진술. 왜 아니겠는가. 그 이야기를 어떻게 운문으로 쓴단 말인가. 국어 교사인 정 선생과 신 교수와 최 교수, 시인? 그리고, 아마도, 어떤…… 따로따로 불려나가 치러야 하는 "아침의 세리머니". 파리가 그곳에 있다.

동물들의 이미지

(……) 나는 담뱃불을, 벽에 붙은 파리 한 마리에 가만히, 대어 갔다. 내 손 끝이 닿기도 전에 파리는 (……) 피웅 휘어 날아가 버렸다. 그 파리는 나비가 아니오, 김형, 갑자기 신교수가 깔깔 대며 웃었다 (……) 손과 날개는 상사相似기관이 아닌가요, 최교수가 반문했다.

_황지우, 위의 책.

이 우글거리는 파리들의 이미지를 아무래도 김주연이 얘기하듯이 타락한 사회의 모양을 '타락한 언어'로 전하려는 시인의 우상 파괴적 의도 하에서 읽는 것이[6] 더욱 무난할 듯싶지만, 그래도 나의 시선은 마지막 문장에 붙잡힌다. 어쨌든 파리는 날지 않는가. 꼴불견이지만, 그래도 그것은 날개를 가지고 있다. 그리고 우리의 손은…… 퇴화된 날개? 황지우의 파리는 "아닌" 나비, 그러나 죽여도 때려도 기어코 다시 돌아와 업을 치르는 나비, 그렇다, 화엄華嚴의 나비이다. 그것은 4·19 세대의 당당한 자신감과(정현종의 환기 잘 되는 시세계의 찬란한 수직성의 이미지들을 떠올려 보라) 80년대 후반에 속도 있게 내닫기 시작한 새로운 시인들의 가벼운 감수성 사이에 끼어 있다. 그가, 승려인 형님과 운동권인 동생 사이에 끼어 있듯이. 그러나 나는 그의 끼어 있음을 신뢰한다. 또는 더욱더 그답게 말한다면, 나는 그의 '대처帶妻'를 사랑한다. 왜냐하면, 그 결정이,

그러므로, 길 가는 이들이여
그대 비록 惡을 이기지 못하였으나

---

6   『길이 끝난 곳에서 길은 시작되고』, 해설, 문학과지성사, 1990, 150쪽.

樂과 마음을 얻었으면,

아픈 세상으로 가서 아프자.

　　_황지우,『게눈 속의 연꽃』, 문학과지성사, 1991, 29쪽.

는 마음에서 비롯한 것임을 아는 까닭이다.

4. 상승 또는 잠수 ― 아주 높이, 아주 깊게

최승호의 변기 속의 구더기를 황인숙의 새나 고양이 곁에 가져다놓아 보라. 이 가벼움의 요정들은 눈 하나 깜짝하지 않는다. 왜냐하면 황인숙의 세계는 있는 그대로의 세계가 아니라 그녀가 바라보는 바대로의 세계이기 때문이다. 세계의 무거움에 전전긍긍하는 그녀의 선배들 앞에서 그녀는 눈 깜짝할 사이에 황홀한 가벼움의 세계를 일으켜 세워 보인다. 그녀에게 문제인 것은 늙은 세계가 아니라 늙은 '우리의 눈'이다. 그녀에게 경박스럽다느니, 하고 근엄하게 나무라 보아야 소용없다. 그러면 그녀는 날렵하게 받아칠 것이다.

"너마저도, 브루터스!"
　너마저도
　너마저도
　그리고 너마저 詩여!
_황인숙,「병든 달」,『새는 하늘을 자유롭게 풀어놓고』, 문학과
　　　　　　　　　　　　　　　　　지성사, 1988, 74쪽.

그것을 가볍게 생각해서는 안 된다. 왜냐하면, 그녀가 내색하지

않는다고 해서, 시인들을 그토록 깊이 이해하고 있었던 바슐라르가 이야기했던 저 몽상가의 코기토, '세계는 내가 꿈꾸는 대로 존재한다'는 명제가 그냥 공짜로 실현되는 것은 아니기 때문이다. 그것은 그녀 나름의 싸움의 방식을 거쳐 얻어진다. "너무너무 답답"한 세계에서 가벼움을 캐내는 일은 "벽을 두들기는 일". "벽은 그대론데/깨어진 나의 손, 뻥 뚫린 이마!"[7]를 두려워하지 않는 용기 덕분에 가능한 것이다. 게다가 그녀는 가벼움에 대하여 소명의식마저 가지고 있다.

> 가뜩이나 칙칙한 세상, 내가 칙칙함을 보태기는 정말 싫은데.
> _황인숙, 「오리무중을 헤치며」, 『문학정신』, 1990년 1월호.

제2시집에서 그녀의 상표인 조증躁症의 상상력은 상당히 수세에 몰린 듯하지만, 그러나 다행히도(그녀에게도, 우리들에게도) 그녀는 여전히 발랄하며 신선하다. 그 발랄함을 나르는 전령은 당연히 '새'이다. 왜냐하면 새야말로 가장 순결한 상승의 상징이기 때문이다. 그러나 이 이미지는, 바슐라르가 이야기하듯이 가장 '비동물적인 동물'이다. 새는 날아오름으로써 동물도감을 빠져나와 천사들의 성화집 속으로 들어간다. 영적 타락이 추락의 도식을 동반한다면, 영지 고양은 상승의 도식을 동반한다. 그 방향의 상징성은 전혀 예외 없이 적용된다. 뒤랑이 바슐라르의 뒤를 이어 확인시켜주듯이 "상승의 도식과 수직화한 상징들은 가장 적절한 의미에서의 공리적 은유이다."[8] 추락은, 우리가 앞서 이야기했듯이 언제나 경험적, 실존적 시간 속에서 이루어진다. 그러나 상승의 시간은 상상적이다. 다시 바슐라르의 아름다운, 그러나 언제나 놀라운

---

7 황인숙, 「상처」, 『슬픔이 나를 깨운다』, 문학과지성사, 1990, 108쪽.
8 G. Durand, 앞의 책, p.138.

지혜를 숨기고 있는 문장을 인용한다면, "우리는 아래쪽을 향하여 **추락을 경험하고**, 위쪽을 향하여 **상승을 상상한다**." 상승의 비시간성은 상승의 긴급함으로도 설명된다. 그것은, 뒤랑의 설명에 따르면, 상승의 도식이 거의 언제나 동반하는 빛의 이미지가 그 곧음과 빠름 때문에 화살과 동형상징 관계에 놓여 있기 때문이라는 것이다. 상승은 빨리, 급격하게 이루어진다. 그것을 우리의 가벼움의 전문가가 선험적으로 모를 리 없다.

> 하지만 새는 한번 발을 굴러
> **단숨에** 솟아오르지.
> **위급한** 새만 질주한다.
> _황인숙, 「여섯 조각의 프롤로그 2」, 앞의 책, 96쪽.

또는,

> 보라, 하늘을,
> 아무에게도 엿보이지 않고
> 아무도 엿보지 않는다.
> 새는 코를 막고 솟아오른다.
> 얏호, 함성을 지르며
> 자유의 섬뜩한 덫을 끌며
> 팅! 팅! 팅!
> 시퍼런 용수철을
> 튕긴다.
> _황인숙, 「새들은 하늘을 자유롭게 풀어놓고」, 앞의 책, 91쪽.

그녀의 이 당당한 날아오름, 그 누구의 눈치도 보지 않으며 앞으로 내닫는 이 시적 성취는 그녀의 선배들의 우울한 날개에서 얼마나 멀리 떨어져있는가! 그 상승의 방향은 당연히 영적 순결이 회복되는 방향, 죄 사함의 길이다. 그녀는 하늘로 날아오르면서 그러니까 고해성사를 하는 셈이다. 오, 죄인들은 모름지기 시를 쓸 일이다.

> 날면서 나는 죄, 혹은 의식을 토해 내고
> 끊임없이 나를 용서하고
> 세계의 운율들이 한꺼번에 몰려들어
> 숨과 교체하고
>
> 날아오를 때 나는
> 내가 무거웠나이다.
> 안녕, 아버지.
> 빛처럼 가벼이
> 나는
> 터지나이다.
>
> _황인숙, 「추락은 가벼워」, 앞의 책, 103쪽.

이 날아오르는 새는 둥지에 머물지 않는다. 황인숙은 "나무를 지워버리"고, "방향을 버"린다(60쪽). 그녀는 언제나 안녕! 하고 인사하고 "여기"를 떠난다. 아, 날아다니는 프란체스코. 그런데 이 아주 높이 나는 영혼은 또 아주 깊이 내려가기도 한다. 그 내려가기는 추락이 아니다. 그것은 방향만 바뀐 상승이다. 그 거꾸로 뒤집힌 액화한 하늘 속에서 황인숙은 "인어"(66쪽)이다. 그러나 깊이 내려가기에 관한 한, 황인숙은 다른 전문가에게 자리를 내어주어야 한다. 이제 나는 이 내려가기의 전문가를 따라 아주 오랜 옛

날로 간다.

 하강을 추락, 그리고 상승과 나누는 상상적 차이는 그것의 느릿느릿함이다. 하강의 도식이 동반하는 느릿느릿함은 추락의 급격한 시간이 가지고 있는 재난의 성격을 상상적으로 완화한 결과이다. 하강은 귀환의 꿈이다. 드즈와이유가 검토한 하강의 꿈들은 그것이 '시간적 조건에 대한 적응이며 동의'임을 드러낸다. 즉, 하강은, 추락과 상승에 의하여 극적으로 부정되었던 시간성을 부드러운 상상적 해결을 통해 인간조건 안에서 내면화하는 것이다. 모든 하강의 환상은 소화기적 내부, 삼킴의 행위에 연결되어 있다. 상승은 외면으로의, 육체성 저 너머로의 부름이다. 하강은 연약하고 폭신폭신한 내면의 축을 따라 진행되는 환상이다. 하강은 천천히, 바슐라르의 게으른 몽상이 찾아낸 표현에 따르면 '실컷 여유를 잡고*prend son temps*' 진행된다. 이 창자적 느릿느릿함에 열역학적 특징이 합류한다. 그러나 그것은 부드럽고 느린 열기, 너무 뜨거운 광채에서 멀리 떨어진 반죽하는 요소가 찾아낸 소화기적 따스함이다.

 내가 황인숙의 맞은편에서 찾아낸 이 부드럽고 느릿느릿한 하강의 환상의 전문가는 정화진이다. 그녀의 시세계는 황인숙의 밝고 조급한 상상력과 흥미로운 대조를 이룬다. 황인숙은 싸돌아다니고, 튀어 오르고, 시간 저 너머로, 또 저 너머로 비약한다. 그녀의 부산스럽고 호기심 많은 상상력은 사람들이 너무 "게으르다"고 시인이 말하게 할 만큼 바지런히 움직인다. 그녀는 바지런할 수밖에 없다. 그토록 그녀가 돌아다녀야 할 바깥세계는 넓은 것이다. 얼마큼 넓은가 하면, 너무 넓어서 아예 그녀의 상상력의 심부름을 위임받은 그녀의 "새(가) 하늘을 자유롭게 풀어 놓"아 버릴 만큼. 도처到處는 무소無所인 것이다. 그 하늘은 너무 넓어서 없는 곳이다. 일체의 무게의 저주로부터 해방된 이 공간에서 시인은 '별짓'을 하며 삶을 무의미로부터 건져 내기 위해 춤춘다. 당연한 이야기지만 이 가벼움의 요정이 사는 세계에는 빛이 흘러넘친다. 이 하늘의 상상력의 맞은편에 정화진의 땅의 상상력이 놓여 있다. 정화진은 느릿느릿하고 어두운 세계에서 꼬무락거린다. 황인숙이 "팅! 팅!" 움직인다면, 그녀의 몸짓은 아주 속도를 내었을 때도 "동당동당" 정도이다. 황인숙이 바깥으로 바깥으로 스커트 자락을 휘날리며 돌아다닌다면, 그녀는 안으로 안으로만 기어들어간다. 한 명은 바깥의 요정이고 한 명은 안의 요정이다. 황인숙이 하늘도 좁아서 넘어가고 또 넘어가는 반면에 정화진은 자꾸만 삶의 영역을 좁힌다. 정화진이 가본 제일 넓은 세계는 마당이다. 시인은 그 마당에서 방으로, 방에서 서랍 속으로, 서랍 속에서 단추 속으로 들어간다. 이 닫힌 세계에는 글쎄 들어갈 구멍이 그렇게도 많은 것이다! 이 어둠의 몽상가는 세목에 집착한다. 그녀에게 가장 가치 있는 것은 "물무늬", "방아깨비의 눈", "고추장 단지", "단추" 따위의 조그마하고 쓸데없어 보이는 것들이다. 작고 하찮을수록 그녀에게는 의미가 있다, 라고 말할 수 있을 지경이다. 그녀는 그 조그만 것들의 세계 안에서 그것들과 더불어 "가만히" 조심조심 살아간다. 마치 조금이라도 움직이면 폭 꺼져버릴 것을 두려워하는 환자처럼, 그녀의 시세계는 일종의 근육 무기력증을 보인다. 그것이 그녀가 심하게 앓았었던 유년의 병치레의 결과인지 어떤지를 알아보는 것은 전혀 나의 관심사가 아니다. 왜냐하면, 내 앞에 놓여 있는 것은 임상보고서가 아니기 때문이다. 내게 중요한 것은 그녀의 그 밀실 애호증이 나에게 새로운 세계를 열어보여 준다는 사실이다.

정화진의 시세계는 뒤랑이 상상적인 것의 신비적 구조라고 부르는 상상구조의 특징을 고스란히 간직하고 있다(되풀이되는 주제, 걸리버화, '사발'로 대표되는 내면성의 추구, 휴식으로서의 죽음의 주제, 잠과 수성水性 이미지, 세목에의 집착, 끼워 넣기

*emboîtement*의 환상, 삼킴의 행위에 맞물려 있는 빈번한 음식물 이미지의 등장). 흥미롭기는 하겠지만, 그것을 일일이 살펴볼 지면이 우리에게는 없다. 여기에서는 다만 우리의 주제인 동물 이미지들과 관련되는 부분만을 다루기로 하자. 정화진의 시세계는 짐승들로 가득 차 있다. 누치, 개미, 까마귀, 잠자리, 쥐, 징거미, 골뱅이, 퉁가리, 방아깨비, 박쥐, 늑대, 나비, 구더기 등등……. 그것은, 그녀를 지배하고 있는 상상력이 유년기적이라는 것을 염두에 둔다면, 조금도 놀라운 일이 아니다. 어린아이들은 어른들보다 훨씬 더 동물들에게 가까이 있는 것이다. 미키마우스가 아이들의 영웅인 것은 아이들이 미키마우스의 동료이기 때문이다. 자연의 품으로부터 아직 독립하지 않은 이 천진한 세계의 주민들은 죽어라 곰 인형을 껴안고 다니는 것이다. 그렇게 해서 그들은 우리가 이미 시민권을 잃어버린 토템의 신성한 세계에 여전히 충성스러운 신민임을 증거한다. 정화진은 그 토템 왕국의 말을 잊어버리지 않은 드문 능력의 소유자이다.

그녀의 동물도감을 찬찬히 살펴보면, 우리는 몇 가지 특징들을 발견할 수 있다. 우선, 그녀의 동물들은 몇 가지 예외만을 제외하고는 모두 아주 조그마한 것들, 거의 곤충들이다. 그리고 그 곤충들은 거의 한결같이 '물'과 관련되어 있다. 그것은 아마도 틀림없이 시인이 유년시절에 정말로 물가에서 함께 놀았던 곤충들의 기억에 대한 기록일 것이다. 그러나 그 두 가지의 특징들을 그녀의 시세계의 전체적인 구조에서 파악해 보면, 우리는 '작음'과 '물'의 이미지가 아주 가까이 붙어 있는 까닭을 금세 알아차릴 수 있다. '물'은 대표적인 모성상징이다. 그것은 언제나 '태초'의 의미를 실어 나른다(그것이 세계의 태초이든, 개인의 태초이든). 조용한 '물'은 우리에게서 자궁 속에서의 편안한 흔들림을 일깨운다. 그것은 엄마 뱃속에 있었을 때의, '탄생의 정신충격'을 연구하고 있는 심리학자 랑크Rank의 용어를 빌자면, 완벽한 평온의 보장을 약속하는 모성적 물질이다. 그렇다면 '작음'은? 뒤랑은 일체의 '작아지기'의 주제 주위로 모여드는 모든 이미지들의 성좌를 '걸리버화 *gullivérisation*'라는 용어로 부르고 있다. 엄지동자 이야기, 백설공주의 일곱 난쟁이, 인간의 원초적 환상을 불러내는 데 특별한 재능을 가지고 있는 스필버그의 최신 「애들이 줄었어요」의 6mm짜리 아이들, 그 '줄어들기'의 주제는 모두 한 가지의 끈질긴 욕망을 표현한다. 그것은 운명의 저주를 조그맣게 만들어 통제하려는 상상력의 완화작용의 소산이다. 이 작은 존재들은 또한 많은 경우에 조그만 '땅귀신'들처럼 땅의 상상력에 관여되어 있다. 백설공주의 일곱 난쟁이가 '광부'들임을 눈여겨보자. 그들은 많은 경우에 삼각형의 모자를 쓰고 있는데, 그 모자에 관한 한 아주 다양한 해석이 가능하지만, 한 가지 확실한 것은 그것이 '뚫고 들어가기'의 주제와 관련되어 있다는 점이다. 이 작은 존재들이 쓰고 있는 삼각형의 모자는 그러므로 끈질긴 내면 확보의 욕망과 관련되어 있다. 정화진의 상상체계에서 '물'과 '작음'은 따라서 모태회귀 욕구를 축으로 회전하는 이미지들이다.

    물속으로 꼬르르 내려간다 기포들이 위로 올라가 통통 터진다 눈을 뜬다 환한 속,
    물방개 뒷다리가 살랑살랑 길을 트고 있다 햇빛은 켜켜켜 물 위로 내린다
    모래들이 모서리 굴리며 뒹군다 물풀 사이로 내비치는 하얀 배때기, 비늘에
    꽂히는 햇빛, 가늘게 지느러미 흔들린다 징거미 투명한 살 속으로 햇빛이 통과한다 모래들이 반짝 엎어진다
    눈알만 까맣게 물속으로 동동 흐르고 물고기떼 위로 햇빛은

켜켜켜 내린다

_정화진,「햇빛은 켜켜켜」,『장마는 아이들을 눈뜨게 하고』, 민음사, 1990, 59쪽.

물놀이하다가 물속으로 잠수한 그녀의 세계는 원초의 물이 지배하는 세계이다. 그곳에서 시인은 세계를 내다본다. 이 절대적인 내면에서 모래의 모서리조차 둥글게 변한다! 모든 것은 이 세계에서 뾰족한 적의를 잃는다. 모든 것은 이곳에서 안온한 어머니의 배의 '둥근' 곡선을 닮는 것이다.

이 내면의 몽상가가 '동그란' 물체에 마음을 빼앗기는 것은 그러므로 너무나 당연하다. 정화진의 시세계에서 동그란 물건을 찾아내는 것보다 더 쉬운 일은 없다. 사발, 고추장 단지, 단추, 와질토기, 반지, 무덤…… 그래서 평균치의 상상력에게는 당연히 직선인 햇빛조차 그녀에게는 둥글다("흰 나비 떼 붐비는 **햇빛 둥근 속,**", 112쪽).

그녀의 끈질긴 내면 추구는 끊임없이 시인을 안으로 들어가게 만든다. 그녀의 세계에서는 작은 것이 큰 것 속으로 들어가는 것이 아니라, 큰 것이 작은 것 속으로 들어간다. "가죽나무가 고추장 속"(58쪽)으로 박히고, 아이들은 "줄무늬로 방아깨비 겹눈 속에 쌓"(74쪽)이고, "퇴침 서랍" 속에 "할아버지의 방"(106쪽)이 들어 있고, "곶감 단지 속으로"(76쪽) 아이들이 들어간다. 큰 것을 작은 것 속에 끼워 넣기는 안정성을 확보하려는 시인의 욕망을 끈질기게 표현한다. 실상 이 끼워넣기 또는 내면 공간의 끈질긴 되풀이는 어린이들의 동화 속에서 가장 흔하게 등장하는 이야기들 중의 하나이다. 이 되풀이의 주제는 뒤랑이 꼼꼼한 예증을 통하여 제시하듯이 시간 속에서의 반복, 즉 다시살기의 순환주제를 공간적으로 형상화한 것에 불과하다. 황인숙처럼 바깥과 하늘에 정신 팔려 있는 영혼은 '부재'의 유혹에 저항하지 못한다. 그녀는 단번에 '터져서' '지워진다.' 없는 것은 **대번에 없다**. 그러나 있는 것은 **있고, 있고, 있고, 또 있는** 것이다. 이 되풀이는 정화진의 시어 선택에서도 고스란히 나타난다. 그녀가 즐겨 사용하는 알랄랄하이하이랄지, 꼬르륵, 동당동당, 떼떼떼떼, 뽀르르르 등의 의성어는 그 동음 반복의 특성 때문에 있고, 있고, 또 있는 그녀의 세계의 환상을 표현하기에 너무나 적합한 언어들이다. 그녀의 이 뒤풀이의 환상을 그 근거에서 살펴보면, 실체적인 것에 우위를 주는 상상적 특성을 가지고 있다. 무엇이든 이 상상 구조 안에서는 극도로 구체적인 양상을 띤다. 이 상상구조는 언제나 세심하게 사물의 물질성에 우위를 둔다. 정화진의 눈은 우리가 그냥 놓쳐버릴 작은 사물에게도 기가 막힌 실체성을 부여한다. 민코프스키Minkowski는 이러한 상상체계를 가진 사람들의 예술가적 적성을 지적한다. 그 대표적인 경우로 지적된 고흐의 세계를 들여다보라. 그곳에 추상적인 것은 아무것도 없다. 가장 비현실적인 대상의 빛깔, 바슐라르가 '비현상화하는 현상'의 빛깔이라고 부르는 하늘색조차 그의 세계에서는 연금술적인 실체성을 획득하고 있다. 이 능력에 관한 한, 이성복을 빼고는 정화진을 따를 만한 한국의 현대 시인은 아무도 없는 것 같다. 그녀의 시들 속에 "무늬"가 그토록 많이 등장하는 것은 바로 그녀가 얼마나 사물을 거의 만질 듯이 가까이에서 실체적으로 파악하고 있는가를 드러내 보여 준다. 일체의 사물이 그녀에게는 물질적 배열, "무늬"로 파악되는 것이다.

    (……)
    떼떼떼떼떼떼떼떼 방아깨비가 열어 놓은 들판 속으로 아이들이 떼지어 들어간다
    끄덕끄덕 흔들리는 숲이

초록의 아이들이 곧게 미끄러지며
　　줄무늬로 방아깨비 겹눈 속에 쌓인다
　　방아깨비 겹눈 속, 아이들의 들판을 본다
　　가을이 스며드는 겹눈 속엔 지친 아이들이 줄무늬로 잠들어
있다
　　갈색으로 면도날 속에 숨어 나는
　　더듬이를 타고 방아깨비의 가을 속으로 내려간다
　　아름다운 가을 눈을 도려낸다 엄지와 검지손가락 사이로
　　줄무늬 가을 들판을 만져 본다 매끄러운 단추 같은
　　아이들이 잠든 들판을 모두 떼어 온다
　　　　　　　　　_정화진, 「줄무늬」, 위의 책, 74-75쪽.

　위의 시에는 "떼떼……"와 아이들의 "떼"가 암시하는 되풀이(하나는 음성학적 되풀이이고 하나는 이미지 재현으로의 되풀이이다)의 주제가 '하강'의 도식과 겹쳐져 있다. 방아깨비 속으로 들어가는 걸리버화의 환상은 "지친" 아이들의 "잠"이 상징하듯이 내면에서의 휴식의 주제를 표현한다. "줄무늬"의 실체적 인식은 시 말미의 "만져 본다"의 행위로 움직일 수 없이 확실해진다(이성복의 시에서도 '만지다'는 대단히 우위를 점하고 있는 행위이다). 정화진에게 방아깨비의 눈은 그냥 반들거리는 것이 아니라 "만져 보고 싶을 만큼" 반들거린다. 이 욕구는 '시간'이라는 가장 추상적인 대상에게도 마찬가지로 적용된다.

　　(……)

　　강 아래쪽,
　　안테나 아래 앉아 있는 나는

동물들의 이미지　　101

하얗게 바랜

**잘 그려지지 않는
시간을 만져 본다**

_정화진, 「색연필」, 위의 책, 69쪽.

이 실체적인 세계관은 정화진의 세계에서 어째서 '겹치기'의 주제가 자주 나타나는지를 이해하게 해준다. 모든 것은 물질화되어 공간적으로 포개어진다. 이를테면, 그녀의 시세계에서는 햇빛이라는 가장 비물질적인 사물마저 "켜켜켜" 쌓이고, 유리창도 "겹"(89쪽)이고, 물은 "겹쳐흐르"(99쪽)고, 할아버지는 "층층 겹겹 시간 아래로"(110쪽) 지나가고, 커튼도 "몇 겹"(102쪽)으로 드리워져 있다(그녀에게 까마귀는 까마귀가 아니라 까마귀까마귀까마귀〈47쪽〉이다). 공간을 확보하려는 정화진의 끈질긴 욕구, 뒤랑이 병리학적인 용어를 사용하여 '간질환자의 구조'라고 부른 집요함은 드디어 시간 속에서의 반복의 주제로 우리를 이끌어 간다.

서서히 규칙적으로 물은 맑아지다가 줄어들고 또 흐려지다가 불어났다 할아버지는 불어나는 물속으로 뛰어들어 고기를 낚아 올렸다 1,500년의 긴 세월 동안 나는 냇가로 갔다 할아버지는 부레를 떼어 내며 고기를 낚았다 서서히 규칙적으로 나는 고기를 잘 먹을 수 있었다 내 허파는 서서히 불어났다 (……) 나는 고추장 종지를 들고 고령 지산동 고분 44호 오뉴월 무덤까지 할아버지를 따라갔다 무덤 속에서 할아버지는 철버덩철버덩 물속으로 뛰어들고 (……) 서서히 규칙적으로 할아버지는 철버덩철버덩 물소리만 던져 주었다

_정화진, 「누치」, 위의 책, 70-71쪽.

이 시의 제목은 「누치」, 그리고 그것은 시인이 달아 놓은 노트를 참고하면 기원 후 5세기 어류이다. 시인에게 그것을 먹여 주는 사람은 누구인지 모르는 아득한 조상 할아버지이다. 그 1,500년 된 물고기를 먹음으로서 시인은 그 물고기와 동화된다. 물고기는 가장 오래된, 첫 번째 '끼워넣기'의 원형이다. 물속에서 사는 주민, 가장 모성적인 원소 안에 안겨 있는 자, 태아의 생존양태. 물고기는 언제나 태초의 주민이다. 이 시 속에는 우리가 앞서 살펴보았던 내면성과 휴식의 주제에 '시간 극복'의 주제가 겹쳐져 있다. 1,500년 전으로 거슬러 올라간 시인은 상상적으로 시간의 불가역성을 극복한 자이다. 그 시간 극복은 "서서히 규칙적으로"라는 부사구에 함축되어 있다. 달력은 인간이 태초부터 시간과 벌여 온 싸움에서 인간이 이길 승산이 있게 해준 첫 번째 무기이다. 한없이 흘러가는 시간을 "규칙적"으로 분할하여 시간에게 '순환'이라는 공간적 개념을 부여함으로서 인간은 처음으로 시간을 통제할 가능성을 손아귀에 움켜쥔 것이다. 달력은 '변화'에 대한 인간의 근원적인 거부를 담고 있다. 달력의 주기적이고 순환적인 구조는 귀스도르프의 표현을 빌면 "다수多數 속에서 하나라는 숫자와 하나에 대한 의도를 확인시켜 준다."[9] 인간이 노출되어 있는 역사적 변질에 대한, 다시 귀스도르프의 공식을 빌면 "다름l'*Autre*"에 대한 공포가 인간으로 하여금 달력이라는 시간 통제의 무기를 발명하게 한 것이다. 이 '규칙성'에 의한 순환성의 획득은 정화진의 시 속에서는 박물관에서 만난 "백통가락지"의 둥근 형태로 묘사되어 있다. 그 순환적 시간의 주제는 이런 아름다운 이미지들을 불러낸다.

그래 어두움의 끝은 언제나

---

9 G. Gusdorf, *Mythe et métaphysique*, Flammarion, 1984, p. 58.

둥근 빛의 일부와 아릿하게 맞닿아 있는 것일지도 모른다
_정화진, 「안쪽으로 부는 바람」, 위의 책, 102쪽.

그녀가 고분 발굴팀을 쫓아다니고, 박물관에 자주 가고, 골동품을 좋아하는 것은 조금도 놀라운 일이 아니다. 그녀에게 시간은 언제나 둥근 것, 언제나 다시 시작되는 것이기 때문이다. 그런 그녀가 할아버지와 할머니를 좋아하고 "마른 무쪽 주글주글 피부가트"(47쪽)는 환상에 익숙한 것은 너무나 당연한 일인지도 모른다. 하재봉이 잠깐 이야기하듯이 그녀는 유년기에 할아버지와 할머니와 같이 살았는지도 모른다(위의 책 〈해설〉 참조). 그러나 그래서 그런지 아니면 그녀의 순환적 시간이해가 거꾸로 그녀로 하여금 노인들을 좋아하게 만든 것인지, 달걀과 닭 순서 정하기는 내가 해야 할 일이 아니다. 그것은 정신분석의 몫이지 이미지 분석가가 해야 할 일은 아니다. 어쨌거나 그녀의 이 노년에 대한 느긋한 태도는 노인을 보고 진저리를 치는 황인숙[10]이나 기형도[11]의 태도와 좋은 대조를 이룬다. 그 두 시인이 모두 "바깥"으로 싸돌아다니는 시인들이라는 점을 염두에 둔다면, 정화진의 모든 내면성의 이미지들이 필멸의 운명에 대한 내면화의 의지의 표현이라는 것을 우리는 쉽게 알 수 있다.

이 두 명의 여류시인들은 선배들의(황인숙은 58년생, 정화진은 59년생이다) 무거움의 세계를 훌쩍 뛰어넘고 있다. 한 명은 새의 높이로 한 명은 물고기의 깊이로. 역사의식의 부재라느니 하면서 조자룡의 헌 칼을 휘두르지는 말자. 어둠의 멍에를 짊어지워 시적 재능을 박탈하기에 이 두 명의 시인들의 천품은 너무나 소중하다. 그녀들은 그녀들 방식대로 세계에 참여하는 것이다. 기형도가 쓰

---

10 황인숙, 「몽환극」, 『슬픔이 나를 깨운다』, 문학과지성사, 1990, 32쪽.
11 기형도, 「늙은 사람」, 『입 속의 검은 잎』, 문학과지성사, 1989, 22쪽.

러진 자리에다 또 다른 젊은 영혼들을 패대기치지 말자. 어떤 드문 영혼들은 아이들로 살아갈 운명을 가지고 태어난다. 그들에게는 사는 일만으로도 삶은 이미 충분한 고통인 것이다.

5. 빈 집 앞에서, 결핍에 대한 증언

자, 이제 마무리할 때가 되었다. 당대의 시들 속에서 어떤 특별한 한 이미지군을 형성하고 있는 동물들의 등장을 우리는 어떻게 이해해야 할 것인가. 그들의 잦은 등장은 그저 단순한 우연에 불과한 것인가. 그러나 그렇게 보기에 이 이미지는 시인들의 연령으로 살펴보아도 그렇고 시인들의 경향을 살펴보아도 그렇고 상당히 보편적인 어떤 요소를 찾아낼 수 있을 만큼 대단히 넓게 분포되어 있다. 그 사실은 우리로 하여금 이 이미지가 어떤 당대의 공통되는 전언을 전하고 있는 것은 아닌가 하는 가정을 세우게 한다. 그러나 이 다양한 이미지들을 어떤 한 가지 주제 밑에 모으려는 시도는 대단히 무리하다. 그러나 시인들 각자가 가지고 있는 외면적인 편차의 그물을 조심스럽게 걷어내어 보면, 우리는 이 이미지들이 한결같이 어떤 결핍의 징후를 호소하고 있다는 사실을 알 수 있게 된다. 그 이미지는 예를 들면 최석하의 다음 시에서처럼 생태학적인 전언을 담고 있을 수도 있다.

몇 해 전 대종천을 가로질러 콘크리트 수문을 만든 뒤로는 영 볼 수 없게 된 은어떼다 수문 한켠에 타고 오르기 쉽도록 비스듬히 길을 만들어 놓았지마는 이 인공의 길을 마다한 은어떼.

한데 시방 난데없이 수초들 사이로, 내 갈비뼈 사이로 은어들이 헤집고 다니는구나(……)

   새 콘크리트 길바닥이 물살에 씻기고 수초가 자라 미끄러울 대로 미끄러워졌지만 은어의 그림자도 안 비치는데.
                           _최석하,「은어길」,『동서문학』, 1990년 9월호.

   지나친 발전 일변도의 사회가 그 발전에 대한 끝없는 욕망 대신에 치러야 하는 '공해'라는 암의 증상을 최석하는 사라진 은어 떼들을 통해 묘사하고 있다. 그 은어 떼들이 살 수 없게 된 세계는 과연 살 만한 세계일까?

   또는 성석제는 우화형식으로 된「노래와 숨」(『동서문학』, 1990년 1월호)이라는 시에서 '물고기'의 이미지를 통해 표면적인 삶에 만족하는 현대인에게 먼 시원의 삶의 방식에 대한 그리움을 일깨운다. 그에 의하면 시인은 물에서도 뭍에서도 호흡할 줄 알았던, 부레와 아가미를 함께 가지고 있었던 폐어肺魚 *dipneusti*의 후손이다. 그의 메시지는 만만치 않다. 왜냐하면 깊이 있게 사는 것이야말로 현대인이 가장 할 줄 모르는 것이기 때문이다. 멸종되기 싫거든 지금 네가 사는 그 표면의, '부레'의 숨쉬기 말고, 물의, 깊이의, '아가미'의 숨쉬기를 배우라고 시인은 말한다.

   김중식은 그답게 동물 이미지를 한결 더 교훈적인 우화로 사용한다. 이 지칠 줄 모르는 이솝의 후예들. 그들에게 가장 중요한 것은 언제나 교훈이다. 뭔가 배울 만한 것을 독자에게 주어야 하지 않겠는가. 그러나 나는 그 배움 덕택에 그만 영혼의 울림을 잃어버린다.

   낙타는 전생前生부터 저 죽음을 알아차렸다는 듯
   두 개의 무덤을 지고 다닌다

고통조차 육신의 일부라는 듯
육신의 정상頂上에
고통의 비계살을 지고 다닌다

(……)

고꾸라져도 되는 걸 낙타는
이 악물고 무너져 버린다
죽어서도
창槍 속에 두 개의 무덤을 지고 들어간다.
　　　　　_김중식,「완전무장」,『세계의 문학』, 1990년 가을호.

　같은 낙타라도 원재훈의 낙타는 전혀 다르다. 그에게 '낙타'는 "완전무장"을 하고 억압을 억지로 견디어 내는 낙타가 아니다. 그의 낙타는 오히려 갈증의 가치를 시인에게 일깨우는 존재, 갈증의 끝에 만나는 — 아니 오히려 '어쩌면 만날지도 모르는' — '물'의 찬란함을 알게 해주는 존재이다. 꿈꾸는 자는 결핍의 의미를 그렇게 뒤집을 줄 아는 자들이다.

모래바람이 분다
어서 가자 낙타야, 두근거리는 지맥의 박동소리
살 떨리며 떠오르는 신기루는 너의 눈물
속에 행복, 어서 가자 낙타야 모래 속에 겹겹이 쌓여 있는
참을 수 없는 순간들

태양 아래서 수천 번 다시 태어나는 내 사랑
모래 속에서 흔들리는 저 생명의 물줄기

물은 항상 메마름 속에서 태양의 갈증 속에서 태어난다
물은 너희들의 길, 사막에서부터 시작한다

(……)

아침이 온다
어서 가자 낙타야, 네 몸 속에서 출렁거리는 울음소리
긴 여행을 끝내고 자리잡은 오아시스의 이야기를 들으러

(……)
　　_원재훈, 「낙타의 사랑」, 『낙타의 사랑』, 청하, 1992, 25쪽.

　동물 이미지의 이러저러한 사용들 가운데에서 나에게 가장 독특하게 보였던 것은 이건청의 「하이에나」였다.

　　하이에나를 기르는 사막이 하나 있다
　　늦은 밤, 넥타이도 풀어 헤친 사막이
　　웅크린 사막이,
　　돌아오고 있다.
　　마른 뿌리로 버티고 선 사막이
　　우우 우우 우는 짐승을 한 마리 혹은
　　두 마리씩 데리고 돌아들 오고 있다.
　　이제 그만 쓰러지고 싶은 사막이
　　저무는 달도 하나 띄우고
　　하이에나를 숨긴 채 돌아오고 있다.
　　밤마다 같은 길을 걸어 돌아오고 있다.
　　　　_이건청, 「하이에나 - 쓰러지고 싶은 사막」, 『현대시학』,

1990년 1월호.

  매일 똑같은 일상을 살아가야 하는 왜소한 현대 사회의, 사막과 같은 삭막한 삶이 "하이에나"를 숨기고 있다. 이 숨겨진 공격성을 방치해도 될 것인가. 이건청의 "하이에나"는 우리가 지금까지 살펴보았던 동물 이미지들 중에서 가장 다스려지지 않은 섬뜩한 공격성을 숨기고 있다. 그것은 왜소한 일상의 외양 밑에 감추어져 있으므로 해서 더욱더 위험하게 느껴진다.

  그러나 김기택의 「호랑이」(『문예중앙』, 90년 봄호), 오선홍의 「오리」(『문학정신』, 90년 2월), 김재덕의 「게」(『동서문학』, 90년 3월), 이학성의 「여우를 살리기 위해」(『세계의 문학』, 90년 봄호), 권대웅의 「공룡이 온다」(『현대시학』, 90년 5월), 채호기의 「뱀」(『문학정신』, 90년 9월), 유하의 「나와 여치의 불편한 관계」(『문학정신』, 90년 4월), 이진명의 「곰」(『작가세계』, 90년 여름) 등에 등장하는 다양한 동물이미지들이 전하는 메시지는 우리에게는 지금 동물들로 상징되는 '그 무엇'이 결핍되어 있다는 사실이다. 산업화된 편안한 소비사회의 한가운데를 걷다가, 오규원은 갑자기 그것을 깨닫는다.

    안에서나 밖에서나 투명한 유리창 모두는
    처음부터 하늘이 아니었으니
    너는 무엇이었겠는가 내가 가며 닦는 이 길
    좌의 테라스, 우의 청솔밭,
    우의 폐폐, 좌의 모모 사이로 난 길
    후문으로 난 길도 사람들은
    길이라 즐겁게 걷지 않느냐
    피자 전문점으로 가는 길이냐

말구유 냄새가 나는 집으로 가는 길이냐
　　가는 곳이 오늘의 길이냐
　　묻지도 않고
　　느닷없이 이곳에 몰려 온 노랑나비 한떼
　　내 머리 위로 와자지껄 왔으니
　　낮달에 뿔을 걸고
　　본 적도 없는 거대한 코뿔소
　　한 마리가 저쪽에서 곧 오리니
　　　　　　　_오규원, 「명동 · 2」, 『문학정신』, 90년 4월호.

　이 "노랑나비"들, "코뿔소", 오규원이 다른 최근작에서는 "땅이 숨기고 있는 것"(「풀밭 위의 식사」)이라고 부르고 있는 그 무엇, 송창식은 '고래사냥'에서 그것을 찾으러 동해로 가고, KBS의 '열전! 달리는 일요일'에서는 그 잡히지 않는 그 무엇을 '여왕'이라고 부른다. '앗싸'하고 숨어 버린 호랑나비의 가수 김흥국은 얼굴을 있는 대로 찡그리면서 "거의"를 연발한다. 그가 그렇게 말하고 싶었거나 말거나 나는 또다시 평소의 습관대로 그것을 재빨리 의미화하기 위해 애쓴다. 그렇다, 김흥국의 별로 점잖지 못한 말도 내 가슴에 의미의 파장을 남긴다. 우리는 "거의" 밖에 살고 있지 못한 것이다. 그 어떤 것이 결핍되어 있는 한, 우리의 삶은 "거의" 삶일 뿐이다. 그 부재하는 존재를 이동엽은 이렇게 아름답게 묘사한다.

　　너 참 미묘하구나 구름 사이
　　가벼운 바람 일렁였다, 어디 갔었니
　　네가 없는 풀밭에 햇살 따가웠다.
　　그때 너 어디 갔었어, 차츰 녹음도 짙었다

＜

　　(……)

　　햇살 아래 저 과일과 저 음식들, 아무도 손대지 않았지만
　　숲과 나무들 가로질러 먼 길에 너 어디 갔었니
　　돌투성이 바위산 너머, 해떨어진 길에
　　저물도록……너 어디 갔었니,
_이동엽,「저물도록, 너 어디 갔었니」,『현대시세계』, 90년 봄호.

얀켈레비치Jankélévitch라면 "내가 알 수 없는 어떤 것*le je-ne-sais-quoi*"이라고, 그르니에라면 "거의 아무것도 아닌 것*le presque rien*"이라고 불렀을 어떤 것, 이정주의 아픔 역시 그 무엇의 부재, 또는 그것이 결핍되어 있음을 알면서도 그것에게로 달려가지 못하는, 문명사회, 또는 세속화된 사회에 붙잡혀 있는 자신에 대한 깨달음에서 연유한다.

　　(……)

　　하늘에 세워진 돔이 천천히 무너지고 있었다.

　　(……)

　　나는 맨 뒤쪽 좌석을 더듬어 앉았다.

　　중앙아프리카, 열대림의 둔덕 너머 한 무리의 영양이 강 쪽으로 녹아들어가고 있었다. (……) 사람들이, 영화관의 앞좌석에 앉아 있던 사람들이 하나둘 좌석에서 일어나 영화 속으로 걸어

들어가고 있었다. (……) 사람들은 앞을 다투어서 뛰어가고 있었다. (……) 나도 뛰어가고 싶었다. 그러나 내가 앉았던 의자의 팔걸이가 나를 꼭 껴안고 놓아 주지 않았다.

나는 텅텅 빈 영화관의 맨 뒤쪽 좌석에 앉아 울었다.
_이정주,「돔 Dome」,『문 밖에 계신 아버지』, 열음사, 1989, 17-18쪽.

이정주는 이 비어 있음의 의미를 잘 이해하고 있을 것이다.

(……)

민희는 빈 바이올린 케이스를 안고 다녔다.

눈 위로 하얀 여우가 뛰어갔다. 나는 엎어지며 여우꼬리를 잡았다. 여우는 뒤를 힐끔 돌아다보고는 다시 뛰어갔다. 꼬리가 줄줄 풀려나왔다. (……) 여우의 머리를 꽉 움켜잡았다. 그때 내 머리가 분침에 부딪쳤다. 나는 시계의 문자판 위에 쓰러져 있었다. 곧 초침이 나를 향해 달려왔다. 나는 죽을힘을 다해 도망갔다. 그러나 초침이 나를 찔렀다. 나는 초침에 꿰어져 허공을 빙빙 돌았다. 숫자들 사이로 하얀 여우가 뛰어다니는 것이 내려다보였다.
_이정주,「말로 다 되겠냐」, 앞의 책, 70쪽.

민희의 빈 바이올린 케이스를 빠져 나간 것은 말할 필요도 없이 흰 여우다. 그 흰 여우가 시계바늘과 적수관계임을 주의해 보아야 한다. 시계바늘은 틀림없이 시간을 상징하는 장치일 것이다(죽음과의 상관관계 주목). 그러나 그 잡을 수 없는 흰 여우는 가장 추상적인 기호인 숫자들 사이사이에서 펄펄 '살아 있는' 모습으로 그려진다. 기호의 덫에 갇혀 삶의 생생한 실감을 놓치는 우리들의 삶. 여우는 기호들 저 너머에 있다.

여우, 그 무엇을 향해서 이하석의 시가 좌표이동을 하기 시작했다. 그의 광물성의, 장정일의 명명대로 '하이퍼 리얼'했던 객관성의 시세계가, 항시 고른 수평의 시선만을 가지고 있던 시들이 주관의 핏줄, 수직의 시선을 가지기 시작했다. 그는 아주 의미심장하「냇물 속에 뭔가가 있다」(『문학정신』, 8월호)라고 말한다. "내겐 잘 보이지 않는/다만 그것 때문에/냇물은 흐르는 소리 높이거나 낮추"는 "깊은 세계". 이하석은 "그것은 있다"라고 말한다. 또는 최근에 경향신문에 발표한 시에서 그는 이렇게 쓰고 있다.

> 문을 열면
> 어떤 길이 어떤 어두운 밝음이
> 어떤 미로가
> 나를 이끌 것인가
>
> 나는 내다본다
> 속에서 어둠의 뇌성은 치고
>
> 나가고 싶다
> 초록의 문을 열고 싶다 나는
> 또 나가고 싶잖은 마음이 인다
> 또는 잠시 나가 패랭이나 캐서
> 화분에 심어 보고 싶다

<

이 위태로운 어질어질함

누가, 바깥에서 문고리를 만진다

……밖에서……누가

내 방의 어두운 창유리를 닦는다

_이하석,「밖」, 경향신문, 90년 1월 5일자.

  시인들은 예감을 가로챈다. 그들은 폭풍우를 감지하고 재빨리 몸을 피하는 멧새들과 다르지 않다. 그들이 한결같이 동물 이미지들을 통해 전달하려고 하는 것은, 왜소한 산업사회를 살아가는 우리에게 결핍된 그 무엇, 원초의 위대함에 대한 전언이다. 인간이 기계의 부속품 같은 존재가 아니라, 세계와 맞먹는 우주적 의미를 가지고 있었을 때의 존재로 거슬러 올라가기, 그것이 우리가 이 형편없이 타락한 사회에서 시의 이름으로 해내지 않으면 안 되는 일이다.

                      1991년

서있는 성모들, 스타바트 마테르 Stabat Mater
_죽음과 육체를 견디는 여인들, 여성 시인들, 또는 육체의 수인(囚人)들

1. 근원에…… '죽음'을 우는 여인이, '죽음'을 바라보는 자가……

아주 멀리 거슬러 올라가면, 최초의 한국 시인이 있다. 그는 여성이다. 울며 지아비의 죽음을 자기의 것으로 껴안는 여인, 백수광부白首狂夫의 아내. 무슨 일이 있었는지 아무도 모른다. 남편은 말리는 아낙의 말을 들은 체 만 체 물 속으로 막무가내 철벅거리며 들어가고, 물가에서 안타까이 지아비를 부르던 여인은 그가 기어이 물에 빠져 죽은 것을 알고 공후를 끌어당겨 한 수 슬픈 노래를 부르고는 자기도 물속으로 들어가 빠져 죽는다.

  公無渡河 님더러 물을 건네지 말랬더니
  公竟渡河 님은 그예 건넜도다
  墮河而死 물에 빠져 죽으시니
  將奈公何 당신을 어찌해야 한단 말인가

그 노래 부르던 여자는 아내라고도 하고 딸이라고도 한다. 이 구전 시가를 신화로 읽는다면 여자가 아내이거나 딸이거나 간에 달라질 것은 아무것도 없다. 중요한 것은 '죽음을 무릅쓰는 이타적인 여성성'이라는 신화적 의미소意味素이기 때문이다. 그러나 이 설화가 우리의 관심을 끌어당기는 까닭은 그것이 '노래'의 탄생과 관계되어 있기 때문이다. 이 노래의 탄생을 지켜본 사람이 있었다. 그는 곽리자고라는 뱃사공이었다. 그는 이 노래를 아내 여옥에게 들려주었고, 아내 여옥이 노래로 정착시켜 전파시켰다는 것이다. 이 시가는 우리나라 최초의 시가이면서 여성의 시가이지만 작자를 과연 여옥으로 볼 수 있는가 하는 반론도 제기되고 있고[1], 또한 출전「고금주」가 중국문헌이며, 고조선의 조선진이라는 지명이 황하유역을 지칭하는 것이며, 중국인들이「공후인」을 한결같이 외래가사가 아닌 자기네들의 가요로 취급해 온 점을 들어 중국 가사로 보는 견해[2]도 있다. 후자의 견해를 따르는 학자는 따라서 유리왕의「황조가黃鳥歌」를 한국 최초의 시가로 본다. 그 논의는 나의 능력을 벗어난다. 다만 나는 내가 이 글에서 다루고자 하는 주제인 '죽음을 무릅쓰는 여성성'의 주제와의 관련 하에, 조심스럽게, 한 가지 다른 독법을 제안할까 한다(순수한 의미에서의 가설이라는 명목으로. 그러나 '다르게 읽기'야말로 여성 비평가가 할 수 있는 가장 의미 있는 일이 아닌가).

이 설화를 구성하고 있는 여러 가지 이미지들, 상징과 장치는 '노래의 탄생'이라는 사건과 묶어 생각할 때 '죽음'과 '여성성' 또는 '모성'의 '신화 주제'(뒤랑의 용어를 따르면 *mythologème*)와 연결되어 있다. 물에 빠져 죽는 백수광부와 그 앞에서 노래를 부르는 여인은, 홍수 때 물에 빠져 허우적거리는 인간들을 보고 노래 부르

---

[1] 고정희,「한국 여성문학의 흐름」,『또 하나의 문화』제2호, 평민사, 972쪽.
[2] 이종출,『한국고시가연구』, 태학사, 1989, 34쪽.

는 바빌로니아의 달의 여신 이슈타르를 떠올리게 한다.[3]

고통의 신들 앞에서 내가 예언을 하는 동안 나의 백성 모두가 환란에 처하게 되었으니
나, 나의 백성을 낳은 내가 예언을 하였도다, 그들이 물고기의 어린 새끼들처럼 바다를 가득 채우는구나
정령의 신들이 나와 더불어 울었도다

그녀의 이 탄식의 노래는 바로 그들을 방주에 태워 죽음의 '물'의 정반대편의 나라 태양의 마른 땅으로 데려가기 위하여서만 불려진다. 이 홍수와 구원의 주제「공후인」에서는 직접적으로 드러나 있지 않지만, 장소가 '나루터'라는 사실과 곽리자고가 '뱃사공'이라는 사실은 '물'과 '방주'의 심리적 상징성과 무관하지 않은 것으로 보인다. 하딩이 '홍수'와 '방주'의 신화 주제에 대해 내리는 결론은 이렇다. 그것은 '심리적 발달'의 표현이라는 것이다. '죽음'과 '노래'는 백수광부의 광기, 즉 디오니소스적 자질과 관련되어 있다. 노년의 주제는 이성의 쇠퇴를 의미하는 것이다.[4] 그러나 그 곁에는 언제나 자신을 던져 노인을 구원하는 젊은 영웅이 따라 붙는다. 그렇게 함으로써 상상력은 필멸의 운명의 저주를 완화한다. 이 백수광부의 광기는 심봉사의 눈 멈의 먼 에코이다. 다리를 헛디뎌 물에 빠진 심봉사의 '물에 빠짐'과 순결한 심청의 의지적인 '물에 빠짐'은 전혀 다른 의미를 갖는다. 전자는 죽음의 숙명이며 후자는 그것을 극복하기 위한 인간의 의지적 노력이다. 심봉사는 심청의, 죄지은 늙은 장님왕 오이디푸스는 안티고네의, 늙은 미친 왕 리어는 착한 막내딸의 동반을 받는 것이다. 우리는 이 설화를 오르페우

---

3 E. Harding, *Les Mystères de la femme*, Payot, 1953, p. 114.
4 G. Durand, *Les Structures anthropologiques de l'imaginaire*, Bordas, p. 101.

스의 전설에 비교해 볼 수도 있다. 죽은 아내 에우리디케의 혼을 지상으로 데려오기 위해서 그가 한 일은 '노래'를 부르는 일이었다. 오르페우스의 전설 속에서도 죽음과 강, 그리고 뱃사공(카론)이 나타난다. 오르페우스는 남성이지만, 그를 지배하고 있는 것은 여성적 자질이다. 그가 짐승들에 의해 갈기갈기 찢겨 죽는다는 것은(노래의 신들은 모두 똑같은 운명을 겪는다) 바로 그가 점차적으로 작아져서 죽는, 고대인들이 짐승에게 야금야금 먹혀 죽는다고 생각했던, 여성 원칙의 수호신인 달의 영웅이라는 사실을 나타낸다. 노래의 자질은 로고스적인 것이 아니라 에로스적인 것이다. 그런 의미에서 고대시가의 기원인 「공무도하가」, 「황조가」가 에로스를 노래하고 있으며, 따라서 '한국시가의 탄생이 에로스에 근거했다'는 김대규의 주장은 분명히 경청할 만하다.[5]

그러나 우리가 지금까지 살펴본 모든 논의를 뭉뚱그리는 신화는 죽음을 이기는 모성의 원형*prototype*이 되고 있는 이집트의 이시스 여신의 신화이다. 이시스는 암흑의 신 세트에게 죽음을 당해 갈가리 찢긴 남편 오시리스의 시신을 수습하여 그에게 다시 생명의 입김을 불어넣어 부활시킨다. 그런데 이 신화에서 중요한 것은 '바라보는 자*regardeur*'의 존재가 첨가되어 있다는 사실이다. 이시스는 남편의 시신을 찾아다니는 동안 한 어린 왕자를 구하게 되는데, 그녀는 그가 보는 앞에서 찢어진 남편의 시신을 배 위에 싣고 배 안에서 남편에게 생명을 불어넣는다. 그 배는 명백히 새로운 생명이 잉태되는 자궁을 상징하고 있다. 왕자는 그 장면을 지켜보다가 너무 끔찍해서 기절해 버리고 만다. 이 왕자의 역할을 하딩은 죽음을 바라보는 '심혼의 역할'이라고 규정하고 있다.[6] 이 차마 감당하

---

5 김지향, 『한국현대여류시인론』, 고목, 1991, 134쪽. 그러나 김대규의 '에로스'는 나의 논의와는 달리 전적으로 '성애性愛'만을 의미하고 있다.
6 E. Harding, 앞의 책, p. 120.

기 힘든 신들의 죽음 — 즉 인간 사건의 원형 — 의 장면을 '바라보는 자', 그것이 곽리자고의 역할이다. 그 바라보는 자는 이제 그것을 '전할' 의무를 가지는 것이다. '노래'와 시인은 그렇게 해서 탄생한다. 그 노래는 원형 사건을 기념하는 제의적인 기능을 가진다 (고정희는 이 시가가 후대에 와서 어떤 제사의식과 연관성을 가지게 되었다는 일각의 연구를 소개하고 있다).[7]

김경수는 김승희의 시를 분석하면서 그녀가 시인의 자기 정체성을 고대시대의 원原 - 시인인 곡비哭婢에서 찾고 있다는 흥미로운 견해를 피력한다.[8] 그리고 그의 주장에 따르면, 여성의 특수 경험인, 일종의 의사疑似죽음이라고 할 수 있는 '분만'이 이 동일시의 근거가 되는 경험이다. 시인은 남의 죽음을 대신 겪고, 울어 주는 존재라는 것이다. 백수광부의 처의 울음은 첫 번째 곡비의 울음이다. 그것은 물에 빠져 죽는, 자신이 창조한 인간의 죽음을 지켜보는 여신의, 어머니의 눈물이며, 그 아픔을 기리기 위하여 그 눈물을 기념하는 '바라보는 자', 시인의 눈물이다. 그 역할이 여성에게 주어졌던 이유는, 여성은 육체를 만드는 자, 즉 생성의 원천이며 동시에 그 육체성 때문에 죽어가야 하는 인간의 운명에 대하여 책임을 가지고 있는 존재라고 생각되어졌기 때문이다. 여성을 따라다니는 해묵은 오랜 저주, '열두 번 부정한 성'[9]이라는 저주는 그 때문에 생겨난다. 여성혐오증의 밑바닥에는 죽음에 대한 공포가 도사리고 있다. 여성을 증오하는 자는 결국 제 자신의 필멸의 운명을 저주하는 것이다. 그러나 여성 때문에 인간의 역사 속에 들어왔다고 생각되는 죄악은 또한 여성의 힘에 의하여 극복된다. 이브는 마리아에 의하여 극복된다.

---

7   고정희, 앞의 책, 36쪽.
8   김경수, 「여성시의 원천과 분만의 상상력」, 『작가세계』, 1990년 겨울호, 336쪽.
9   G. Durand, 앞의 책, p. 119.

2. 선각자들, 불운한 삶, 몸을 찾지 못한 언어

1) 삼국시대와 고려조

　백수광부의 아내 이후에 우리는 몇 명의 여성 시인들을 삼국시대에 만나게 된다. 『삼국유사』에 전하는 「도천수관음가」의 작가 희명(신라), 원왕생가의 작자 광덕의 처(신라), 그리고 『악학궤범』에 전하 「정읍사」가 성명미상의 백제 여인의 작품으로 알려져 있다. 이 시편들은 모두 당시의 사회이념인 불교신앙에 근거를 두고 있는 기원문들이다. 그 기원의 내용은 모두 남성을 위한 것이라는 것이 이 세 편의 시가의 특징이다. 고려조에서는 무녀와 기녀, 그리고 기층민 여성들이 '속악'을 남기고 있다. 이 시대의 시가는 그 작가들의 출신 성분으로 짐작할 수 있듯이 전시대의 작품에 비하여 훨씬 더 자유분방하다. 소위 '남녀상열지사'라 하여 천시되었던, 고정희의 표현을 빌면 '낭만주의 연애시'[10]가 그 주종을 이루고 있다. 그러나 그 거침없는 표현과 헬레니즘적 명랑성은 ― 필시 유교적인 순결 이데올로기에 의하여 왜곡되었을 ― 다른 각도에서 조명되어야 할 필요가 있지 않을까. 「쌍화점」의 작자의 이 둘러대는 솜씨는 귀엽기까지 하지 않은가.

　　술파는 집에 술팔러 갔더니
　　그 집 아비 내 손목을 잡더이다
　　이 소문이 이 집 밖에 나거들랑
　　조그마한 바가지야 네 말이라 하리라

　　그 자리에 나도 자러 가리라

10　고정희, 앞의 책, 100쪽.

그 잔 데같이 울창한 곳은 없나니

2) 조선시대 : 유교이데올로기와 몇 명의 빼어난 여성 문인들

고려 속요의 민중적 명랑성은 조선시대 유교 이데올로기 밑에서 질식해 버린다. 그러나 여성이 철저하게 억압되었던 이 사회에서도 재능 있는 여성들은 숨어서 조용히 자신들의 문학세계를 가꾸어 왔다. 대부분의 규방가사와 시문들이 당시의 지배 이데올로기였던 유교의 도덕을 노래하는 것이었지만, 황진이와 허난설헌과 이옥봉은 아주 독특한 시세계를 창조하는 데 성공한다. 황진이의 유려함, 이옥봉의 애절함, 그리고 여성의 한계에 대해 적극적인 갈등을 드러내 보였던 허난설헌의 품위는 어떤 의미에서는 ― 그녀들이 처해 있었던 사회상황을 고려에 넣는다면 더욱더 ― 현대 여성 시인들[11]의 시적 성취 이상의 가치를 지니는 것이었다.

3) 개화기와 식민지

일제 강점을 전후하여 서양문물이 들어오게 되고, 현대적인 의미에서의 시를 쓰는 여성 시인들이 등장하게 된다. 김지향은 한국 여성시를 연구할 때는 반드시 역사적인 사회 여건을 고려에 넣어야 한다고 이야기하면서 '그것은 근대 봉건체계에서 개화기로 이양되는 과정에서 여성의 의식체계가 급변했기 때문'[12]이라고 지적하고 있다. 문학 텍스트를 분석할 때 분석가는 어떤 의미에서든 작가의 시대적 상황을 고려에 넣지 않을 수 없겠지만, 한국 여성문학의 연구에 관한 한, 이 요청은 더욱 필수적인 것으로 보인다. 남성

---

11 '여류 시인'이라는 용어의 애매함을 지적하지 않을 수 없다. 그러나 여성적 글쓰기가 남성적 글쓰기와 다른 변별적 특징을 가질 수 있다는 가정을 받아들인다는 의미에서 나는 '여성 시인'이라는 용어를 사용하기로 한다.
12 김지향, 앞의 책.

들의 의식 변화보다도 더 근원적이고 혁명적인 변화가 여성들의 의식 안에서 일어났기 때문이다. 김윤식은 개화기 무렵부터 해방 이전까지의 여성문학을 3기로 나누어 각각 시대적인 변별적 특징들을 설명하고 있다.[13] 그 각각의 시기들을 간단하게 요약하고 지나가도록 하자.

그가 제1기에 분류해 넣은 작가들은 모두 시인들로서 탄실 김명순, 일엽 김원주, 그리고 창월 나혜석이다. 김윤식은 이들이 남긴 작품이 얼마 되지 않기 때문에 가장 타당한 문학연구 방법이라고 보이는 작품연구를 할 수 없다는 문제를 지적하고 있다. 그래서 이들에 대한 연구는, '풍문 중심의 인간성'이 중심이 될 수밖에 없다. 김윤식은 이 제1기 여성 문학인들이 '작품 없는 문학생활'을 영위했다고 말한 김동인의 말을 가장 부정적인 의미로 받아들여 미리부터 그녀들이 '실패'했다는 결론을 내리고 있다. 그는 서구 댄디즘의 퇴폐적인 태도를 그녀들에게 적용시켜 '생활과 허구를 착각한 과도기적 현상'이라고 말한다. 이러한 관점 아래에서 엄격한 객관적인 평가가 가능할지 의심스럽다. 제1기생들 중에서 가장 먼저 문단활동을 시작했으며, 김동인「김연실전」이나 전영택「김연실과 그 아들」의 모델이 되고 있는 김명순은 일반적으로 근대적 의미에서의 한국 최초의 여성 시인으로 꼽히고 있다. 그녀는「의심의 소녀」로 데뷔를 했지만, 나중에 표절시비가 일어난다. 그녀는「추억」,「거룩한 노래」,「만년청」,「오월의 노래」,「언니의 생각」,「창궁」등의 시 작품을 남기고 있다. 그녀는 나중에 정신착란을 일으켰다고 전해진다. 김원주와 나혜석은『폐허』지의 동인으로 출발했으며, 여승 또는 수도 생활로 세상을 등진 점 등 공통점을 가지고 있다. 그러나 김원주의 작품으로는「동생의 죽음」외에

---

13 김윤식,「여성과 문학」,『아세아문화연구』제7집, 숙대출판부, 97-127쪽.

는 전하는 것이 없다. 나혜석은 화가였으나 시인 겸 소설가로도 활동했다. 그녀의 유명한 「노라」에 대한 여성 연구자와 남성 연구자의 시각은 어처구니없을 만큼 다르다. 고정희는 이 시가 '자신이 인형이었다는 자의식의 갈등을 표현하고, 그 자의식이 직면한 제도적 인습에 도전하며, 모든 여성의 결단을 부르짖는' '매우 교시적이고 계몽적인 개화기 여성문학의 본보기'[14]라고 생각하고 있다. 김지향도 이 시가 '여성을 인형화하는 예속현상을 상징한 시로서 뿌리 깊은 남성들의 고정관념에 메스를 가했다'[15]고 평한다. 그러나 김윤식의 관점은 전혀 다르다. 그는 이 시를 '한 사내와만 연애를 한다는 것조차 (……) 유치한 감이 없지 않은'[16] 태도로 살았던 '여류문사'가 자신의 연애행각을 정당화하기 위해서 지은 시 정도로 폄하하고 있다. 이어서 그는 나혜석이 '구속과 자유의 개념을 분별하지 못했으며, 그것을 오히려 선구적인 것으로 착각했다'고 말하고 '기질적인 방종을 자유로 오인했으며, 보편적 성향에서 자기를 세울 수 없었다'고 몰아세운다. 그리고 사뭇 위협적인 어조로 '새장에 갇힌 새는 흔히 자유가 없다고 한다. 그러나, 한 번 이 새장을 벗어나면 이번엔 솔개나 고양이의 밥이 되기 십상이다. 새장 속에서, 이미 나는 능력이나 통찰력이 상실되었던 것일까. 그렇다면 결과는 물을 것도 없다. 다시 새장에 돌아오든지, 아니면 아사하는 길이다'[17] 라고 일갈하고 있다. 나는 다섯 자녀를 버리고 가정을 등진 나혜석의 사랑을 신비화할 생각은 전혀 없다. 그러나 어째서 이렇게까지 매도해야 하는 것일까? 그것이 시 「노라」를 이해하는 데 그토록 중요한 부분일까?

---

14 고정희, 앞의 책, 105쪽.
15 김지향, 앞의 책, 6쪽.
16 김윤식, 위의 책, 104쪽.
17 김윤식, 위의 책, 106쪽.

이들 1기 여성 시인들의 불행은 시대적 산물이다. 그녀들이 선각자적인 의식을 가지고 있었음에도 불구하고, 오늘의 관점에서 보면 구식스타일의 시밖에는 남기지 못했다는 사실도 결국은 그녀들의 한계가 아니라 당시의 한국 상황의 한계이며 한국 문학의 한계로 이해해야 한다. 그녀들의 외형적인 삶은 불행했다. 객관적인 기준으로 보면 그렇다. 그러나 더욱더 큰 불행은 그녀들의 파격적인 삶의 의미가 그것에 일치하는 시 형식을 얻지 못했다는 사실이다. 몸을 얻지 못한 언어, 나는 그녀들의 시구의 행간에서 떠도는 그녀들의 목마른 시혼의 유령들이 지르는 비명소리를 듣는다. 그 불행한 텍스트의 유령들에게 몸을 줄 능력이 내게 있을까? 그녀들로부터 반세기 이상 시간적 거리를 둔 시대에 살면서도 아직도 억압된, 타자인 자아, 유령인 자아를 살아가고 있는 내가? 아니면 누군가 다른 여성 시인이?

제2기에는 주로 1930년대부터 '신체제 문학'(친일문학) 이전까지의 여성 문인들의 활동들이 망라된다. 김오남, 노천명, 모윤숙, 백국희, 주수원, 장정심 등이 이 시기에 활동을 시작한 여성 시인들이다. 이 시기에는 여성 문인들도 동인지가 아닌 문단을 중심으로 활동하게 되었고, 많은 작품들을 발표하여 활발한 작품 활동을 전개했다. 최소한 '작품 없는 문학생활에 골몰했다'는 빈정거림을 듣지 않아도 좋게 되었던 것이다. 그러나 이 시기의 여성 문인들의 활동은 뚜렷한 한계를 가지고 있었다. 김영덕이 지적했듯이 1기의 여성 문인들의 좌절이 상당부분 '이들 여류기수들을 너무나 전시대적이요, 이해 없는 눈으로 바라보았던 남성작가들의 몰지각, 몰염치와 전횡'에 기인하고 있다면, 2기 여성 문인들의 상대적인 성공은 반대로 '신사 문인들의 보살핌'[18] 덕분에 가능했기 때문이다.

---

18   김윤식, 앞의 책, 19쪽.

그러나 김윤식이 지적하듯이 '이들 2기 여류들은 그들의 등불적인 존재였던 페미니스트들에 의해 인간적 혹은 윤리적 실수 없이 작품 활동을 할 수 있었다는 이점이 있었던 반면, 그 때문에 종속적 사고에서 벗어나 자기를 세우지 못한 결함이 있었다고 볼 수도 있을 것이다'. 김윤식은, 앞서서 나혜석을 궁지로 몰아대었던 것은 까맣게 잊은 채, 제 1기생들은 인간적으로 실패했지만, 종속적이 아니었고, 몸 전체를 현실 속에 던져, 자신의 패배에 대한 어떤 책임도 질 줄 알았다고 긍정적인 결론을 내리고 있다.[19]

이 시기에 활동한 여성 시인들 중에서는 단연 모윤숙과 노천명이 돋보인다. 모윤숙이 기교에 별로 마음을 쓰지 않는 자유분방한 정열을 표출하는 시인이었다면, 노천명은 단아하고 명상적이며 회화적인 절제된 정서를 표현하는 시인이었다. 이 두 여성 시인들의 대조적인 시세계를 후대에 와서도 여성문학의 두 흐름으로 여기려는 경향이 존재한다.

제3기는 1940년 이후의 신체제 문학기로서, 많은 작가들이 적극적으로 또는 마지못해서 친일문학에 협력했다. 여성 문인들은, 남성 작가들의 보살핌과 지도를 받으며 성장해 온 만큼, 그들의 눈치를 보거나 그들의 기대에 따라 행동했다. 제3기는 결국 제2기 문인들의 변절의 시기에 해당한다고 볼 수 있다.

4) 해방 이후에서 1960년대까지

해방, 좌우익 대립, 6·25와 산업화 초기 단계를 거치는 동안 매우 두꺼운 여성 문인층이 형성되었다. 이때 활발한 활동을 보인 여성 시인들로는 이영도, 조애실, 이영희, 노영란, 홍윤숙, 김남조, 허영자, 김지향, 김하림, 김여정, 임성숙, 김윤희 등을 꼽을 수 있다.

---
19 김윤식, 위의 책, 120쪽.

많은 문예지들과 일간지의 신춘문예 등을 통해 등단한 이들 여성 문인들은 50년대 중반부터 60년대 말까지 이른바 '여류문학'의 전성기 동안 질적 양적인 발전을 이룩하게 된다. 그러나 1967년 한국여류문인회가 편찬한 15명의 시인의 작품을 싣고 있는 『한국여류문학전집』(삼성출판사) 제6권에 붙어 있는 김우정, 김현, 김주연의 해설은 상당히 비판적이다. 세 사람의 남성 비평가들의 견해는 조금씩 다르지만, 결국 세 사람 모두가 합의하고 있는 사항은 여성시가 '과거지향적'이며, '단조로운 방법으로 전통적인 한국 여성의 심리'를 묘사하고 있으며, '정서적인 긴장감을 결여하고' 있다는 점이다. 고정희는 이들의 견해에 반론을 제기하고 있지만, 자신의 견해가 어떤 것인지에 대해서는 구체적인 언급이 없다.[20] 나는 세 명의 남성 비평가들의 입장을 그대로 따를 생각은 없다. 그러나 단지 여성에 의하여 씌어졌다는 이유 하나만으로 여성 문인들의 작품을 특별한 고려의 대상으로 삼고 싶어 하는 듯한 고정희의 '자매애'에도 선뜻 수긍할 수 없는 부분이 있다고 생각한다. 하지만 한 가지 지적하지 않으면 안 되는 것은, 만일 남성 비평가들의 주장대로 이 시대의 여성시가 여성적인 수동성을 벗어나지 못하고 있다면, 그것은 상당부분 '여성성'에 대해 남성들 자신이 수립해 놓은 지배 이데올로기적 환상 때문일 것이라는 사실이다. 그 가정에 관한 정확한 결론을 내리기 위해서는 당시의 비평문을 몽땅 뒤져보는 수밖에 없을 것이다. 그러나 '여성성 소설 혹은 여성성 기피'라는 딱지를 붙여 박화성과 강경애의 리얼리즘을 사시로 바라보고 '여성다운 여류'인 최정희의 고백체를 옹호하는[21] 김윤식의 기준이 그만의 것은 아니었을 것이라는 가정은 충분히 가

---

20   고정희, 앞의 책, 114쪽.
21   김윤식, 앞의 책, 112쪽.

능하다고 본다. 더구나 김지향이 적절히 지적하고 있듯이[22] 선대 여류 문인들의 파격적 행태에 대한 부정적인 시각도 그녀들의 후배들에게 부담으로 작용했을 것이다. 이 시대의 여성 시인들이 김현의 지적대로 "강한 악센트로 자신이 '여성적인' 여자임을 강조"하는 '체념적인'[23] 시세계를 가지고 있었다면, 그 이면에서 앞서의 조건들이 부정적인 영향력을 행사했을 것이다. 그러나 오래 기다리지 않아도 된다. 우리는 곧 여류들에게 프리미엄으로 작용하던 '여류 특유의 섬세함'의 신화에 정면으로 도전하는 무서운 여성시인들의 등장을 목격하게 된다.

3. 신화의 파괴, 또는 세계 재편의 꿈
― 70-80년대의 여성 시인들

이러한 개략적인 글이 가질 수밖에 없는 한계에 대해 이야기하고 넘어가자. 김남조와 홍윤숙, 그리고 허영자가 돋보이는 존재로 등장했던 50-60년대의 여성시들이 몽땅 '여성성'의 신화 뒤에 몸을 사리고 있었다고 이야기할 수는 없다. 70-80년대의 여성 시인들의 탄탄한 세계 인식, 그리고 뛰어난 언어 조형 능력은 어느 날 갑자기 가능해진 것은 아니다. 남성 시인들과 당당히 어깨를 겨룰 수 있게 된 그녀들의 시세계와 그녀들의 선배들의 시세계 사이에는 분명한 인식론적 단절이 존재하고 있다. 그러나 그럼에도 불구하고, 내가 여기에서 택하는 입장이 70-80년대 여성 시인들에게 호의적이라고 해서, 그것이 곧 선배들의 시적 성취를 깡그리 부정한다는 뜻은 아니다. 지면의 제약과 자료처리의 어려움 때문에 자

---
22 김지향, 앞의 책, 4쪽.
23 고정희, 앞의 책, 114에서 재인용.

세한 분석을 할 수 없음을 유감스럽게 생각한다.

70-80년대의 여성 시인들은 서로 엇비슷해 보이던 그녀들의 선배들과는 달리 각각 자신만의 독특한 세계를 구축하는 데 성공하고 있다. 70년대에 등장한 강은교의 사색적 허무주의, 그리고 김승희의 파괴적 내면주의는 고정희의 씩씩한 민중적 상상력과 짝을 이루고 있으며, 그녀들의 가열한 내면세계와 시대정신은 80년대의 최승자에 이르면 가장 치열한 종합을 이룬다. 이어 등장한 김혜순의 블랙유머를 기조로 한 경쾌한 악마주의는 성숙한 모성적 인식으로 심화되고 있으며, 황인숙은 아주 독특한 감각적 시세계를 그려 보인다. 이상희의 깔끔하고 세련된 죽음의 시학 곁에는 매혹적인 신예 정화진의 놀라운 신화적인 세계가, 그리고 허수경의 퇴폐적이고 농염한 여성적 상상력이 놓여 있다. 양선희는 90년대 시단의 한 징후로 보이는 포스트 모던한 글쓰기를 이미 마스터하고 있으며, 이선영은 특유의 헐거워 보이는, 그러나 사랑스러운 일상성의 시학을 성공적으로 구축해 가고 있다. 이진명의 지혜롭고 차분한 시어들은 한국 여성시의 또 다른 가능성으로 떠오르고 있다. 이 모든 시인들을(그 목록조차도 어쩔 수 없이 자의성을 띨 수밖에 없지만) 한 줄에 명쾌하게 정리할 수 있는 원칙은 없다. 그러나 한 가지 확실한 것은 그녀들이, 개인에 따른 편차는 있지만, 그녀들의 동료 남성 시인들과 똑같이 기존의 시 문법을 파괴하고 있다는 사실이다. 그녀들은 특히 '여성적'이라고 남성들에 의하여 여겨져 왔던 시 문법을 공격한다. 그러나 우리가 보게 되겠거니와 그것은 그녀들이 여성이 되기를 거부해서가 아니라 진정한 '여성'이 되기 위해서이다. 주어진 주제에 충실하기 위해서는 시인들 하나하나의 세계를 살펴보는 것이 가장 좋은 방법이겠지만, 그것은 이 글에서는 기술적으로 도저히 불가능한 일이다. 그래서 나는 이 모든 여성 시인들에게서 아주 특징적으로 나타나는, 일종의 어떤

여성적 원체험의 성격마저 띠고 있는 '죽음'의 주제를 중심으로 그녀들의 시세계를 살펴볼까 한다.[24]

'죽음'은 강은교의 여러 주제들 중의 한 가지 주제가 아니다. 그것은 그녀의 '유일한' 주제이다. 시집『풀잎』을 들추어보면 우리는 어느 페이지에서나 죽음을 만날 수 있다. 그녀는 마치 흉가에 살고 있는 것 같다. 그녀는 산 사람들보다도 죽은 사람들과 친하다. 그녀의 세계에 살고 있는 어둠은 너무나 근원적인 것이어서 "성냥을 켜고 켜고 또 켜[도]/(……)물러가지 않는다"(72쪽). 죽음은 그녀의 "침대"이며, "무명치마"이며, 그녀의 "자궁 속에서 회전(하는 바다)"이다. 그런데 특이한 것은 그녀의 죽음의 인식이 '여성성'의 인식과 짝을 이루고 있다고 하는 점이다.

> 날마다 우리나라에
> 아름다운 **여자들**은 떨어져 쌓인다
> (……)
> 높은 지붕마다 남몰래
> 하늘의 넓은 시계소리를 걸어놓으며
> 광야에 쌓이는
> 아, 아름다운 **모래의 여자들**
>
> _강은교,「자전自轉 Ⅰ」,『풀잎』, 민음사, 3쪽.

죽음 – 여자의 짝은 죽음에 붙잡힌 여성의 이미지 곁에 종종 덧붙여지는, 이 비극으로부터 자유로운 남자들의 이미지에 의하여 한층 더 상징적으로 심화된다.

---

24 시사적 중요성으로 생각할 때, 고정희를 빠뜨릴 수는 없다. 그러나 이제 과거로 들어가 버린 그녀의 시를 위해서는 다른 한 편의 글을 약속하기로 하자. 그녀를 잃은 것은 우리의 너무나 큰 손실이었다.

> 그렇다, 바다는
> 모든 여자의 자궁 속에서 회전한다
> 밤새도록 맨발로 달려가는
> 그 소리의 무서움을 들었느냐
> (……)
> **울타리 밖에는 낮게 낮게**
> **바람과 이야기하는 사내들**
>
> _강은교, 「자전 Ⅱ」, 32쪽.

강은교의 시 속에서 종종 '하늘'의 이미지와 연결되는 수염은 단순한 하얀 구름의 은유가 아니다[비와 햇빛과 함께/허공에는/사내들의 흰 수염만이/천천히 나부끼고 있었다(40쪽). 구름이 보여요/구름의 백발이/골목마다 흔들거려요(58쪽)]. 그녀의 상상력 속에서 '하늘'과 땅은 고대 신화의 아버지-하늘/어머니-대지 또는 물의 신성한 짝의 상징성을 복원한다. 그 하얀 수염은 아마도 고인이 된 듯한 그녀의 생부에 대한 개인적인 기억일 수도 있다 (희망의 끝간 데를,/거기서 일어서는 한 사람/내 그리운 아버지를 본다, 66쪽). 그러나 그녀가 죽음과 짝을 이루고 있는 여성성이라는 주제의 맞은편에 '아버지'로 대표되는 남성의 원리를 상정하고 있는 예는 얼마든지 제시할 수 있다. 분명한 것은 그녀가 죽음을 그녀 자신, 또는 여성의 몫으로 인지하고 있다는 사실이다. 그러나 그것은 그녀 자신의 개인적인 죽음이 아니다. 이렇게 거창하게 말하는 것이 허용된다면, 그것은 인류 전체의 죽음이다.

옥황상제가 온다.
옥황상제가 온다.

엄마 등에는

사천년[25] 묵은 늪이

황톳물이

묻혔다 다시 묻히는

아아 사천 사내의

떼죽음

— 강은교,「단가 삼편, (늪)」, 46쪽.

  이 시의 "옥황상제"는 우주를 지배하는 어떤 절대 질서를 의미하는 것이 아닐까? 그 질서는 "엄마"로 상징되는 육체의 원리에게 죽음을 부여한다. 어머니의 몸에서 이루어지는 숱한 사람들의 수천 년의 오랜 죽음의 이미지는 김승희에게서도 김혜순에게서도 나타난다. 강은교의 놀라운 깊이의 시학은 강물 밑의 부서진 모래에서 년년세세 계속되는 죽음의 층을 가려낸다. 그 죽음은 인류가 세계에 던져진 뒤 계속되어 온 오래된 죽음, "오래된 여자"이다!

모래밭에 수많은 그대들은 듣거라.

우리가 대낮 을지로에서도

식은 임진강 물맛을 다시고

다시며 도처에 차디찬

풀무덤으로 뒹구는 것.

뒹굴며 한 백년이

한 십년 위에 눕는 병을.

듣거라. 물 끝에서 **오래된 여자 하나**

구겨지며 언제나

---

25 많은 경우에 여성성의 추구는 숫자 4의 상징주의를 동반한다.

해거름으로 떠돌고 있다.

_강은교, 「임진강」, 『풍경제』, 103쪽.

집 천장에 살면서 밥도 훔쳐 먹고 잠도 못 자게하고 손톱도 깎아먹는 귀신들(88쪽)과의 이 친화력은 어쩌면 그녀가 실제로 겪었던 '뇌동맥 정맥기형'이라는 희귀병과의 싸움에서 얻어진 구체적 인식인지도 모른다. 그러나 그것이 그녀만의 경험이라면, 김승희, 최승자, 김혜순, 이상희, 정화진 등에게서 한결같이 나타나고 있는 생생한 죽음의 이미지를 어떻게 이해해야하는가(그녀들에게서 나타나는 죽음의 이미지는 남성 시인들에게서 나타나는 죽음의 이미지와 현격한 대조를 보인다. 남성 시인들의 죽음은 상대적으로 추상적이다. 그러나 7, 80년대 여성 시인들의 죽음은 끔찍할 정도로 구체적이다. 그것은 언제나 '살'의 부패와 연관되어 있다. 보다 섬세한 연구가 필요하겠지만, 이 특성 하나만으로도 그녀들이 그녀들의 선배들의 감상적이고 낭만적인 세계관과 결별하고 있다는 사실은 분명히 드러난다. 강은교 시의 충격은 바로 '살'이라는 단어 하나로 이미 충분했다). 내가 앞서 파괴적 내면주의라고 이름붙인 김승희의 시들은 모두 들끓는 죽음의 충동의 변주이다, 라고 이야기할 수 있을 지경이다. 그녀의 시들은, 정신분석학적 용어를 빌면 타나토스Thanatos의 전이*transfert*의 산물이다. 김승희의 시들은 그러므로 생명의 기능을 수행하고 있는 것이다. 마치 자살하기 위해서만 살았던 것 같은 실비아 플라스의 유령이 그녀를 사로잡고 있다.

실비아 플라스,
넌 왜 아주 가지 않고
밤마다 내 침실 창 너머에

> 달빛같은 검은 상복을 걸치고
> 안녕을 묻고 있지,
> 양쪽에 두 아이를 거느리고 누워 생각해보면
> 실비아 플라스,
> **자살과 상사병 사이엔 유사성이 있다**고 하던
> 그 말이 에이즈 균처럼 떠오를 뿐이야
> _김승희, 「실비아 플라스」, 『달걀 속의 생』, 문학사상사, 174쪽.

김승희는 핵심을 건드리고 있다. 그녀는 에로스의 이면이 타나토스라는 것을 알고 있는 것이다. 육체의 재생산의 본능인 에로스의 다른 얼굴인 자기 파괴의 욕구를 최승자만큼 잘 알고 있는 시인은 없다. 그녀에게 죽음처럼 친밀한 것은 아무것도 없다. 그것은 그녀의 시의 출발이다. 오, 저주받은 종족, 여성 시인들, 너무 깊이 사는 자들에게 안식은 없다.

> 사악한 밤이 밀려온다.
> 밤의 창자 속에는
> 갖가지 요사스런 소리가 떨고 있다.
> 유령의 숨결로 가득찬
> 밤의 기류, 그 틈에서 언제나
> 나를 덮치기 위해
> 막 손을 내뻗고 있는
> 저 튼튼한 죽음의 팔뚝.
> _최승자, 「밤」, 『이 시대의 사랑』, 문학과지성사, 52쪽.

이상희처럼 가녀리고 단정한 시인도 이 강박관념에서 자유롭지 못하다. 오히려 그녀의 섬세한 여성성은 아주 도시적이고 세련된 형태로 여성들의 영혼에, 최승자의 표현을 빌면 "니코틴에 달라붙은 카페인처럼/(……)혈관을 타고 흐르는 매독균처럼" 달라붙어 있는 죽음의 본능을 노래한다.

> 모든 멈춘 피는 흙 속으로 가고
> 남은 피는 흙덩이처럼 푸들거리고
> 썩었다
> _이상희,「모든 멈춘 피는 흙 속으로 가고」,『잘 가라 내 청춘』, 민음사, 16쪽.

또는 경쾌한 요정 황인숙조차도 감각적으로 이렇게 노래한다.

> 내게 깨끗하게 날이 선 손도끼가 있다면
> (가혹하지만, 정말!)
> 내 목 바로 밑을
> 가볍게 찍어보고 싶어요. 딱
> 한번만.
> _황인숙,「여섯 조각의 프롤로그·5」,『새들은 하늘을 자유롭게 풀어놓고』, 문학과지성사, 98쪽.

이 죽음에의 천착은 여성적 사유의 특성일까, 아니면, 이 세대의 어떤 독특한 징후일까. 후자일 가능성도 있다. 자신의 시 행위를 완벽하게 지적으로 통제하고 있는 김승희에 의하면, 그것은 광주의 집단적 타나토스의 시적 받아쓰기이다.

> 1983년에 출간한 나의 두 번째 시집『왼손을 위한 협주곡』속엔 왜 그렇게도 많은 죽음이 있느냐고 많은 사람들이 물었다.

그토록 많은 타나토스란 대체 어디에서 온 것이냐고. 나는 처녀 시집 『태양 미사』와 『왼손을 위한 협주곡』 사이에서 개인적으로 혈육의 죽음을 맞았으며 그리고 광주의 집단적 타나토스를 보았던 것이 아니었던가. 그리고 우리 사회에 미만해 있던 집단 고려장의 그 불길한 징후 속에서 누구나 사장 또는 밀봉되어 가고 있다는 반생명적 천문을 느끼지 않을 수 없었다.
_김승희, 「시작노트·1」, 『달걀 속의 생』, 19쪽.

그것은 그러면 이 사회에 그토록 많은 그 모욕당한 죽음들을 위한 진혼곡인가. 그래서 김정란은 힘이 들어 숨이 꺽꺽 막히면서도 이철규의 처참한 주검을 들여다보았던가.

> 푹푹 썩자, 나여, 적극적으로, 썩어문드러지자, 지금은 생생한 나여,
> 세상에 ― 알아? ― 내 가슴이 그때 ― 그대의 모욕당한 ― 그 ― 존재의 껍질의 ― 너덜너덜한 ― 게다가 ― 그리고 ― 나는 ― 눈 돌리지 않았어 ― 나는 ― 그 ― 천연색 사진을 ― 꼼꼼히 ― 들여다보았어 ―
>
> 나는 울지 않았어. 왜냐하면 감당했기 때문이야.
> _김정란, 「L 씨의 주검에게」, 『다시 시작하는 나비』, 문학과지성사, 88쪽.

그녀는 그러니까 그때 이시스 여신의 배를 타고 있던 그 인간 왕자의 '죽음을 바라보기'의 소명을 수행했던 것일까. 이 처참한 죽음, 아니 오히려 주검의 응시는 김정란의 독특한 주제는 아니다. 김승희를 보라.

<

고압선 전깃줄에 팔다리눈코입 하나 없는
살덩이 하나 내걸렸으니
저 정육은 누구의 것인가,
— 김승희, 「감전된 사람」, 『미완성을 위한 연가』, 나남, 62쪽.

또는 김혜순을.

가끔
무덤 밖으로
감춰둔 시체들이 떠오른다
떠오른 시체의 얼굴이 까맣게 탔다
하고 싶은 말 많은데 물 이불
너무 무거워 떠오른 시체에서 눈알이 불거졌다
못 채운 단추처럼 튀어나왔다
못다
웃은 웃음 너무 뜨거워
_ 김혜순, 「떠오른 시체」, 『우리들의 음화』, 문학과지성사, 60쪽.

그러나 여성 시인들은 이 사회적 주검들을 자신들의 운명의 안으로 끌어들인다. 김혜순 식으로 말한다면 물속에 같이 빠져 죽는다. 이를테면 "순장殉葬"이다(『아버지가 세운 허수아비』, 33쪽). 백수광부의 처妻처럼 말이다. 『현대시세계』는, 91년 봄호에서 '주검 이미지'를 다룬 반경환의 평문을 싣고 있다. 그런데, 편집위원들의 예상과는 달리 수집된 주검의 목록들은 길지 않았다. 반경환은 남성 시인들의 시만 뒤져 보았던 것이다. 그가 여성 시인들에게 조금만 더 관심을 가졌더라면 화려한 목록을 작성할 수 있었으련만(아서라, '시체애호증'이라고 야단맞을라). 그녀들이 끌어안는 이 죽음의 운명을 김혜순은 그녀다운 참신한 발상으로 "퍼먹는다". 먹는 행위야말로 썩는 "살"을 위한 것이 아니던가. 에로스는 다시 한 번 더 타나토스 곁에 있다. 여자들이 자궁 속에 낳아 기르는 이 장래의 썩을 것들을 위해 그녀는 열심히 "퍼먹는다".

> 은빛 숟가락아 진군하라
> 일순의 감격처럼 노을은 쉬이 녹고
> 검은 보리떡 밤이 오리니
> 미친 듯이 퍼 올리려무나, 저 노을이나.
>
> 배추 한 포기
> 저 물고기 한 마리
> 무얼 먹고 사는 줄 알아?
> 피로 쑨 죽 한 사발 저거나 먹어 둬야지.
> 미친 듯이 퍼 올려야지, 저 노을이나.
> _김혜순, 「노을 속에 숟가락 넣고」, 『또 다른 별에서』, 문학과지성사, 57쪽.

그녀들이 죽음의 운명을 껴안아 내면화하는 것은, 그녀들이 처절하게 "살"과 그것의 운명적 귀결인 죽음 — 그것이 사회학적인 것이건, 개인적인 것이건 — 을 자신들의 몫으로 참아 이겨내리라 다짐하기 때문이다. 그녀들은 강은교의 놀라운 표현에 의하면 "살의 하녀"들인 것이다. 그래서 최승자는 운명의 아래로 아래로 내려가 "어머니 이것은 누구의 눈알입니까?/어머니 이것은 누구의 심장입니까?"라고 묻고 강은교는 "나는 시냇가에 끝까지 살과 뼈로 남아 있다"고 자각한다. 그래서 최승자의 자궁은 죽은 아이들로 가득 차 있고, 우리의 가장 여성적인 시인 허수경도 그녀의 젊은 자궁 안에 아버지의 죽음마저 감싸 안는 것이다(그녀의 시는 가장 좋은 의미에서의 유행가이다. 나는 어떻게 이 젊디젊은 여성이 그토록 삶의 아픔을 절절하게 이해하고 있는지, 그리고 그것을 그토록 아름답게 풀어낼 수 있는지 놀랍기만 하다).

> 아버지 딸의 자궁으로 들어와 한줌의 풀무더기 가엾은 벌초가 되어 어린 아들의 붉은 손가락에 잡혀 넘어가시는군요 괜찮타 괜찮타 헉헉거리는 입김이 당신의 마른 가슴에 닿아 저리도 막막해져 켜켜로 쌓이는데요(……)
> _허수경, 「가을 벌초」, 『현대시세계』, 1990년 봄호 재수록.

여성 시인들의 이 죽음에의 친화력은 그녀들의 운명에서 담당하고 있는 재생산의 몫, 그리고 그것의 귀결인 살의 썩음마저도 내면 안으로 감싸 안으려는 모성적 인식의 표현이다. 대결과 전쟁, 힘과 지성의 경쟁에 의해서 세계를 건설하는 것이 아니라 자연과 운명의 적극적인 감싸안음으로 세계를 건설하려는 자들의 노력. 김혜순은 그 시도를 가장 잘 형상화하고 있는 시인이다. 그녀는 역사를 역사逆史라고 부른다. 그녀는 역사를 거꾸로 쓰고 싶은 것이다. 그녀의 세계 재편의 꿈은 그녀의 시집 도처에서 읽힌다. 그녀는 그녀의 최근 시집의 자서自序에서 사회적 억압이라는 검은 고래, 저 끝간 데를 모르는 가부장적 사회의 욕망의 리바이어던에게 도전장을 던지고 있다. "꼴뚜기 같은 내 시詩들아, 저기 저 어둔 고래를 먹어치우자. 부디" 나는 그녀에게 내 망둥이 같은 시들도 그 일에 한몫 끼어달라고 부탁한다.

성모는 십자가 앞에 서 있다. 그녀는 아들의 죽음을 바라본다.

그 아들은 고대 신화의 달의 여신의 아들들이 그렇듯이 그녀의 아들이 아니라, 대문자의 아들, 인류이다. 그녀는 그 죽음, 인류가 누구나 겪지 않으면 안 되는 운명의 집행을 응시한다. 사랑은 죽음의 부정이며 긍정이다. 그것은 살을 껴안음으로써 살을 이겨낸다. 그것은 살을 베어냄으로써만, 여성적인 자질들을 역사의 장에서 쫓아냄으로써만 가능했던 아버지의 윤리에 대한 반란이다. 크리스테바의 이 전언은 내 귀에 예언처럼 울린다.

그리고, 윤리가 권력이라는 난처하고도 불가피한 문제성을 회피하지 않고 거기에 육체와 환희를 주는 것이라면, 그때 윤리의 재설정은 여성들의 몫을 필요로 한다. 재생산의 욕망의 담지자인 여성들, 말하는 우리 인류가 죽음을 감수할 수 있도록 하는 데 동원 가능한 여성들, 즉 어머니의 몫을. 왜냐하면 도덕과 분리된 이교적 윤리, 즉 '이단윤리'란 삶 속에서의 관계와 사상, 결국은 죽음의 사상을 견딜 만하게 해주는 것에 다름 아니기 때문이다. 이교윤리란 비죽음*amort*, 곧 사랑*amour*이다. 그러니, 다시금 '스타바트 마테르'에 귀를 기울이자. 그리고 음악에······ 음악은 여신들을 삼켜버리고 여신들이 필요하다는 사실을 은폐해 준다.[1]

또는 시에 귀를 기울이자. 이를테면 허수경의 노래에, 죽음을 치료하는 이 사랑스러운 치유자의 노래에.

청솔가지 분질러 진국으로만 고아다가 후후 불며 먹이고 싶었네 저 미친 듯 타오르는 눈빛을 재워 선한 물같이 맛깔 데인

---

1 크리스테바, 「사랑 이야기들」, 성화용 옮김, 『작가세계』, 1991년 봄호, 489쪽.

잎같이 눕히고 싶었네 끝내 일어서게 하고 싶었네
　　　그 사내 내가 스물 갓 넘어 만났던 사내
　　　내 할미 어미가 대처에서 돌아온 지친 남정들 머리맡 지킬 때
　　허벅살 선지피라도 다투어 먹인 것처럼
　　　어디 내 사내 뿐이랴
　　_허수경, 「폐병쟁이 내 사내」, 『슬픔만한 거름이 어디 있으랴』,
　　　　　　　　　　　　　　　　　　　　실천문학사, 26쪽.

_인용시 판본

　　강은교, 『풀잎』, 민음사, 1974.
　　김승희, 『왼손을 위한 협주곡』, 문학사상사, 1988.
　　　　　『미완성을 위한 연가』, 나남, 1987.
　　　　　『달걀 속의 생』, 문학사상사, 1989.
　　　　　『어떻게 밖으로 나갈까』, 세계사, 1991.
　　김혜순, 『어느 별의 지옥』, 청하, 1988.
　　　　　『아버지가 세운 허수아비』, 문학과지성사, 1990.
　　　　　『우리들의 음화』, 문학과지성사, 1991.
　　　　　『또 다른 별에서』, 문학과지성사, 1991.
　　이상희, 『잘 가라 내 청춘』, 민음사, 1989.
　　최승자, 『이 시대의 사랑』, 문학과지성사, 1981.
　　　　　『즐거운 일기』, 문학과지성사, 1984.
　　　　　『기억의 집』, 문학과지성사, 1989.
　　허수경, 『슬픔만한 거름이 어디 있으랴』, 실천문학사, 1988.

　　　　　　　　　　　　1991년

상처의 소유에서 상처의 초월적 극복에게로
_이성복의 시세계,
『뒹구는 돌은 언제 잠 깨는가』,『남해금산』을 중심으로

80년대에 우리는 지독히 불행했다. 그 불행한 시대에 우리는 다행히도 뛰어난 시인들을 얻었다. 그러면 80년대는 위대한 시대이다. 아니다, 이 말은 거짓이다. 80년대에조차 뛰어난 시를 쓴 시인들은 위대하다, 라고 고쳐 말해야 한다. 나는 꽃은 언제나 핀다, 개굴창 속에서도, 라고 말하려는 것이 아니다. 왜냐하면 그렇게 말할 때 '꽃'은 개굴창의 운명을 거역하는 것처럼 느껴지기 때문이다. 80년대에 피어난 한국의 시들은 개굴창의 색깔을 가지고 있었다. 그런데도 그 꽃들은 아름다웠다. 시가 어떻게 **이곳 여기에서 이곳 여기의** 음산함과 비열함과 용렬함을 제 핏줄 속속들이 빨아들이면서 아름다울 수 있는가, 어째서 아름다움은 진정함과 저절로 짝인가를 ─ 아니, 이 말도 사실은 틀렸다, 어째서 진정함이 저절로 아름다움과 짝인가라고 묻는 편이 옳다 ─ 80년대의 시들은 우리에게 알려 주었다. 물론 모든 시들이 다 그랬던 것은 아니다. 그러나 이성복에 관한 한 우리의 앞서의 진술은 전적으로 온당하다. 그는 시대의 아픔에 충실하면서도 빼어나게 아름다운 시편들을 써냈다.

그는 고통을 여물로 먹고 절망감을 신발로 신고 다니며, 먹고 마시고 "한 시대의 습기와 한 시대의 노린내를" "두 개의 입으로 토해 내는"(Ⅰ, 76)[1] 짐승이다. 그러나 그 처참한 자기인식은 얼마나 단단하고 야무진가. 그는 처참함의 인식을 통하여 그것을 사회적 콘텍스트 안에 위치시킨 뒤 재빨리 이타성의 사도로 변신하여 만국의 노동자들과의 연대를 시도하거나 — 그런 시인들에게서 나는 모세 콤플렉스를 읽는다 — 또는 쉽게 초월로 가는 티켓을 얻는 유사 종교주의자들과는 다르다. 그는 자신의 처참함에 충실하다. 그에게 처참함은 처참함일 뿐이다. 그것은 그 이상도 그 이하도 아니다. 그는 상처의 중요성을 깊이 인식하고 있으면서도 그것을 그것 이상의 어떤 것으로 띄워 올리고 싶어 하는 모든 들뜬 시도를 거부한다. 『뒹구는 돌은 언제 잠 깨는가』의 뒤표지에 수록되어 있는 그의 짧은 산문은 상처에 대한 그의 태도를 분명히 보여준다.

정신의 아픔은 육체의 아픔에 비해 잘 감지되지 않기 때문에, 우리의 정신은 병들어 있으면서도 알아채지 못하는 경우가 많다. 정신의 아픔, 그것만 해도 다행이 아닐 수 없다. 자신이 병들어 있음을 아는 것은, 치유가 아니라 할지라도 치유의 첫 단계일 수는 있기 때문이다. 그러나 우리가 아픔만을 강조하게 되면, 그 아픔을 가져오게 한 것들을 은폐하거나 신비화하게 될지도 모른다.

우리가 이 세상에서 자신을 속이지 않고 얻을 수 있는 하나의

---

[1] 이하 약호 Ⅰ:『뒹구는 돌은 언제 잠 깨는가』, Ⅱ:『남해 금산』, 이하 아라비아 숫자 ; 해당시집 쪽 수, 인용시 강조 ; 필자.

진실은 우리가 지금 '아프다'는 사실이다.[2]

그에게 아픔이 중요한 것은 그것이 우리에게 병들어 있음을, 우리가 마땅히 그래야 할 어떤 자들이 아님을 알려 주는 신호이기 때문이다. 그러므로 그의 아픔은 오히려 삶 쪽으로 우리를 밀어 낸다. 아픈 채로 ─ 다행히도! ─ "살아가야 하는" 삶.[3] 그곳에서 그의 시는 쓰여진다. 그가 시로 할 수 있는 것은 다른 아무것도 아니다. 시는 그로 하여금 처참함에 충실하게 만들어 준다.

그런데 이 행복한 자는 얼마나 저절로 시인인지 그 처참함에서 기가 막힌, 아니 오히려 깜짝한 미학을 이끌어 낸다. 이런 미학은 우리의 앞서의 문학에서 전혀 부재했던 어떤 것이다. 그 미학의 힘은 행보 빠른 뒤틀림의 이미지 연상작용 안에 숨어 있다. 그 매력의 원천은 황동규가 지적하듯이 우선은 달리고 있는 시어들의 "속도의 관성"(Ⅰ, 116)안에서 발견된다. 그리고 그 속도의 관성은 다름 아니라 시인의 젊고 발랄한 상상력에서 기인한다. 그 상상력의 외적 구현인 이미지들을 차근차근 따라가 보기 전에 우리는 우선 이 시인의 출발을 이루고 있는 세계에 대한 어두운 인식을 살펴보기로 하자. 왜냐하면 그 어둠이 깊고 처절한 만큼 우리는 그것에 대응하는 시인의 상상력의 천진함과 발랄함을 더욱 대비시켜 보일 수 있을 것이기 때문이다.

세계의 어둠에 대한 인식에 관한 한 우리는 그의 시집 어느 부분을 따로 지적해 말할 필요도 없다. 남진우가 조금 짜증스러워하며 이야기하듯이 『뒹구는 돌은 언제 잠 깨는가』는 '현실의 추악하

---

[2] Ⅰ, 뒤표지 수록 산문.
[3] 어째서 "살아가는" 삶이 아니라 "살아가야 하는" 삶인가. 아픔의 인식이 우리를 몰아넣는 것은 아프지 않을 때까지 살아야 한다는 방향 쪽으로이다. 그때의 살기는 실존적 결의이다.

고 왜곡된 모습[의 지리멸렬한] 나열[4]에 불과하다고 말할 수 있을 지경으로 세계의 왜곡된 상황을 집요하게 재현해 보이고 있다. 제2시집 『남해 금산』은 제1시집에 비해 훨씬 차분해진 어조를 가지고 있다. 그러나 그곳에서도 여전히 세계의 어둠은 혀를 날름거리고 있다. 기발하고 참신한 언어들의 조합에 의하여 세계의 어둠은 생생하게 우리 눈앞에 떠오른다. 그것은 때로 "최면에 걸린 네바강"(Ⅰ, 30)이며, "고통이라 불리는 도시의 근교"(Ⅰ, 29), "소돔", 그리고 "무덤"(Ⅰ, 20), 살아 있는 송장들의 거주지이다. 어느 시에서나 카오스의 상상력은 흘러넘친다. 시집을 펼쳐들자마자 우리 앞에 달려드는 뒤죽박죽인 세계.

> 그해 겨울이 지나가고 여름이 시작되어도
> 봄은 오지 않았다 복숭아나무는
> 채 꽃피기 전에 아주 작은 열매를 맺고
> 불임不姙의 살구나무는 시들어 갔다
> 　　　　　　　　　　_「1959년」(Ⅰ, 13).

남진우가 이성복의 「1959년」을 "1979년"으로 고쳐 읽는 것[5]은 너무나 타당하다. 그때 어두운 시절을 거쳐왔던 어느 깨어 있는 정신이 세계를 뒤틀린 곳으로 파악하지 않았을 것인가. "봄"은 그에게서 세계의 불모성이 교정되는 시기, 엉망진창인 질서가 회복되는 때, 삶이 더 이상 "하숙집"(Ⅰ, 14)이거나, "유곽"이 아닌 시간이다. 그 "봄"은 오지 않는다. 그것이 이성복의 세계인식이다. 나는 이 시 말미의 독특한 어법에 주의한다. 시인은 빈정거리듯 말한다.

4　남진우, 『바벨탑의 언어』, 문학과지성사, 1989, 148쪽.
5　남진우, 위의 책, 44쪽.

> 그해 겨울이 지나가고 여름이 시작되어도
> 우리는 봄이 아닌 윤리와 사이비 학설과
> 싸우고 있었다 오지 않는 봄이어야 했기에
> 우리는 보이지 않는 감옥으로 자진해 갔다
>
> ─「1959년」(Ⅰ, 13).

그는 지레 "오지 않는 봄**이어야** 했기에"라고 틀어 말한다. "와야만 하는 봄이어야 했기에"라고 그가 말할 때보다도 나는 더 가슴이 아파진다. 그 빈정거림의 말투가 정말로 무엇을 말하려고 하는 것인지 나는 너무나 깊이 알고 있기 때문이다.

세계의 뒤죽박죽인 상황의 묘사는 온갖 기상천외한 이미지들을 거느리고 펼쳐진다. 그 수법을 황동규는 "초현실주의적"(Ⅰ, 115)이라고 명명한다. 그러나 "초현실주의적"이라고 부르기에는 이성복의 에고*ego*는 아직 너무나 또랑또랑하다. 그의 의식은 멋대로 날뛰는 이미지들의 고삐를 단단히 거머쥐고 있다. 평가에 따라서 그의 그러한 시법詩法은 작위적이라고 비난받을 수도 있다. 그리고 아닌 게 아니라 『뒹구는……』의 많은 시편들 안에서 그 작위성은 가끔 과다하게 노출되기도 한다. 그러나 우리는 그 작위성 뒤에서 알라바이를 거부하는 시인의 의도를 만난다. 그의 의식은 시적 행위를 무의식의 장 안에서 닫혀 있는 자율적 행위로 파악하기를 거부한다. 김현의 지적을 따르자면, 이성복은 악몽의 체험에게 "세련된 시적 형태를 부여하기 싫"(Ⅱ, 90)어 한다. 왜냐하면 닫힌 시의 공간 안에서 잘 마무리된 시는 "거친 신열과 호흡"에 걸맞지 않는 것이기 때문이다.

그 기상천외한 이미지들이 보여 주는 세계의 뒤죽박죽인 상황은, 사실은 시인이 그 도저히 일어날 수 없는 괴상망측한 사건들 사이에 작위적으로 끼워 넣는, 세계에서 흔히 일어나고 있는 사건들로 인하여 한층 더 우리의 공포를 증폭시킨다. 예를 들어보자.

> 모든 게 신비였다 길에서 오줌 누는 여자아이와
> 곱추남자와 전자시계 모든 게 신비였다 채찍 맞은
> 말이 길게 울었다 모든 게 신비였다 **사람이 사람을**
> **괴롭히고, 그러나 죽지 않을 만큼 짓이겼다**
> 「구화口話」(Ⅰ, 23)

또는

> 어느날 갑자기 망치는 못을 박지 못하고 어느날 갑자기 벼는 잠들지
> 못한다 어느날 갑자기 **재벌의 아들과 고관高官의 딸이 결혼하고 내 아버지는**
> **예고없이 해고된다** 어느날 갑자기 새는 갓낳은 제 새끼를 쪼아먹고
> **캬바레에서 춤추던 유부녀들 얼굴 가린 채 줄줄이 끌려나오고 어느날**
> 「그러나 어느날 우연히」(Ⅰ, 70).

말하자면 우리는 "어떻게 이런 일이?"라고 묻던 끝에 "그런데 사실은 이런 일이"의 확인에 도착하는 것이다. 그 깨달음은 끔찍하다. 이성복을 읽으면서 우리는 우리가 깊이 병 들었음을, 너무나 깊이 병들어서 자신이 병들었다는 사실조차 모를 만큼 병들었다는 것을 깨닫는다. 세계의 비틀려있음에 대한 인식은 그러므로 긍정적인 징조이다. 우리가 앞서 이야기했듯이 이성복은 아픔의 진단학적 가치에 주목한다.

>   <
>   앞서가는 사내의 **삐져나온 머리칼 하나가**
>   가리키는 방향을 무슨 소린지 어떻게, 어떻게
>   하라는 건지 알 수 없지만 안다 우리가
>   **잘못 살고 있음을** 때로 눈은 내린다
>   　　　　　　　　　　_「다시, 정든 유곽에서」(Ⅰ, 108).

평자들에 의하여 숱하게 인용된 다음의 시구는 우리가 80년대에 얻어낸 가장 빛나는 아포리즘들 중의 하나이다.

> 아무도 그날의 신음소리를 듣지 못했다
> 모두 병들었는데 아무도 아프지 않았다
> 　　　　　　　　　　_「그날」(Ⅰ, 63).

그러므로 그런 시대에 시인이 사랑하는 이에게 "결정적으로"(Ⅰ, 41) 쓰는 편지는 "잘 있지 말아요"(Ⅰ, 40)라고 끝난다. 그렇다, 이런 시대에 퍼질러 앉아 있을 수는 없는 법이다. 이런 시대에 멍청이로 살아남아 오지 않는 봄을 기다리는 시 쓰기! 그 "지둔의 감칠맛!"(Ⅰ, 87).

시인이 한 시대의 엉망진창임을 동어 반복적으로 끊임없이 환기시키는 이면에는 이 시대의 끔찍함 위에 군림하는 자들에 대한 우상 파괴적 욕구가 숨어 있다. 이남호는 「편모슬하에서의 글쓰기」라는 제목의 흥미로운 평문에서 이성복과 황지우 최승자 등의 80년대 초반 대표 시인들의 시에 나타나는 부권父權에 대한 도전을 보고하고 있다.[6] 그들은 한결같이 개인적으로 무력한 아버지들

6　이남호, 『세계의 문학』, 89년 겨울호, 201-208쪽.

을 가지고 있다. 우연히도! 그럴 것이다. 그러나 그들의 아버지에 대한 불신은 보다 더 깊은 의미를 가지고 있다.

'아버지'는 심리학적으로 사회적 살기를 상징한다. '아버지'는 어머니, 태초에 폭 파묻혀 있는 우리의 존재에 침입한 자, 아들의 표피를 벗겨 어머니에게서 쫓아내는 자이다. 어머니에게서 쫓겨나 어른이 된 자가 살아야하는 삶은 사회적 삶이다. 그 사회적 살기가

> 여기는 아님
> 아님 아님
> 아님
> _「몽매일기·3」(Ⅰ, 79).

을 설득하기 위해서 시인은 아버지의 무력함을 강조한다.

> 그는 아버지의 다리를 잡고 개새끼 건방진 자식 하며
> 비틀거리며 아버지의 샤쓰를 찢어발기고 아버지는 주먹을
> 휘둘러 그의 얼굴을 내리쳤지만 **나는 보고만 있었다**
> 그는 또 눈알을 부라리며 이 씨발놈아 비겁한 놈아 하며
> 아버지의 팔을 꺾었고 아버지는 겨우 그의 모가지를
> 문 밖으로 밀쳐 냈다 **나는 보고만 있었다**
> _「어떤 싸움의 기록」(Ⅰ, 55).

시인은 그 아버지를 편들 능력이 없다, 또는 그럴 의사가 없다. 아버지는 회사를 그만두고 "텔레비 프로 앞에서 프로가 끝날 때까지 담배만 피우-"시고(Ⅰ, 54), "낮잠을 주무시다 지겨우면/하릴없이, 자전거를 타고 수색에 다녀오시고", 위장병에 걸리셨던 것일까, "밥을, 소처럼, 오래오래 씹고" 있거나, 또는 "날마다. 우리의

기억 속에 밥도 안 먹고 사는 사내"(Ⅰ, 61)의 모습으로 나타난다. 글쎄, 이렇게 온갖 엉망진창인 일들이 일어나는 곳이 우리의 아버지의 살기라고? 시인은 질문한다.

> 아버지, 아버지가 여기 계실 줄 몰랐어요
> 　　　　　　　　　　　　　　_「그해 가을」(Ⅰ, 66).

시인은 그 삶에 뿌리내리지 못하고 떠돈다.

> (……) 깃발을 올리거나 내릴
> 때마다 말뚝처럼 사람들은 든든하게 박혔지만 햄머
> 휘두르는 소리, 들리지 않았다 그래 가을 모래내 앞
> 샛강에 젊은 뱀장어가 떠오를 때 파헤쳐진 샛강도 둥둥
> 떠올랐고
>
> 그런데,
>
> 아버지, 새벽에 나가 꿈속에 돌아오던 아버지,
> 여기 묻혀 있을 줄이야

그래도 그는 "아버지, 아버지!"(Ⅰ, 67)하고 불러본다. 그러나 아버지는 자신이 이미 아들에게서 권위를 상실했다는 사실을 알고 있다. 아버지는 되묻는다. "내가 네 아버지냐." 그때 이 삶, 아버지의 이 무력한 살기는, 시인이 "아무것도 미화시키지 않기 위해서" "비하시키지도 않는 법을 배워야 했으므로"[7], 그래서 그가 그래도 아버지, 아버지

7　이성복은 우상파괴 작전의 정당성을 확보하기 위해서 그 정반대의 위험성을 점검한다. 그가 원하는 것은 '미화하지 않는 것'이지 '비하하지 않는 것'이 아니다. 그래

라고 부르는 이 삶은 가짜다.

그해 가을. 가면 뒤의 얼굴은 가면이었다

이 무력한 아버지의 모습은 그 아버지의 무력함 때문에 시달리는 어머니에 대한 따스한 연민으로 연결된다. 그리고 우리는, 고통당하는 어머니 곁에서, 다른, 더 여린, 고통에 무방비로 노출되어 있는, 우리의 시인들에게 그토록 익숙한 또 다른 여인, "누이"를 만난다.[8] 이성복의 시 안에서 이 두 여인들은 이미 윤동주의 '어머니', 서정주의 '누이'가 아니다.

> 어머니는 살아 있고 여동생은 발랄하지만
> 그들의 기쁨은 소리 없이 내 구둣발에 짓이겨
> 지거나 이미 파리채 밑에 으깨어져 있었고
> 춘화春畵를 볼 때마다 부패한 채 떠올라 왔다
> ─「1959년」(Ⅰ, 13)

남진우는 이 장면에서 근친상간의 은밀한 욕구를 읽어 낸다. 그리고 그것을 이성복의 시세계에서 모든 것의 관계가 뒤틀려 있음의 한 단서로 제시한다.[9] 근친상간 욕구의 혐의는 사실 질투의 형

서 그는 어쨌든 아버지를 아버지라고 부른다. 아버지가 가짜라는 확인은 그 행위 이후에라야 정당해진다.
8 "누이"는 이성복의 시세계에서 가장 중요한 위치를 차지하는 이미지들 중 하나다. 이 이미지는 제2시집에 이르면 "어머니"에게 자리를 빼앗기지만 어쨌든 제1시집에서는 단연 여왕 격이다. 그러나 지금은 그것에 관해 논의할 때가 아니다. 지금은 "어머니"와 "누이" 모두가 "아버지"의 대척점에 놓여 있는 동형상징들임을 짚어 두도록 하자. 이성복에게서 어머니와 누이가 같은 의미를 가지는 상징들이라는 것은「정든 유곽에서 · 2」에서 단적으로 확인된다("나는 죽음으로 월경越境할 뿐 더럽힌 몸으로 죽어서도/시집가는 당신의 딸, 당신의 어머니")
9 남진우, 앞의 책, 156쪽.

태로 몇 차례 암시된다.(Ⅰ, 14. 57. 63). 그것은 설득력 있는 진단이다. 우리는 그것을 부정하지 않는다. 그러나 그것만이 아니다. 예를 들면 「정든 유곽에서」에서 묘사되듯이 불행한 누이는 나약한 지식인의 의식이 방기한 조국의 운명이기도 하고, 해군하사관 애인을 가진, 미래에 대한 아무런 전망도 없는 ("앞머리 없는 기차", Ⅰ, 62) 착한 창녀이기도 한 것이다(Ⅰ, 61). 누이는 단순히 시인의 여자형제가 아니다. '누이'는 훨씬 더 포괄적인 시적 의미를 가지고 있다. 이성복의 '누이'의 의미는 훨씬 더 영적이다(개인의 내밀한 살기, 또는 다시 한 번 더 김현을 베껴서 말한다면, "불쌍한 개인성"[10]이다). 나는 그것을 융Jung에 기대어 읽는다. 그의 누이는 그의 아니마 *anima*이다. 그녀는 시인의 심리적인 부재의 한 짝, 여성성, 그의 내면의 자아, '아버지'의 사회적 살기에 대응하는 내면적 살기의 의인화이다. 이를테면,

> 누이가 듣는 음악 속으로 **늦게** 들어오는
> 남자가 보였다 나는 그게 싫었다 내 음악은
> 죽음 이상으로 침침해서 발이 빠져 나가지
> 못하도록 잡초 돋아나는데, 그 남자는
> 누구일까 누이의 연애는 아름다워도 될까
> 의심하는 가운데 잠이 들었다
> 　　　　　　　　「정든 유곽에서 · Ⅰ」(Ⅰ, 14).

에서, 나는 부사 "늦게"에 주목한다. 밤늦게 애인을 끌어들이는 연애하는 하숙집 옆방 아가씨가 이 시의 구체적 '누이'일 것이다. 그러나 다음 연부터 환기되는 '누이'의 의미는 전혀 다르다. 「정든

10　김현, 『문예중앙』, 89년 겨울호, 199쪽.

「유곽에서·2」에서 '누이'는 남자들의 치욕을 감싸 안은 영원한 모성의 원칙으로 묘사된다.

> 엘리, 엘리 죽지 말고 내 목마른 나신에 못박혀요
> 얼마든지 죽을 수 있어요 몸은 하나지만
> 참한 죽음 하나 당신이 가꾸어 꽃을
> 보여 주세요 엘리,

"늦게". 그렇다. 시인의 누이는 제 시간에 살고 있지 않다. 그녀는 늦은 시간, 충일의 삶, 낮의 시간이 지난, '때늦은' 시간에 살고 있는 시인의 영혼인 것이다. 시인의 표현을 빌어 말하자. 그녀는 "뒤처진 철새"(Ⅰ, 73)이다. 이 결핍의 때에 살고 있는 누이는 "아프다"(Ⅰ, 83), 왜냐하면 그녀는 누군가에 의하여 겁탈당한 여인이기 때문이다. 그녀가 "아픈" 것은 그녀의 순결이 유린당했기 때문이다.

> 드문드문 잎이 남은 가을 나무 사이에서
> 혼례의 옷을 벗어 깔고 여자는 잠을 이루었다
>
> 엄청나게 살이 찐 검은 사슴이
> 바닥없는 그녀의 잠을 살피고 있었다
> ─「테스」(Ⅱ, 14).

이 유린당한 누이의 주제는 실상 인류학적으로 대단히 오래된 기원을 가지고 있다. 그것은 카우보이의 영화에서도 단골로 등장하는 주제이다. 카우보이는 누이를 집적거리는 악당들을 물리치고 악당에게 시달려 왔던 마을을 구한다. 그리고 표표히 마을을 떠난다. 그때 누이는 악의 세력에게 내어던져진 우리의 영혼이다. 그 영혼의 구제로 인하여 공동체 전체는 질서를, 즉 제시간의 삶을 회복한다. 이런 독법으로 읽을 때, 카우보이 영화는 메시아 신화의 반복이다. 그러나 이성복의 시에서 유린당한 누이의 주제는 1980년대 우리의 삶에 가까이 밀착된다. 누이의 아픔의 근원에는 군홧발들이 어른거린다. 순결한 누이의 추락과 군대와 관계되는 것들은 꽉 맞물려 있다.

    (……) 그날 아침 종루에는 종이 없고 **종이로 접은**
  새들 곤두박질하고 우리는 나직이 **군가**를 흥얼거렸다 그날 아침

    (……)

    (……) 여인숙 문을 밀치며 침뱉는 **작부들** 우리는
  다시 **군대** 얘기 〈휴가 끝나고 돌아올 때 선임하사를 만났더랬어
    그 씨팔놈……〉 그날 아침 매일 아침처럼 라디오에선 미국사람이
  〈what is this〉라고 물었고 학생들이 따라 대답했다
  〈홧 이즈 디스?〉[11]
                      ―「그날 아침 우리들의 팔다리여」(Ⅰ, 68-69).
또는

    초식민족 사내들의 이동,

---

11 나도 이성복을 따라 우리의 삶에 묻는다. "이게 뭐야?"

<

(……)

외몽고 **군사들**은 우리를 번호로 불러냈다

(……)

잘 가꾸어진 가로수는 **말발굽** 울리며 앞서
간다, 초식민족 사내들의 이동
주간지 겉장의 딸아이들은 키스를 던지며
환송하지만, 약속된 불빛이 안 보인다
_「이동」(Ⅰ, 28).

또는

아직도 나는 지나가는 **해군** 찝차를 보면 경례! 붙이고 싶어
진다
그런 날에는 **페루를 향해 죽으러 가는 새들**의 날개의 아픔을
나는 느낀다 그렇다, 무덤 위에 할미꽃 피듯이 내 기억 속에
송이버섯 돋는 날이 있다
_「제대병」(Ⅰ, 75).

사람들이 개가 되게 한 "사람들은 말을 하는 대신 무릎으로 기어 먼 길을 갔다",(Ⅱ, 19) 그 "입에 담지 못할 일"은 무엇일까? "귀갑 龜甲 같은 치욕"을 우리 등에 새기는, 우리로 하여금 누워 잘 수 없게 만든 이 치욕, "아버지를 볼 수 없고 믿을 수 없게" 만든 치욕은?

<

　　(……) 오랑캐들이 말 타고 산을 넘어올 것 같았다 귀 기울이면 누이는 낮게, 낮게 소리쳤다 치욕이야, 오빠, 치욕이야! 내가 몸 비틀면 누이는 날아가 버렸다
「자고 나면 귀갑 같은 치욕이」(Ⅱ, 20).

조상들마저 울게 만든 그 치욕은?

　　자주 조상들은 울고 있었다 풀뿌리 아래서 울고 있었다 누이야, 우리가

　　하늘이라 믿었던 곳은 자갈밭이었지 자주 조상들은 울고 있었다 자갈밭에 엎어져 울고 있었다 누이야, 자갈밭 아래 도랑에는 검은 피가 흐르고 앞산 구릉에선 늙은 군인들이 참호를 파고 있었지
「자주 조상들은 울고 있었다」(Ⅱ, 21)

　　나는 그것을 광주의 오월로 읽는다. 우리의 화상, 우리의 헌 데, "눈처럼 녹아도 이내 딴딴해"(Ⅱ, 18)져 새어나오는 고통의 뿌리, 그것은 내게 광주의 경험이다. 또는 그것으로 말미암아 확인한 나의 짐승의 얼굴이다. 그것은 한 시대의 사건이라고 치부해 버리기에는 너무나 엄청난 불의 도장을 우리의 삶에 찍었다. 그때 우리의 삶은 뿌리까지 뒤흔들려 버렸다. 광주의 군홧발들은 악착같이 시인을 따라다닌다. 심지어 밥상머리에까지("우리가 예감할 수 있는 것은 더럽힌 핏줄 더럽힌 자식/병차兵車는 항시 밥상을 에워싸고 떠나지 않고", Ⅰ, 109).
　　능멸당한 누이의 삶을 그러나 시인은 감싸 안는다. 이 대목에서

이성복의 시는 가장 눈부신 시적 성공을 얻는다. 누이의 아픔에 대한 접근은 시인으로 하여금 끊임없이 누이의 순결함의 회복을 꿈꾸게 만든다. 이 부재하는 순결한 누이의 꿈은 「라라를 위하여」에서 가장 행복하고 순진하게 이루어진다. 그 시를 읽어보기 전에 나는 몇 편의 시편들을 거쳐 가려고 한다. 우리는 그 시들을 통해서 이성복의 시가 존재 뒤집기의, 즉 순결회복의 전략이라는 것을 이해하게 될 것이다.

> 앵도를 먹고 무서운 애를 낳았으면 좋겠어
> 걸어가는 詩가 되었으면 물구나무 서는
> 오리가 되었으면 구토하는 발가락이 되었으면
> 발톱있는 감자가 되었으면 상냥한 공장이
> 되었으면 날아가는 맷돌이 되었으면 좋겠어
> 죽고 싶어도 짓궂은 배가 고프고
> 끌려다니며 잠드는 그림자, 이맘때 먼 먼 저 별에 술 한잔
> 따르고 싶더라 내 그리움으로
> 별아, 네 미끄럼틀을 만들었으면 좋겠어
> ＿「구화口話·1」(Ⅰ, 22)

앵도의 동그란 형태는 이성복의 시들 전편에서 "톡, 톡"(Ⅰ, 22) 떨어지고 있는 동그란 물방울들을 환기시킨다. 물방울의 귀여운 형태는 순결의 회복이라는 주제설정과 무관하지 않다. 구체는 인류가 고대로부터 가장 완벽한 것으로 여겨 왔던 형태이다. 이성복은 "아침이슬 이씨"이다. 첫 행에서부터 벌써 은밀히 시인의 욕구는 드러난다. 그는 물의 존재, 누이가, 여자가 되고 싶은 것이다. 많은 평자들이 언급하고 있는 이 구절의 엉뚱한 이미지들은 그러나 자세히 들여다보면 자유연상법에 기초하고 있다기보다는 시 전체

의 주제인 '뒤집기'를 위해 면밀히 배치되어 있다는 것을 알 수 있다. '뒤집기'의 주제는 이 시 말미에서 분명히 확인된다("뒤집어진 차바퀴가 헛되이, 구르는 힘이여"). 애를 낳으려면 드러누워야 한다(시인이 낳는 애는 시詩이다), 그 드러눕기는 재빨리 걸어감을 불러오고 걸어가기는 물구나무서기를, 물구나무 선 자의 발가락의 갈라짐은 오리의 붙어 있는 물갈퀴를, 그리고 감자의 두루뭉술함을 불러온다. 그 두루뭉술함에서 다시 공격성의 발톱이 불려 나오고, 그리고 발톱의 적의는 상냥함을, 그리고 그 상냥함은 다시 가장 삭막한 풍경인 공장을 불러낸다. 이 뒤집기는 "날아가는 맷돌"에서 대종합을 이룬다. 요컨대 시인은 초월을 꿈꾸는 것이다. 그러나 이 땅에서 그는 어쩔 수 없이 식욕에 끌려다니는 몸뚱이에 갇혀 있다. 이 불가능한 초월의 꿈에 대응하는 그의 방식은 '그리움'이다. 그는 그 그리움을 투자하여 별을, '먼 나라'를, '지도가 감춘 나라'(Ⅰ, 24)를 땅 위로 끌어내린다. 이 깜짝한 상상력!

> 나는 아침이슬 이씨李氏 노을에 걸린 참새가
> 내 엄마 나는 껍질 벗긴 소나무 진물
> 흘리며 꿈꾸고 있어 한없이 풀밭 위를
> 달리는 몸뚱이 체위를 바꾸고 싶어 정교회의
> 돔을 세우고 싶어 체위를 바꾸고 싶어
> 느낌표와 송곳이 따라와 노래의 그물에
> 잡히기 전에 어디 숨고 싶어 체위를 바꾸고
> 싶어 돋아나는 뾰루지 속에 병든 말이
> 울고 있어 병든 말을 끌어안고 임신할까 봐
> 지금은 다만 체위를 바꾸고 싶어
> ─「구화口話 · 2」(Ⅰ, 22-23).

여성은 이성복에게 가벼움의 다른 이름이다. 그녀의 영원함은 언제나 추락의 원칙의 반대항에 놓여 있다. 벌써 그 옛날에 괴테는 노래하지 않았던가, "영원히 여성적인 것이 우리를 이끌어 올리노라"고. 이성복의 여성은 날아오르는 자, "새"이다.[12] 노을이 자궁의 빛깔이라는 것을 우리는 놓치지 않는다. 엄마, 그녀는 또한 물이기도 하다. 엄마가 환기되자마자 시인은 젖는다. 그리고 대번에 그는 "체위를 바꾸고 싶다"고 맹랑하게 말한다. 그렇다, 시인은 땅에, 대지 모신 위에 드러눕는다. 그것은 감각으로 유지되는 삶(느낌표)과 그 느낌의 아픔(송곳)의 구체성으로부터 도망가 숨는 일이다. 그리고 그는 이제 여성이 되어 삶이라고 불리는 삶에 대한 알러지, "뽀루지" 속에 숨어 있는 음산함을 끌어안는다.[13] 그렇게 해서 그는 비틀린 존재를 바로잡으려고 한다. "정교회의 돔"은 우연한 선택일까? 그 바를 정正자는 시인이 이단이 되기 이전의 정통성 있는orthodoxe 삶을 꿈꾸고 있다는 것을 드러내는 것은 아닐까? 「구화 · 3」에서 환기되는 "오줌누는 여자아이"와 "곱추남자"[14]의 이미지들도 이 존재 뒤집기의 전략 기호들이다. 그리고 아닌 게 아니라 시인은 그것이 여성성을, 불모성을 교정하는 물의 원칙을 찾기 위해서라고 고백한다("모든 게 신비였다/삼백 육십오일 낙타는 타박거렸다", Ⅰ, 23). 그것은 저주받은 삶, 온통 삶을 괴이한 풍경으로 만드는 스핑크스의 수수께끼를 푸는, 근원으로 돌아가는 자, 오이디푸스의 행위이다.[15] 삶의 수수께끼 풀기는 상상적 해결에 의

---

12 「라라를 위하여」에서도 순결한 그대는 "새"이다. 「남해 금산」에서도 그녀는 "부리 긴 새"이다.
13 '말'의 성적인 상징성을 인정하더라도 우리의 해석은 크게 달라지지 않는다. 중요한 것은 시인이 여성이 되어 삶의 병들어 있음을 껴안고, 그 불모성을 교정하고(임신) 싶어한다는 사실이다.
14 위고Hugo의 카지모도일까? 그는 그토록 추악한 육체로 아름다운 에즈메랄다를 욕망하는 자이다.
15 오이디푸스는 테베, 어머니의 땅으로 들어가기 전에 스핑크스가 제시한 수수께끼를 푼다.

해서만 가능할 뿐이다. 삶의 수수께끼로부터의 탈출은 다음 시에서 통과제의적 구조를 통하여 이루어진다.[16]

> 바퀴벌레들이 동요하고 있어 꿈이 떠내려가고 있어
> 가라앉는 山, 길이 벌떡 일어섰어 구름은 땅 밑에서
> 빨리 흐르고 어릴 때 돌로 쳐죽인 뱀이 나를
> 감고 있어 깨벌레가 뜯어먹는 뺨, 썩은 나무를
> 감는 덩굴손, 죽음은 꼬리를 흔들며 반기고 있어
> 「닭아, 이틀만 나를 다시 품에 안아줘」
> 「아들아, 이틀만 나를 데리고 놀아줘」
> 「가슴아, 이틀만 뛰지 말아줘」
> 밥상 위, 튀긴 물고기가 퍼덕인다 밥상 위, 미나리와
> 쑥갓이 꽃핀다. 전에 훔쳐먹은 노란 사과 하나
> 몸 속을 굴러다닌다 불을 끄고 숨을 멈춰도 달아날 데가 없어
> 「엄마, 배불리 먹고 나니 눈물이 눈을 몰아내네」
> 「엄마, 내 가려운 몸을 구워줘, 두려워」
> 「엄마, 낙오된 엄마, 내 발자국을 지워줘」
> 얼마나 걸었을까 엄마의 입술이 은행나무 가지에
> 걸려 있었어 겁많은 강이 거슬러 올라가다
> 불길이 되었어 시계가 깨어지고 말갈족과 흉노족들이
> 횃불로 몸 지지며 춤추고 있었어 성기 끝에서
> 번개가 빠져나가고 떨어진 어둠은 엄청나게 무거웠어
> ─「루우트 기호 속에서」(Ⅰ, 19).

---

16 이 시의 제목이 「루우트 기호 속에서」임을 기억해 두자. 그것이 제곱수의 근(根)을 찾는 수학 기호임을 우리는 알고 있다. 시인은 뿌리, 근원, 어머니에게로 되돌아간다. 그리고 그 귀환은 수수께끼의 대답 찾기이다.

위 시의 일견 난해해 보이는 상상력은 사실은 거의 전형적인 태초 회귀의 이미지들로 구성되어 있다. 오히려 너무나 일관성이 있어서 신기하게 느껴질 지경이다. 상상 속에서 시인은 태초로의 귀환을 시도한다. 그 태초 회복은 반드시 카오스의 회복을 거쳐 가게 되어 있다. 엘리아데는 그의 여러 권의 저작에서 원시공동체의 신년의식이 고통의 무화無化, 그리고 역사적 시간에 의하여 타락하기 전의 신화적 시간을 재생해 내는 것임을 밝혀 보이고 있다. 그 시간의 재생을 통하여 고통스러운 삶은 다시 아득한 옛날, 시간 저 너머의 순수성을 회복한다. 그러나 그것은 반드시 잠정적 카오스를 거쳐 간다. 그 카오스가 뜻하는 것은 기존 질서의 완벽한 무화無化이다. 어떤 창조에도 카오스는 선행한다. 부활 축제에 앞서는 카니발 의식은 인류가 아직도 원시공동체의 심리를 지니고 있다는 사실의 반증이다. 이성복의 시에서도 이 카니발의 상상력은 풍요롭게 펼쳐진다. 온갖 것이 거꾸로 뒤집힌다. 이 시에서 존재 뒤집기는 치밀하게 계산되어 있다. 좀 지루하게 느껴지겠지만 꼼꼼히 짚어 보자. 우선 바퀴벌레들. 그것은 아직 개별자들로 태어나지 않은 자들의 꿈틀거림이다. 시인은 그곳으로 '꿈'의 길을 따라간다. 서 있던 '산'은 가라앉고, 누워 있던 길은 벌떡 일어나고 구름은 땅 밑으로 내려가고 눈물이 거꾸로 눈을 몰아내고 죽은 것들이 다시 살아나 설쳐댄다. 시인은 '죽음'의 통로를 거쳐 달걀이 되고 아들의 아들이 된다. 죽지 않으면 다시 태어날 방법이 없는 것이다. 그것이 통과제의의 공식이다. 그는 "낙오된 엄마", 뒤늦은 시간에 때 아니게 처져 있는 그의 영혼에게 부탁한다. 삶의 발자국들을 지워 버리자고, 그리고 다시 시작하자고. 그는 거꾸로 걸어간다. 시간이 지워진다. 시인이 살아 왔던 1회의 불가역적 역사적 시간은 신화적 시간으로 바뀐다. 말갈족과 흉노족. 그것은 명백히 회복된 원시성을 상징하고 있다. 햇불로 몸을 지진다든가, 가려운 몸을 굽는다든가 하는 대목들을 비에른이 『의식, 소설, 통과제의』에서 보고하고 있는 원시사회 통과제의의 4원소에 의한 육체의 시련의 제의적 상징성에 맥을 대고 있다. 그것은 새로 태어나기 위해 기왕의 육체를 포기하는 행위이기도 하지만 원소 상태의 순결성을 회복하는 행위이기도 하다(은행나무에 걸려 있는 — 게다가 은행나무는 암수가 구분되어 있는, 상당히 성적性的 환기력이 강한 나무이다 — "엄마의 입술" "성기 끝에서 빠져나가는 번개"[17] 등은 명백한 오이디푸스적 요소들이다. 그러나 이성복에게서 읽히는 분명한 오이디푸스적 요소들은 프로이트적이라기보다는 융적이다. 이성복은 그의 엄마보다 더 먼 엄마, 김현이 지적하듯이 대지 모신에게 간다.[18] 그 대지 모신은 "먼 나라" "안 아픈 나라" "낙오된 존재"가 제 시간에 있게 되는 나라이다).

이 "엄청나기 무거"운[19] 태초로의 귀환은 이성복의 시에서 "물의 나라"로의 꿈으로도 나타난다. 왜냐하면 물이야말로 가장 모성적인 원소이기 때문이다. 『뒹구는……』은 온통 물에 대한 꿈으로 가득하다. 그가 물을 꿈꾸는 까닭은 그가 남성이기 때문이다. 그는 그에게 부재하는 것을 꿈꾼다. 물은 또 자연이기도 하다. 어머니 — 물 — 자연에로의 회귀는 이성복의 시에서 한 특징적인 상상적 도식을 따라 진행된다. 그는 가능한 한 낮게 몸을 숙인다. 그것이 어머니인 대지에게 되돌아가기 위해서라는 것은 설명할 필요조차 없이 명백하다.

---

17 한 가지 다른 독법을 제안하자. 이 이미지는 카오스의 '뒤집힘'의 주제와 무관하지 않다. 가능한 한 텍스트들을 겹쳐 읽는 원칙을 따르자면, 이 이미지는 Ⅰ, 88의 "우리는 누구나 성기 끝에서 왔고"에 겹쳐진다. 그렇다면 그것은 태초로의 귀환을 상징하는 이미지이다.
18 김현, 「치욕의 시적 변용」, 『남해 금산』 해설, 100쪽.
19 이성복에게 태초는 어둠거나 깊다. "빛이 닿지 않는 깊은 품속에서"(Ⅱ, 85).

>   내가 떠나기 전에 길은 제 길을 밟고
>   사라져 버리고, 길은 마른 오징어처럼
>   펴져 있고 돌이켜 술을 마시면
>   먼저 취해 길바닥에 드러누운 애인,
>   나는 휑한 지하도에서 뜬눈을 새우다가
>   헛소리 하며 찾아오는 동방박사들을
>   죽일까 봐 겁이 난다
>   —「출애급·2」(Ⅰ, 26).

 길→퍼져 있음→애인의 드러누움→더 낮은 곳으로(지하도)의 이행은 그 다음 연에서 어머니의 자궁으로의 회귀로 이어진다("사랑받지 못하는 사람은 아직 욕정에 떠는 늙은 자궁으로 돌아가야 하고"). 다음의 시에서 이 하강의 도식은 더욱 선명하다.

>   1
>   내가 자연! 하고 처음 불렀을 때 먼 데서
>   무슨 둔한 소리가 들렸다 하늘 전체가 종鐘이야
>   내가 자연! 하고 더 작게 불렀을 때
>   나무들이 팔을 벌리고 내려왔다 네가 山이야
>   내가 자연! 하고 마지막으로 불렀을 때
>   샘물이 흘러 발을 적셨다 나는 바싹 땅에
>   엎디어 남은 말들을, 조용히, 게워냈다
>
>   2
>   안개 속에서, 그의 목소리는 들리지 않고
>   그의 입모양도 지워지고 손짓만이…… 떨리는

> 손가락, 할 수 없다는 듯이 그는 돌아서
> 무언가를 밀어젖혔고 그건 문이었고 아름드리
> 전나무가 천천히, 쓰러져 갔다 굴러 떨어지며
> 그가 일으키는, 나는, 물결이었다
> 　　　　　　　　　　　　_「자연」(Ⅰ, 31).

하늘 → 나무들 → 샘물에 젖은 발 → 땅에 엎드리기 → 쓰러짐 → 자연과의 합일의 도식을 우리는 발견한다. 지나가는 길에 앞서 인용한 두 편의 시에서 '말'이 '자연'의 반대항에 놓여 있음을 부연해 두도록 하자. 그는 어머니 자연에게 돌아가기 전에 '말'을 게워낸다. '말'은 아버지 쪽에 놓여 있다. 그것은 어머니[Eros]를 지배하는 자의 세계 인식의 도구이다. '말'은 지성, 자연과의 분리의 덕목을 누리는 자의 것이다. 성 요한적인 의미에서 기독교의 남성 신 여호와는 언제나 말씀[Logos]으로 상징된다. '말'과 어머니와의 대치 관계는 다음의 구절에서 명백하다.

> 어머니, 제가 너무 크게 부르면
> 안 나타나는 짐승
> 　　　　　　　　　　　_「금촌 가는 길 · 3」(Ⅰ, 46).

자연 – 어머니 – 물과 합일되기 위하여 필요한 것은 말, 또는 자연 – 어머니 – 물에 대한 인지가 아니다. 그때 필요한 것은 참여의 정신, 사랑이다.

「꽃피는 아버지」에서 우리는 물의 찾기가 근원 회귀와 밀접하게 연관되어 있는 것을 확인한다. 시인은 금촌 가는 길에 쓰러져 있는 나무를 발견한다. 그 쓰러져 있는 나무는 아버지이다(Ⅰ, 51). 아버지는 대지에서 뿌리 뽑힌 자, 물로부터 추방당한 자이다.

시인은 그가 떨어뜨린 "가랑잎"이다. 시인은 그를 찾아가지만 아버지는 이미 파주로 떠난 뒤이다. 아이들이 "고향 땅이 여기서 몇 리나 되나"하고 노래를 부른다. 그 노래는 이 시가 근원 찾기에, 뒤집어 말하면 현재의 불모의 삶이 근원을 결핍하고 있음에 연관되어 있음을 은밀히 암시한다. 'Ⅰ, 53'에서 아버지의 아버지, 할아버지의 아픈 기억이 거론되고 있음도 주목할 만하다. 「꽃피는 아버지·2」에 나타나는, 모기와 하루살이가 엉겨 붙고, 그리고 밤새 인부들이 따 가버리는 고추, 땅주인이 찾아와 뽑아 버릴 수밖에 없었던 고추(Ⅰ, 51-52)를 나는 고름 흐르는 성기(Ⅰ, 13)의 이미지와 겹쳐 읽는다. 그 병들고 모욕당한 수태자의 이미지는 아버지의 "목마른" 상황("아버지는 목이 말랐다/물을 따라 드렸다")을 대변한다. 요컨대 아버지는 삶의 불모성의 상징인 것이다. 그 불모의 아버지는 시 4에서 벌레가 갉아먹는 나왕 책장(가구는 죽은 나무가 아닌가)으로 묘사된다. 물은 철저히 부재하고 있다. 우리는 근원에서, 말하자면 가장 정통의 삶, '장자長子'의 삶에서 멀리 떨어져 있다. 우리는 장자의 땅 "하란"에서 턱도 없이 먼 곳에 있는, 물에서 쫓겨난 자들인 것이다.

> (……) 그래도 형은 장자長子였다 하란에서 멀고 먼
> 우리집 매일 아침 식탁에 오르던 말린 물고기들
> 혹시 기억하시는지 형은 찢긴 와이셔츠처럼 웃고 있었다
> ─「가족풍경」(Ⅰ, 56).

그러나 그 삶의 불모성에 침입당한 마른 나무인 아버지는 "꽃필" 것이다. "꽃피는 시절"은 찾아온다. 그것을 "믿으며" 기다리는 일. 그것이 시인의 임무이다. 시인은 하릴없이 요를 깔고 드러누워 잠이나 자는 자가 아니다. 시인은 "놀고먹지 않았다". 그는 "기다

림의 이데올로기를 완성"(Ⅰ, 86)하는 자이다.

  시인의 부재의 한 짝, 여성성, 다산의 원칙인 물의 회복은 이성복의 시에서 가장 행복한, 자궁의 고요한 흔들림에 실린 "물의 나라"의 시들로 나타난다. 그는 시행을 흔들리는 물처럼 좌우로 번갈아가며 배치한다(Ⅰ, 109-110). 그곳에서 상처받은 모든 것은 위안의 물결에 쓰다듬어진다. 그곳에서 모든 것은 "첫사랑"의 빛깔을 되찾고, 유년의 순결함을 회복한다(Ⅰ, 111). 그때 "뒹구는 돌"은 잠 깰 것이다. 그 행복한 물의 나라의 완벽한 전범을 나는 「라라를 위하여」에서 읽어낸다.

>지금, 나뭇잎 하나 반쯤 뒤집어지다 바로 눕는 지금에서
>언젠가로 돌아누우며
>지금, 물이었던 피가 물로 돌아가길 기다리는 지금 내게로
>들어와 나를 벗으며
>지금, 나 몰래 내 손톱을 밀고 있는 그대
>손톱 끝에서 밀리는 공기의 저쪽 끝에서는 밀리는
>
>그대, 내 목마름이거나 서글픔
>가늘게 오르다가 얇게 깔리며 무섭게 타오르는 그대
>나는 듣는다, 그대 벗은 어깨를 타고 흘러 떨어지는 빛다발의
>환호
>
>잔뜩 물 오른 그대 속삭임
>   _「라라를 위하여 · Ⅰ」(Ⅰ, 43).

  우리는 앞서 '뒤집기'가 순결 회복의 주제와 관련되어 있음을 이야기했다. 이성복의 시 안에서 뒤집어지는 나뭇잎의 이미지는

여러 차례 나타난다.「세월의 집 앞에서」(Ⅰ, 61-62)에서 이 이미지는 힘겨운 세월로 인하여 절망하고 있는 존재들, 시인 자신, 시인의 아버지, 그리고 창녀의 삶의 회복 불가능성이 꽃 위에 먹은 것을 다 토해 놓는 이미지와 충격적인 대조를 이루고 있다("하늘엔 미루나무들이 숲을 이루었다./세월의 집. 이파리를 뒤집으며 너는 놀고 있었다./만날 수 없음. 나의 눈도 뒤집어 줄래?"). 이성복의 시에서 나뭇잎은 "푸른"이라는 형용사를 종종 동반한다. 재생의 가장 대표적인 상징인 나무와 젊은 생명력을 의미하는 푸른빛, 그리고 뒤집기의 테마는 가까이 붙어 있다. 그리고 물론 그 뒤집히는 나뭇잎은 생명의 원천인 물과 연관되어 있다. 이 이미지는 『남해 금산』에 이르면 별과 연결되어 한결 더 신비로운 빛깔을 띤다. 그것은 마치 나뭇잎 안에 가득 차 있는 명랑한 물이 참지 못하고 일순간 별빛처럼 터진 모습으로 그려진다("그대 위의 푸른 나뭇가지들/그 위로 밤,/그 위로 하늘, 갈라터진 별들/마음의 갈기가 잔잔히 흔들리고/잊혀진 곳에서 수문水門 열리는 소리/[……]/기적처럼 떠오를 푸른 잎사귀", Ⅱ, 5. "나무들의 끓는 잎의 밤의 바다/여러 번 돌아눕는 어깨 아픈/잎사귀의 터지는 물길", Ⅱ, 84).

우리는「라라를 위하여」에서 독특한 시간 사용에 주의를 기울일 필요가 있다. '지금', 시인이 처해 있는 역사적 현재에서 존재는 뒤집히려다 만다. 시인은 상상력의 힘으로 그 '지금'을 가역성의 시간, 과거일 수도 있고 미래일 수도 있는 '언젠가'로 돌려놓는다. 이 시간 무화의 의지를 우리는 앞서「루우트 기호 속에서」읽은 바 있다. 『남해 금산』에서 역사적 시간에 대한 불편함은 더욱 분명해진다(Ⅱ, 60, 71, 73, 79, 87). 시인은 '지금', 우리의 동물성의 확인인 피, 살해와 적의의 빛인 피가 맑고 깨끗함의 상징인 물로 변하기를 기다린다.

어떤 행복한 완전한 합일의 순간에 내 앞의 사랑하는 그대는 이미 그대가 아니다. 그대는 이미 나이다. 그대가 옷을 벗을 때, 그대는 내가 되어 옷을 벗는다. 그대가 그대의 손톱을 밀 때 그대는 나의 손톱을 민다. 그대와의 합일은 너무나 완벽해서 내가 그대인가 했더니 그대는 저기 그대 바깥에도 있다. 왜냐하면 그때 그대는 우주 전체이기 때문이다. 온갖 것이 하나 됨의 조화 안에 어울어들 때 더러움과 깨끗함, 슬픔과 기쁨, 여성과 남성의 이원론적 대비는 사라진다.

> 날 때부터 이쁜 마음을 몸에 두른 그대는 행복하여라
> 행복한 부리로 아스팔트를 쪼며 행복한 발바닥으로 제 똥을 뭉개는 그대는
> 　　　　　　　　　　　　　　　　「라라를 위하여」(Ⅰ, 44).

그러므로 제 똥을 뭉개는 새(아마도 비둘기일까)의 이미지가 말하고자 하는 것은 황동규가 지적하듯이(Ⅰ, 121) 행복의 노래 이후에도 살아남는 상처의 실존이 아니라고 보인다. 이 새의 이미지는 실상 이성복의 시의 근본정신을 이해하게 해주는 데 중요한 단서를 제공하고 있다. 그가 꿈꾸는 것은 행복한 일원론의 세계이다. 그는 모든 대치되는 덕목들의 적대 관계가 사라지기를 꿈꾼다. 그에게서 사랑의 행위가 그토록 중요하게 여겨지는 것도 그것이 인류가 알고 있는, 인간의 대치 관계를 허무는 가장 완벽한 예이기 때문이다. 그 대치 관계가 사라진 세계에서 똥은 더 이상 더러운 것이 아니다. 이성복의 이러한 꿈꾸기는 엘리아데가 상반되는 것들의 일치 *Coincidentia oppositorum*라고 부르는, 서로 다른 모든 것들, 상호 모순되는 것들이 하나로 조화됨을 보고 싶어 하는 인류의 오랜 소망에 기대고 있다. 그 꿈은 어린이들의 만화영화에

서조차 아직도 유효하다. 「마징가 Z」에서 악마의 하수인 역할을 하는 아수라 백작은 반은 여성, 반은 남성인 양성 인간이다. 그가 또는 그녀가 말할 때 그 목소리는 두 겹이다. 현대의 호몬쿨루스 Homonculus인 로봇이 마침내 적을 쳐부수기 위해 출동할 때, 그 로봇은 절대로 분리되어 있는 형태가 아니라, 그때까지는 따로따로 임무를 수행하던 A호 B호 C호기들의 '합체'된 형태로 출동한다. 이성복의 집요한 여성성의 추구의 밑바닥에는 이 대립극복의 꿈이 살아남아 있다. 그의 시에서 그것의 예증을 찾아내는 일보다 더 쉬운 일은 없다. 몇 가지의 예만 들어보자.

> 나는 물고기와 용암처럼 가슴 속을
> 떠돌아다니는 새들, 한 바다에서 서로
> 몸을 뜯어먹는 친척들(슬픔은 기쁨을 잘도 낚아채더라)
> _「너는 네가 무엇을 흔드는지 모르고」(20쪽).

> (……)

> 그대 음료수를 마셔두게 별과 분뇨가 또 한 번 그대 피안으로 흐르게 하게
> _「돌아오지 않는 강」,(Ⅰ, 37).

가장 완벽하게 고통에 충실한 자들, 자신의 살의 무게의 가장 밑바닥까지 내려간 자들, 그들은 별을 얻는다("더는 내릴 수 없는/순간에 별들은 내 몸에 달라붙는다", Ⅱ, 57). 그래서 그대는 "짐승"이거나 "별"이다(Ⅱ, 13). 이성복에게서 자주 나타나는 껴안기는 바로 상반되는 것들의 일치를 표현하는 동사적 도식이다. 그는 상대에게 달라붙는다.

>   〈어느날〉 다시 칠해지는 관청의 회색 담벽
>   나는 〈집요하게〉 한번 젖은[20]것은 다시 적시고
>   한번 껴안으면 안 떨어지는 나는 〈집요하게〉
>   _「어째서 이런 일이 벌어졌을까」(Ⅰ, 89).

> 숨막힌 채로 길 떠난다
> 길가다 외로우면
>딴 생각 하는 길을 껴안는다
>   _「연애에 대하여」(Ⅰ, 89).

    그러나 이성복의 대립극복의 꿈은 고대인들의 상반되는 것들의 일치와는 다르다. 그는 고대인들처럼 불행을 상상적으로 완화시키기 위하여, 단적으로 말하면 잊기 위하여 더러움과 추함과 아픔을 껴안는 것이 아니다. 그는 그 상처를 실존의 범위로 이해하기 위하여 껴안는다. 그는 상처를 소유한다. 앞서 인용한 「어째서 이런 일이……」의 뒷연에는 그 집요한 껴안기가 시에 종지부를 찍지 않기 위해서이며, "당대의 폐품", "나날의 횡설수설"에 충실하기 위한 '반복법'임이 드러나 있다.
    다시 「라라를 위하여」에게로 돌아가 보자. 완벽한 자연과의 합일의 상태에서 시인의 마음은 저절로 자연과 하나이다. 그는 아름다운 것을 생각하기만 하면 된다. 그러면 생각의 대상은 저절로 실존의 대상으로 육화한다. 완벽한 육화*incarnation*!

---

20 이 젖기의 형식은 바로 물의 생존방식이다. 물은 완벽하게 대상에 합일된다. 이성복은 시로 타인의 운명에 젖어든다. 한번 적셨다가 안 되면 다시 적신다. 이 시의 적극성은 『남해 금산』의 떠나 보내는 그대와 엄청난 대조를 이루고 있다. 『뒹구는……』의 이성복은 "그래도"의 이성복이다. 『남해 금산』의 이성복은 "그렇담 할 수 없지"의 이성복이다.

>   <
>   어디서 그대는 아름다운 깃털을 얻어 오는가
>   초록을 생각하면 초록이 몸에 감기는가
>   분홍을 생각하면 분홍이 몸에 감기는가
>   무엇이 그대 모가지를 감싸안으며 멋진 마후라가 되는가
> 　　　　　　　　　_「라라를 위하여·2」(Ⅰ, 43-44).

또는

> 누가 물 위를 지나가면
> 물의 목소리
> 누가 풀잎 흔들면
> 풀빛 마음 흔들려
> 누가 거기 있어?
> 　　　　　　　　　_「물의 나라에서」(Ⅰ, 34).

이성복의 여성성의 추구는 대단히 흥미로운 표현을 만들어 낸다. 그는 뚫지 않는다. 그는 뚫린다. 예를 들면

> 여자들이 내 집에 들어와 지붕을 뚫고
> 담 넘어간다 손이 없어 나는 붙잡지 못한다
> 벽마다 여자만한 구멍이 뚫려 있다
> 　　　　　　　　　_「연애에 대하여」(Ⅰ, 89).

> 벽은 뚫고 나가기엔 너무 두껍고
> 누군가 새어들 만큼 얇아
> 　　　　　　　　　_「봄밤」(Ⅰ, 17).

마광수라면 대번에 마조히스트적이라고 신나할 듯한 표현마저 보인다.

>우리는 누구나 성기 끝에서 왔고 칼끝을 향해 간다
>성기로 칼을 찌를 수는 없다 찌르기 전에 한 번 더 깊이 찔려라
>_「아들에게」(Ⅰ, 88).

그러나 이 대목의 "찔리는" 성기의 이미지는 단순히 마조히스트의 환각만은 아니다. 그것은 "칼", 폭력에 대응하는 우리의 보드라운 살, "지둔"한, 그러나 정당한 그 방식에 대한 믿음이다. 그것은 곧 상처를 깊이 껴안으며 상처에 대하여 엄살 부리지 않는 "고요한" 시를 쓰는 일이다("찔리고 나서도 피를 부르지 마라 아들아 길게 찔리고 피 안 흘리는 순간,/고요한 詩, 고요한 사랑을 받아라 네게 준다 받아라", Ⅰ, 88).

우리는 이성복이 물의 나라에 간다라고 말했다. 그러나 사실 그것은 그렇게 간단하지는 않다. 예를 들면 「다시 정든 유곽에서·6」의 행복한 물의 나라에 대한 믿음은 다시 곧장 추락에의 확인으로 이어진다(Ⅰ, 111). 그의 마음은 사실은 오락가락하는 것이다. 그는 갈까 말까 한다.

>여기는 아님
>여기 있으면서 거기 가기
>여기 있으면서 거기 안 가기
>여기는 아님 거기 가기 거기 안 가기
>_「몽매일기·3」(Ⅰ, 78).

또는 그 나라에 갔다가도 대번에 쫓겨난다. 그러므로 이성복은

"남쪽나라 물새는 안 날고"라고 노래하는 최승자와는 다르다. 그는 안 가는 자가 아니다. 그는 가보려 했던 자, 그러나 그 초월의 시도가 허구임을 깨닫는 자이다. 그의 인생은 바로 그, 초월의 허구성을 인지하는 지점에서 의미화의 매듭을 맺는다. 그는 땅에 남는다. 그 실존적 결의 쪽에서 조명된 삶은 더 이상 괴로움에 불과한 것이 아니라 뜨거운 사랑의 대상이다. 그때 삶의 주체는 아픔의 수동적 수용자가 아니다. 그는 초월의 꿈이 좌절된 자리에서 삶에 대해 적극적으로 대답한다.

> (……)확인할 수 있는 것은
> 시멘트 바닥을 가르는 햄머 소리 눈썹을 밀어붙인 눈
> 그림자처럼 떠오르는 무용수의 팔…… 술이 머리 끝까지 올라
> 왔을 때 새들은 침착하게 떨어져내렸고 그 침묵도 비명도
> 아닌 순간의 뜨거움 1978년 11월 인생은 추수 끝난
> 갯밭의 목소리로 나를 불렀다 울음이 끝난 뒤의 끈끈한
> 힘을 모아 나는 대답했다…… 뒤쳐진 철새의 날개짓으로
> ㅡ「人生·1978년 11월」(Ⅰ, 73).

그래서 그는 피안으로 오라고, 이리오너라고 부르는 위안의 존재인 어머니에게 "싫어요"라고 말한다. 그는 삶에 "못 박혀"(Ⅰ, 83) 있다. 그는 요단을 건너 "먼 나라"로 가는 것을 거부한다. 왜냐하면 그는 그의 동시대의 살기, 유린당한 "누이"의 삶의 아픔에 참가하기 위해서 종교적 해결을 거부하기 때문이다. 그는 삶이 "가여워서" 삶에 "묶인다"(Ⅱ, 16).

그래서 우리는 이성복이 어째서 「이제는 다만 때 아닌, 때늦은 사랑에 관하여」를 시집의 맨 마지막에 배치했는가를 이해한다. 이

성복은 "정든 유곽"에, 고통 받는 누이의 곁에 남기로 결정한다. 그는 이제 더 이상 우리를 아프게 하는 것에 대해 말하지 않기로, 우리에게 고통을 주는 "어떤 작자를 씹고 씹"(Ⅰ, 62)지 않기로 한다. 다시 말하면 그는 그 아픔의 원인들을 더 이상 원망하지 않기로 한다. 그는 능욕당한 삶을 구석구석 찾아다니며 그 "유곽"의 고통과 또 이따금의 즐거움을 소유하고자 한다. 이 시는 얼마나 아름다운가, 그리고 얼마나 절절한가.

>이제는 송곳보다 송곳에 찔린 허벅지에 대하여
>말라붙은 눈꺼풀과 문드러진 입술에 대하여
>(……) 정든 유곽
>어느 잔칫집 어느 상갓집에도 찾아다니며 피어나고
>떨어지는 것들의 낮은 신음소리에 맞추어 녹은 것
>구부러진 것 얼어붙은 것 갈라터진 것 나가떨어진 것들
>옆에서 한번, 한번만 보고 싶음과 만지고 싶음과 살 부비고 싶음에
>관하여 한번, 한번만 부여안고 휘이 돌고 싶음에 관하여
>이제는 다만 때 아닌, 때늦은 사랑에 관하여
> _「이제는 다만 때 아닌, 때늦은 사랑에 관하여」(Ⅰ, 112).

이 동시대의 삶의 고통에 대한 참여는 『남해 금산』에서 한결 따스하게, 그리고 처절하게 확인된다. 그녀는 "오늘도 화장지 행상에 지친 아들의 손발에, 가슴에 깊이 박힌 못을 뽑으시는 어머니"(Ⅱ, 44), 공사판에서 막일 하며 시달리는 어떤 아낙네, 또는 "해고되고 해고되며 떠돌"며, "공사판 근처를 기웃거리며 아내와 자식들 눈을 속"이는 떠돌이 막일꾼들(Ⅱ, 45), 수박 한 덩이에 가족들이 아귀처럼 달려들어 다 파먹고 난 뒤, "약간 어둡고, 끈끈

한"(Ⅱ, 47), 슬픈 어떤 삶을 닮은 벌건 수박 물을 바라보는 여인네, "먹을 것 없는 여인들"(Ⅱ, 47), "어려운 시절"(Ⅱ, 52)의 삶이다. 시인은 그들에게, 그들의 삶의 질곡으로부터, 그들의 삶의 터전의 힘겨움 자체의 힘으로, 자유로워지라고 말한다.

날아가세요, 어머니
날아가세요, **베니아판 집어타고**
해 떨어지는 곳으로!

_「어머니·2」(Ⅱ, 45).

그러나 『남해 금산』의 전반적인 색조는 시집 전반부의 "치욕"에 대한 절절한 참여에도 불구하고 『뒹구는……』이 보여 주던 아픔에 대한 적극적 참여와 많이 다르다. 그곳에서 초월의 꿈은 훨씬 더 전면에 부상한다. 이 시집에서도 역시 '이성복적 풍경'은 예의 날카롭고 섬세한, 『뒹구는……』에서보다 한결 더 정리되고 다듬어진 이미지들과 더불어 화사하게 펼쳐진다. 그러나 그 풍경들을 자세히 들여다보면 우리는 이제 이성복이 더욱더 세련되고 우아한 물의 나라를 꿈꾸고 있다는 것을 알게 된다. "누이" 대신에 "어머니"의 모습이 시집 전반을 지배하고 있는 것은 그 맥락에서 의미심장하게 느껴진다. 그녀는 김현[1]이나 임우기[2]가 지적하고 있듯이 삶의 치욕스러움을 끄떡없이 감싸 안는, 시인으로 하여금 죽지 않게 해주는 힘을 제공하는 여인이지만, 그러나 그녀의 삶의 힘겨움에 대한 극복의 양상은 "누이"의 아픔에 대한 참여보다 훨씬 더 보편적이다. 말하자면 "누이"를 껴안기가 동시대의 아픔의 수용을 나타내는 것이었다면 "어머니"를 통한 아픔 수용방식은 훨씬

---

1 김현, 『남해 금산』 해설, 100쪽.
2 임우기, 「오늘의 문제작」, 일간스포츠, 89년 6월 15일자.

더 "설화적"이다. 요컨대 시인은 "누이의 껴안음"으로부터 "어머니 품에 안김"으로, 아픔에 대한 책임 또는 아픔의 견딤으로부터 아픔에 대한 망각 쪽으로 옮겨 앉은 듯이 보인다. 그러나 전자가 누이와 시인의 양자의 '응시', 즉 양자가 개별적 존재로 살아남아 있는 긴장의 변증법이라면 후자에게 시인의 존재는 어머니 안에 흡수되고 있다. 그것은 아픔의 해결이 아니라 아픔의 운명론적 수용이다. 시인은 아픔을 운명에게 떠맡겨 버린다. 이 운명론적 태도는 '제2시집'에서 분명하다. "어차피" "아무래도" 등의 부사, 그리고 "길이 그대를 데려가리라"라든가 "우리는 어머니 눈길 위에 떠 있고,/이제 막 날개펴는 괴로움 하나도/오래 전에 예정된 것이었다"(Ⅱ, 80), 또는 끌려가는 "그림자"(Ⅱ, 81) 따위의 표현은 시인의 의식이 운명에 대한 수동적인 태도에 침입당한 것은 아닌가 하는 의심을 품게 한다. 박덕규는 그런 점을 가리켜서 이성복의 『남해 금산』이 '한국적 정서에 맞닿아 있다'[3]고 보고 있는 것일까? 그는 이제 삶의 아픔에 대하여 대놓고 불평을 터뜨린다.

　　이곳에 와서 많이 즐거웠습니다 갖은 즐거움 다 겪었습니다
　　(……)
　　이젠 내보내 주세요, 가야겠습니다
　　보내 주세요, 풀어 주세요, 소리치겠어요, 악쓰겠습니다
　　내보내 주세요!
　　　　　　　　　　　　　　ㅡ「이젠 내보내 주세요」(Ⅱ, 34).

　이를테면 "깃털처럼 가볍게 떠오르고 싶었다"와 같은 표현은 『뒹구는……』에서는 거의 기대할 수 없었던 것이다. 이 시집을 사

---

[3] 박덕규, 「즉자적 인식의 극복과 〈자기 텍스트화〉 문제」, 『문학정신』, 89년 9월호, 91쪽.

로잡고 있는 전반적 풍경은 가벼움 곁으로 수렴된다. 고통조차 현실의 무게를 잃는다(Ⅱ, 86).[4] 푸르름, 물에 대한 그리움은 "불현" 듯 "물밀어"(Ⅱ, 39)온다. 그는 위안의 존재, 설화적 어머니, 물의 부름에 항거해 보려고 한다. 그러나 소용없다. ("창을 닫고 귀를 막아도 들리는 빗소리", Ⅱ, 43). 그 꿈은 "완강"(Ⅱ, 38)하다. 그것은 "잦아들지 않는다". 물의 나라는 그의 "인후"에 "형벌"처럼(Ⅱ, 53) 남아 있다. 그것이 "형벌"인 것은 그것이 시인의 현실의 삶과 조화되지 못하는 것이기 때문이다. 그는 이제 이웃의 삶으로부터 자기의 삶으로 돌아온 것일까(Ⅱ, 56)? 그는 근원에의 희망을 잘라내어 보지만 그의 칼은 잘 "들지 않는"다. 그 영원한 것들은 우리의 그리움 "뒤쪽"에 산다. 우리는 우리의 흙의 운명으로 인하여 그들을 소유하지 못한다("우리의 그리움 뒤쪽에 사는 것들이여,/그들은 흙으로 얼굴을 뭉개고 운다", Ⅱ, 72). 영원한 것들에 대한 갈망은 이제는 거의 그의 현실의 삶을 불편하게 만드는 것으로 여겨진다.

> 귀에는 세상 것들이 가득하여
> 구르는 홍방울새 소리 못듣겠네
> 아하, 못듣겠네 자지러지는 저
> 홍방울새 소리 나는 못듣겠네
> 귀에는 흐리고 흐린 날 개가 짖고
> 그가 가면서 팔로 노를 저어도
> 내 그를 부르지 못하네 내 그를
> 붙잡지 못하네 아하, 자지러지는 저

---

[4] 그 고통의 현실감의 결여는 과거에 대한 추억이『뒹구는……』과는 전혀 다른 어조를 띠고 있는 것으로도 확인된다. 제1시집에서 과거는 거의 끔찍한 모습으로만 나타났었다. 그러나 제2시집에서 과거는 위안자의 모습으로 추억된다(Ⅱ, 36).

홍방울새 소리 나는 더 못듣겠네
　　　　　　　　_「귀에는 세상 것들이」(Ⅱ, 58).

　이제 "길 떠나는" 그의 마음에 "아무도" "고삐를 맬 수 없다"(Ⅱ, 59). 그는 이제 "요단"을 건너간다(Ⅱ, 60). 그는 "가자, 막을 헤치고 거기 가자"(Ⅱ, 62)라고 말한다. 그에게 이제 "이곳"의 확실한 인식은 "어느 곳"에 대한 인식으로 대치된 듯이 보인다(Ⅱ, 64). 그것은 곧 세계에 대한 현실 인식이 상당히 후퇴했다는 것을 의미하는 것처럼 보인다. 그 의심은 시집 말미에 이를수록 강해진다. 그의 마음은 이제 더 이상 피 흘리지 않는다. 기껏해야 "난로 위의 물주전자처럼" 안절부절못할 뿐(Ⅱ, 64). 그는 어쩌면 세상은 그렇게 형편없는 곳이 아닐지도 모른다고 뒤로 물러선다. 그 마음이 머무는 궁극의 위안의 원칙, "어머니"다.

　　어쩌면 일이 생각하는 만큼 잘못되지 않는 거라고
　　생각도 했다 어차피 마찬가지였다
　　가슴은 여러 개로 분가하여 떼지어 날아갔다

　　그것들이야 먼 데 계시는
　　내 어머니에게로 날아갈 테지만
　　　　　　　　_「어제는 하루종일 걸었다」(Ⅱ, 65).

　시인의 세계 인식은 이제 거의 선적禪的이라고 이야기할 수 있을 지경이다. 그때 시인의 마음에서 피는 꽃, 그 꽃은 '전혀 다른' 꽃이다. 그것은 전혀 이 세상의 빛깔을 가지고 있지 않다.

　　한 바람이 지나가고 오래

뜸하다가 다른 바람이 지나가고

그 바람과 물을 뒤섞으며
우린 전혀 다른 흰꽃들을 느끼며,
끝에서 끝으로 지나가는 빛에 꿰뚫렸다

(나무의 흰꽃들이 망자亡者의 얼굴처럼 편안하다)
　　　　　　_「우린 전혀 다른 흰꽃들을 느끼며」(Ⅱ, 84).

　그래서 상처는 운명의 몫으로 떠나가 버린다. 나의 삶, 아픔, "**한 여자**"는 종족대표 정관사로 수식되는 "**그** 여자"가 되어 버린다. 그 여자는 더 이상 껴안음의 대상이 아니다. 그녀는 "해와 달"의 경지로 끌어올려진다. 안달할 일이 아니다. 그에게 이제 껴안아야 할 누이는 없다. 그러나 나는 그녀의 설화적 보편화에 그리 크게 설득당하지 않는다.
　이 시인도 이제 한국의 다른 여느 시인들이 그랬듯이 벌써 신선이 될 준비를 하는 것인가. 그러나 그 음풍영월의 멋들어짐에 대해 내가 의심쩍은 시선을 가진다 해도, 그의 짐짓 정신위생상 효과적인 것으로 보이는 "누이"의 처리 방식에 대해 불만스러워한다 해도 그것은 내 개인적인 의견에 불과하다. 이성복은 이성복이다. 유곽의 여인에서 설화의 여인으로의 변형에 관해서도 나는 그 고답적인 해결방식의 안이함을 나무랄 수는 없다(그녀는 진작 단테의 베아트리체였으며 괴테의 로테였으며, 서정주의 누이가 아니었던가. 그녀는 얼마나 이상적인가.『남해 금산』뒤표지에 붙여진 산문에서 그녀는 또한 시이다. 시는 정말 그렇게 이상적인 것일까. "허술한 사내"인 내가 "사랑의 습관"으로, 현실의 찌꺼기로, 더럽히기 싫어 "떠나보내야" 할 만큼?). 내가 우아한 이성복보다도 치열한 이성복을 더 신뢰한다 해도 그것은 나의 개인적인 시각에 불과하다. 나는 그에게 아무것도 요구할 수 없다. 하지만, 나는 두 권의 이성복을 덮으면서,

> 詩로 쓰고 쓰고 쓰고서도 남는 작부들, 손수건, 속쓰림……
> ─「아들에게」,(Ⅰ, 87).

을 떠올린다. 나는 시의 진정성을 믿는다.[5] 그것이 우리를 구할 것이다. 그래서 나는 다시 이성복을 기다린다.

1990년

---

[5] 나는 '시의 진정성'이라고 말한다. 나는 '시적 진정성'이라고 말하지 않는다.

정현종, 꿈의 사제
_정현종의 상상적 체계,『사물의 꿈』을 중심으로

쓰고 나면 보나 마나 후회스러울, 이런 군더더기를 덧붙이고 싶은 유혹에 나는 결국 저항하지 못했다. 왜냐하면 나의 젊음은 그만큼 정현종에게 빚진 바가 크기 때문이다. 70년대에 대학생활을 했던, 너무나 절망에 길이 들었던 우리의 젊은 가슴에 정현종은 믿기지 않는 요정처럼 다가왔었다. 스물 안팎, 그때 우리의 살은 아주 성성했었다. 그러나 우리는 벌써 얼마나 늙어 있었던가. 그때 유신의 컴컴한 막장을 헤쳐 나오며 우리는 때 껌정이 묻을 대로 묻었었다. 우린 지쳤어, 라고 우리는 서로의 얼굴을 바라보며 말했었다. 학교 문이 닫혔다. 그리고 그 무렵 나는 「꿈속의 아모라」를 읽었다. 아모라…… 물 흐르듯이…… 철면피한 모든 것들을 지극히 사랑하는 자의…… 너무나 절절하므로…… 아프기까지 한 애무. 카뮈는 폭군 칼리굴라 살해 음모의 정당성을 확신하고 있는 정치적 도덕의 화신인 케레아를 시켜 시인 시피용을 설득하게 한다. "그는 젊은 혼들을 절망시켰어, 그것만으로도 그를 죽일 이유는 충분해." 시피용이 대답한다. "나에게는 선택한다는 것이 불가능해요. 나의 불행은, 아무거나 다 이해하고 만다는 거예요."

케레아들이 다가왔다. 나는 숨쉬기가 힘들었다. 왜 그래? 그들이 물었다. 나는 더듬더듬 대답했다. 사실 확실한 것은 아무것도 없었으므로. "왜냐하면 이 방식은 너무 정치적이기 때문이야. 나는 이것이 그르다고 말하는 것은 아니야. 하지만 확실한 것은 이 선택에 대해서 내 안의 누군가가 자꾸 아니라고 말한다는 거야." "정치적이라는 게 뭔데?" "그건……나에겐……하나를 위해서 다른 많은 것들을 쉽게 버린다는 뜻이야." "그럼 넌? 다 함께 선택하는 게 가능하다고 생각하는 거야?" "안되겠지. 하지만 꿈이라도 꾸고 싶어/ 문학은 전부라고 생각해." 그리고 80년대로 나는 떠밀어 넣어졌다. 어느 날 밤 잠자리에 누웠을 때 나는 내 방 가득히 저벅저벅 소리를 내며 걸어 다니는 군화들을 만났다. 그것들은 내 가슴을 짓뭉개며 당당하게 걸었다. 나는 그것들을 증오했다. 증오만이 삶의 확실한 증거처럼 여겨졌다. 나는 많이 흔들렸다. 그러나 나는 "아모라"를 기억하고 있었다.

정현종의 시사적詩史的 위치는 김현이 지적하고 있는 것처럼 김춘수와 김수영을 극복한 자리에 매겨진다. 김현은 정현종이 비교적 빠른 성공을 할 수 있었던 것은 그가 김춘수류의 내면탐구의 시와 김수영류의 현실 비판적 시의 장점을 종합하여 독특한 자기의 길을 걸어왔기 때문이라고 지적한다.

> 그는 김춘수류의 시에서 사물과 자아 사이의 긴장이 내부 감정의 외부 정경화보다 훨씬 값있다는 것을 배우며, 김수영류의 시에서 방법적 충격이 이미 알려진 내용의 저항보다 값있다는 것을 배운다. 그리고 거기에서 더 나아가 60년대 시인 중에서 가장 독특한 시세계를 이룩한다.[1]

---

1 김병익 · 김현 편, 『우리 시대의 작가연구총서 ─ 정현종』, 은애, 1979, 4쪽.

이어서 그는 정현종을 '한국 현대시의 표현법과 소재의 면에서 큰 충격을 준 시인'이라고 소개 한 뒤, 그의 시에 나타나는 중요한 이미지들 중 하나인 바람을 자세히 분석하기 전에 한국시에서 나타나는 이미지의 특성을 크게 두 가지로 나누고 있다. 30년대의 이미지즘을 대두로 한국시의 이미지에서 가장 강조되는 것은 조소성이다. 이 조소성은 사물을 외관에 치중하여 관찰하게 만드는 특성을 낳았다. 그 한계에 대한 대응으로서 대상을 외관보다는 시적 공간 속에 투영된 그림자로 파악하려는 경향이 나타난다. 그리고 김현은 그 변화를 '꽃'으로부터 '바다'로의 변화로 진단해 내고 있다. 정현종은 바로 정적인 이미지인 꽃이 균열을 일으키기 시작한 시점인 1965년 무렵에 문단에 등장했다. 그러나 정현종은 이제 구식이 되어버린 '꽃'이나 바야흐로 회자되기 시작한 '바다'가 아니라 '바람'에서 출발한다. 그것은 단순한 우연이 아니다. 이미지의 선택은 작가의 세계 이해와 결정적인 관계를 맺고 있다. 이미지에는 ― 그것이 단순한 은유가 아닌 진정한 의미에서의 이미지일 때 ― 작가의 존재가 투자되어 있기 때문이다. 이미지는 바슐라르의 표현을 빌자면, '혼의 상태'를 드러낸다.

'바람'의 선택이 무엇을 의미하는가를 알기 위해서 나는 김현이 만난 정현종을 어깨 너머로 다시 만나보러 간다. 김현이 만난 정현종은 피카소 전람회를 보고 나오다가 "큰 인간이야"라고 말한다. 김현은 얼른 그 '인간'을 '자신의 좁은 신분적 문화적 풍속적 한계를 벗어나 인간 전부를 위해 봉사할 수 있는 인간'이라고 정현종의 다음 문장에 기대어 설명한다.

> 문학은 그것을 통하여 과거를 아는 단순한 역사나 사회사社會史가 아니다. 문학은 예컨대 어떤 한정 집단이나 계급의 진실을 담는 그릇이 아니라 인간의 진실을 담는 그릇이다.

「꿈꾸는 자의 내면일기」

이 문단은 요컨대 문학을 통하여 인간을 단편적으로 이해하지 않겠다는 정현종의 근본적인 문학관을 드러내고 있다. 김현이 사르트르의 음성을 빌어 "넥타이 하나를 고르는 데도 자신의 계급을 드러내는 인간이 어떻게 자신의 내적 욕망을 숨길 수 있겠는가"라고 묻자, 정현종은 예술가 역시 한정 집단에 속해 있는 것은 사실이지만 "그는 그 집단의 의미를 무의식적으로 드러냄으로서 그 집단의 이익만을 위해 싸우려는 그의 욕망을 억제하고 다른 집단과의 통로를 튼다"[2]라고 대답한다. 그는 그 통로를 연결하는 힘은 '진실'이며 '진실'이란 인간에게 '초월을 가능하게 하는 어떤 힘'이라고 대답한다. 초월, 그의 표현에 따르면 "어떤 상태에서 다른 상태로의 전이를 허락하는 것", 그것이 그의 예술세계의 근본 명제이다. 그러나 우리가 보겠거니와 그것은 안이한 도피가 아니다. 왜냐하면, 그가 초월에 관하여 말하는 것은 인간을 저버리기 위해서가 아니라 인간에게, 그리고 그 인간을 둘러싸고 있는 모든 사물에게 "그들의 자리를 누리게"[3] 하기 위해서이기 때문이다. 정현종은 소문자의 인간의 진실 대신에 대문자의 인간의 진실을 택한다. 그리고 그것에의 접근을 가능하게 하는 것은 바로 다름 아닌 상상력이다. 왜냐하면, 상상적 인간의 글쓰기 하는 자아는 자신의 닫힌 역사적 자아에서 자기 정체성을 구하는 것이 아니라 인류가 지구 위에서 탄생 이래로 쌓아온 인류학적 자산이라는 보물창고 안에서 자기의 정체성을 구하는 자이기 때문이다. 정현종은 그 수만 년 전 주어진 꿈의 문 앞에서 "열려라 참깨"라고 말한다.

---

2   김현, 『시인을 찾아서』, 민음사, 112-113쪽.
3   「꿈꾸는 자의 내면일기」

> 모든 모서리로부터 일시에
> 일어서는 공기,
> 머나먼 유년으로 떠나는
> 희고 찬 날개를 단 바람,
> 문득 주문을 잃어버리는 40인의 도둑,
> 완전한 말만을 허락하는
> 그대의 방
>
> _정현종, 「처녀의 방」

 그러나 그가 그 "완전한 말" "주문"을 얻는 것만을 목표로 삼았다면 그는 시인이 되었을 리가 없다. 중요한 것은 그가 열리지 않는 그 방 앞에서, "사랑"의 이름으로 불러내는 불완전한 말들이다. 왜 아니겠는가. 도사들은 시를 쓰지 않는다. 정현종은 참지 못하고 쓰는 것을 모두 시장에 내다 판다. 비록 잘 "안 팔리"(「사랑 사설 하나」)기는 하지만. 아, 그가 도사가 아닌 게 얼마나 다행인가. "대한민국 만세(!)"(「노시인老詩人들 그리고 뮤즈인 어머니의 말씀」).
 앞서서 우리는 김현을 좇아서 정현종의 시가 '꽃'의 균열이 예감되기 시작한 시점에 쓰이기 시작했다는 점을 지적했다. 그것은 김현의 설명처럼 이미 정적인 대상의 묘사로서의 이미지의 가치가 의심받기 시작되었음을 암시한다. 이제 외계外界는 안정되어 뿌리박은 모습으로서가 아니라 출렁이며 흔들리는 '바다'의 모습으로 제시되기 시작한다. 흔들리는 불안한 외면으로 예감되는 세계는, 정현종에게서는 한결 더 불안한 '바람'의 모습으로 제시된다. 많은 평자들이 지적하듯이 '바람'은 정현종의 초기 시세계에서 가장 중요하게 나타나고 있는 이미지이다. '바람'은 『사물의 꿈』 첫 장에서부터 불어 닥치기 시작한다.

> 사막에서도 불 곁에서도
> 늘 가장 건강한 바람을, 한끝은
> 쓸쓸해 하는 내 귀는 생각하겠지.
>
> _정현종,「독무獨舞」

 "바람"을 암시하는 어휘는 『사물의 꿈』 안에서 40여회에 걸쳐 되풀이되고("바람"을 암시하는 "흔들리다" "불다" 등의 동사 포함) 있다. 정현종의 다채로운 어휘목록에서 한 단어가 이 정도의 횟수로 나타난다는 것은, 이 이미지가 정현종의 초기 시에서 얼마나 결정적인 역할을 수행하고 있는가를 쉽게 알 수 있게 해준다. 그러나 이 바람이 의미하는 바는 한결같은 것이 아니라 아주 다양하다. 그것은 「독무」나 「공중놀이」에서처럼 발레리나의 도약에 덧붙여진 어떤 순결한 가벼움 인가 하면, 인생의 무상함과 헤어짐의 쓸쓸함을 묘사하는 시적 장치이기도 하고, 죽음의 공포, 또는 무無의 형상화이기도 하다.

 김현은 정현종의 바람이 불과 모래에 가까이 붙어 있음을 지적하고 있다. 그에 의하면, 정현종의 바람은 외부에서도 내부에서도 분다. 그것이 외부에서 불 때 그것은 잠들어 있는 의식을 각성시키는 역할("불꽃")을 하며, 안에서 불 때는 인간의 유한성에 대한 공포를 불러일으킨다. 그때 김현은 바람, 특히 밤바람의 인류학적 상징성을 예시하며 그것이 인간에게 불러일으키는 우주론적인 고뇌를 환기시킨다. "우주의 무한한 변화와 그 변화가 숨기고 있는 신비한 힘 앞에서 인간은 떨고 두려워할 수밖에 없다," 그리고 그는 그것이 정현종의 "바람병病"이라고 못 박는다. 김현의 위와 같은 해석은 이를테면

> 그리 낱낱이 바람에 밟히는 몸은
>
> _정현종,「바람병」

또는

> 정신의 어디, 깊은 데로
> 찌르며 꽂혀오는 바람!
>
> _정현종,「공중놀이」

등의 시구에서 밟히다, 지르다의 표현을 파스칼적 고뇌의 부정적 의미에서만 파악하고 있다. 김현의 해석은 정확하다. 예를 들어서

> 쓰레기는 가장 낮은 데서 취해 있고
> 별들은 천공天空에서 취해 있으며
> 그대는 중간中間의 다리 위에서
> 어쩔 줄을 모르고 있음을
>
> ─ 정현종,「기억제 1」

이라고 노래할 때, 정현종은 틀림없이 "인간은 천사도 짐승도 아니다"라고 말했던 파스칼의 중간자의 고뇌를 알고 있다. 또는 미남 영화감독 H의 죽음에 대해 하느님께 투덜거리며 "이빨 하나 뽑아서/식초와도 같은 이 바람 속에 던져/ 그 풍화를 보고 싶을 따름!"(「시비를 거시는 하느님께」)이라고 대들 때에도 바람은 틀림없이 강은교의 세계에서 간단없이 불어제치는 파괴자인 바람, 우리의 육체의 적인 죽음의 사신이다. 그러나 우리는 김현의 해석을

조금 더 연장하고자 한다. 우리의 입장을 좀 더 분명히 하기 위해서 김현을 한 번 더 인용하자.

> 결국 위의 진술을 요약하면 이렇다. 시인의 밖에서 바람이 불 때 그것은 삶의 무미건조함을 극복하려는 정신의 치열함과 연관성을 맺고 있으며, 시인의 내부에서 바람이 불 때, 그것은 죽음이라는 육체적 조건과 관계를 맺고 있다. 바람은 초월과 죽음이라는 육체적 조건과 관계를 맺고 있다.[4]

우리의 해석은 바람이 상징하는 초월과 죽음이 별개의 것이 아니라 한데 붙어 있는 것이라고 생각함으로써 김현을 비껴간다.

바깥에는 바람이 불고
나는 밤새도록 집에 없었네
_「기억제 2」

저 **밖**의 바람은
심장에서 더욱 커져
살들이 매어달려 어둡게 하는
뼈와 뼈 사이로 불고
_「바람병」

하염없이 정감으로 별빛만
있고 바람만 있는 여기
모래의 마음으로

---
[4] 김현·김병익 편, 앞의 책, 20쪽.

    지금은 **바깥**을 걷고 있네

    　　　　　　　　　　　　　_「외출」

 인용된 시에서 볼 수 있는 것처럼 바람은 **바깥**에서 불고, **바깥**으로 시인을 쫓아낸다. 바람은 시인을 시인의 삶으로부터 소외시킨다. 그것은 단지 시인이 바람 때문에 삶의 의미를 잃어 헤매게 되었기 때문일까? 그 **바깥**은 단지 방황의 장소에 불과한 것일까? 혹시 시인은 바람을 쫓아 나온 것은 아닐까? 우리는 그 "바깥"의 의미를 좀 더 존재론적으로 연장한다. 그 설명을 위해서 김주연의 의견을 듣는 일은 유용하다.

　시인이 이 세계를 바라보는 비판의 감정, 그 감정의 출발이 물과 바람에 의해 쓰이고 있는 것이다. 이것은 무엇인가. 그것은 물·불·공기에 의해 이 세상이 만들어졌다는 저 창조신화를 상기시킨다. 정현종의 시가 우수한 시가 되는 근거의 핵은 바로 이 근원현상에의 꾸준한 집착, 그 속에서의 효과적인 이미지 발굴 때문인 것으로 판단된다.[5]

 김주연이 설명하듯이 정현종의 시가 고대의 4원소론에 기대고 있다는 가설을 쉽게 받아들일 수는 없다 하더라도, 정현종의 근원 탐색의 주제는 『사물의 꿈』에서 뚜렷하다.

　형체 있는 건 형체 없는 것의 그림자
　소리 있는 건 소리 없는 것의 그림자
　색色 있는 건 색 없는 것의……

---

[5] 김현·김병익 편, 위의 책, 44쪽.

그렇다면?
보이는 건 보이지 않는 것의 그림자
들리는 건 안 들리는 것의 그림자
그리움의 그림자
있지만 없고 없지만 있는
아 그리움의 그림자
_「그리움의 그림자」

그의 시는 유형에서 무형으로 "자꾸자꾸 그 너머로 넘어"(「붉은 달」)간다. 유형에서 무형으로 넘어가 그 끝에서 그가 만나는 마지막 흔적, 감각의 "거울"에 잡히는 마지막 "생의 기미"는 "소리"이다. 바람은 그 소리, 근원의 의미를 가지고 있다. 그 소리는 시인에게 인식론적으로 "바깥"인 초월적 세계로부터의 전언傳言이다. 시인은 그 소리를 잘 듣지 못한다.

나의 바깥으로 열린 감각들은 모두 닫혀 있다
공기를 뚫고 지나간 소리의 구멍의 유혹
소리를 통해서 형상이 남는 방식
소리가 남는 쓸쓸한 방식
_「소리의 심연 3」, 소리의 구멍.

그러나 그 "구멍", 근원으로부터 불어오는 바람소리에 시인은 온통 정신이 팔려 있다. 그것이 우리에게는 정현종의 "바람병", "늘 안 보이는 것에 미쳐[있는] 병"(「술 노래」)이다. 그 병에 걸린 자는 늘 육체적 존재 바깥으로 빠져나온다. 왜냐하면 육체는 그 상승의 부름을 제대로 따르지 못하기 때문이다("알겠지 그대/꿈 속의 아씨를 좇는 제 **바람에 걸려 넘어져**/종골踵骨 뼈가 부은 발뿐인 사람아", 「독무獨舞」). 이 무형의 소리에 대한 "천하 못된 사랑"(「나는 별아저씨」)은 육체의 소멸 뒤에나 이루어진다. 우리가 죽은 뒤에야 우리는 저 원수 같은 침묵을 극복한다("우리의 生은 침묵/우리의 죽음은 말의 시작", 「나는 별아저씨」).[6] 그러나 살아서도 "천지간(에)……끊임없이 불(어)…… 詩人의 눈에 눈물 고이고 귀에 소리 고이게 하기 위해 불(며)…… 잠들어 어둡고 귀 닫은 이 많아 그들이 깨어날 때까지 불 작정으로 불고 있는 듯"(「사랑 사설 하나」)한 바람의 전언을 알아듣는 방법이 있다. 그것은 꿈꾸기, 정현종의 용어를 빌자면 "기억제"의 제사이다.

> 나는 밤새도록 집에 없었네
> 술을 마시며
> 만족의 바닥없는 늪 속을
> 낯선 데로 구걸하며 가고 있었네
> 그대들 애처로운 불빛들을 달고
> 뚜렷한 악동惡童들이 되어 뚜렷하지 않은
> 길을 따라 빈객賓客들로 오신 그대들,
> 바깥에는 바람이 불고
> 나는 밤새도록 집에 없었네.
> ……(중략)……
> 구걸하며 빈객으로 오신 그대들
> 어떻게 먼 길을 별빛이 별빛에게
> 건너가고
> 죽음이 따로 따로 되어
> 거리에 다채롭게 넘치고 있음을

---

6 또는 "죽음이 마침내 그대에게 행동과 말을/주겠지만"(「배우를 위하여」).

아는 그대들은 보았겠지

나 밤새도록 지붕 위에 올라가

떨며 앉아 있음,

뜨겁게 뜨겁게 떨며 앉아 있었음을.

……마침내 그대들은 떠났다

흘러간 시간의

기억의 빛 속에 사랑받으며

불명不明한 길을 따라 떠나갔다

만남도 떠남도 그대들의 무술武術인 양.

_「기억제 2」

"기억"은 정현종에게 단순히 흘러가버린 사건을 상기하는 두뇌의 어떤 능력을 지칭하지 않는다. 그에게 그것은 세계의 잃어버려진 광채를 되찾는 제의, 유한의 운명으로 시달리는 삶을 고치는 "심술궂기도 익살도 여간 무서운/망자亡者들의 눈초리를 가리기 위해/밤 영창映窓의 해진 구멍으로 가져가는/확신과 열애의"(「독무」) 행위, "헤어진 生의 구멍을 깁게"(「심야통화 2」)[7] 하는 행위이다. 그는 자기의 과거로 돌아가는 것이 아니라 인류의 과거로, 바슐라르의 표현을 빌자면 "가짜 과거"로 되돌아간다.

　기억. 아, 기억이라고 하는 우리의 제사. 의식으로서의 기억.

---

7 '과거의 교정으로서의 기억'이라는 의미에서 과거로의 귀환이라는 주제를 스필버그는 헐리우드 식의 신화 해석으로 재치있게 표현한다.「백 투 더 퓨처Back to the future」의 주인공은 타임머신을 타고 단순히 과거로 돌아가는 것이 아니라 과거로 돌아가 자신의 열등한 현재의 원인이 되고 있는 과거의 사실들을 교정한다. 물리적인 시간에 있어서 그것은 분명히 과거로의 귀환이지만, 존재론적인 의미에서 그것은 현재의 자아의 이상理想, 존재론적인 '미래'로의 귀환인 것이다.

삶을 사랑하고 싶은 욕망의 표현으로서의 기억제. 과거에 대한 기억과 현재에 관한 기억, 그리고 미래를 향한 기억 등의 내용물에 불을 지피는 상상력. 상상력의 제사. 상상력 혹은 꿈의 유혹. 상상적 세계의 탄생. 그것은 외양이 남루하고 거지처럼 버림받은 듯이 보이는 사물들이 실은 그들의 가슴 깊이 비밀을 숨겨 가지고 있는 밀사임을 알아보는 일이고, 사물 속의 빛과 생명을 끌어내서 더불어 빛나며 노는 일이며 혹은 자기 자신의 밀사가 되어 버림받고 잊힌 사물들로 하여금 그들의 자리를 누리게 하는 일이다. 정신의 준마를 달려 사물의 고향을 되찾는 일!

_「꿈꾸는 자의 내면일기」

꿈꾸는 자에게 세계는 있는 그대로 인지되는 것이 아니라 있어야 할 모습으로 인지된다. 그러므로 꿈꾸는 자는 "금金인 시간의 비밀"(「기억제 1」)을 아는 자이다. 인용시에로 되돌아가 보자. 시인은 누구의 방문을 받은 것일까? "참 엄청나게 놀고 있[는]"(「공중놀이」) 별들의 비밀을, 그리고 그런 행복한 그들과는 정반대로 외롭게 "따로따로" 죽어가는 우리의 필멸의 운명의 비밀을 아는 자들, 어떤 분명히 알 수 없는 길로 왔다가 또 슬그머니 가버리는, 그러나 분명히 내가 체험적으로 그 "옴"을 감지했던 신선한 그대들, 나로 하여금 **낯선 데**로 가게 만든, **집안에 들어가지 못하고** 지붕 위에 올라가 떨게 만든 "구걸하며 빈객으로 오신 그대들"은? "구걸"의 행위는 정현종에게 구도의 동의어이다(「사랑할 시간이 많지 않다」에서 그는 거의 '거지의 철학'이라고 할 만한 사상을 완성한다). 그렇다면 그 "낯선 데"의 의미는 뚜렷해진다. 꿈의 길을 따라 도착한 "낯선 데", 프랑스 시인들에게 그토록 익숙한 '다른 곳 *ailleurs*'의 이미지는 다음의 시구에서는 더욱더 분명하다. 너무 돌아간다는 감이 없지만 않지만 인용시의 정확한 이해를 위해서 차근차근 살펴보도록 하자.

> 어제 형은 형의 꿈 이야기를 해주었습니다. **온 땅이 거울이 되어 하늘이 다 비추고 있는 데**를 걸어갔다, 거울인 땅 위를 걸어갔다, 안 팔리는 **꿈을 향해 꼭두새벽 꼭두**대낮 거듭 걸어갈 때 **자기의 모양은 아주 보이지 않는 것**이었다. **누구나 거기서는 나그네 되는** 항구, 항구의 고향인 바다와 그리운 꿈만 보이는 식으로 자기가 안 보이는 게 즐거웠다(그런데 거울인 땅 위에 자기의 모양이 비추인 건 침뱉기 위해 몸을 굽히거나 구두끈을 매기 위해 허리를 꺾거나 할 때였으며)……밤이 되자 별들은 무덤의 입술을 빨고 무덤들은 별들의 입술을 빨고 있었으며,
> ─「사랑 사설 하나」

고대 신화의 신성결혼 *hiérogamie*의 장면과도 같은 이 꿈의 나라에서 땅은 하늘의 완벽한 복사판이다. 그곳에서 우리는 우리 자신에 대한 "나그네", 완전히 육체가 소멸되어 육체를 가진 과거의 자아로부터 소외된 자들이다.[8] 그렇다면 이제 그 "낯선 데"의 초월적 의미는 거의 드러난 셈이다. 「기억제 2」의 지붕 위[9]에 올라가 있는 시인은 그러므로 자기 바깥으로 나간, 자기의 "나그네"가 된 시인

---

[8] 아름다운 발레리나의 몸은 가벼운 대기에 합일될 때 그녀에 대한 "나그네"이다("넘쳐오는 웃음은……/나그네인가", 「독무」).

[9] 자기 바깥으로 빠져나가 존재의 정점에 이르는 이 꿈의 경험은, 「사랑 사설 하나」에서는 "꼭두새벽 꼭두대낮"의 "꼭두"의 표현에 의해 한 번 더 확인된다. "지붕 위"의 존재론적 의미에 대한 보충 설명을 위해서 정현종의 상상체계 안에서 "집"이 무엇을 의미하는가를 짚어볼 필요가 있다. "묘정妙井은 옷을 입으면서 이따금 실소를 한다. 옷을 입음으로써, 옷에 의해서 더욱 드러나고 싶어 하는 육체……(중략)…… 해가 조금씩 높아지고 있다. 자기의 방을 만들어 주고 있는 네 벽의 바깥쪽이 점점 더 더워지고 있음을 묘정은 살에 느끼고 있다. 자기의 방의 네 벽은 정말 자기의 피부의 정장延長이었다"(「꿈꾸는 자의 내면일기」). 집은 정현종에게 존재의 껍질이다. 그 껍질 바깥으로 나가기, 꿈꾸기, 춤추기, 글쓰기.

의 존재론적 위상이다.

그런데 우리는 여기에서 두 가지의 상상적 도식 *schème*이 한데 맞물려 있는 점에 주의를 기울일 필요가 있다. 상상적 도식은 뒤랑이 제안하는 독특한 개념으로 한 작가의 상상체계를 이해하는 데 결정적인 열쇠를 제공한다. 그는 칸트의 표상 개념으로부터 출발하여 "이미지의 역동적이고 감정적인 일반화"[10]를 상상적 도식이라고 부를 것을 제안한다. 그것은 칸트의 표상과는 달리 이미지와 개념을 연결시키는 것이 아니라, "감각 – 운동성의 무의식적 행위들을 상호 연결시키고, 반사신경적 특징들과 재현된 이미지들을 연결시킨다. 상상력의 역동적 뼈대와 기능적인 바탕을 형성하는 것은 바로 이 상상적 도식들이다". 간단히 이해하면 이미지들의 동사적 요소들을 상상적 도식이라고 생각할 수 있다. 인용시에서 "낯선 데로 가기"는 지붕 위에 "올라가기"와 결합되어 있다. 또는 다음 구절에서 이 "수평적 걷기"와 "수직의 꿈"의 결합은 더욱더 분명하다.

> **길을 일으키기 위해 길을**
> **달리면서 얻은**
> **땀 중의 소금**을 음식에 치면서
> 정든 길과 안개에 입맞추며 간다.
>
> _「흐르는 방」

이 수직의 꿈으로 일상의 삶에서 정수처럼 얻어낸 소금으로 평범한 내 삶은 향미를 얻는다. 한 가지 예만 더 들자.

---

10   G. Durand, *Les Structures anthropologiques de l'imaginaire*, Bordas, p. 61.

> 나는 그동안 뜨락에 가안家雁을 키웠으니
> 그 울음이 내 아침의 꿈을 적시고
> 뒤뚱거리며 가브리엘에게 갈 적에
> 시간은 문득 곤두서 단면을 보이며
> 물소리처럼 시원한 내 뼈들이 풍산風散을 보았다.
>
> _「화음」

내가 뜨락에 기르는 집 기러기가 상승의 꿈이 아니면 무엇이겠는가. 가브리엘 대천사를 향해 가는 꿈은 바로 날카롭게 일어서는 시간의 이미지와 연결되고 제 4연에서는 "마루짱에서 그대가 꺼내는 새들"의 이미지, "서늘한 (육체의) 승전"으로 승화된다. 이 가다 ― 올라가다의 맞물림을 이해하기 위해서는 다음의 산문을 읽어볼 필요가 있다.

> 여름이 가고 가을을 지나 겨울이 올 것이다. 그리고 겨울은 가고 봄이 오고 다시 여름이 올 것이다. 시간은 참을 수 없이 흐르고, 한결같이 낮과 밤은 바뀐다. 평면적으로 흐르는 시간을 잘라서 그 단면을 보라. 거기 곤두선 수직의 시간이 전율하고 있다. 직립한 시간의 떨림. 춤추는 발레리나들. 육체가 닿을 수 있는 극치의 초월적인 리듬, 죽음이 없는 리듬의 불!
>
> _「꿈꾸는 자의 내면일기」

그러므로 지붕 위에서의 저 뜨거운 떨림은 두려움의 떨림이 아니라 환희의 떨림, 평면적인 시간의 흐름을 단번에 긴장한 수직의 치솟음으로 바꾸는 꿈의 경험, "의식의 촉수(볼티지)가 광명의 정점에 있고 감정의 공간에 사랑의 창이 열려 있는 상태, 모든 게 다 있으면서 동시에 아무것도 없는 미친 듯이 풍부한 상태 — 그 역동적 고요의 상태"(『역동적 고요의 공간』)의 경험인 것이다. 그것은 원시인들이 현현하는 신성한 존재 앞에서 느꼈던 저 매혹적이면서도 무시무시한 간즈 안데레[ganz andere][1]의 경험과도 흡사한, 삶의 풍경을 한꺼번에 낯설게 만드는 저 기이한 마나Mana의 직관과도 흡사한 것이다. 그렇다면 이 아픔, 이 무서움은?

> 비오는 날 저는 비
> 바람부는 날 저는 바람이었어요
> 수없는 빗방울이 몸에 다 아프고
> 수없는 바람이 다 제 숨을
> 번쩍이며 끓게 하여
> 학교도 거리도 꿈도
> 다 무서웠어요
> 저의 삶인 제 방이 무서웠어요
> 아마 포도주를 마셨지요
> 병甁과 하나님을 나란히 놓고
> 아마 즐거웠는지……
> 아마 베개에도 피가 흐르고 있었는지……
> 　　　　　　　　　_「빛나는 처녀들」

평자들은 이 대목의 아픔과 두려움을 거의 한결같이 부정적인 의미로만 해석하고 있다. 그러나 이 시가 춤추는 육체가 획득하는 가벼움, 그 가벼움을 통해 얻어지는 새로운 태어남("손가락을 붉게 겹쳐/한없이 꼭대기로 떨어뜨리며[2]/자궁의 춤을 접고 마침내/

---

[1]　M. 엘리아데, 『성과 속』, 이은봉 옮김, 한길사, 1998.
[2]　손가락의 뾰족함, 가벼운 떨림이 불의 이미지를 불러내고 있다.

자기의 생명의 끝에서/다시 생명을 본 그대⟨1연⟩")을, 그리고 3연에서 어렴풋이 암시되어 있듯이 죽음도 삶도 뛰어넘는 어떤 초월적 근원에 대한 "기억의 빛"("꿈속에 고향을 본 그대/아직 보지 못해 없는/고향에게는 그리움뿐인 그대/산 아이도 죽은 아이도/다 그대의 길을 놓고 있고")을 노래하고 있는 것을 염두에 둔다면 2연의 아픔과 무서움은 전혀 다른 의미로 해석된다. 그 아픔은, 사물을 꿈꾸는 자의 아픔이며, 그 두려움은 초월적 '생의 기미'를 맛본 자의 두려움이다. 그렇다면 이때의 술은 삶의 아픔으로부터 도피하기 위한 수단이 아니라 어떤 특별한 도취의 순간을 묘사하기 위한 '우리 정신의 형용사'이다. 아니라면 왜 포도주 병 옆에 하나님은 나란히 있었을까. 비와 바람에, 우리의 세상에 한 번 있는 삶을 뛰어넘어 천 년 전에도 있었고 천 년 후에도 있을 그 모든 '물질'의 삶에 시인의 영혼은 뜨겁게 연루되어 있다. 그는 사제, 간단없이 우리의 삶을 습격하여 우리의 삶이 우리에게 무서운 것이 되게 만드는 그 초월적 내방객들의 부름에 온몸으로 대답하는 자인 것이다.

> 비가 내리면 빗줄기처럼 생긴 빗소리들이 천장을 뚫고 주룩주룩 내려 그녀의 살에 비 굵기만한 구멍을 내고, 천둥이 치면 그것은 격렬하고 거대한 지진처럼 그녀의 몸 속을 소용돌이처 통과하면서, 날카로운 얼음 끝에 빛나는 햇빛처럼 번쩍이는 번개와 전류로 몸을 떨게 하는 것이다.
>
> ─「꿈꾸는 자의 내면일기」

정현종에게 도취는 아픔이다("정신이 **아픈** 하염없는 **취기**",「한밤의 랍소디」). 왜냐하면 아픔은 지나치게 느끼기와 동의어이기 때문이다. 그러면 이제 낱낱이 바람에 **밟힘**, 정신의 어디 깊은 데를 바람에 **찔림**의 의미는 전혀 정반대로 바뀐다. 그 밟힘과 찔림은 우리를 흔들고 지나가는 아주 작은 외부의 부름을 너무나 잘 알아듣는 자의 내부에서 증폭된 감각인 것이다. 정현종은 바람에 밟히고 찔려 전율의 순간을 경험한다. 그 전율의 순간에 우리는 우리의 바깥으로 나온다. 우리는 우리의 이방인이 된다. 그것은 감당하기에 편안한 일상의 경험이 아니다("가령 슬픔에 찬 저 바람의 푸른 눈이/내가 **끌어안고 쩔쩔매는 바람소리**를 보내요",「소리의 심연」). 그때 삶은 불현 듯 귀기를 띠고 낯선 어떤 것으로 변모한다. 그 경험을 우리는 조심스럽게 '초월적 소외'라고 부르고자 한다.

바람의 가벼움으로 촉발된 상승의 공간, "밝은 한 색채이며 대공大空"인 넓고 밝은 바깥의 공간은 정현종의 시세계 안에서 또 다른 하나의 공간, 안의 공간을 이루어낸다. 정현종을 정현종답게 만드는 것은 바로 이 지점이다. 그에게 넓이는 곧바로 깊이이다. 이를테면 다음 시구에서 바깥으로 빠져나가려는 욕구는 얼른 내면의 충만함에 대한 배려로 이어진다.

> 하여, 나는
> 세월을 패물처럼 옷깃에 달기 위해
> 떠나려는 정령을 마중가리.
> 부족不足으로 끼룩대는 속의 공복을
> 대해어류 등의 접시로도 메꾸고
>
> 　　　　　　　　　　　　　　　　—「독무」

또는 가브리엘에게 다가가는 가안家雁의 꿈은 곧장 내면의 찬란함으로 바뀐다.

> 그 뒤에 댕기는 음식과 어둠은
> 왼 바다의 고기떼처럼 살 속에서 놀아

아픔으로 환히 밝기도 하며

「화음」

정현종의 바깥에서 바람이 윙윙댄다면 그의 내면에서는 가없는 바다가 출렁인다. 그 내면의 바다는 깊고 어둡다.

> 그는 자기의 방으로 들어간다. 방.
> 자기의 방은 비로소 출항이고 방 전체가 등불이고
> 마침내 방 전체가 파도이다.
> ……(중략)……
> 밤새 흔들리는 파도.
> 갈 데가 없는 기쁨, 갈 데가 없는 슬픔이 저의 방에 와서 놀고 있다.
> 자기의 방은 무덤처럼 불편하고 길처럼 편안하다.
>
> 「자기의 방」

우리는 앞서 수평적 걷기와 수직적 솟아오름을 이야기했다. 이제는 솟아오름이 깊이 내려가기에 맞물려 있음을 이야기해야 한다. 정현종의 상상력이 완성되는 부분은 바로 이 확산의 꿈을 깊이의 꿈으로 완성하는 대목이다. 영혼의 넓이는 영혼의 깊이라는 거울을 가지는 것이다. 바슐라르는 그것을 잘 이해하고 있었다. 그에게 있어 가장 탁월한 의미에 있어서 문학적 이미지는 언제나 확장의 관점 perspective d'expansion과 내면의 관점 perspective d'intimité을 동시에 가진다. 이미지는 우주를 응시하는 시선과 자기의 영혼을 바라보는 시선을 동시에 드러낸다. '세련되지 못한 형태에서는 이 관점들은 모순된 것이다. 그러나 존재가 발생학적으로 언어를 살[生] 때, 자신의 가슴 전체와 영혼 전체를 문학적 활동, 말하는 상상력에 바칠 때, 확장의 관점과 내면의 관점은 서로 같이 변화하는 것으로 드러난다'.³ 이 두 시선의 변증법적 종합을 이해하면 다음의 시구가 의미하는 바는 명백하다. 이 구절은 우리가 앞서 인용한 「기억제 2」에서 우리가 부분적으로 떨구었던 부분이다.

그 즈음의 내 집은
문전까지 출렁이는 바다가 와 닿아
애인이 보내주는 바람과 물결 위로
달빛이 하늘에서 떠나듯이
나는 떠나서 흘러들고 있었고
그리고 바뀌는 바람소리 때문에
또는 시달리고 있었네.

자아의 바깥으로 빠져나와 우주적인 높이에까지 이르러 "바람의 핵심에서 놀고" 있는, 그리하여 별과 맞먹는 우주론적 높이를 ("별 하나 나 하나의 점술", 「독무 2」) 획득하는 시인의 상상력은 내면으로도 깊이 파인다. 그래서 정현종의 세계에서 바람은 "달고 고요하게 깊고 깊"어(「붉은 달」)지고, "검은 꿀"처럼 "액화"한다(「물의 꿈 68」). 내면의 깊은 어둠은 정현종에게 사물의 밤을, 일체의 것이 유형의 형태로 드러나기 전의 무無를 의미한다. 요컨대 그것은 죽음이다.

남자의 몸이 사라지고 문득
몸 형상의 구멍이 빈다
여자의 몸이 사라지고
여자의 몸 형상으로 공기가 잘린다

---

3 바슐라르, 『공기와 꿈』. 정영란 옮김, 이학사, 2000.

그들의 소리가 지나간 만큼의

구멍이 공기 속에 뚫려 있다

나의 바깥으로 열린 감각들은 모두

닫혀 있다

공기를 뚫고 지나간 소리의 구멍의 유혹

소리를 통해서 형상이 남는 방식

소리가 남는 쓸쓸한 방식

소리를 잊을 수 없기 위하여

내려가는 계단은 어두우면 좋다

어둠 속에서 들린 소리의 구멍은

어둠이 묻지 않은 공기의 구멍보다

더 뚜렷하고 더 아프기 때문에

(소리의 주인들인 그들은 어디로 갔을까)

(사랑과 울음으로 뭉쳐 어디로 갔을까)

　　　　　　　　　　　　_「소리의 심연 3」, 소리의 구멍.

　시인이 소리가 비롯한 근원, "구멍"을 찾아 내려가는 길은 내면의 길이다. 왜 "어둠 속에서 들린 소리의 구멍"이 그렇지 않은 구멍보다 더 아픈 것일까? 왜냐하면 밤은 존재의 근원이기 때문이다. 빛은 어둠의 반대편에서만 존재한다. 그러나 어둠은 저 혼자서 자족적으로 존재한다. 왜 그럴까? 우리가 어둠으로부터 비롯한 존재들이기 때문일까? 정현종은 밤을 알고 있다. 그는 수선을 피우며 밤을 맞아들인다. 그는 밤의 아들이다.

　나는 거리를 걸어가고 있다. 왜? 거리에 밤이 와 있었으므로. 밤. 밤이 와 있다. 밤이 올 것이다. 밤은 와 있었다. 밤은 올 것인가. 밤은 왔는데, 밤은 왔는데 — 나는 밤이 왔다고 목청을 다해 외치고 싶다. 밤이 왔다고, 밤이.
「꿈꾸는 자의 내면일기」

그러나 그가 그곳, 우리의 존재가 비롯한 그 심연에서 발견하는 것은 완강히 표면을 향해 떠오르기를 거부하는 철저한 무無, 침묵이다.

나는 피에 젖어 쓰러져 있는
한 무더기의 고요를 본다
고요는 한때 빛이었고 고요 자신이었고
침묵의 사랑하는 전우였다

나는 피에 젖어 쓰러져 있는
한 떼의 침묵을 본다
말은 침묵의 꼬리를
침묵은 말의 꼬리를 물고 서로
기회를 노리고 있다
죽도록 원수처럼 노리고 있다.
「소리의 심연 4」, 침묵.

이 완강한 무無, 시인이 "모든 소리의 핵核 속에"서 발견한 "죽음"은 늘 그곳에 있다. 시인이 잠깐씩 꿈의 통로를 통하여 처부술 수 있는, 그러나 덧없는 몇 순간의 반짝임을 제외하면 늘 그곳에 있는 죽음. 그것을 시인은 "철면피한 물질"이라고 부른다.

끝없는 물질이 능청스럽게 드러내고 있는
물질이 치열하고 철면피하게 기억하고 있는

죽음.
내 귀에 밝게 와서 닿는
눈에 들어와서 어지럽게 흐르는
저 물질의 꼬불꼬불한 끝없는 미로迷路들,
아무것도 그리워하지 않으려고 애쓰는
능청스런 치열한 철면피한 물질!

─「철면피한 물질」

  이 자족적이고 닫혀 있는 "물질"은 고대 철학자들의 '눈먼 필연성'의 개념과 흡사하다. 우리가 유한인 존재인 데 반해서 그것은 완강히 수천수만 년의, 아니 수억 년의, 우리가 기억할 수 없는 과거와 미래를 가지고 있다. 그것의 완강함과 싸우는 일, 그것이 시인에게 주어진 임무이다. 김주연은 「철면피한 물질」이 발표된 1969년을 기점으로 정현종의 시가 원시적 욕망으로부터 '문화'의 세계로 진입하고 있다고 관찰한다. 그는 그 단서로 '말'의 탄생을 들고 있다. 사물의 완강한 어둠과 침묵을 뚫고 들어가려는 '치정', 그것은 바로 "철면피한 물질"을 뚫고 그것으로부터 말을 끌어내리는 일, 무無 속에 "원수인 말, 말 형상의 구멍인 말"(「완전한 하루」)의 탄생의 통로를 여는 것이다. 그것이 그의 "방법적 사랑"이다. 완강한 외계의 사물, 우리를 초월하는 저 침묵의 존재에서 말을 끌어내기, "완강한 어둠의 폭력에 상처입은"채(「말의 형량」), 사물 속으로 파고들어가기, 공空에게 색色쓰기, 그것이 정현종의 "사랑"이다. 그것은 아무에게나 가능한 것이 아니다. 그것은 시인, 사물을 욕정에 달뜨게 할 줄 아는 천품을 가진 자에게나 가능한 것이다.

  사물은 각각 그들 자신의 거울을 가지고 있다. 내가 나의 거울을 가지고 있듯이 나와 사물은 서로 비밀이 없이 지내는 듯하여 각자의 가장 작은 소리까지도 각자의 거울에 비추인다. 비밀이 없음은 그러나 서로의 비밀을, 비밀의 많고 끝없음을 알고 사랑함이다. 우리의 거울이 흔히 바뀌어 있는 것을 발견한다. 거울 속으로 파고든다. 내 모든 감각 속에 숨어 있는 거울이 어디서 왔는지 나는 모른다. 사물을 빨아들이는 거울. 사물의 피와 숨소리를 끓게 하는 입술식 거울. 사랑할 줄 아는 거울. 빌어먹을, 나는 아마 시인이 될 모양이다.

_「거울」

이 소질, 완강한 침묵의 구멍 속에서 존재를 향해 달뜨는, 저 존재하려는 욕망을 끌어내는 사랑하는 소질. 타나토스는 에로스로 변신한다. 컴컴한 무無, 캄캄한 카오스가 존재를 향해 솟아오르기 시작한다. 일찍이 이런 형이상학적 주제를 이렇게 관능적으로 묘사할 줄 아는 시인이 있었던가.

나는 나의 성기를 흐르는 물에 박는다. 물은 뒤집혀 흐르는 배를 내보이며 자기의 물의 양을 증가시킨다. 바람을 일으키는 물결. 가장 활동적인 운동을 시작하는 바람은 기체의 옷을 벗고 액화한다. 검은 물과 같은 바람.
물안개에 싸인 달의 월궁月宮 빛깔에 젖은 반투명의 나의 꿈 위에 떠오르는 나의 성기의 불타는 혀의 눈이 확인한 성기의 불타는 혀. 불은 꺼지고 타오르는 재. 불을 흘러가게 하고 가장 뜨거운 재를 남겨주는 흐르는 물. 나의 성기를 향해 자기의 양을 증가시키는 물.

_「물의 꿈」

그래서 시인은 사물의 '서방'이다. 그래서 정현종의 말은 세계와 가장 완벽하게 '화간和姦'하는 수단이 된다. 그때 삶은 얼마나 충만한가. 세계는 내게 완벽하게 현존하고 나는 또한 세계에게 완벽하게 현존한다. 꿈꾸기의 덕성에 의하여 세계라는 외면공간과 시인의 내면공간은 완벽한 변증법적 종합을 이룩한다. 그 상상적 종합 속에서 자아는 존재론적 혁명을 달성한다. 그 조용한, 그러나 본질적인 혁명은 내면에서 시작되어 외면으로 확산된다. 이 혁명 안에서 형태를 결정하는 것은 외면이 아니라 내면이다. 뒤랑의 재치 있는 공식에 따르면 상상력 속에서는 "씨앗이 껍질에게 명령을 내리는" 것이다.

내가 내 바깥의 어떤 것을 향해서 갈 때 나는 언제나 나 자신을 향해서 가고 있는 것이다. 언제나……(중략)……
내가 살고 있다는 것은 외계外界라는 태 속에서 거듭 탄생하려고 꿈틀거리고 있는 것일 따름이며, 마찬가지로 객관세계는 나의 태(이걸 상상력이라 부르자) 속에서 끊임없이 탄생하려고 꿈틀거리고 있다.……(중략)……
그러나 내면공간 속의 나와 그를 바라보고 있는 이 현실적인 나가 같은 것인가? 아니다. 외계공간이 내면화되고 그 내면공간과 그 속의 나를 바라보는 현실적인 나는 변질되기 시작한다. 즉 내면공간과 그 속의 나는 현실적인 외계와 그 속의 나에 작용하기 시작한다.
_「절망할 수 없는 것조차 절망하지 말고」, 노우트 1975. 8.

1990년

바벨의 언어를 넘어서, 암매장된 언어의 기억을 찾아서
_송찬호 시집 『붉은 사각형의 기억을 갖고 있다』를 중심으로

송찬호의 시들을 만나는 즐거움은 크다. 시가 온통 큰 소리로 비명을 질러대는 시대에, 이제 우리의 귀가 온통 그 비명 소리로 멍멍해질 즈음에, 낮은 소리로 시의 근원을 향해 다가가는 자의 노 젓는 소리. 우리는 낮게 환호한다. 아! 또 시인이 하나! 시가 벼랑에 섰다고 생각되었을 때, 우리는 송찬호를 만난다. 시는 아직도 가능한 것이다.

그의 시를 읽고 난 뒤에 우리는 단번에 그의 시에 '형이상학적'이라는 꼬리표를 붙이게 된다. 이제 우리도 드디어 '형이상학적' 시인을 하나 가지게 되었구나. '꽃'의 시인 김춘수가 이 점을 놓칠 리 없다.

최근 이 땅 시단에 매우 이채로운 현상이 하나 나타나고 있다. 얼른 그 계보를 따지기가 힘든 아주 희귀한 현상이다. 정서의 차원이나 심리적 차원 및 사회의 차원 등 지금까지의 이 땅 시의 역사가 드러내 보여 준 어느 차원에도 해당하지 않는 듯이 보이는, 그만큼 유별한 현상이다. (……) 송찬호라는 젊은 시인이 내놓은 몇 편 안 되는, 그러나 그 시적 투시력이 만만찮은 역작들이 바로 그것이다.

_김춘수, 『현대시학』, 1989년 8월호, 27쪽.

송찬호의 시세계가 '상징주의적 이데아 사상에 연결된'다고 보는 김춘수의 견해에 우리가 완전히 찬성할 수는 없다 하더라도, 부분적으로 우리는 그의 견해를 수긍한다. 송찬호의 시세계는 아주 새롭다. 그 새로움은 무엇보다도 그가 '말'에 대한 단단한 인식을 가진, 한국 시인들로서는 아주 드문 시인이라는 점에서 기인한다. 그러나 그의 '에이도스'의 세계, 일체의 '사상이나 정서로부터 독자적으로 지양된' 세계는 김춘수의 견해처럼 말라르메나 발레리의 '진공상태'의 시들은 아니다. 그의 시에서 우리는 오히려 제어된 고통, 고통의 끝까지 가본 자의, 그러나 너무나 자존심이 강하여 절대로 소리 내어 비명 지를 수 없는 자의 박제된 고통을 만난다. 오히려 우리는 그, 성대가 잘려 버린 고통의 생생함을 통하여 그의 에이도스의 정당성을 거꾸로 확인한다. 우리가 얘기하려는 바는 그것이다. 우리가 그에게 붙이려는 '형이상학적'이라는 꼬리표는 절대로 그의 시를 실감으로부터 떠난, 지평으로부터 도망치는 것으로 특징 짓기 위해서가 아닌 것이다. 그는 도상途上에, 영원히 도상에 있는 플라톤이다. 그는 가려고 하는 플라톤이다. 그의 정체성의 절반은 땅에 붙들려 있다("나무의 법칙들, 스스로를 땅에 복무시키며/세계를 가볍게 공중에 들어 올리는 것", 46[4]). 이제 스스로를 땅에 복무시키는 자의 시선을 따라가 보자. 어쩔 수 없

---

4 이 글에서 괄호 안의 아라비아 숫자는 송찬호 시집 『흙은 사각형의 기억을 갖고 있다』(민음사, 1989)의 인용 쪽수를 말한다. 인용된 시에서 강조(굵은 활자)는 필자가 표시한 것이다.

이, 우선은 삶의 고통스러움에서 시작하기로 하자.

> 무지막지한 세월이 한꺼번에 밀어닥쳤다.
> 호각을 불며 급히 뛰어오는 발자국소리
> 좌판이 없어지고 좌판 앞에 쪼그리고 앉았던
> 여자들이 파리떼같이 놀라 흩어지고
> _송찬호,「세월」부분.

허망한 세월들. 턱까지 차오르는 힘센 물살 앞에서 삶의 "횡단보도는 지워진다"(22). 대체 무엇이 길인가. 또는 어떻게 살아야 하는가. 우리에게 확실한 것은 삶의 치욕스러움, 진창 속을 헤매는 실존의 치욕스러움이 전달하는 순간순간의 실감이다. 그것을 잘 보아두지 않으면 안 된다. 그것도 아주 가까이에서, 찬찬히.

> 입을 **클로즈업**시키고 귀를 기울여 봐
> (……)
> **느린 동작의 노출을** 잡아야 해
> 허리를 감아 죄는 물살에 팔을 들어 허우적거리는 모습 한 컷
> 잠겨드는 턱을 치켜들고 허공을 바라보는 절망적인 눈초리 또 한 컷
> 그리고,
> 몸부림치며 물속 깊이 잠겼다가
> 이승에 팔 한짝 붙잡아 메두려는 듯
> 소리 없이 수면 위로 솟아오르는
> 떨리도록 으스스한 저 손을
> _「장마」부분.

왕으로 태어나지 못하는 자들, "무덤 속 같은 단칸짜리 월셋방이라도 구하기 위하여"(23) 헤매는 이 노예들 앞에 턱없이 "매일같이" — 잊지 말아야 한다. 그것은 어느 하룻밤만의 사건이 아니다 — 일어서는 "첩첩산중"인 실존! 살아남기 위해서 우리는 어쨌든 죽은 고기라도 뜯어먹어야 한다(19). 물론이다. 살아간다는 일은 식욕이라는 미끼, 썩어서 풀풀 "냄새피우는" 살의 덫에 걸려드는 일이다. 시인의 기질은 선험적으로 그, 다른 생명의 죽은 살로 유지되는 "냄새피우는 일"의 양식에서 "죄의 냄새"를 맡는다. 그래서 그의 사회적 살기의 고통의 근원인 가난은 사실은 역설적으로 정당성을 가지게 된다. 왜냐하면 가난은 "냄새가 나지 않기" 때문이다. 왜냐하면 가난은 살을 만드는 일의 반대항에 위치하기 때문이다("가난에 성욕마저 빼앗긴", 18). 가난한 자의 존재는 투명하다. 삶이라는 적의의 바다에 겨우 꺼질 것같이 떠 있는 약한 섬들(17), 가릴 것도 숨길 것도 없는 자들의 생존방식. 이윤택의 지적대로 송찬호의 가난의 시들은 "적극적인 빈곤의 사회학"(이윤택, 「세계살해를 꿈꿀 권리」, 송찬호 시집 해설, 84)은 아니다. 그러나 그것은 감동적이다. 왜냐하면 우리는 너무나 오랜만에 세계의 질기고 두꺼운 어둠 앞에 꺼질 것처럼 마주서는 연약한 빛의 싸움, 그 방식의 아름다움이 지닌 설득력을 확인하기 때문이다. 세계가 어두우면 어두울수록 시인이 든 작은 불꽃은 간신히 지탱된다. 그러나 그 작은 불꽃이 얼마나 성실하며 끈질긴지, 그리고 얼마나 고집 세게 상향上向의 존재방식을 취하는지 우리는 보게 될 것이다. 그 불꽃은 약하면 약할수록 정당하다. 그 불꽃의 연약함이 오히려 세계 앞에 마주서기의 시적 정당성이라고 주장한다면 우리는 틀린 것일까? 시의 불꽃은 오히려 그 무력함 때문에 설득력을 가진다고 말한다면 '힘'을 꿈꾸는 시인들은 우리를 비난할까?

>   대가리를 꼿꼿이 치켜든 독 오른 뱀 앞에
>   개구리 홀로 얼어붙은 듯이 가부좌를 틀고 있다
>
>   ─「문 앞에서」부분.

그래서 힘없는 개구리로 막상 세계의 '끝'까지 갔을 때, 그때 오히려 잘 보이는 '길 없는 깊은 세상'으로

>   그래, 가자 가자

라고 송찬호와 함께 우리가 노래한다면, 우리는 현실을 유기하는 도망자가 되는 것일까? 그러나 보라, 다음과 같은 시에서 읽히는 '살'의 운명에 대한 시인의 적극적 인식을.

>   언제나 하늘은 빈 바구니로 내려왔다
>   바구니가 비었으니 아직 살아 있나 보다
>   여인은 다시 밥바구니를 하늘로 올려보냈다
>   아, 뭉클한 밥바구니가 한입에 하늘로 꺼져 들어가곤 하였다
>   옷을 넣어 보내면 금방 피고름 빨래가 되어 내려왔다
>
>   ─「바구니」부분.

삶이라는 형식, 이 무엇인가를 가두는 닫혀진 형식 "바구니"는 어디인가, 미지의 현실, 갇혀져 있지 않은 비형식*informel*으로부터 내려온다. 하강은 언제나 무게 없는 것으로부터 무게 있는 쪽으로 움직인다. 시인은 그러나 상승을 꿈꾼다. 우리는 그 바구니를 채우는 것을 '산다'라고 부른다. 그러나 어쩔 것인가, 그 바구니에 채워지는 것들의 부패하는 운명을. 그 사이에 "날마다 바구니 가득 그

렇게 오르고 싶었던" 우리의 욕망에도 불구하고 실은 우리들, 늙어지는 살들, "늙은 여인들"은 "버림받은" 세상에서 "음푹음푹" 패여 가는 것이다. 이 허망함, "밥 덩어리"를 얻기 위하여 날마다 바깥을 헤매는 삶, 아내 곁에 지친 채로 "통나무"로 되돌아가는 삶은 그러나 모반을 꿈꾼다. 어느 날 뾰족한 혓바닥처럼, 허망함을 양식으로 먹으면서 "썩은 통나무"에서 버섯처럼 피어나는 말을 꿈꾸는 것이다(23). 시 쓰기, 전제된 '세계를 살해할' 권리, 아니 오히려 세계의 적의를 둥글게 구부리기, 그것이 시인에게 무엇을 의미하는가를 이해하기 위하여 우리는 그가 언어를 어떻게 인식하고 있는가를 우선 살펴보아야 한다.

송찬호에게 말은 초월적 근원을 가진 어떤 것이다. 말은 존재의 저 건너에서 출발한다.

> 오랫동안 말의 길을 걸어와
> 처음 만난 것이 인간이다
> 말은 이 세계를 찾아온 낯선 이방인이다
> 말을 할 때마다 말은
> 이 세계를 더욱 낯설게 한다
> _「달빛은 무엇이든 구부려 만든다」, 부분.

> 말의 고향은 저 공기 속이다
> 공기 속을 떠돌아다니는 꺼지기 쉬운 물방울들
> 바람 속 고정불변의 감옥들
> _「공중 정원·1」 부분.

말의 실체는 외양을 뛰어넘는 어떤 것, 구체적 형태에 갇히지 않는 그 어떤 것이라는 생각은 시인으로 하여금 모든 커뮤니케이

션의 행위를 불완전한 것으로 파악하게 만든다. 그것은 "도상의" 행위, "한 점에서 다시 한 점으로 이동해 가는 행위", "불구"인 행위이다. 우리의 세계 인식은 바로 그 말의 비실재성과 사물의 실재성 사이에서 이루어진다.

> 말과 사물 사이에 인간이 있다
> 그곳을 세계라 부른다
> 드러내 보이는 길들, 그 길을 이어받아
> 뒤틀린 길을 드러내 보이는 길들
>
> _「공중 정원·1」부분.

그 가운데 끼어 있는 삶, 그것은 '가설'이다. 말은 그 '가설'을 지탱하기 위한 "정교한 장치"이다(42). 구체적 형태, 어떤 임의의 기호, 물량을 가지는 기표記標의 형태로밖에 기술될 수 없는 말과 말 사이의 불일치는 몇 편의 시 안에서 흥미롭게 표현된다.

> 나는 태어날 때부터 불구의 집
> 나를 어둡게 잠재우는 너의 불투명한 손
> 너의 불투명한 유리의 집
>
> 나는 네가 너의 집을 부수는 것을 보았다
> 번개의 회초리가 너의 몸을 감고 또 감았다
> 번개가 매질할 때마다 너의 몸이,
> 불투명한 말들이 유리처럼 부서져 내렸다
>
> 옷을 입듯 너는 다시 집을 짓는다
> 불구의 집은 금방 회복이 된다

> 번개는 차갑게 잠들고 모든 말들은 불투명해진다
> 불임의 딱딱한 돌이 되어간다
> 말을 할 때마다 부서지는 젊은 유리여,
> 나는 너의 그 투명한 거짓말을 보았다 투명한 거짓말로
> 보이지 않는 집을 짓고 또 짓는 것을 보았다
> 매월 월경기가 돌아와도 다산의 여인들이
> 다시 피 흘리지 않는 그 불구의 집을
> 　　　　　　　　　　　　　　「불구의 집」 전문.

　말은 기표의 불투명성으로밖에 시의 집을 짓지 못한다. 말의 현현("번개") 앞에서 그것은 맥없이 부서져 버린다. 그러나 시의 집은 어쩔 수 없이 그 불투명성을 토대로 가진다. 일단 말이 된 뒤에는 부서지는 말, 말에 의하여 배반당하는 말, 그 말은 늘 젊다. 왜냐하면 발화되는 순간 죽는 그것들은 언제나 젊은 생명을 지니기 때문이다. 구체적 기호의 그물로 포획할 수 없는 정보인 그 말은 우리의 현상적 인식에게는 늘 '거짓말'이다. 시인들, 그 순간순간을 잃어버려지는 '거짓말'로 부재의 집("보이지 않는 집")을 짓는 자들.
　말의 실체의 비물질성, 기표의 불투명성과 언제나 어긋나는 기의記意의 투명성은 송찬호의 시에서 여러 차례 "거짓말"로 되풀이되어 나타난다("**가짜** 흑진주/[……]/살고 싶다, 라고 나는 **거짓말**을 하였다/이미 오래 전에 **불구가 된 거짓말**을", 54, "흰눈이 온다, 흰눈을 보았다, 라고/격자를 보고 **말을 읽는다**/격자로 짜여진 말, **거짓말**/아름다운 격자무늬의 말", 57). 기의의 추상성, 비물질성, 무한과 기표의 구체성, 물질성, 유한은 송찬호의 시에서 동그라미와 사각형의 대비로 나타난다. 이 대비는 존재론적으로 확산된다. 유한한 형태, 네모 안에 무형의 무한을 집어넣는 일은 송찬호에게는 "감옥"을 만드는 일이다. 그래서 시 언어는 "격자무늬"이다.

그것은 또한 무형의 공기의 생명에서 유한한 흙의 생명으로의 전환이기도 하다. 무한한 윤회의 동그란 수레바퀴는 네모로 멈춘다("오래 구르던 둥근 바퀴가 사각의 바퀴로 멈추어서듯/죽음은 삶의 형식을 완성하는 것이다", 36). 흙은 왜 육체를 재생해내는 '풍속'을 가지는가. 그것은 그것이 '사각형'의 구조로 되어 있는 원소이기 때문이다. 공기의 생명에서 흙의 생명으로의 이해, 그것은 깜깜한 비정형인 비존재의 세계에서 밝음의, 드러남의, 형태와 존재의 세계로의 이행이다. 그 밤의 존재들, "한때는 복면이었고, 어느 땐가는 부재자였던 그대(52)는, 우리가 시라고 부르는 통로를 통하여 낮으로 끌려 나온다. 그러나 언어라는 형식의 불완전함으로 인하여 존재 쪽으로 빠져나오는 순간, 즉 개별자가 되는 순간 이미 그것은 어머니인 밤의 운명을 배반한다. 밤의 운명은 그 개별자의 몸속에 "처박혀" 있다. 암시로만.

> 너는 밝음으로 내몰려졌다
> 오래 전에 불구가 되었던,
> 너는 몸속에 처박힌 팔을 꺼내 보였다
>
> 다음에는 어둠 속에 암매장된 눈을 보여 주었다
> 그리고 머뭇거리다가 너는 그 구멍을 보여 주었다
> 희미한 불빛이 스며들어오던
> 밥을 넣어 주던
> 너희가 끌려나오던
> 너희의 괴로운 말들이 흘러나오던, 말들마저 관통해 버린
> 　　　　　「머뭇거리다가 너는 그 구멍을」 부분.

그래서 우리는 송찬호의 '처형'을 이해한다. 존재 쪽으로 끌려

나오는 순간, 언어는 이미 유한의 운명을, 상대성의 운명을 따르게 되는 것이다. 시가 태어나는 순간 그것은 이미 '죽음', 언어의 시체이다.

> 그들이 왔다, 격자 속으로
> 격자에 갇혀 아무 증거도 없이
> 그 이튿날 바로 형이 집행되었다
> 그 해 겨울 동안,
> 그들은 아주 짧은 생을 살다 갔다
> ―「설국雪國」부분.

> 시체는 왜 그리 구멍이 많지?
> ―「그대는 아직도 벌리고 있다, 암시?」부분.

> 삶은 죽음에 갇혀 있고 그 죽음에 의해 삶이 비쳐지고 있으니
> ―「인공 정원」부분.

시인은 그 어긋나기, 존재의 바깥에 있는 존재의 형식을 아픔으로 파악한다. 그, 대지에서 한결같이 뿌리를 뽑아내려는 나무들을 그는 다시 억지를 써서 땅에 붙들어 매고자 한다.

> 숲은 나무 바깥에 있는 나무의 폐
> 공기는 푸르다 그 공기에 푸르게
> 다쳐가는 나무들 숨을 쉴 때마다
> 얼마나 많은 사람들이 그 공기에 다쳐갔던가
> 우리는 아직 숨쉬기 바깥에 있다
> (……)

> 공중에 퉁겨오르는 다친 나무뿌리들
> 다시 땅에 밟아넣는다 머리를 쳐드는
> 포로들을 구덩이에 밀어 처박듯이
> 　　　　　　　　_「말의 폐는 푸르다」 부분.

우리는 그래서 "개" 또는 "사자"이다. 그 도망치는 언어를 뒤쫓아가 사납게 물어뜯으려는.

> 다친 개들이 아직도 울부짖고 있다
> 　　　　　　　　_「말의 폐는 푸르다」 부분.

> 꽃에서
> 사자로 덥석, 비약하는 말
> 　　　　　　_「동물원 창살 너머 꽃 한 마리」 부분.

우리는 송찬호의 식욕을 너무나 잘 이해할 수 있다.

> 말은 얼마나 먹고 싶은 욕망인가
> 　　　　　　_「동물원 창살 너머 꽃 한 마리」 부분.

형태로 구체화되자마자 죽는 말, 가장자리에 "닿으면 부패하는 감옥이 되는"(52) 말. 시인은 그 운명을 모면케 하기 위해서 말이 바깥으로 빠져 나오지 못하게 한다. 방법? 항아리를, 시의 용기容器를 띄우기.

> 밖으로 드러내지 않으려 말은 항아리를
> 끌어 올린다 그대 매혹의 입술로

> 나는 다시 한 번 죽음을 불러낼 것이다
> 죽음은 옷 입혀질 것이다 눈치채지 못하도록
> 교묘하게 죽음은 다시 어느 한 생애의 집이 될 것이다
> ─「술, 매혹될 수밖에 없는」 부분.

이 떠 있는 시는 우리에게 아름다운 인공 정원의 모습으로, 밤의 운명 속에 동그란 형태로 참여하는 달의 모습으로 나타난다. 그것은 바로 말로 꿈꾸기이다. 그때 나무들, 지상에 복무하는 이 개별자들 안에서 "밤의 여인들"이 되살아나 전체였던 말의, 비존재의 추억을 되살린다.

> 이윽고 내 몸속에 숨어 있던 밤의 여인들이 나타난다
> 이미 오래 전에 죽은 줄만 알았던 그 묘령의 여인들이,
> 허리 아래로는 한몸으로 붙었으면서
> 여러 개의 가슴으로 나뉘어져 뻗어 올라간
> 이 다성적인 나무의 줄기들
> ─「말은 나무들을 꿈꾸게 한다」 부분.

이제 시인은 바벨의 언어 이전으로, 오해와 갇힘, 딱딱함이며 한계였던 말을, 사각형인 말을 극복 한다("흩어졌던 여러 갈래의 말들이 내게로 모여 어느/성년을 만난다", 50). 시인은 이제 언어라는 "악습"을 극복한다. 그는 꿈꾸기의 "동그란 모음"을, "매장된" 밤의 언어의 "기억"을 되찾는 것이다. 그러면 대번에 존재의 "바구니"는 붕 떠오른다.

> 발이 왜 이리 가볍지,
> 진흙 덩어리 공기의 덧신을 신었었나?

_「말은 나무들을 꿈꾸게 한다」 부분.

 시인은 행복하게 언어의 감옥 안에 또 다른 감옥, 모든 감옥을 품고 지우는 동그라미의 감옥이 있음을 깨닫는다. 그 덕에 시인은 모든 감옥으로부터의 탈출을 시도 한다("나는 몸 밖으로 물방울을 밀어내었다, 모든 힘을 다하여,/밀어내었다 물방울 밖으로, 나를", 60).

 이제 모든 감옥이 지워진다. 존재는 이제 비워진 곳, "폐허"이다. 모든 말들이 떠나가고 사라진 자리에서 시인은 몇 개의 날기를 배운다(47). 그러나 잊지 말 것. 고정되면 그 폐허의 형식 또한 썩는다. 끊임없이 고정되는 것을 거부할 것. '비체계적으로' 부술 것.

  운동에는 방법이 없다 변화를 고정하고
  고정 속에서도 날아야 하는 새들의
  아름다운 감옥들
  움직여라
  떠나라
  멈추지 말아라, 고정불변의 변화여
            _「공중 정원 · 2」 부분.

 언어가 처형되고 난 뒤, 원컨대 시인의 그 '폐허의 구조'가 저 공중에 떠 있는 가벼운 언어의 고향을 닮기를. 그때 "역병"인 삶을 이기기 위하여 우리가 끝도 없이 주절대었던 경經이여, 이제 그만 끝나기를. 이 시는 얼마나 아름다운가.

  역병이 돌고 있다 멀리서 목탁소리가
  점점 가까이 들린다 모두들 서둘러 귀가하고

문을 닫아걸고 귀를 막는다

　　병을 물리칠 수 있다면,
　　벽을 일으키고 그 절벽마다
　　칼에 힘을 주어 경을 새긴다

　　이윽고 얼굴을 깊이 가린 병자가 거리 저편에서 나타났다
　　얼마나 대가리를 쳤는지 눈 코 입이 문드러진
　　벌서 천 년 전에 유실되었던 목판본 얼굴
　　자기의 목을 쳐내고 부처의 머리를 얹었다가 부처마저 쳐내
고……

　　그가 머리에 썼던 것을 벗었다
　　모가지가 떨어져 나간 혼 없는 육신의 목에 훤하니 달덩어리
를 받쳐 얹고!

　　그가 옆을 지나갔다 달 가듯이!
　　칼을 뒤로 감췄다

　　멀리서 낭랑하게 경 읽던 소리
　　뚝, 그치고

　　그가 오늘 처형되었다는 소식을 들었으니
　　오늘밤 그곳에도 달이 뜨리라
　　　　　　　　　　　　　　　　_「역병이 돌고 있다」 전문.

죽은 경經의 자리에 턱하니 앉은 달. 왜냐하면 우리 안에서 끊임

없이 "암장된 증거의 입"(63)에 대한 암시를 주는 말의 추억, 말의 어머니는 둥글기 때문이다. 이 가벼운 무한이여, 시인은 그 안에 폭 싸인다.

추억의 감옥, 추억의 힘이
그렇게 과일을 둥글게 익게 하였다

과일을 반으로 자를 때 떠오르는 흰 얼굴들
추억의 불을 켜고 과일 속으로 들어간다
과일이 불탄다
(······)
어머니는 둥글다

_「어머니는 둥글다」 부분.

매일 아침 배달되는 우유는 시인에게는 다른 해안에서 우리에게 전달되는 정보로 감지된다. 우유, 어머니의 물질, 그것을 '어떻게 읽을 것인가'. 시인은 "다만 하나의 불빛을 간직하고 있을" 뿐, "한 번도 가닿지 못한 해안을 향하여 항해하면서도 늙어갔어도/늙어서도 꺼지지 않는"(72) 불을 간직하고 있을 뿐. 시인의 존재는 "땅의 끝"에 이른다. 그곳에서 물방울로 툭 떨어지기 위해서? 그러나 보라, 그때까지 우리가 얼마나 힘겹게 삶의 물살을 헤쳐가는가를.

신 한 켤레 놓여 있는 물가
멀리, 깊고 기운 물갈퀴 하나
또 한세상 힘겹게 건너고 있다

_「門 앞에서」 부분.

송찬호를 읽으면서 우리는 왈칵 눈물이 치미는 것을 느낀다. 연약함이여. 우리는 그대의 연약함을 거들고 싶다. 우리의 깊고 기운 물갈퀴의 초라함. 그 초라함이 사실은 우리의 욕구를 정당하게 만든다고 우리가 믿는 까닭이다.

단단한 시적 형상화의 능력, 독특한 상징체계, 떠들썩하지 않은 언어의 배후에서 떠오르는 지적 긴장감. 송찬호는 이 첫 번째 시집으로 주목을 요하는 시인으로 떠오를 것임에 틀림없다. 감히 단언하거니와, 이 시집은 90년대 우리 시의 한 지평을 예고하고 있다. 우리는 한 새로운 시인의 등장을 즐겁게 확인한다.

1989년

절뚝 걸음, 상처 또는 추함에 대한 소명

_버림받은 아폴론의 딸, 지성과 광기 사이, 김승희의 시세계

이것은 순전히 우연한 일이다. 나는 그것을 부인하지 않는다. 김승희론을 써달라는 원고청탁을 받았을 때, 내가 학교에서 라신의 『페드라』를 강의하고 있었던 것은. 그렇다, 그것은 아무런 연관성도 없는 이야기이다. 그러나, 정말 모든 우연은 얼마나 기대하지도 않았던 의미들로 가득 차 있는 것일까. 나는 절규하는 페드라, 자기보다 훨씬 더 힘센 사랑의 여신의 복수의 덫에 치어 신음하는, 스스로 자신의 몸에 모멸의 진흙덩이를 바르며 떨며 울부짖는, 라신이 그토록 그 고결함을 지켜 주려고 노력했던 왕녀, 저주처럼 자신의 안에 숨어 있는 괴물 미노타우로스와 아폴론의 빛남 사이에 찢겨 있는, 가장 뜨거운 물과 가장 차가운 얼음 사이를 오락가락하는 이 가여운 왕녀의 얼굴 위에서 김승희의 자존심 센, 광기로 번쩍이는 얼굴을 읽는다. 이를테면,

이제 더 앞으로 가지 말자꾸나. 친절한 외논아, 우리 여기 있자.
난 더 버틸 힘이 없어. 내 힘이 나를 저버리는 걸.

> 내 눈은 내가 다시 보게 된 빛에 눈부셔하고,
> 내 무릎은 떨며 내 발밑으로 무너지는구나.
> 아, 어쩐단 말이냐.
> (그녀는 앉는다)
>
> _라신, 『페드라』, 제1막 3장, pp. 153-156.

라고 말할 때, 나는 태양족임을 자처하면서도 동시에 그토록 지독한 지하실의 들끓는 광기 쪽으로 끝도 없이 달려가는 김승희, 당당히 일어서고 싶어 하면서도 기어이 무릎이 꺾여 주저앉는 나의 동시대인, 초기의 종횡무진의 부딪침, 싸돌아다님을 거쳐 이제 '여기 있기로' 한 김승희의 어지러운 행보를 떠올리지 않을 수 없었다. 또는, 페드라가

> 슬픈 가문의 고결하며 빛나는 시조이신 당신,
> 우리 어머니가 그 딸임을 자랑스러워했던 당신,
> 내가 겪고 있는 혼란을 아시면 얼굴을 붉힐 당신,
> 태양이여, 나는 그대를 마지막으로 보러왔습니다.
>
> _라신, 위의 책, pp. 169-172.

라고 말할 때, 나는 그녀의 자부심과 모멸감을 거쳐 시인 김승희의 시인으로서의 정체성에 대한 지독한 자부심과 지독한 모멸감을 읽는다. 김승희는 정념에 관한 한 절도를 모르는 한 신화 속의 여인을 닮아 있다. 그녀는 지독한 추위와 화염 속을 오간다. 그녀에게 가장 낯선 것은 일상적인 편안함, 또는 실내온도이다. 서둘러 결론부터 내린다면, 김승희의 시는 절대 최상급의 시이다. 그곳에서 삶을, 나날을, 생활을 찾으려 하지 말라. 그곳에는 차라리 죽음에 가까운 너무 지독히 추구된 삶이 있다. 너무 뜨거운 삶은 삶

이 아니다. 왜냐하면, 그것을 담을 수 있는 그릇이, 그것을 견디어 내는 삶의 형식이 이 세상에는 존재하지 않기 때문이다.

페드라는 부계 쪽으로 태양의 신 아폴론을 조부로 가지고 있다. 아폴론과 크레타 사이에서 파지파에가 태어나고, 파지파에는 아프로디테 여신의 저주에 의하여(아프로디테 여신이 페드라의 가문을 집요하게 괴롭히는 것은 태양의 신 아폴론이 그녀와 군신 아레스 사이의 불륜의 사랑을 폭로했기 때문이다) 황소에게 반해서 사랑에 빠져 반인반수인 괴물 미노타우로스를 낳게 된다. 미노타우로스는 유명한 크노소스 궁의 미궁에 갇혀 있는데, 그 미궁으로 들어가는 길잡이 역할을 하는 실타래를 가지고 있는 것이 미노타우로스의 여동생인 아리아드네이다. 그녀는 장차 자기의 여동생 페드라의 남편이 될 테세우스에게 반해서 실타래를 넘겨주고, 테세우스는 그 덕분에 미궁 속으로 들어가 미노타우로스를 죽이고 미궁을 빠져나온다. 자기의 목적을 달성한 테세우스는 아리아드네를 낙소스 섬에 버린다. 버림받은 여인 아리아드네는 디오니소스의 사랑을 얻게 된다. 페드라는 미노타우로스를 죽이고 아테네와 크레타를 합병하는 데 성공한 테세우스의 두 번째 부인이 되지만, 아프로디테의 집념은 집요하다. 그녀는 페드라의 가슴에 허용되지 않는 사랑을 불어넣는다. 말하자면 페드라는 숙명적으로 미노타우로스의 기괴함 또는 어둠을(그 가치를 거두어들이는 것은 광기의 신 디오니소스이다) 핏줄의 한 특성으로, 그리고 아폴론 신의 환히 드러나 비추이는 지성의 밝음을 또 한 경사로 가지는 '뒤섞인' 가문의 딸이다. 그녀가 하필 아들이 아니고 딸인 것은 명백히 가부장적 사고의 선택을 반영한다. 그 사고에 의하면 정념의 혼란은 여성적 자질의 특징인 것이다. 그녀의 파멸은 여성성의 좌절이다. 그녀의 내면적 개별적 고뇌는 온갖 개별적 가치들을 한데 뭉뚱그려 찬란하게 승리하는 '통합'의 제도적 원리를 상징하는 테세우스의 정치 사회적 외면적 존재가치 아래에서 간단히, 김승희 식으로 말한다면 '바퀴벌레'처럼 으깨어진다. 페드라가 자기의 목을 맨 밧줄은, 이를테면 '제도'의 밧줄이다. 페드라가 그토록 간절히 사랑하는, 애초부터 허락되지 않는 연인 히폴리토스는 김승희에게 있어서 "껍질을 깬", 제도를 탈출한 어떤 삶의 가벼운 형식을 말한다. 그것은 김승희에게 "인육의 퇴원", "나비"로 상징된다. 그러나, 그 나비의 꿈은

> 유리관 속의 탈지면 위에 표본된
> 아름다운 나비의 가슴에 꽂힌
> 제도의 황금핀(……)
> _김승희, 「유목을 위하여」, 『어떻게 밖으로 나갈까』, 세계사,
> 1991, 15쪽.

에 꽂혀 있다. 그 핀을 뽑아내기, 그것이 바로 시인 김승희의 존재 이유이다. 자신의 찬란한 아버지 아폴론의 기억에도 불구하고, 그녀는 지금 허용되지 않는 사랑에 앓고 있다. 그녀는 '시'라는 위대함, 온갖 것이 외면적 제도적 가치로만 재단되는 세계에서는 허용되지 않는 디오니소스적 열병을 앓고 있는 것이다. 페드라처럼 그녀는 "앓는다". 아버지 아폴론에게로 단순하게 확신에 차 일어서지 못하는, 어둠의 자질에 의하여 자신의 "회충도 녹아버렸을/ 이 캄캄한 몸"(38)으로 돌아서는, 오 저주받은, 한때는 새였던, 지금은 뒤뚱대는 "거위"(Ⅳ, 19)[1]인, 카산드라.

'탈출'은 김승희의 절대 절명의 소명이다. 무려 다섯 권에 이르

---

[1] 이하 Ⅰ: 『태양미사』, Ⅱ: 『왼손을 위한 협주곡』, Ⅲ: 『미완성을 위한 연가』, Ⅳ: 『달걀 속의 생』, Ⅴ: 『어떻게 밖으로 나갈까』.

는 이 엄청난 말의 성찬은 참으로 다양한 주제들을 다루고 있지만, 그러나 그 모든 요리들의 밑간은 '탈출'에 대한 욕망이다. 그것은 그녀가 "유배당한 태양의 아이"라고 그노시스적 명제를 들고 시집 『태양미사』를 상재했을 때부터 이미 분명히 모습을 드러내고 있었다. 2-3세기의 알렉산드리아를 중심으로 풍미했던 선민주의인 그노시스주의[2]의 복잡한 도그마는 단 한 줄로 요약될 수 있다. '우리는 세계에 살고 있으나 우리는 세계에 속한 자가 아니다.' 이 도도한 주장은 절대로 죽지 않고 인류의 문화사에 출몰한다. 그노시스주의의 비관주의는 실상 인간의 근원에 대한 가장 도도한 낙관주의이다. 세계가 비천할수록 인간의 근원은 더욱 찬란한 광휘로 둘러싸인다. 그들은 신의 아이들이다. 세계에서의 고통스러운 삶은 그들이 근원을 되찾기 위해 치러내야 하는 속죄의 양식에 불과하다. 삶은 끝나기 위해서만 의미를 가진다. 70년대 한국의 그노시스주의자 김승희(그녀의 이름자 한가운데에서 자랑스럽게 빛나는 승리의 예감, 이길 승勝자를 눈여겨보라.[3] 그 글자는 그녀를 전쟁터로 밀어낸다. 싸우지 않고 쟁취하는 승리는 없기 때문이다)에게도 삶의 가치는 그것이 언젠가 끝장날 것이라는 사실에서 찾아질 수 있을 뿐이다.

(……)

시간은 흘러가는데

리얼리즘과는 결코 화해하지 않는다.

---

[2] Gnosticisme. 이 신비주의에 대해서는, 그 교의의 근간을 이루는 생각이 '지식에 의한 구원'이라는 점 때문에 영지주의靈知主義(김용옥)라는 기존 역어가 사용되고 있지만, 전문가들 사이에서 지식을 의미하는 그리스어 그노시스Gnosis가 거의 고유명사처럼 사용되는 점을 감안한다면, 그노시스주의가 더욱더 타당한 역어일 것이라고 생각된다.

[3] 그노시스주의자들은 가장 투쟁적인 이원론자들이었다. 그들의 승리의 예감은 가장 처절한 영적 싸움에 대한 각오와 짝을 이루고 있다.

> 매일매일 짧게 죽어야함을
> 나는 나쁘다고도 생각하지 않는다.
>
> 그것은 우리 가사성可死性에의
> 빛나는 **세금**稅金일 뿐.
> _「시인의 영혼」,『태양미사』, 42쪽.

그 삶이라는 세금, 또는 "지옥의 세금"(Ⅰ, 62)을 내며 시인은 "정처 없이 달려가는/우리들의 먼지를" "지금 찾는다". 그녀의 그 참음의 가치를 보장해 주는 것은 "카라꽃의 입술 위에/잠시 돋았다가 사라지는 불가사의한 흰 별"이다.(Ⅰ, 43). 그 별은 아무의 눈에나 띄는 것이 아니다. 그것은 그것을 볼 줄 아는 능력의 소유자들의 눈에만 띈다. 그래서 김승희에게 시인은 시인視人이다. 그녀가 "삶/눈동자가 없네"(Ⅰ, 69)라고 절망할 때에도 그것은 다름 아닌 그 볼 수 없음에 대한 절망이다. 별에 대한, 또는 태양에 대한, 전적인 신심이 이 태양의 여사제의 첫 번째 신앙고백서 안에 넘실대고 있다. 자신의 근원의 영광스러움을 드러내기 위해서 현세의 고통을 극적으로 과장했던 그노시스주의자들처럼 김승희도 자신의 상황의 어둠을 강조한다. 그녀가 어둠을 아주 어둡게 묘사하는 것은 그녀가 비롯한 빛의 찬란함을 드러내기 위해서이다. 빛은 어둠의 맞은편에서 가장 화려한 존재이유를 찾는다. 그녀가 그러므로 자신의 어둠을 강조할 때 우리는 그 표면적 언표에 속아서는 안 된다.

나는 유배당한 '태양의 아이'이다. 내 개인적 조상이 천형 받을 무슨 죄를 저질렀는지 나는 모르겠으되 내 아버지 태양신은 나를 천마에서 내던졌고 나는 이 땅에 유배된 한 혼으로서 축시丑時에 태어났다.

아무 희망 없이 파멸만이 이루어지고 있는 안개와 비와 스모그와 탄산가스의 이 땅에서 나는 X레이실에 갇혀 처음에는 운명과 리얼리즘의 장중한 걸음걸이로 이 땅을 울며 다녔다.

나의 집은 북향이었고 황야 한가운데 고독하게 들끓는 굶주린 맹수의 분노와 절망을 나는 가졌었다. 오, 그때에는 과연 무엇으로 이 삶의 거대한 심연과 오욕과 추악을 견뎌야 하는지 나는 몰랐었다.

고조된 삶의 열정이 식어빠진 것, 자기에 대한 성실이 결부되어 있지 않은 싸움, 즉 자기 존재의 근원적 탐구 없이는 삶도 없고, 자유도 없다. 이쪽에는 동물이 있고 저쪽에는 태양이 있다. 그 밑에는 심연이 있다. 그리고 기왕에 나는 시를 택했다.

이렇듯 내 시는 유배지에서 꿈꾸는 한 흑색 혼의 Quest의 기록이다.

_「세 개의 모티브 ― 태양으로의 한 걸음」, 『태양미사』, 100쪽.

축시는 밤 1시에서 3시 사이의 깜깜한 시간이다. 그러나 그 시간은 이미 어제보다는 내일, 그리고 밤보다는 새벽 쪽으로 열려 있는 시간이다. 시인을 에워싸고 있는 조건은 습기와 어둠이지만, 시인은 용의주도하게 자신이 이미 그 어둠을 꿰뚫을 수 있는 소질의 소유자임을 암시하고 있다. X레이의 X는 주어진 조건에 관한 거부의 기호인 것 같기도 하고, 그리고 그 투과의 기능 때문에 이 태양의 딸에 의해 선택된 유년의 존재론적 장소의 기호인 것 같기도 하다. 그녀는 애초부터 두께와 어둠을 투과할 수 있는 능력의 소유자인 것이다. 흑색 혼은 자신의 흑색의 상황을 벗어나기 위해서 존재의 조건과 싸움을 벌인다. '싸움'은 김승희의 기질이다. 그것은,

그녀가 주어진 삶에 절대로 만족할 수 없는 야심만만한 이상주의자임을 드러낸다. 그녀의 피는 "호전적"(Ⅰ, 101)이다. 그 호전성은 의미의 굴곡을 겪기는 하지만 그녀의 처녀시집에서부터 제5시집에 이르기까지 조금도 수그러들지 않는다. 그 싸움의 의미에 관해서 27세의 젊은 여성시인은 다음과 같이 당당하게 말한다.

> (……)
> 그리고 나도 싸움을 걸었다.
> 치료법으로서의 전쟁, 촛불의 천국에로 이르를
> 그 영원한 피의 복습을.
>
> ─「슬픈 적도赤道」,『태양미사』, 68쪽.

그러므로 '싸움'은 "치료법", 존재의 흑색을 덜어내고 빛으로 가득 채우기, 애초에 신께서 우리의 핏속에 담아놓으셨다는 빛의 기질을 "복습"하는 일이다. 그러므로 '모든 것', 젊은 김승희의 생각에 의하면 "멸망하는 이란 말인"(Ⅰ, 64) 모든 것은 지금의 어둠, 추위를 견디지 않으면 안 된다. 김승희의 첫 시집에서 그러므로 구근球根, 특히 칸나 구근의 이미지가 빈번히 등장하는 것은 전혀 우연한 일이 아니다. 구근은 동그란 태양의 형태를 간직한 채 추운 겨울을 기다렸다가 때가 되면 참았던 아버지 태양의 소질을 활짝 대지 위로 피워 올리는 것이다. 김승희가 칸나를 즐겨 겨울의 반대어로 사용하는 이유는 따라서 자명하다. 큰 키, 불꽃처럼 타오르는 붉은 꽃, 그리고 구근, 그 모든 것이 상승과 빛의 아폴론적 가치를 이 이미지에 부여한다. 다음 시에는 칸나는 추위와 겨울의 반대편에서 상상적으로 소환된다.

> (……)

칸나꽃이 죽었을 때
나는 유리창에 이마를 대고 울었다.
유리창엔 성에가
희게 가득 끼어 있었지.
무서운 성에, 기하학적 무늬로
흰 탑 모양을 한 그녀는
우리에게 아주 무관심하게 보였어.
나는 문득 마른 칸나 구근을 혈관 속에 넣었다.
(……)

_「파가니니와의 대화」,『태양미사』, 62쪽.

첫 시집을 가득 메우고 있는 이국취향의 단어들이 가지고 있는 궁극적인 의미도 결국은 이 '탈출'의 주제 하에서 찾아져야 할 것이다. 초기의 김승희에게 현실은 아무런 가치도 지니고 있지 못한 것이기 때문이다. 그래서 김승희의 연인은 철수나 호영이가 아니라 엔디미온이고 그녀의 아버지도 김모씨가 아니라 아폴론이다. 그녀가 정체성을 구하는 동료들의 이름은 샤갈, 리스트, 고흐, 파가니니, 그리고 특히 모차르트이다. 그녀가 찾는 모든 것은 지리적으로 문화적으로 멀리 있는 것이다. 김승희에게 있어 이격화離隔化는 존재론적 진정성을 얻기 위한 한 적극적 전략이다. 그래서 그녀의 내적 존재, 아니무스는 "천왕성에 뱃줄을 대고 있다"(Ⅰ, 87)(멀리 떨어져 있기로야 명왕성이지만, 김승희의 입맛에는 '천왕성'이 더 맞는다. 하늘 천과 왕 자의 거창한 울림은 명왕성의 암시적 의미보다 한결 더 이 타고난 귀족주의자의 무의식에 호소하는 그 무엇인가를 가지고 있다).

그러나 이 거리, 첫 시집을 낼 당시의 젊은 여성시인의 자부심의 표지이기도 했을 이 거리는 제2시집에 이르면 견딜 수 없는 긴장의 심연으로 바뀌어 버린다. 1시집의 귀엽고 사랑스러운, 때로는 치기어린 시들은 제2시집에 이르면 흔적도 없이 사라진다. 1시집과 2시집 사이 5년의 간극 사이에 무슨 일이 있었음에 틀림없다. 태양은 여전히 있다. 그러나 그 태양은 "벼랑 위"(Ⅱ, 14)에서 위험하게 흔들리고 있고, 언제나 어둠을 배경으로만 타오른다. 제1시집의 그 새빨간 불의 꽃 칸나는 제2시집에서 어둠에 침윤된 "흑장미"로 대체된다. 아름다운 멀리 떨어져 있는 것들에 대한 시인의 사랑은 '광기'로 바뀌어 버린다. 그 5년 사이에…… 우리는 알고 있다. '광주'가 있다. 그리고 그곳은 시인의 고향이다. 이 시집에서 시인이 자신의 예술가로서의 정체성을 구하는 곳은 이제 더 이상 올림푸스가 아니다. 그녀는 무등에서 예술교의 승려로서 발원한다.

> 나는 남도의 달.
> 징채쟁이처럼, 어차피, 난,
> 가락과 신명의 혼혈인 걸,
> (……)
> 돌아가 ― 돌아가서 ―
> 내 썩은 오장육부를 징채삼아
> 한바탕 노을을 두들겨보노니
> 붉은 햇덩이는 업과처럼 둥글다가
> 문득 스러지면서
> 가장 진한 남도唱을
> 철천지에 ― 뿌리더라 ―
> ＿「남도창唱」, 『왼손을 위한 협주곡』, 19쪽.

신화적 아버지 아폴론은 이제 완전히 몸을 숨긴다. 그 대신에

이 시집에서 모습을 드러내기 시작하는 것은 '어머니'이다. 그러나, 암시적이게도, 그 어머니는 헤라나 유노가 아니라 시인이 생모이다. 그 변화의 동인은 틀림없이 시인 자신이 목격한 시인의 고향의 고통이다. 그러나, 그것만은 아니다. 김경수가 적절하게 지적하고 있듯이 김승희는 "분만"의 경험을 통하여 의사죽음을 경험한다. 광주의 무참한 사건은 "분만"의 의사죽음에 겹쳐지고, 시인은 이제 죽음과 삶에 대해 철저한 구체적 인식 쪽으로 방향을 바꾸게 된다. 이 시집 전체를 물들이고 있는 기괴한 죽음의 이미지들은 한결같이 끔찍할 정도로 구체적이다. 시인은 자신의 이 '신체', 죽음과 신생의 드라마가 연출되는 살로 된 신전에 대한 각성을 통하여 신화적 아버지와 천왕성에서 구하던 정체성의 근원을 '어머니', 그녀의 "살의 어머니"에게로 옮긴다. "배꼽"은 그곳으로부터 우리가 태어난 '죄의 욕망'의 피할 수 없는 근원이다. 그것과의 연관성은 '현재진행'이다. 즉, 우리는 지금 죽어가고 있는 삶의 존재들이다. 흥미로운 것은 시인이 이 '죽음'에 대한 구체적 인식을 통해서 제1시집의 선민주의를 극복하고 있다는 사실이다. 태양의 딸은 "나만 혼자서" 태양병을 앓고 있다는 인식을 가지고 있었다. 그러나, "배꼽"은, 그곳으로부터 태어나와 똑같이 살다 죽어가는 모든 인간에 대한 동료애를 불러일으킨다.

그대여, 당신이 누구든지 간에, 당신의 배꼽을 버리지만 않았다면은, 나 그대를 열렬히 용서하겠습니다. 봄이 되어 메마른 나뭇가지에서 새싹이 트는 것을 바라보거나 푸드득 — 새들이 날아오르는 것을 볼 때마다 나는 습진처럼 나의 배꼽이 가려워지는 것을 느낍니다. 이제 배꼽은 과거완료가 아니라 언제나 현재진행으로 나의 삶 속에서 움터오르고, 어머니 — 아, 어머니 — 라고 불러보면 바닷가를 울면서 걸어가는 한 여인이 떠오릅니다. 그녀의 슬픔 그녀의 사랑 그녀의 절망을 따라 나의 배꼽은 또 하염없이 시원의 태 속으로 적셔들어가고, 어머니 ― 자비와 저주의 비밀구좌이신 어머니 ― 나의 어머니시여……
　　_「배꼽을 위한 연가 1」, 『왼손을 위한 협주곡』, 74-75쪽.

이 시에서 흥미로운 점은 시인이 자기가 배꼽 줄에 매여 있는 존재라는 의식이 순환적 재생(새싹), 또는 초월(새)과 조화하지 못한다고(가려워지는) 생각하고 있다는 점이다. 배꼽은 그러므로 문드러져 썩어가는 삶, 존재의 육체성에의 결박이다. 인간조건에 관한 이 구체적 인식은 그러나 시인이 감당하기에 편안했던 것 같지는 않다. 제2시집 안에는 제1시집에서 이미 흔적이 보였던 광기가 절정에 이르고, 자살의 충동으로 대표되는 삶과의 불화가 거의 비명과도 같은 시어들의 밑그림을 이루고 있다. 이 시집에 아주 특징적으로 나타나고 있는 빈번한 말바꿈표와 말줄임표의 사용도 결국은 시인의 호흡곤란을 나타내어 보여 주는 것이다.

'자살'은 가장 극적인 존재탈출의 수단이다. 시인은 분만의 경험을 통해 치러냈던 죽음과 신생의 통과제의를 환기함으로써 그 충동을 이겨낸다. 그녀는 자기의 육체가 조상과 후손을 핏줄로 이어주는 유의미한 장소라는 것을 깨닫는다.

　　이제야 생각납니다.
　　기역 ― 니은 ― 디귿! ― 하고
　　어머님께 매를 맞으면서
　　처음 글씨를 배웠던 일이,
　　첫애를 낳을 때의
　　그 무시무시한 고통과
　　현란을 극한 사랑의 고마움이,

번개처럼 일어나

창문을 열어봅니다.

달빛이 初雪[첫눈]처럼 흘러내립니다.

나의 해골을 집어들고

달빛을 한바가지 가득 떠서 마십니다,

고해를 하고 성찬을 받은 것처럼

목숨이 더없이 맑아진 것 같습니다.

_「유서를 쓰며」,『왼손을 위한 협주곡』, 39쪽.

 중요한 것은 시인이 달빛을 자기의 "해골"로 퍼마신다고 이야기하고 있다는 점이다. 결국 그녀는 죽어갈 육체 자체에 의하여 죽음을 극복하고 있는 것이다. '죽음의 내면화'라고 부를 수 있는 운명에 대한 적극적 인식은 시인으로 하여금 '추함'에 대한 소명을 자각하게 만든다. 초기의 아폴론적 달리기는 후기의 시에 이르면 공옥진의 '병신춤'의 쩔뚝거림으로 바뀐다. 그것은 삶의 추함을 적극적으로 껴안으려는 시인의 성숙한 사랑법이다. 페드라는 자기 안의 짐승을 죽인다. 그러나 김승희는 그것과 같이 '논다'. 시인이 아니면 누가 그 일을 감당할 수 있는가.

1991년

양선희, 또는 거리의 부재
_양선희 시집 『일기를 구기다』

적신赤身의 시학

나는 아주 긴 터널을 빠져나온 뒤에 이 글을 쓴다. 이럭저럭, 이렇다 할 고통 없이 공부하고, 그냥저냥 살아왔던 내게 그것은 감당하기 힘든 경험이었다. 나는 생전 처음으로 사회적 억압과 그것이 사회의 구성원들에게 수행되는 과정에서 동원되는 음모의 직접적 희생자가 되었었다.[1] 어쨌든 나는 견디어 냈다. 순간순간의 위기, 절묘한 음모, 그것에 대응하기 위하여 함께 있는 자들 사이에서 생겨나는, 마치 빈속에서 솟아나는 위산과도 같은 불신, 그러나 이윽고 잡히는 물꼬, 철야농성, 새벽…… 내 마음을 어떤 쇠갈고리가 확 할퀴고 지나갔다. 나는, 어떻게 해야 이 갈기갈기 찢긴 나의 마음의 상처를 개인적인 원한 이상의 것으로 띄워 올릴 수 있을 것인지 알지 못한다. 나는 말할 수 없이 곤혹스럽다. 아직 나는 그

---

[1] 1991년 3월, 김문기 씨에 의해 이유도 알지 못한 채 재임용에서 탈락되었다가, 50일 간의 농성 뒤에 재임용 탈락 취소 결정을 받아냈다.

지독한 경험과 그 경험의 후유증으로부터 자유롭지 못하다. 나는 아직 아무것도 전망할 수 없다. 조금 쉬자, 라고 나는 나 자신에게 당부한다. 중요한 것은 '살아가야 할' 삶이다. 그것을 위해서 지금은……

간신히 빠져나온 터널 입구에서 나는 양선희의 시를, 아니다, 양선희를 읽는다. 그것은 마치 몸이 많이 아픈 날 듣는 슈베르트의 현絃처럼 나를 고문한다. 어떨 때, 내 정신이 균형 잡혀 있고 내가 보편에 대한 신뢰를 잃지 않고 있는 어떤 날 오후 설핏한 햇살 아래에서, 슈베르트는 내 안으로 바로 스며든다. 어떤 감미로운 가을 날, 슈베르트를 나는 아예 산다[生]. 그럴 때, 나는 슈베르트를 너무나 잘 이해할 수 있어서, 그의 영혼의 결을 내 것으로 가져버릴 지경이다. 나는 나대신 그렇게 영혼의 아픔을 그려 낼 줄 알았던 천재의 정신을 공유한다. 그러나 어떤 날, 슈베르트는 너무나 힘들다. 그는 내 영혼의 핏줄을 북북 그어댄다. 그때 그의 섬세한 '결핍'에 대한 감각은 너무나 진실해서 내 영혼의 숨겨져 있던 모든 상처들을 들쑤신다. 그것들은 대충 덮여 있던 망각의 피딱지들을 쥐어뜯으며 한 불행한 천재의 전언을 향해 일제히 반응한다. 그렇다, 정말로 잊힌 것은 아무것도 없는 것이다. 진실한 모든 것은, 어떨 때 참으로 마주 대하기 힘들다. 그래서 인간은 이미지들의 보호막을 만들어 내었던 것은 아닐까? 이를테면 란차 델 바스토 Lanza del Vasto가 이렇게 노래했을 때 그는 얼마나 깊이 '맨살 mudité'의 세계의 추악함, 견딜 수 없음을 이해하고 있었던 것일까.

> 모든 사물의 밑바닥에는 한 마리 생선이 헤엄치고 있다.
> 생선이여, 네가 그곳에서 벌거벗은 채 빠져나올까봐 무서워서,
> 나는 나의 이미지들의 외투를 네 몸 위로 던지려고 한다.

> Au fond de chaque chose, un poisson nage.
> Poisson de peur que tu n'en sorte nu,
> Je te jetterai mon manteau d'images.

그 이미지들은 뒤랑Durand이 소위 '완화작용*euphémisation*'이라고 부르는, 운명에 대한 상상력의 한 기본적인 임무 수행을 위임받은 인류학적 소산물이다. 이미지들은 세계에 대한 인간의 간접화된 인식을 실어 나른다. 세계와 이미지 사이의 인식론적 거리는 바로 다름 아닌 '예술행위'의 거리이다. 그 거리 위에서 사람들은 노래하고 춤추고 그림을 그리고 시를 써왔다. 물론 그 거리가 반드시 '도피'의 거리, '비껴가기'의 거리만을 의미하는 것은 아니다. 어떨 때 이미지들은 현실의 사물보다도 훨씬 더 높은 강도의 실재성을 획득하기 때문이다. 그렇더라도 이미지들은 언제나 그것 자신이면서 그것 이상이다. 엄밀한 의미에서 시적 이미지란 거의 언제나 상징인 것이다. 본느푸아Bonnefoy의 표현을 빌자면 그것은 언제나 '이중화*double*'되어 있다.

양선희의 시는 이미지 또는 상징에 대한 반란이다. 그녀의 시 속에 나오는 모든 사물은 그것 이상의 아무것도 아니다. 전봇대는 전봇대이고 똥은 똥이며, 브래지어는 브래지어이다. 물론 그녀의 시가 당대의 구질구질한 삶에 대한 알레고리로 읽힐 수 있다는 사실조차 부정할 수는 없다. 그러나 나는 지금 시인의 근본적인 시 정신을 이야기하고 있는 것이다. 그녀의 시는 시*poème*를 시적 정조 *poésie*와 동일시하면서 '사물을 인지하는 어떤 특별한 방식'이라고 이해하는 서정적 시론에서 너무나 멀리 떨어져 있다. 그녀의 시적 인식은 전혀 사물을 '특별'하게 인식하지 않는다. 그녀는 오히려 일체의 사물로부터 부재의 아우라를 벗겨내기 위하여 시를 쓰고 있는 것처럼 보인다. 그녀의 드라이한 언어는 언제나 행간, 또는 깊이를 읽으려고 하는 나를 당혹스럽게 만든다. 그녀는 내 앞에 벌거벗은 적신의 세계를 들이댄다. 이를테면, 그녀가 그려내는(어쩌면 이 동사조차 양선희의 시적 행위를 지칭하는 데는 적합한 표현이 아닐는지도 모른다. 그녀의 세계는 그려진 세계가 아니라, 드러내어진 세계이다) 세계는 이런 세계이다.

  1
　(심한 생리통을 참으면서) 상경하신 아버지를 모시고 서울의 봄 구경을 나갔다. 덧칠을 새로 끝낸 회색 건물들 사이로 언뜻언뜻 보이는 꽃빛에 반해 마음을 다 주고 있는데, 아버지가 캑캑 기침을 하신다. 택시 창문을 닫아드려도 줄줄 눈물을 흘리신다. 건네 드린 손수건과 물휴지도 무용지물이다. 면역이 생길 만큼 생긴 나는, 아버지 보기가 민망하다. 한참을 망설이고 망설이다 나는, 착용감이 좋아 기분이 상쾌하고 흡수력이 기적적인 생리대 뉴 후리덤을 꺼내서, 아버지의 얼굴을 덮어드렸다. 스타일은 좀 구기지만, 그래도 이것 덕분에 위기를 넘기겠다고, 아버지는 허허 웃으신다. 쥐구멍에라도 들고픈 시간 곁에 서 있는 신호등은 여전히 붉은색이다.
　　　　　　　　　　　　　　　　_양선희, 「노상에서의 휴일」

"올 때가 지나도 오지 않는/제비를 기다리는 우리들 가없는 눈길에/지랄탄을 퍼부으며 지랄하는/병 깊은 이 한세월"을 드러내는 이 젊은 여성의 거침없는 말투를 눈여겨보라. 모처럼 상경하신, 생산비도 못 건지는 농사를 짓는 농부인 듯한(「내 고향 지금은」), 시인이 "해드리고 싶은 게 많은 아버지"와 봄나들이, "지랄탄", 그리고 생리통과 붉은 신호등. 모든 것이 극도의 사실성과 더불어 '보고'되고 있다. 이 세계에 신비는 눈곱만큼도 없다. 이 시가 드러내는 세계는 손톱만큼의 알라바이 의식도 허용하지 않는다. 독자는 꼼짝없이 연대 앞쯤에서 택시를 타고 창문을 내리고 콧물·눈물을 흘려야 한다.

"생리통"은 『여성의 신비』라는 책을 쓴 융 계열의 정신과 의사 에스더 하딩Esther Harding에 따르면, 상당히 역사가 짧은 병이다. 그것은 '월경에 관한 금기들에 의하여 생겨난 모든 관행들이 완전히 거부당하고 있는 현대사회에서' 나타나는 '무의식의 복수'이다. '육체적이거나 정서적인 혼란은 여성의 의식적인 태도와 여성의 본성의 요구 사이에 갈등이 있다는 것'을 나타낸다. 하딩의 진단에 따르면, 생리통은 고대사회의 월경에 대한 금기들의 진정한 교훈, 즉 생리 기간 동안 여성을 집단으로부터 추방함으로써 그녀로 하여금 '엄격한 며칠 동안의 고독 속에서 자기의 내부에 숨어 있는 본능적인 힘들에 보다 가까이 접근할 수 있게' 하려는 배려를 무시한 결과에서 생겨난, 분명히 심리적 근원을 가진 일종의 현대병이라는 것이다. 양선희의 시에 등장하는 "생리통"을, 여성이 자신의 진정한 자아와 접촉할 수 없음으로 말미암아 생긴 일종의 노이로제 증상이라고 하딩을 그대로 베껴 진단할 수는 없다 하더라도, 그녀의 의견은 이 시를 이해하는 데 결정적인 힌트를 제공한다. 양선희의 생리통은 명백히 자신의, 또는 시대의 불모성 — 양선희 자신의 불모성에 대한 의식에 대해서는 뒤에 다시 다루게 될 것이다 — 과 그 자각이 불러내는 수치심에 연관되어 있다. 최루탄과 생리대는 "쥐구멍에라도 들고픈" 시인의 감정을 매개로 연결되어 있는 것이다. 그 부끄러움은 신호등의 "붉은색"으로 한 번 더 구체화된다. 붉은 신호등은 일단 "갈 수 없음"("갈 수 없음"에 대한 양선희의 절망은 시집 전체에서 여러 차례 확인된다)을 의미하는 사회적 랑그 또는 시그널이지만, 그 붉은빛은 실은 더욱더 내밀한 흔적이다. '불모성'과 연관되는 양선희의 생리통은 그러므로 엉망이 된 "봄 구경", "덧칠"해 보았자 "여전히" "회색"의 도시의 "건물들 사이로 언뜻언뜻 보이는 꽃빛"의 좌절과 무관하지 않다. 그녀의 자아는 지금 그녀가 되고 싶어 하는 자아, 그녀가 그토록 기다리는, "우편 주문한 남쪽의 봄"(「원인불명」)의 자아가 아닌 것이다.

 양선희는 거침없이 세계를 벗겨 보인다. 그런데 그녀는 세계를 벗기면서 자기도 벗는다. 세계는 신비롭지 않다. 시인도 신비롭지 않다. 이시스Isis는 지금 사람들이 수천 년 동안 그녀에게 뒤집어씌워 놓은 베일을 스스로 벗고 있는 중이다. 양선희는 란차 델 바스토의 외투를 박박 찢는다. 그녀에게서는 눈을 씻고 보아도 사뭇 여성적인 태깔을 부리는 여류 특유의 습성은 흔적도 없다. 그 점에 관한 한 최승자도 두 손을 들어야 할 판이다.

  나는
  차갑게 연탄 개스 깔린 골목에서
  엉덩이를 까고
  오랫동안 방뇨한다
          _「집으로 가는 길은 급경사다」

 이런 시를 읽는 것은 분명히 고통이다. 그러나, 나는 견딘다. 어떤 영화였던가, 다 무너져가는 피아니스트 일가의 가출한 아들로 분한 잭 니콜슨이 소리를 질러댔었다. "그래, 진지함이 뭐요, 그게 당신을 구원한단 말이요?" 그 대사를 나는 양선희 위에 겹쳐 읽는다. "전세보증금 독촉을 받"고, "100장 이상" 연탄 주문도 못하고, "친구들(……)[이] 명태두름처럼 차에 실려가"고, "아직은 법이 멀고 주먹이 가까우니까/말 안 듣는 놈 있으면 무조건 먼저 때려 눕히고/좆나게 도망"치라고 가르치는 세상에서 무슨 폼을 잡는단 말인가. 벗겨도 벗겨도, 벗어도 벗어도 양선희의 눈에 진실은 너무나 멀리 있다. 세상은 누군가에 의해 완강히 가려져 있는 것이다.

> 누가 반쯤 가린 세상을 보려고 나는
> 창을 닦기도 하고
> 일간지와 주간지와 월간지와 계간지를
> 정기구독해서 숙독하기도 하고
> 라디오와 텔레비전 뉴스를 경청하기도 하고
> _「하염없이」

그녀는 "처진 걸음으로 돌아와 다시 [그녀] 몫의 죄를 끌고/이 골목 저 골목 다니"며 세상을 벗겨보려고 애쓰지만, 세상이 뒤집어쓴 때는 너무나 두껍다.

> 어둠의 중심에게 떠밀려난 아침이
> 아침이기 위하여 온몸을 닦고 있다.
> 그러나 한겹씩 벗겨지는 살 밑에서
> 해는 아직 우습단다.
> _「해는 아직 우습단다」

세계의 허위성을 드러내기 위해서 양선희는 벌거벗고 나선다. 글쎄, 똥을 치우는 데 이브닝 드레스를 떨쳐입을 수는 없지 않은가.

> 폭설은 그치지 않는다.
> 일본에서
> 대만에서
> 홍콩에서
> 싱가폴에서

폭죽을 터트리며 사람들은
눈구경을 온다.

그들을 위하여
이 땅의 꽃다운 남녀 몇 쌍은
일당만큼
퍽퍽퍽퍼억퍽
웃음을 터트리며
유리창 밖에서
산성눈에 젖으며 눈싸움을 하고
눈뭉치를 겨우 피한 집들은
쌓이는 눈의 무게를 못 이기고
폭삭폭삭 내려앉는다.

붉은 가죽장갑을 낀 그들이
눈사람을 만들던 길
모퉁이를 돌아가다 나는 그만
눈 속에 묻힌 누런 똥을 밟고 나자빠져
똥칠갑을 한다, 온몸에.
　　　　　　　　　「모퉁이를 돌 때 조심하라」

　눈은 세상에서 제일 깨끗한 것 중의 하나라고 여겨지는 사물이다. 그것이 세상의 온갖 것을 '덮는' 환상의 기능을 가지고 있음을 주목하자. '눈'을 '돈'으로 바꾸기만 하면, 이 시가 무엇을 의미하는가는 대번에 드러난다. '돈' 구경하러 사방에서 오랑캐들이 쳐들어오고, 그리고 그 바람에 놀아나는 선남선녀들의 등쌀에 애매하게 어떤 삶들은 망가진다. '돈'을 주물럭대는 손들을 조심해야 한다.

그들은 '붉은 장갑'을 끼고 있다. 그 '붉은 장갑'은 초등학교 때 늘 상 '붉은 손'으로 우리가 묘사하던 어떤 무시무시한 '오열'들을 환기시킨다. 게다가 가죽장갑은 언제나 폭력의 전문가들이 애용하는 소품이 아닌가. '돈'의 환상 밑에는 똥이 숨겨져 있다. "모퉁이"를 조심하라. GNP 5000불의 모퉁이? '세계는 서울로'의 88슬로건의 '선진국 도약' 이데올로기의 모퉁이?

2. 가짜의 생 — 억압과 음모

세계로부터 가짜 신비의 옷을 벗겨내려는 양선희의 시도는, 그러나, 세계의 숨통을 조이고 있는 힘센 자들의 음모 앞에서 무력하다. 그것에 대한 뼈저린 각성이 그녀를 시인이 되게 한다. 그녀는 그 "세월의 머리채를 잡아끄는 시커먼 손의 임자"(「그해 봄의 잡기장」), 시인으로 하여금 원하지 않는 가짜의 생을 살게 만드는 세력을 '제국주의자'라고 부른다.

> 그는 나를 골라
> 어린 가지들은 휘고 비틀어
> 굵은 철사로 칭칭 감고
> 제 마음에 안 드는 억센 가지들
> 무성한 잔뿌리는
> 싹둑싹둑 잘라내고
> 더 이상은 헛뿌리도 뻗을 수 없는 곳에
> 옮겨 심는다.
> (……)
> 오, 나는

접목된 나의 꿈을

꽃 피우고

열매 맺는다.

내 뜻과는 다른 방향으로 나를 키우는 그를

나는 제국주의자라 부른다.

　　　　　　　　　_「나는 그를 제국주의자라 부른다」

그 무치無恥한 자들은 권력과 금력을 등에 업고 온갖 이익을 다 챙긴다. 5공 시절의 최고의 걸작 코미디였던 '평화의 댐' 성금 모금을 주제로 택한 시에 「악성빈혈」이라는 제목을 붙임으로써 양선희는 그 세력이 "흡혈귀"임을 넌지시 알린다. 그 세력은 방송을 장악하고 거짓 신화를 홍보한다. 가장 흉악한 짓거리는 가장 멋진 언어의 가면을 쓴다.

자유의 손길로 평화의 댐을 쌓는데 동참하시고 싶으신 시민 여러분께서는 제1부, 2부에서와 마찬가지로 이곳 케이비에스 본관 제5스튜디오로 직접 오시든가 (……) 시민 여러분의 계속되는 성원을 바랍니다.

보건사회부 고시가격

12,220원을 주고 수혈받는

우리 삶의 누르탱탱한 몸에

채혈 바늘을 갖다 꽂는

이 막무가내의 힘.

　　　　　　　　　　　_「악성빈혈」

그 이시스의 가짜 베일을 찢어버리기 위해 시인이 택한 우상 파괴적 언어들은 사전심의에 걸려 방송되지 못한다(「빌어먹을」). 권력층의 신화 조작에 대해(방송 스크립터답게) 양선희는 민감하다. '밤을 잊은 그대에게' 류의 당의정 같은 가짜 언어를 밥벌이를 위해 써내야 한다는 것은 얼마나 끔찍한 일일까. 아마도 양선희의 시어들은 그 때문에 더욱더 과격하고 직설적인 경향을 가지게 된 것은 아닐까.

> 生
> 老
> 病
> 死
> 중에서 生만
> 生의
> 喜
> 怒
> 哀
> 樂
> 중에서 喜와 樂의
> 클라이맥스만
> 기일게 편집해서
> 유치원생
> 국민학생
> 중학생
> 주부
> 할머니
> 할아버지에게

공짜로

공짜로

_「케이비에스 견학홀」

  생로병사와 희로애락을 수직으로 배치한 시인의 의도를 우리는 읽을 수 있어야 한다. 그것은 수직적인 관료 사회의 경직된 사고방식을 희화하고 있다. 빈민들에게 매스컴은 가짜 신화를 "공짜로" 분배한다. 휘황한 쇼의 눈속임 아래에서 호박은 황금마차로 둔갑한다. 그것은 "공짜"가 아니다. 그것은 진실의 상실이라는 대가를 요구한다. 호박이 호박인 것을 아는 자는 매스컴이 분배하는 가짜 언어들에게 우리의 진실이 저당 잡혀 있다는 것을, 그리고 그 언어 조작이 앙리 르페브르가 『현대세계의 일상성』에서 '소비 관료사회의 소비 조작 이데올로기'라고 부르고 있는, 인간을 로봇화하는 가짜 신화의 분배와 관계되어 있다는 것을 알고 있다. 시인은,

보려고 애쓰지 않아도
두 눈이 다 아프다.
들으려 애쓰지 않아도
두 귀가 다 아프다.

_「진술서」

  이 가짜의 삶 속에서도 시인은, 본질을 감지한다. 그녀가 '아픈' 것은 포기할 수 없는 본래의 삶 때문이다.

해삼을 한 점 씹을 때마다
이빨 사이에서 고통스러운 바다.

_「나의 가롯 유다」

가짜 언어에 의한 가짜 신화의 분배라는 주제는 다음 시에서 가장 극명하게 표현된다.

하하하하. 호호호.
호호호호. 하하하.
웃으면 복이 와요.
웃어요.
그가 밥그릇을 깨든 말든.
(……)
자, 나를 따라 웃어요.
(……)
웃어요. 돈 한 푼 들지 않으니까.
웃어. 웃으라니까. 웃어. 안 웃어?
이 병신이! 죽고 싶냐?
_「그는 나를 훈련시킨다」

대형大兄은 웃으라고 어른다. 세상이 폭력 아래에서 신음을 하든 말든, 네가 상관할 바가 아니다. 시키는 대로만 해, 라고 그는 어른다. 그 말을 안 들었다간 '죽는다'. '그'가 시키는 대로 낄낄 웃으며, 현대인은 '훈련 된다'. 시인은 "그"에게 "두 발로 꾹꾹" 짓밟히고, "사정없이 패"이고 (「삶이 나를 사랑하사」), "텁석/텁석/" 물어뜯긴다(「집으로 가는 길은 급경사다」). 그래도 시인은 완강히 호박은 호박이라고 말한다. 그녀는 시키는 대로 웃지 않고, "어둠에 만취해 자는 것들 깨워" 주려고 "운다". "뜻대로 울지도 못하게" 하지만, 그녀는 흑흑 운다(「울고 싶어라」). 이 빈민가의 풍경 스케치도 그 울음소리 중의 하나이다.

    고압선 밑에 살던 나는 어이없게 자주도 단전되는 전등 스위치를 내리고 또 단수인 수도꼭지를 새삼 내려다보고 하다가 하루는. 아, 반했습니다. 빈 물통을 가득 채우며 아른아른 넘치는 봄. 그래서 나갔습지요, 어슬렁 어슬렁. 택지의 금에 접혀 잠든 비탈을 내려왔습지요.

    서울신문절대사절. 이사갔음. 침식제공선불됨. 수술않고먹는약. 남성에게희소식. 사교댄스개인교습. 컴퓨터중대초혼재혼가. 성인만화심야비디오. 직접즐길수있는스트립쇼. 신장개업전당포. 운명감정이천원. 주야대기장의사. 무엇이든용역. 비밀보장. 대세는

    기울어진 전봇대. 오지 않는 청소차를 기다리지 않는 연탄재의 바리케이드. 불편을 드려 대단히 죄송한 일을 방치한 하수도 복개 공사장. 간밤에 - 家의 生을 압살시킨 축대.
ㅡ「흑석동 환상곡」

단전·단수 상황, 희망 없는 사각지대. 그곳에도 봄은 온다. 그러나 봄맞이하러 나온 시인의 눈에 붙잡힌 것은 기울어진 전봇대에 다닥다닥 붙어있는 조잡한 선전물들이다. 빈민의 삶에 또다시 기생하는 거머리들. 시인은 그것을 그대로 나열한다. 겉보기에 단순한 벽보 콜라주인 듯한 둘째 연은 실은 "기울어진"에서부터 명백히 다른 차이를 드러낸다. 띄어쓰기를 무시한 앞부분은 순수한 콜라주다. 시인은 일체의 판단을 유보한 채 빠르게 광고물들을 나열한다. "기울어진"에서부터 그러나 시인은 "울기" 시작한다. 그

녀는 "청소차"는 오지도 않고, 그리고 "연탄재"들은 오지 않는 청소차를 기다리지도 않는다고 "기울어진" "대세"를 알린다. 이 우울한 진단은 셋째 연에서 "난청"의 상황으로 이어진다. 사람들은 죄 "안" 듣거나 "못" 듣는 것이다.

그러나 양선희는 울기를 그치지 않는다. "이곳"이 "보고 싶은 너에게 보내는 전파를/찌지직찍찍찌이이/방해하고/가로채"(「느닷없이 이런 일이」)도 그녀는, "봄", "제비", "이곳과는 다른 세상", "너", "꽃", "새"를 "기다린다". 아무런 희망이 없어 보이는 달동네에서도 그녀는 그리워하는 소명을 잊지 않는다. 그 그리움이 얼마나 절절한지, "터져 흐르는 [그녀의] 그리움은/지혈제가 소용 안 닿는다"(「다 내 탓이다」). 그 그리움은 양선희로 하여금 "오는" 봄, 너, 새, 꽃을 찾아 나서게 한다. 그녀는 "오는" 곳을 향해 "간다". 김진석은 통일의 '옴'을 분석하면서 '옴', '도래함'의 형이상학적 의미를 짚어낸다.

> 온다는 것, 도래함은 형이상학적으로 항상 끝/목적/완성의 술어이다. 아무것이나 오는 것이 아니라, 목적으로서의 끝telos만이 진정한 의미에서 도래할 수 있다.
> _김진석, 「탈통일과 욕망의 정치경제학」, 『문학과 사회』, 1991년 봄호, 107쪽.

이어서 그는,

> "온다"는 것은 다만 온다는 운동만을 포함하고 있는 것이 아니라, 화자가 청자에 가까이 가는 "간다"까지 포함하고 있기 때문에 그러한 목적/완성/끝의 옴을 가능하게 한다는 것이다.
> _위의 책, 112쪽.

라고 덧붙임으로써 "오는" 것의 완결성은 "가는" 것의 운동성과 결합됨으로써 진정한 합일의 의미로 화한다고 말한다. 양선희는 그 "오는" 것을 수동적으로 기다리는 것이 아니라 "다리가 짓무르도록"(「하염없이」) 찾아다닌다. 그녀의 시 속에 "길"이 자주 등장하는 것은 그러므로 너무나 당연하다. 그러나 "길"들은 얼마나 자주 절망하는지.

  텅 비어
  귀가 되어
  시동을 걸고 기다려도
  나를 향해 걸어오는
  반가운 아무 기척은 들리지 않고
  미끄러운 길들은 저희끼리
  쫘당, 퍽, 쫘당, 퍽
  넘어져 불구가 되고
            _「느닷없이 이런 일이」

3. 처녀귀신 콤플렉스? ― 삶에 대한 애정으로서의 독기毒氣

 "가는" 일의 여의치 않음은 시인의 가슴에 "멍"을 남긴다. 그러나 그 "멍"은 양선희 시의 가장 독특한 미학인 "독기"의 여운으로 말미암아 새로운 의미를 지닌다. 그 "멍"은 우리가 앞서 살펴본 바와 같이 손톱만큼의 알라바이 의식도 스스로에게 허용하지 않는 한 당찬 젊은 여인의 독한 세상 감당하기의 결과로 생겨난 것이기 때문이다. 이렇게 말하는 것이 허용된다면, 양선희는 맷집이 좋은 여인네이다.

암만 때려도 그녀는 꼼짝없이 맞는다. 이를테면, 정작 어퍼컷으로 때려 엎어야 하는 것들에게 제대로 한 번 펀치도 날려보지 못하고 그 주위를 "빙글빙글" 돌다가 제풀에 엎어져도 그녀는 꿈쩍도 않고 혼자서 그 뒷감당을 다 해내는 것이다.

> 무엇 하나 관통하지 못하고
> 구부러지는 햇살을 빙글
> 지구의나 돌리는 나를 빙글
> 빙글글글빙글글
> 빙글글글글글글
> 빙그르르르르르
> 돌다 엎어지는 내 위로
> 수억 톤의 비애를 실은 열차가
> 느릿느릿 지나간다.
>
> 　　　　　　　　　　　_「빙글빙글」

지나가도 "느릿느릿" 지나간다. 왜냐하면, 양선희의 모성적인 세상 껴안기는 조금도 잔재주를 피우지 않는 미욱스러운 사랑이기 때문이다. 세상이 아무리 "꾹꾹" 눌러도 그녀는 다 감당한다(「삶이 나를 사랑하사」). "가시처럼 몸에 와 박히는 비를 맞"는 그녀의 "구두발에 채인 돌부리들은/멍멍멍. 머. 엉. 이. 든. 다"(「빌어먹을」). 그러나 그 "멍"이 그녀 가슴의 멍인 것을 누가 모르겠는가. 그 얻어맞은 푸른 멍이 삶을 너무나 꼭 껴안는 자의 표지인 것을 이제 우리는 보게 될 것이다.

양선희의 시 속에는 어떤 한恨, 이승에서의 불모의 삶에 대한 처녀귀신의 억울함 같은 어떤 독특한 분위기가 있다.

> 네가 제 명에 못 죽어
> 영계구이 영계찜 영계백숙이 되더라도
> 　　　　　　　　　　　　　_「울고 싶어라」

> 즐겁지 않은 나는
> 밤 내내 하혈을 하고
> 이 여름을 빨아올린 하늘은
> 내가 터트리지 못한 양수처럼 터진다.
> 　　　　　　　　　　　　　_「즐겁지 않다」

"너"에게 가 화해로운 만남에 이르지 못한 유산된 언어들은 이런 충격적인 표현을 만들어낸다.

> 숨. 숨. 미칠 듯이. 미. 칠. 듯. 이.
> 귀에 담았던 소리들은 뜨뜻해져서
> 내 골수를 꽁무니에 달고 흘러 빠진다.
> 　　　　　　　　　　　　　_「서울야경」

그녀는 참으로 민감하건만, 도대체 님은 오지 않아서, 그녀는 딱딱하게 굳어간다. 그래서 그녀의 마음은 한으로 "사무친다".

> 어딜 갔는가 그대
> 휘발되는 한숨으로 가득찬
> 이 지상에 나를 두고
> 어딜 갔는가 그대

> 누가 나를 툭 치기라도 하면
> 금세 나는 악기처럼 울릴텐데
> 어딜 갔는가 그대
> **뼈** 속에 쌓이는 녹슨 기氣는
> 혈관을 굳히는데
> 어딜 갔는가 그대
>
> 　　　　　　　　　_「사무쳐서」

말하자면, 그렇다, 타락한 우리의 삶 전체가 생산하지 못하는 여성의 불임의 상황, 또는 유산의 상황과 같지 않은가. 황무지. 그래서 양선희는 "그럼에도 불구하고" 기어이 오고 말 "봄"을 아기를 가진 여성의 "헛구역질"로 표현한다.

> 　　1
> 산파도 없이 이리저리 몸을 틀어
> 이 나라의 숲도
> 그러나 여러 마리 새를 낳는다.
> 새들이 실로폰처럼 공기를 두드리고 다니는
> 이 나라의 봄도
> 그러나 헛구역질 소리 가득하다.
> (……)
> 라일락꽃은
> 담 안에서도
> 담 밖에서도
> 살기 품어 향기롭다.

<

　　　2

　　살거나

　　죽으려면

　　지금부터라도

　　제 빛깔의 독을 품어야 하는데

　　　　　　　　　　_「그럼에도 불구하고」

　흥미로운 것은 "봄"의 생산력 회복이 "살기殺氣"와 "독毒"과 함께 환기되고 있다는 점이다. "살거나 죽으려면", 즉, 어떤 확실한 삶을 가지려면, "제 빛깔의 독"을 가져야 한다고 시인은 말한다. 그 제 빛깔은 바로 "회색 건물들 사이로 언뜻언뜻 보이는 꽃빛"(「노상에서의 휴일」)이며, "우거지국에 말은 밥에 내 얼굴도 말아먹"(「나는 휘파람을 분다」)을 때, "우거지"처럼 느껴지는 내 얼굴의 반의어이다. 그러면 그 "독"은 이 우중충한 도시의 타락한 일상에서 탈출하기 위한 역동적 에너지이다. 처녀귀신의 "독기"는 이승에서의 불모의 삶을 교정하기 위해서만 발휘되는 것이다. 그것은,

　　내 하루는 늙은 위안부의 가슴처럼

　　늘

　　어

　　지

　　고.

　　　　　　　　　　_「나의 가롯 유다」

　의 방향을 뒤집는다. 일상에서 탈출하기 위하여 양선희는 이제 "울지" 않고 아주 날카롭게 "휘파람을 분다". 그대들은 우리를 "물

먹였다"고 생각하지만, 우리 내부의 또는 본래의 뾰족한 "독기"를 잊지 마시기를.

> 뿔 있는 소는 물 먹는다.
> (……)
> 정육점에서는
> 근육주사를 통해 주입하는 물을 먹고
> 뿔 있는 소는 물 먹는다.
> 살아서도 물 먹고
> 오, 죽어서도 물 먹는다.
> 　　　　　　　　　　　_「뿔 있는 소는 물 먹는다」

얻어맞은 푸른 멍은 이제 열심히 "독"을 품고 사느라 생긴 멍으로 바뀐다. 보라, 암만 쥐어박아도 소용없다. 우리는 "쾌주해 오는 어둠의 한 귀퉁이에서 [마저]/연하게 [나는] 꽃냄새"(「지하철 역에서」)를 맡을 줄 아는 자들인 것이다.

> 제 몸에 피멍이 들면서도 바람은
> 제 몸을 납작하게 밟히우면서도 눈은
> 음악소리를 내고
> 억눌리고
> 내몰리고
> 나둥그라지면서도
> 누군가가 꾸는 꿈으로 인하여
> 밤의 딱딱한 벽은
> 조금씩 부드러워지고
> 어제 저녁에도 강은

제 유토피아를 찾아 기었는지
전신이 새파랗다.

_「무언극」

  양선희는, 가짜 언어의 덫에 걸리지 않기 위하여 일체의 허구를 거절한다. 그녀는 철저하게 사실적인 언어로, 세계로부터 한 발자국도 떨어지지 않은, 벌거벗은 세계를 드러낸다. 구질구질한 일상, "이곳 지금", 그것이 그녀의 유일한 시의 장소이다. 그러나, 그 선택은, "그곳"으로 가지 않기 위해서거나, 또는 "이곳"에서의 삶이 의미 있는 유일한 것이라고 생각해서가 아니다. 사실은, 정말 그녀의 소원은 일상을 버리는 것이다. 그러나 이곳을 정말 있는 그대로 사랑하지 않고 어떻게 그곳으로 간단 말인가. 또는, 이곳의 아픔에 대한 철저한 "살기" 없이 어떻게 그곳으로 건너뛸 수 있는가.

  이제 우리는 이 시집의 맨 첫 번째 시에 대한 이야기를 할 수 있다. 사실, 이 시는 시집 맨 끝에 배치되어야 마땅하다. 우리는 양선희의 "일기를 [구긴다]", 일기를 다 읽은 뒤이므로. 일기는 다시 쓰일 것이다. 다 쓴 뒤에 또다시 구겨지기 위해서.

1991년

살의 말, 말의 살 또는 여자 찾기
_오규원의 시 읽기 또는 오규원의 부재 읽기

1. 아이러니, 방법으로서의 기교

시인 오규원에게는 언제나 '기교주의자'라는 꼬리표가 따라다닌다. 그것은 어느 정도는 초기 시집에서부터 '기교'라는 용어를 계속 사용해 온 시인 자신의 책임이기도 하다. 특유의 뒤틀기 수법, 언어유희, 지적으로 잘 조작되어 있는 연출. 그의 시에 드러나 있는 표면적 특성들은, 아무런 망설임도 없이 용어의 모든 의미에서 그를 '기교주의자'라고 부르게 한다.

그러나 그가 사용하는 '기교'라는 용어의 의미는 매우 애매하며, 경우에 따라서는 자의적으로 확산된다. 그것은 때로 단순히 '방법'의 동의어인가 하면, 때로는 '요령'이기도 하고, 공허한 '일상적 되풀이'이기도 하다. 이 오규원적 '기교'의 다의성은, 실은 기교의 효율성이 아니라 비효율성을 내포하고 있다. 그것은 그것이 대단한 의미를 가지고 있지 않다는 것을 드러내기 위해서만 시인에 의하여 사용된다. 오규원은 '즐거이' 기교주의자가 된 것이 아니다. 그는 선택의 여지가 없다고 판단한 것뿐이다. 말하자면, '기교나 부릴 수밖에' 없는 시대에 우리가 살고 있다고 시인은 느끼고 있는 것이다. 그러므로 그의 기교주의는 시적인 막다른 골목에 대한 인식이다. 그것은 희망의 어법이 아니라, 절망의 어법이다. 오규원의 기교는 시의 '패배'에 대한 명확한 인식에서 출발하고 있는 것이다.

> 이 슬픔밭에 슬픔 심기, 이 슬픔밭에
> 슬픔씨는 잘 자라서
> 나는 **슬픔**의 **기교**가 되지만
> 떠들지 마라. 이것의 나의 패배임을
> **너의 패배가 아닌 나의 패배**임을
> 내가 왜 모르랴.
> _오규원, 「콩밭에 콩심기」, Ⅰ[1], 96.

근사하지 않은 생의 밭에 똑같이 근사하지 않은 생 심기, 그것이 오규원의 시, 오규원의 기교다. 시에 관하여 그는 아무런 환상도 가지고 있지 않다.

오규원의 시적 태도의 가장 커다란 원칙은, 우선 표면적으로는 바로 이 냉소적 거리두기이다. 김용직이 주목하고 있는 그의 해사解辭적 어법이나 많은 평자들에 의하여 지적되어 온 위트와 유머, 김현이 '부정의 시학'이라고 명명하고 있는 바꿔치기 수법 등의 시적 기교들의 근본적 정신은 김주연의 지적처럼 '아이러니'이다. 흔

---

1 이하 약호
Ⅰ : 『사랑의 기교』, 민음사, 1975).
Ⅱ : 『왕자王子가 아닌 한 아이에게』(문학과지성사, 1978).
Ⅲ : 『이 땅에 씌어지는 서정시』(문학과지성사, 1981).
Ⅳ : 『가끔은 주목받는 생이고 싶다』(문학과지성사, 1987).
Ⅴ : 『사랑의 감옥』(문학과지성사, 1991).

히 ''역설'이라는 뜻으로 잘못 받아들여지는 이 단어는 사실 우리말의 '빈정거림', '비꼬기' 또는 '야유'에 가장 가깝다. 오규원의 '비꼬기'의 재능은 초기 시들보다는 산업사회의 물신풍조를 비판하는 중기 시편에서 특히 빛을 발한다. 그의 아이러니는 깨어 있는 의식, 다중多衆의 몰주체의 덩어리에 함몰되기를 거절하는 주체의 날카로운 저항의식을 드러낸다.

한 권의 저작을 온통 '아이러니'의 연구에 바치고 있는 얀켈레비치Jankélevitch에 따르면, 예술적 아이러니는 예술과 우스꽝스러움*le comique*의 중간쯤에 있다. 그것은 "정말로 예술적이 되기에는 너무나 도덕적이며, 정말로 우스꽝스러워지기에는 너무나 잔인하다". 그러나 예술과 아이러니와 우스꽝스러움은 하나의 특징에 의하여 한데 묶인다. "예술과 우스꽝스러움과 아이러니는 '삶의 긴박함'이 느슨해질 때 가능해진다." 그러나 아이러니스트와 웃는 사람은 대상에 대한 자유의 정도에 따라 구별된다. 아이러니스트는 대상을 두려워하지 않는다.

그러나 아이러니스트는 웃는 사람보다도 더 자유롭다. 왜냐하면 웃는 사람은 종종 다만 울지 않기 위해서만 서둘러 웃기 때문이다. 마치 용기를 내기 위해서 깊은 어둠에게 시끌벅적하게 호통을 쳐대는 저 겁쟁이들처럼 말이다. 그들은 위험을 명명함으로써만 위험을 방지할 수 있다고 생각하는 것이다. 그들은 위험에게 선수치기를 희망하면서 기운을 낸다. 그러나 느닷없는 습격을 겁내지 않는 아이러니는 위험과 함께 '논다'. 이번에 위험은 우리 안에 갇혀 있는 셈이다. 아이러니는 그것을 보러 간다. 그것은 위험을 모방하고 그것을 도발하며, 그것을 우스꽝스럽게 만들어 버리고, 그리고 그것을 재창조하기 위해서 그것을 유지시킨다.[2]

---

2   V. Jankélevitch, *L'Ironie*, Flamarion, 1983, p. 9.

창살 안에 갇혀 있는 위험의 조련은 그러나 때로 대단히 비극적인 결과를 가져온다. 동물은 약올리는 조련사를 물어뜯는다. 얀켈레비치에 의하면, 소크라테스는 그의 아이러니 때문에 죽었다. 그것이 '구닥다리 의식에게 테러를 가하는' 비극적 아이러니스트들의 운명이다. 그것은 어쩌다 운 나쁘게 생겨난 결과가 아니다. 처음부터 아이러니스트는 가장 최악의 결과를 예상하고 덤비는 것이다. 아이러니스트는 놀이의 환희(그 환희의 궁극은 위험한 대상의 완전한 극복, 즉 자유이다. 프루동은 생트 펠라지 감옥에서 "아이러니, 진정한 자유"라고 외친다)를 위하여 존재의 안전을 저당잡힌다.

오규원은 소크라테스처럼 혁명적 아이러니스트는 아니지만, 그러나 그는 아이러니스트로서의 자신의 존재가 결코 안전하지 않다는 것을 너무나 잘 알고 있다. 그의 아이러니는 마치 부메랑처럼 자기 자신에게 되돌아온다. 아이러니를 사용하는 주체는 '두 겹으로 위험하다'[3]. 오규원이라는 반성적 아이러니스트는 대상을 비꼬고, 대상을 비꼬고 있는 자기 자신도 비꼰다. 그는 자기 자신이라고 해서 그 비꼼의 공격에서 면제해 주지 않는다. 그는 자기 자신에게마저 그의 아이러니 작전의 일종의 암호 역할을 하고 있는 "안녕"(왜냐하면 안녕하지 않은데도 너무나 안녕하므로)이라는 빈정거리는 인사말을 던진다(Ⅲ, 71).

그러나 속아서는 안 된다. 오규원이 자신마저 희생자로 끌어넣는 이 아이러니라는 흙탕물 튀기기 놀이는 그것 자체가 목표가 아니다. 진짜 오규원은 거기에 없다. 그는 정말 그 놀이에 열중하고 있는 것처럼 보이지만, 그러나 정작 그의 진정한 관심사는 다른 데에 있다. "내가 무슨 충신이라고"(Ⅲ, 16) 말하며 자조적으로 일상

---

[3] Jankélevitch, 위의 책, p. 29.

의 왜소한 안녕 속에 머무는 오규원은 사실은 "등기되지 않은 현실"의 충신이다. 그는 '착각'하는 충신일까? 그러나 우리는 '사랑'의 이름으로 착각한다. '러브 카페'는 사실의 길이 아니라 진실의 길 위에 있다. 오규원은 그 길 위에서 기교를, 방법을 포기한다.

    사랑에는 길만 있고
    법은 없네

_「무법無法」, Ⅳ, 51.

  오규원의 '기교'는 '기교'의 한계를 드러내기 위한 방법적 전략에 불과하다. **아이러니는 건질 수 있는 것만 건진다.** 속물들은 아이러니의 그물을 빠져 나가지 못한다. 그러나 진실에게 아이러니는 독약이 아니다. 진짜 오규원은 그 아이러니의 그물을 빠져 나온 것들 속에, 아이러니의 독화살을 맞고도 살아남은 것들 속에 있다. 그러므로 오규원을 잘 읽기 위해서는 어느 정도는 그를 배반해야 한다. 계산된 아이러니와 그 연출의 효과에 만족해서는 안 된다. 그러므로 그의 기교주의가 "50원어치 커피나 한잔"(Ⅱ, 16)하자고 권할 때, 나는 그 초대에 응하지 않는다. 대신 나는 오규원의 기교라는 코스튬의 안주머니를 뒤진다. 내가 찾는 것은 숨겨 놓은 여권, 그가「양평동」연작에서 힘주어 강조하는 "환상의 나라" "유리의 벽壁, 보이지만 닿지 않는 세계"(Ⅱ, 29)로 가는 비행기 표, 그리고 비밀 약속이 적힌 "러브 카페의 쪽지" 등이다.

2. 길에서 길로

  시인의 시선은 언제나 결국은 기교를 무의미하게 만드는 외양의 저 너머로 향해 있다. 그 세계에 대한 모색은 초기 시집에서 후기 시집에 이르기까지 일관성 있게 계속된다. 초기 시에서는 어느 정도 관념적이지만, 후기 시에 올수록 생생한 구체성을 띠게 된다는 차이점은 있지만, 그 추구의 근본적인 색채는 조금도 바뀌지 않는다. 지면이 허락한다면 꼼꼼하게 분석해보고 싶은 장시 「金씨의 마을」(Ⅰ, 47-68)에는 이미 훗날의 오규원 시세계의 싹이 모두 들어 있다. 왜곡된 풍경, "여자"로 상징되는 반제도적인 가치들, "탈출"의 주제, "안" 또는 "아래"의 동사적 도식, 그리고 "사이"와 "흔들림"의 방식에 결합되어 있는 "병"으로 인지되는 시적 열정.

오규원이 이 시에서 시인 이상李箱의 삶을 빌려 찾고 있는 것은 다름 아닌 환상의 가치, 그리고 그것의 시적 재현이다. 오규원은 그의 냉소적 지성주의에도 불구하고, 짐작과는 달리, 이 나라의 존재에 대하여 담담히, 있다라고 믿고 있다. 그것은 어떤 경우에도 종교적 열반이거나 또는 사회학적 유토피아가 아니다. 그것은 다만, 오로지, 시의, 언어의 나라일 뿐이다. 그가, 그게 있다, 믿어라라고 설파하거나, 동지를 규합해서 그 나라를 건설하려고 깃발을 흔들지 않는 것은 그 때문이다.

　　보물섬의 **있음**— 오, 순수한 모순이여.
　　　　　　　　　　　　　　　　_「환상수첩 · 1」, Ⅱ, 25.

　　사랑이란……줄무늬가 있고 층계가 있다. **층계 밑은 사랑이란……어딘가 있다**는 은유이다.
　　　　　　　　　　　　　　　　_「명동明洞 3」, Ⅴ, 37.

이 나라에 관해 이야기할 때, 오규원의 어조는 돌연 소박해지고 생기를 띤다. 그는 거의 완전히 기교를 버린다. 그가 이 나라의 환기를 위하여 종종 동화의 어법을 사용하는 것은 그런 의미에서 매우 흥미롭다. 오규원의 가장 좋은 시들은, 나의 개인적인 판단으로는, 흔히 언급되어 온 문명비판 시들이 아니라, 오히려 기교의 비틀림으로부터 벗어나 언어가 편하게 숨쉬고 있는 계열의 시들인 것 같다.

> 개봉동 입구의 길은
> 한 송이 장미 때문에 왼쪽으로 굽고,
> 굽은 길 어디에선가 빠져나와
> 장미는
> 길을 제 혼자 가게 하고
> 아직 흔들리는 가지 그대로 길 밖에 선다.
>
> 보라 가끔 몸을 흔들며
> 잎들이 제 마음대로 시간의 바람을 일으키는 것을
> 장미는 이곳 주민이 아니어서
> 시간 밖의 서울의 일부이고,
> 그대와 나는
> 사촌들 얘기 속의 한 토막으로
> 비오는 지상의 어느 발자욱에나 고인다.
>
> 말해 보라
> 무엇으로 장미와 닿을 수 있는가를.
> 저 불편한 의문, 저 불편한 비밀의 꽃
> 장미와 닿을 수 없을 때,
> 두드려 보라 개봉동 집들의 문은
> 어느 곳이나 열리지 않는다.

_「개봉동과 장미」, I 94.

일상의 삶에게 "장미"는 불편한 '모순'의 존재이다. 그러나 그 불편함의 존재 때문에 삶은 '제 혼자'의, 즉자적 의미를 획득한다. 이 "왼쪽"의 인식은, 삶은 실재의 가치 때문에 가치를 가지는 것이 아니라, "부재", "잃어버린 그것"(I, 15) 때문에 가치를 가진다고, 또는 "행복"해진다고 인식한다. 그것은 "오른쪽의 세계에서 자꾸 멀어"(III, 70)져 "보이지 않는 것들"을 찾아 나선다. 그 세계의 이면으로의 여행이 반제도적인 것이라는 것을 나타내는 오규원 시어들의 목록은 참으로 길다. 그 추구는 "죄", "지랄", "철없는 장난", "불길한 놀이", "반역", "미운 오리새끼", "불균형", "병신", "도둑", "유다", "광기" 등등 '타자'들의 이름을 부여받는다. 그가 거의 자학적이라고 할 만큼 극심하게 타자화된 용어들을 이 추구에게 붙여 주는 이면에는 그 추구를 타자화하는 제도적 가치들에 대한 뿌리 깊은 증오가 숨어 있다. 그가 그의 특기인 아이러니 기법을 통해서 특히 맹렬하게 공격하는 것은 그 제도적 가치들의 무반성적인 자기 확인, "고정관념", 그리고 그것을 통해서 은밀히 행사되는 권력 욕구이다.

진리란 말 속에는 이상하게도 피 냄새가 난다. 그냥 진리라는
말뿐인데도 말이다.
_「네 개의 노트」에서.

그는 "안 흔들리려고 하면/흔들리[고]" "안 흔들리려고 하지 않으면/그때라야 안 흔들린다"(III, 13)라고 체제의 굳어 있음을 빈정거린다. "고정관념"은 체제주의자들의 "병"(III, 58)이다. 시인은 시라는 창을 들고 고정관념이라는 풍차에 덤벼드는 돈키호테

이다. 그에게 머물러 있으려는 일체의 것은 "벽"이라는 이름을 뭉뚱그려진다. 그것은 가장 추악한 것, 신선한 모든 생의 적이다. "벽은 숨을 쉬려고 하는 게 아니라 굳어지려고 하는 생리를 가지고 있다. 그래서 벽은 언제나 주검의 냄새가 난다."(Ⅲ, 자서自序) 이 "주검"을 해체하기, 그것이 시인 오규원의 절대 절명의 소명이다. 그래서 오규원은 벽에 매달리는, 또는 거덜난 "현상 유지"의 가치에 목을 매달며, 죽을 둥 살 둥 "순수"를 외쳐 대는 "백치"들의 가짜 위생을 비웃는다. 아무리 발버둥 쳐 봐라, 속은 푹푹 썩고 있으니까. "순수"라는 위생은 다름 아니라, 세계를 그들의 고정관념으로 일사분란하게 재단하려는 보수주의자들의 새로움에 대한 알러지를 드러내는 표현이다. "순수"는 또한 그에게 다양성의 가치를 질식시키는 일체의 이데올로기의 대명사로 쓰이기도 한다. 여기에 구원이 있다고 모든 순수주의자들 또는 획일주의자들은 외친다. 모든 이데올로그들은 전도사들이다.

   그해는 유달리 많은 눈이 내렸다. 축복이라는 이름의, 은총이라는 이름의, **순수라는 이름의 흰 눈**이 쌓인 눈 위에 다시 쌓이고, 쌓인 그 위에 다시 내리곤 했다.

   세계는 하나로 귀일歸一하기 시작했다. (……) **흰색 단지 그 하나뿐인 겨울**의 땅. 그 위로 계속해서 축복이라고(……)
   (……)

   그런 겨울의 눈이 계속 내리다 잠깐 멈춘 어느 날, 남편의 한 손을 잡고 한 여자가 죽었다. 어떤 색에도 속하지 않아 어떤 빛깔도 없던 **그녀**의 삶, 그녀의 마지막 말도 그냥 그렇게 **구질구질**했다.

— 당신, 내복을 갈아입어야 할 땐데.
    _「색깔이 하나뿐인 곳에서 인간의 노래」, Ⅲ, 92.

 남편의 내복 걱정을 하는 이 여자의 근심은 「죽고 난 뒤의 팬티」에서 다시 한 번 더 희화적으로 묘사된다. 그 "속"옷에 대한 근심은, 시인이 겉으로 그런 체하듯이 단순히 "구질구질한" 일상의 걱정이 아니다. 그것은 정말로 "속", 벽을 옹호하는 자들이 "순수"의 이름으로 질식시키는 삶의 내면, 그들의 근사하고 거창한 "전부"의 이데올로기 밑에서 깔려 죽어 가는 시시한 개개인의 희망, 사랑, 좌절, 끙끙대기, 그리고 그들의 무력한 "꿈"에의 배려이다. "팬티" 걱정은 말하자면 "벽"이 타자화시켜 버린 내면의 생생한 살기의 주체, 즉 "사람"에 대한 걱정이다. 그 걱정은 "벽" 너머로 "넘보는"(Ⅳ, 22) 시선을 가진다.

 허름한 해안 식당에서 점심을 끝내고 나선 나는
 내 키보다 나직한 담장 안을 넘보며 담장의

 안에만 있는 생활이며 사람의 문지방을 넘보며 또한
 그러한 나를 넘보는 사람들을 넘보며 언덕을 오른다 눈은
          _「정방동에서」, Ⅳ, 22.

 그것이 "넘보기"라면, 그것은 그 시선이 바로 "벽"에 의하여 차단되어 있기 때문이다. 그래서 그것은 은밀히 "음모"의 색채를 띤다. 그것은 "죄"이다. 그 "죄"를 짓게 하는 것은 오규원이 가지고 있는 지극한 언어에 대한 믿음, "말을 너무 믿는 자의 어린 신앙"(Ⅰ, 89)이다. 그래서 이 신도는 "벽"의 획일성의 언어를 거부하고, 그 언어에게 "물 먹인다". 따라서 그는 "벽" 또는 체계가 보

장하는 안정된 삶을 살 수 없다. 그는 도편 추방당한다. 저주! 그러나 오규원에게 시인이 겪어야 하는 "저주"는 존재의 결핍이 아니라, 존재의 넘침이다.

> 생각건대 외디포스왕은
> 눈이 하나 더 많았다.
> 이건 신화가 아니므로
> **풀은 귀가 하나 더** 많고
> **저주는 꿈이 하나 더** 빛나지요.
>
> _「꿈에 물먹이기」, Ⅰ, 108.

이 흘러넘치는 존재는 벽 바깥으로 나간다. 그래서 오규원에게 시인은 "구멍을 뚫는 자"이다. 그러나 그 "구멍"은 "사랑"을 가진 자의 눈에나 보인다. "내가 사랑하므로 뚫린 구멍은 뚫려 있습니다."(Ⅲ, 53) "사랑"은 오규원에게 벽에게 반기를 드는 일체의 행위를 의미한다. 그것은 굳어진 고정관념을 허물기, 시시하고 못난 채로 나만의 생생한 열정을 가지기, 관념적 고착화에 저항하여, 나만의 숨겨 둔 여자의 따뜻한 몸 찾기이다. 그것은 지금 이 세계에서, 어쩌면 가장 어리석은 짓거리인지도 모른다. 이제, 이 화사한 표면의 세계에서 누가 기약 없이 오지 않는 이 도령을 기다리는 춘향의 궁상을 아름답다 하겠는가. 다만 시인은 믿음으로 그 "가뭄으로 나자마자 시들시들 곧 노인이 된 아프리카의 한 아이 사진" 같은, "이 빛나는 거리에서 빛나지 않으려는 (……) 저 지랄 같은 사랑"(Ⅲ, 105)에 성실할 뿐이다. 그 사랑은 "아득히 거울 밖으로"(Ⅴ, 33) 사라진 "그 여자"를 찾으러간다. "그 여자"는 길 밖에 있다. 아니 길의 연장선 위에 있다. 길은 끊어져있지 않다. 이 인식이야말로 오규원을 가장 오규원답게 만들어 준다. 그는 여전히 이 세상의 길 위에, 명동에, 남대문시장에 있다. 길은 도처에 있다. 시인은 "세상이 모두 길로 이어져 있음을 길에서 보았다"(Ⅱ, 25)고 말한다. 그러므로 시인은 "여자"를 찾아서 멀리 가지 않는다. 그는 난장에서 스웨터를 고르거나, 순대를 사먹는 아무 여자에게서나 "꿈의 안쪽"의 낌새를 챈다. 싸구려 액세서리 장수 여자가 하고 있는 커다란 귀걸이조차 그에게 어둠의 비밀을 전하는 "낮달"(V, 41) 두 개로, 두 개의 다른 원칙을 다스리는, "서로 다른 바다를 밀고 당기는" 천체의 현현으로 보이는 것이다! 나비 떼는 명동 한복판에서 날아오르고(V, 34), 굴뚝새가 날던 길은 아직도 명동에 숨겨져 있고(V, 35), 타클라마칸 사막은 서울에도 있다(V, 22). 그러나 잊어서는 안 된다. 사랑의 나라는 **그 문을 밀 마음을 먹는 자**에게만 비밀스럽게 열리는 것이다.

> (……) 반드시 사랑이란…… 올라가야 하고 보이기는 하지만 유리로 막힌 안의 세계여서 들어가자면 문을 자기 힘으로 당겨서 열어야 한다. **자기가 열고 들어가지 않으면 사랑이란…… 없다.**
>
> _「명동明洞 3」, V, 37.

3. 때로 쓸쓸히 불 밝히는 ― 흔들림, 따로

초기의 오규원이 벌써 "부재"라고 불렀던 이 나라에 이르기 위해서는 확신을 버려야 한다. 왜냐하면 그 나라는 외양을 의심하는 시선, 유리창이 비추어 보이는 바를, 실재의 투명성과 자명함에 질문을 던지는 의식에 의해서만 이룰 수 있는 나라이기 때문이다. 오규원의 시집을 차근차근히 읽어 보면, 우리는 이 시인이 얼마나 시작 초기부터 이미 실재를, 그리고 그것을 지시하는 언어의 지시성을 불신하고 있는가를 알 수 있다.

어느 것이 가면인가
「속績·순례·3」, I, 82.

강물이 흐르다 멈추면
(……)
멈춘 자리가 남아
강의 말씀이 함께 남을까요

(……)

강물이 옷을 벗고
강에서 나온다면, 가령
미친 척하고 강물이
강에서 나온다면
강의 말씀은 모래알 속에 집을 짓고
그곳에 영원히 살까요.
「눈물나는 잠꼬대·2」, II, 92.

"강"은 "강"이라는 기표 안에 없다. 그것은 껍질이거나 또는 "가면"일 뿐이다. 오규원은 언어의 이 비극적 텅 빔을 시작 초기부터 명백히 인지하고 있다. 그래서 그는 언어의 살에 이르려는 욕구를 그의 시적 추구의 한가운데에 둔다. 「김씨의 마을」에서부터 벌써 이 언어의 속살에 대한 오규원의 욕망은 확연히 드러난다. 그는 "비키니 스타일로 벗어버린 대낮의 감미로운 피부"(I, 52)를 꿈꾼다.

시인이 "그대"라고 부르며 "문을 열어놓으"라고 요청하는 이 "여자"는 아주 간단히 끊어 말하면 언어의 궁극, 포에지이다. 언어의 가면과 너덜거리는 의상을 찢고 포에지의 순결한 속살을 만져보려는 욕망이 바로 오규원의 "여자 찾기"이다. 그는 그의 시에 흔히 나타나는 추상적 시어들에도 불구하고, 전혀 관념적이지 않다. 그에게 시의 근거는 언제나, 그리고 유일하게 "몸"이다. 시에 관한 한, 그의 사랑은 철저하게 관능적이다.

(……) 가로수들 붙들고 서서 하늘의 구름을 따라다니는 아저씨, 아저씨는 약속이 없으시군요. **약속이 없으면 몸으로 만나세요. 몸으로 안 되면 몸으로 죽이세요.** 그렇지요.
　　　　　　　　　　　　　　「눈물 나는 잠꼬대 · 1」, Ⅰ, 110.

풀 밑에 **풀들이 옷을
벗고** 놀고 있다.
(……)
불타는 음향音響 속에
뜰의 육체가, 잡목이 불타고
타고 남은 육체가
상처 하나 입지 않고
햇빛과 햇빛 사이로 불쑥
고개를 내미누나.
　　　　　　　　　　　　　「육체의 마을」, Ⅰ, 38.

초기시들 안에서 어느 정도 관념적이던 "말의 몸 찾기"라는 주제는 오규원이 물신사회의 가짜신화를 공격하는 데 몰두하는 중기 시집들에서 잠깐 주춤한 듯하다가 『사랑의 감옥』에서 한결 성숙해진 모습으로 되돌아온다.

오규원의 "여자" 사랑하기는 보수주의자들의 추구처럼 흔들리지 않는 확신에 기대고 있지 않다. 그 "여자"의 아름다움은 주체의 "흔들리는" 시선 안에서 드러난다. 그 "흔들림"은 냉소주의의 독소가 걸러진, 이렇게 말하는 것이 허용된다면, 낭만적인 아이러니의 다른 이름이다. 그것은 사물의 확실성에 질문을 던진다. 혼란? 그렇다. 얀켈레비치에게 그것은 아이러니의 첫 번째 함정이다. 아이러니스트는 의식의 유목민, "어디에 머물러야 할지, 어디에 텐트를 쳐야 할지 알지 못하는" "무국적자 *apatride*"이다.[1] 오규원은 확실성의 나라를 등지고 떠돈다. 시인의 이 흔들림은 "돼지새끼를 보고 돼지새끼라고" 하고 "동그라미를 동그라미라 하"(Ⅲ, 72)는 "정답"의, 신비의 침투를 거부하는 아버지의 "엄숙한" 세계관을 거부하기 위하여 "볼펜을 발꾸락에 끼워놓고 세상을 본다"(Ⅱ, 69)(이 '손'으로 글씨를 쓰는 아버지의 관습에 대한 모독은 '발꾸락'이라는 의도적인 비어 사용으로 한결 강도가 높아진다). 그러나 짐작하다시피, 아버지는 편력기사에게 "정지"(Ⅱ, 63)를 명령한다. 아버지는 "비"를 싫어한다. 그는 우산을 쓰고 있다.

"비"는 오규원에게 언제나 사물의 고정된 실재성이라는 고정관념을 허물고 스며드는, 밖에서 "오는" 신비의 전령, "침묵의" 또는 사물의 완강한 무의미의 "껍질을 벗기는"(Ⅰ, 76) 가치, 요컨대 "사랑"의 왕국의 전언이다.

> 하나 더하기 둘은 셋, 둘 더하기 셋은 다섯. 이 사랑스럽도록 확실한 수치들. 이 **의심할 수 없는 명확함을 웃어 버리는 빗방**

---

[1] Jankélevitch, 앞의 책, p. 152.

울들. 빗방울들이 주저 없이 몸의 수치를 무화시킨다. 부서지는 아픔, 무화되는 아픔. 그러나 **사랑의 다른 이름엔 빗방울**.

「양평동楊坪洞·5」, Ⅱ, 60.

아버지의 질서는 그 비를 "우산"으로 가린다. 그래서 "개봉동의 비"는 "슬라브 지붕 밑의 시간은 못 적시고/슬라브 지붕 페인트만 적"(Ⅰ, Ⅲ)신다. 그러나 시인은 "우산이 없는 사람"이어서, "오늘도/가면도 없이/맨얼굴로 비오는 세계에 참가한다"(Ⅰ, 81-82). 아니, 어쩌면 그는 이미 충분히 젖어 있는 자신인지도 모른다. 오규원의 이 아름다운 아포리즘은 그렇게 해서 태어난다.

비가 온다. 비가 와도
젖은 者는 다시 젖지 않는다.

「순례·1」, Ⅰ, 73.

"비"의 "옴"에 시인은 가장 적극적으로 대답한다. 그의 몸에는 숭숭 구멍이 뚫린다. 그 구멍으로 "보이지 않던 그 존재"가 비추어 보인다(Ⅱ, 64).

사물 앞에서의 이 흔들림은 아버지를 공격하는 왕자('왕'은 연금술 전통에서 가장 고양된 의미의 '자아'를 상징한다. 오규원이 '왕'이 아니라 '왕자'를 그의 시적 자아의 상징으로 사용하고 있는 것은 흥미롭다. 그것은 그의 시가 그만큼 반제도적인 새로움을 추구하고 있다는 사실을 드러낸다)가 자신의 추구의 의미에 대해 확신할 때, 존재의 위안처럼 다가온다. 그것은, 사물이 사물만이 아닐 수도 있다는 것을 깨달은 자의 영혼에 생겨나는 부드러운 확신이다. 그것은, 존재를 바깥으로 꼬드겨 내는 저 도깨비 "불빛을 따라가서 자주 외박하고 오는"(Ⅱ, 81) 자의, 그 불빛에 대한 동의의 방식이다. 내재성은 초월성의 부름에 대답할 때, 또는 적어도 그것을 꿈꿀 때 흔들린다.

> 보물섬의 있음 — 오 순수한 모순이여. **나는 아버지를 반역하고 흔들리며 흔들리는 만큼의 쾌락에 잠긴다**. 시커먼 동굴이 있는 그것으로 이미 나는 행복한 자.(……)
> 　　　　　　　　　　　　　_「환상수첩·1」, Ⅱ, 25.

오규원의 시들은 온통 "흔들림"으로 가득 차 있다. 그것은 「김씨의 마을」에서 벌써 시작되고 있다.

> 거울 속의 새들이 나와
> 나무 위에 앉는다.
> 바람에 흔들리는 다리.
> 그러나 아직은
> 흔들리는 다리.
> 오, 여기에서 그대의 불빛을.
> 　　　　　　　　　_「金씨의 마을, Ⅴ. 별과 언어」, Ⅰ, 68.

오규원은 수없이 흔들린다. 그에게 흔들리는 모든 것들은 정당하다고 이야기할 수 있을 지경이다. 그런데 이 "흔들리는" 것들을 자세히 살펴보면, 우리는 그것들에게 "사이"라는 존재론의 장소가 덧붙여져 있는 것을 확인할 수 있다. 그 "사이"란, 결국, "흔들리는" 오규원의 유목민 의식의 공간적 해석이라고 할 수 있다. 얀켈레비치에 의하면, 아이러니스트의 조국은 "이미 존재하지 않는 것 $Déjà\text{-}plus$과 아직 존재하지 않는 것 $Pas\text{-}encore$[2]"이다. 그는 "도처에

2　Jankélevitch, 앞의 책, p. 152.

서 유배당해 있다".

>지난 겨울도 나의 발은
>**발가락 사이** 그 차가운 겨울을
>딛고 있었다.
>
>아무데서나
>심장을 놓고
>**기웃등, 기웃둥 소멸**을
>딛고 있었다.
>
>(……)
>
>모든 나는 왜 이유를 모를까.
>어디서나 **기웃둥, 기웃둥** 하며
>**나는 획득**을 딛고
>**발은 소멸**을 딛고 있었다.
>
>　　　　　　　　　_「겨울 나그네」, I, 24-25.

　오규원의 "사이"는 시인의 흔들리는 의식이 도달한 "없는 곳", 이런 용어가 허용된다면 "유사 장소", 사물과 사물, 기표와 기의 사이의 "행간"(V, 21)이다. 그 "사이"에서 사물은 사물 자체의 직접성을 부여받는다. 사물은 존재와 소멸 사이에서 마구 부푼다.

>여자가 간다 비유는 낡아도
>낡을 수 없는 생生처럼 원피스를 입고
>여자가 간다 **옷 사이로** 간다

(……)

한 물물物物**이 지워지고 혼자 남은**

땅이 온몸으로 부푼다(……)

_「원피스」, V, 16.

 그 부푸는 사물의 충일함에 이르는 순간은, 언제나 외로이 "따로" 주어진다. 그때 만나는 아름다운 포에지, "여자"는 "한잎"의 "나 혼자만"의 여자이다. 그것은 작고 조그맣다. 그것은 "쬐ㄲ만 여자" "방아깨비의 코" 위에 떨어지는 빗방울, 풀잎이다. 불은 이따금만 켜진다. 그리고 우리는 홀로 흔들린다. 신비는 "따로 따로 외로운"(V, 38) 깨달음인 것이므로. 흔들림은, 자명성의 흔들림이지만, 그 흔들림은, 또한 우리의 떨고 있는 마음이기도 하다.

 사랑이란…… 걸어가야 할 자리와 앉을 자리와 설 자리가 있다. 앉을 자리에 서면 **사랑이란…… 흔들린다. 그런 자리마다** 칸막이가 되어 칸막이 밑바닥은 서로 다리와 별을 숨기고 **따로 불을 밝혀야** 한다.

_「명동 3」, V, 37.

4. 우우우우, 사물의 속으로

 『사랑의 감옥』에서 시의 살에 이르려는 시인의 추구는 대단원에 이른다. 이 시집의 어디를 펼쳐보아도 우리는 살아서 펄떡거리는 말의 육체를 만날 수 있다. 그것은 이 시집 전체에 걸쳐서 압도적으로 나타나고 있는 '안'의 이미지가 의미하는 바와도 무관하지 않다. 시집을 펼쳐들자마자 곧 우리는 '안'의 세계로 안내된다.

> 오늘은 **안쪽에 놓인 식탁**에서 식사를/하리라(……) 그늘이 따뜻하지 않으면 **내가 몸으로/그늘을 데우며**(……)/그늘과 함께 식사를 하리라 광화문이나/남대문시장이나 난장 또는 신길동의 지천에/깔려 기고 있는 **공약의 세월과 그늘**이여/창가의 식탁은(……)가는 방향이 모두/길인 땅을 아는 사람들이 앉도록 두고/**공약의 식탁과 벽과 벽 사이** 그늘이/깊은 곳을 찾아 찾아올 날들의 식사를 하리라/**인적이 끊어진 길**을 더듬으며 가보다가/(……)날이 저물면 다시 나와 해가/뜰 때를 기다리리라 그러나 너무 늦게까지/기다리는 일은 없으리 해가 늦게 뜰 때면/**안쪽에서 내가** 흑점이 되어 **일어나리라**
> 　　　　　　　　　　　　　　　　「오늘의 메뉴」, V, 11.

이 시는 시인이 시집의 자서自序에서 인용하고 있는 외젠 기유빅Eugene Guillevic의 시행인 "모두 그대가 가져다줄 수 있는/것을 살 것이다"와 연결해 읽어야 한다. 오규원은 이 시행에 대하여 "아 '가져다준 것'이 아니라 '가져다줄 것'이라니, '산다'가 아니라 '살 것'이라니"라는 언급을 덧붙여놓고 있다. 말하자면 오규원의 시론이기도 한 이 시는 시의 비전에 대해 이야기하고 있는 것이다. 이 시에서 시인은 시적 결의를 담담하게 진술하고 있다. 그의 시적인 자리는 "안쪽"의 "그늘", 드러나 있지 않은 길 위에 있다. 그의 길은 길 아닌 길, 사람들이 다니지 않는 "인적이 끊어진 길"이다. 그 길은 텅 빈 정치적 거짓말과 굳어진 언어들(벽과 벽) "사이"로 나 있다. 그 "사이"의 길에서 시인은 "식사"를 하겠다고 말한다. 시인은 이제 시를 "먹는" 행위로 묘사하고 있는 것이다. 식사의 상징주의는 오규원의 앞서의 시집들에서 전혀 찾아볼 수 없었던 독특한 것이다. 그것은 뒤에 다시 이야기하게 되겠지만, 이 시집의 중요한 특성이라고 볼 수 있는 '내면주의'와 관련을 가지고 있다. 시인은 이제 더 이상 화사하지 않은 '4월'이라는 이름에 대해서도 "비워둔 식탁"(V, 12)이라고 말하고 끈질기게 현현을 거부하는 숨겨진 사물의 이면에 대해서도 "풀밭 위의 식사"를 이야기한다. 다음 시에서 시는 저 혼자 왔다가, 먹을 것을 차려 주고 가 버리는 아낙네로 표현된다.

> 육체도 없이 늘 사랑한다고 말하며 와서 함께 자고 가는 시간의 이불 밑에서
> 이불 밑에서 나와
> 혼자서 식탁에 숟가락을 놓고 있는 여인이여
> _「별곡別曲」, V, 73.

'식사' 행위가 시와 연관되는 이유는, 그것이 '내면'을 발명하는 행위이기 때문이다. 시는 이제, 오규원에게 단순히 손으로 만지는 "사랑"의 피부인 "살"이 아니라, 아예 먹어 버리는 "살"이 된다. 그 "먹는" 행위는, 실은 인류의 행위 중에서 가장 오래된 종교적 행위 중의 하나이다. 원시인들의 인식 양태의 특성을 '신비로운 참여*la participation mystérieuse*'라고 보고 있는 레비-브륄Lévi-Brühl에 따르면, 원시인들에게 '존재한다는 것은 참여한다는 것이다'. 그 '신비로운 참여'는 무엇보다도 종교적 성찬의 상징주의 안에서 가장 완벽하게 성취된다. 제의 참가자는 함께 먹고 마심으로써, 신성한 현실과의 공실체화*consusbstantialisation*을 경험한다. 그는 이제 성찬의 제의 창시자와 한 몸이며 한 피이다. 오규원은 시적 인식의 가장 완벽한 형태가 바로 이 '신비한 참여'의 방식이라는 것을 깨닫고 있다. 이제 그는 시의 "옴"을 기다리지 않는다. 그는 자기 자신이 그것이 "되어", 스스로 "그늘을 데(운다)". 그는 이제 신의 방문 앞

에서 시를 구걸하지 않는다. 그의 몸 전체가 시와 하나인 것이다. 그는 스스로 "안쪽에서 (……) 흑점이 되어 일어(난다)".

  이 시집 전체에 걸쳐서 유난스럽게 음식의 상징주의가 자주 등장하는 것은 바로 시인이 도달한 언어의 실체적 인식과 관련을 맺고 있다(아울러 이 시집에서 "톡톡"이라는 의성어가 자주 등장하는 것도 눈여겨볼 필요가 있다. 그것은 실체화된 의성어이다. 이 시집에서는 소리조차 두께를 가진다). 언어는 이제 껴안을 수 있을 뿐만 아니라, "쪽쪽 (……) 맛을 [볼](V, 100)" 수 있는 것이 된다. 초기 시집에서 이 언어의 몸은 기실 바라보기에 눈부신 아름다움에 불과했다. 그것은 아직 환영이었다. 그것은 이제 "세헤라쟈드", 말로 사는 육체, 배꼽, 자궁이다. 초기 시집에서 자주 등장하던 "하늘"의 이미지들이 거의 사라지고 없다는 사실도 흥미롭다. 대신, 이 시집에 압도적으로 등장하는 것은 "땅"의 이미지들이다. 시인의 시선은 "땅"과 "땅속"으로 향해 있다. 그것은 완강히 그것이 숨긴 것을 겉으로 내어놓기를 거부하지만, 이미 시인에게 그것은 대수가 아니다. 그는 그 속으로 "아예" 들어간다.

    너는 집이 필요하다 풀들이 소리친다 나는 풀의 집으로 급히
  들어간다.
                                          _「풀의 집」, V, 80.

  또는 사물 속에서, 그 내면의 구조를 그대로 닮은 실체를 끄집어낸다.

    싱싱한 개똥참외 한 그루
    열매를 달고 돌무더기 위에 기며
    익고 있다

선산묘성先山墓城

누가 바짓가랑이를 내리고

그것을 풀밭 위에 내놓고

계곡을 굽어보며 명상에 잠겨

푸짐하게!

「개똥참외」, V, 86.

이 사물들의 '속'으로부터 바깥으로 빠져 나온 실체는 「시인 구 보씨의 일일一日」(IV, 62)에서는 단풍잎들이 내어놓은 누런 고름이라고 묘사된다. 김현이 보들레르의 '추의 시학'에 연결시키는 이 고름은, 그러나 나에게는 언어의 엑토플라즘처럼 보인다. 그 고름이 내게는 실체화된 언어가 바깥으로 내어 놓은 내분비물로 보이는 것이다. 최근작에서 시인은 다음과 같은 제목으로 노래하고 있다.

저기 푸른 **하늘 안쪽** 어딘가 많이 곪았는지 **흰 고름이** 동그랗게 하늘 한 구석에 **몽오리가 진다**. 나무 위의 새 한 마리 집에 가지 못하고 밤새도록 부리로 콕 콕 쪼고 있다. 밤새 쪼다가 미쳤는지 저기 **푸른 하늘 많이 곪은 안쪽으로 아예 들어간다**.

맙소사, 하늘, 가장 비실체적인 대상마저 곪고 있다! 그것이 '안쪽'에서 곪고 있음을 눈여겨보자. 오규원은 이제 사물의 가장 깊은 안쪽, 실체가 응결된 덩어리 속으로 들어가는 것이다! "모래 속으로 모래 속으로 들어가야 한다". 그때 사물들은 우·우·우·우 소리를 낸다. 왜냐하면 그것은, 짐승들의 소리, 담론이 될 수 없는, 들뢰즈와 가타리의 용어를 빌리면 '탈영토'의 언어들이기 때문이다. 그것은 '상징', 언제나 자기 자신이면서 자기 자신이 아닌, 자기 자신 이상인, 오규원의 최근 시집인 『사랑의 감옥』의 세헤라쟈드처럼,

언제나 '아닌' 언어이기 때문이다. 말의 몸, 세헤라쟈드는 언제나 "아니다 아니다…………"(이 시는 이 시집의 마지막 시이다). 그 "…………" 속에 시는 있다. 있다? 있을 것이다. 우리는 여전히 기표의 벽 안에 갇혀 있지만, 보라, 기다림으로 우리 안에서 짐승들은 울부짖는다. 따로, 밖에서? 우리 안에서? 우리 안에서, 틀림없이. 그러나 그것은 언제나 우리의 인식에게는 '옴'이다. 그러므로 그것은 초월성, 인식의 바깥이다.

 우와와와 — 뜰에서 고개를 하얗게 쳐들며 팔뚝만한 옥수수
 들이 울부짖는 광경을 처용은 보았다.
           _「상징은 이렇게 산다」

이 시는 얼마나 아름다운가, 오, 우리는 우리의 육체라는, 기실 자명한 듯한, 투명한 듯한 유리창인 기표 바깥을 내다본다, 여전히.

 아직도 죽음의 마르지 않는 바람이나
 물의 기억은 마른 몸 어디에서
 기어이 흐르고 있으리라

 나는 낡은 갈대밭을 껴안고 유리창에 내걸며
 짐승처럼
          _「짐승의 시간」, V, 60.

그 사이에 우리의 단단한 육체는 스러지겠지, "대방동 조흥은행과 주택은행 사이에 (……) 놓인" "깨어진" "하나, 둘…… 여섯…… 스물아홉…… 마흔 두"개의 보도블록처럼, 아니다, 아니다.…………

"××↓↓ 표 가변 차선 표시등 하나도!" 있다. 어디로 갈까?

어디로든 갈 수 있다! 다만 선택에 성실할 것!

1992년

절벽에서의 투기, 위험한 초월
_박용하 시집 『나무들은 폭포처럼 타오른다』

오딧세우스는 바닷가 바위 위에 앉아 머리를 빗으며 항해자들을 꼬드기는 아름다운 세이레네스의 유혹에 저항하기 위하여 돛대에 자신의 몸을 꽁꽁 묶는다. 그는 수직성의 원칙에 기댐으로써 여성의 수평적 유혹에 저항한다. 여기 수평의 삶을 거부하고 오로지 수직의 삶만을 살 신탁을 부여받은 또 한명의 오딧세우스가 있다. 박용하에게 존재는 단지 수직 방향을 따를 때에만 의미를 획득한다. 그것은 이 시인이 그토록 증오하는 "시시하게 살기"가 "전복"되는 방향이다. 그것은 주어진 삶, 박용하에게는 단지 "소문", 남들이 그렇다니까 그러한 삶에 불과한, 타인들의 판단 기준에 매여 있는 "너그들"의 삶을 "어디까지나/넘어서"려는 자가 취할 수 있는 유일한 방향이다. 그는 수직적인 모든 것, 새의 비상, 나무들의 직립, 내리꽂히는 비, 폭포, 타는 불에 자신의 몸을 칭칭 비끌어맨다. 넓은 초월은 없다. 모든 초월은 높거나 깊다. 초월은 면적이 아니라 높이이거나 깊이이다. 그것을 갈망하는 자에게 옆으로 살기는 가장 추악한 추문이다. 박용하는 잘라 말한다.

> 길이 나를 데려가 주지는 않는다
>
> _박용하, 「삼십 세」

시의 제목이 「삼십 세」라는 것을 염두에 두자. 이 시구의 의미는 시집으로는 이례적으로 시집 맨 끝에 들어 있는 「서시」의 거친 어조 안에서 더욱 명확히 드러난다(그러나 박철화가 '이례적'이라고 보는 이 배치는 의미심장하다. 그것은 박용하의 시적 '싸움'이 전혀 그 전략을 수정하지 않았음을 의미한다. 그는 똑같은 강도와 열정으로, 그의 표현대로라면 "고집불통"으로 싸움의 처음 순간의 긴장으로 되돌아간다.

> 오, 이 모든 환멸에도 불구하고
> 나는 싸워야 하리
> 어떻게!
> **숨쉬니까 살아 있는 게 절대,**
> **절대로 아니다**
> 살아 있을 때만이
> 숨쉬듯,
> 죽음이여 언제든지 찾아오라
> 내 반길테니
> 네가, 불후의 네가
> 내 속에서 쓰러질 때까지
>
> _「서시」

흐르는 시간을 따라가기, 시간의 수평적 길을 따라 걷기, 그것은 박용하에게는 삶이 아니다. 그것은 "죽음"이다(이 시는 "죽음"과 싸우러 가는 시인의 출사표이다. 이 시가 온갖 수식을 걷어낸 건조한 어조를 가지고 있는 것은 그 때문이다. 싸우러 가는 판에 말을 멋지게 하는 것이 무슨 대수란 말인가). 그런데 현대의 삶은 "빤히 들여다보이는" 수평적 균질성만을 향해 치달아간다. 시인은 홀로 삶의 의미를 캐내지 못하고 우왕좌왕 대세의 눈치를 보는 자들, 본질에 대한 성찰보다 전략적 사고에 능한 이데올로그들에게 "척하지 마라, 여럿일 때 고함치고 홀로일 때 엄두도 못 '낸다'(43쪽)"고 쏘아붙인다. 그는 그 "그게 그거인" "소문"의 삶, 언제나 전체에 의하여 감시되고 통제되는 삶을 가장 경멸적인 어조를 덧붙여 "국가", 또는 "군대"라고 부른다. 박용하에 의하면 그것은 존재의 소외인 "죽음"(다시 이야기하게 되겠지만, 박용하의 시 세계에는 두 가지의 "죽음"이 있다. 하나는 존재의 소외로서의 "죽음", 그리고 다른 하나는 그 소외를 거부하기 위해 기왕의 삶을 죽이는 통과 제의적 "죽음"이다. 박용하는 전자와 싸움을 벌이지만 후자는 오히려 추구한다)이다. 그러나 현대의 삶에서 "죽음"은 어떤 한 지역, 또는 분야의 양상이 아니라 총체적 현상이다. 게다가 현대인들은 그 죽음을 흉내 내기 위하여 죽어라 "바닥을 기기만 한다". 르페브르를 따라 말한다면 현대의 삶의 무의미화는 사람들이 기꺼이 모방하는 이상한 성격을 가진 존재의 소외이다.

> 정부는 무사무사 천하태평이었다
> **죽음은 유행처럼 번지고** ― 우리는 비로소
> **죽음이 유행이 될 수도 있는**
> **상식이 될 수도 있는** 그런
> 위험하기 짝이 없는 시대를
> 대책도 없이 망해가고 있었다
> ─「지금, 그곳에선」

시인들마저 본질을, 원초적 충일성을 전하던 위대한 말을 버리고 말장난에 매달린다. 니체에 뒤이어 박용하는 우울하게 말한다. 시인은 죽었다.

> 부러져버린 예지의 안테나, 기후는 점점 나빠지고
> 눈물은 필요없어요 슬픔은 증발해 버렸으니
> **말이 떠오르지 않아** 너를 숨쉬게 하는 말
> 그리하여 나를 숨쉬고 나의 숨이 숨쉬는
> 오월의 오리나무숲을 무위자연하는 말
> 이젠 떠오르지 않아요
> (……)
> **토끼는 필요없어요**, ……우리는 비닐을 먹는 새, 새들, 짐승들
> 눈떠라 눈떠라, 죽음을 망각한 브레이크가 고장난 미래를!
> **오, 태어났던, 태어나는, 태어날**……사산死産이여
> 　　　　　　　　　　　　　　_「죽은 시인들」

전망은 캄캄하다. 그래서 시인은 예언자처럼 '장중하게' 말한다.

> 잘 있거라, 언어를 망친 세대들이여
> 잘 있거라, 좋은 세계에서 살기 틀린 세대들이여
> 태백준령 깊은 곳에서 바람은 스르르 흘러와
> 최후로 남은 나뭇잎을 콱 할퀴어 버린다
> 생은 계속되어지지 않는다
> 생은 계속 죽어갈 뿐이다
> 　　　　　　　　　　　　_「춘천 비가悲歌 1」

이 양적 증식에만 눈이 멀어 있는, 에리히 프롬적인 의미에서의

소유의 방식은 박용하의 시 속에서 "안개", "먼지", "연기" 등의 이미지들로 표현된다. 불순함, 잡다함 등의 의미를 그 상징적 내포로 가지고 있는 이 이미지들은 박용하의 시세계에서 그 수평적 흩어짐의 특성과 투명한 응시를 방해하는 장애물이라는 특성 때문에 언제나 상승의 운명만을 따르는 "불", 투시의 행위에 반드시 덧붙여지는 비물질화한 불인 "빛", 그리고 순수함을 상징하는 "물"(그러나 "물" 역시 박용하의 원소기호표 안에서 수직의 축 위에 배치되어 있다. 앞으로 보게 되겠지만, 박용하가 가장 사랑하는 물은 수평으로 흐르는 물이 아니라 수직으로 흐르는 물이다. 왜냐하면 물은 수직 방향을 따를 때 가장 힘차게 흐르기 때문이다. 이 전투적 초월주의자는 물의 투명성보다도 물의 역동성에 더욱더 매료된다. 물은 거대하거나〈바다, 강〉역동적일 때〈파도, 폭포〉가장 박용하를 매혹한다. 그의 남성적 상상력은 위대함과 힘에 가장 민감하게 반응한다)의 반대항에 놓여 있다. "매스mass"가 지배하는 이곳은 "자본 또는 먼지"가 "창궐"하는 "안개성" "먼지의 제국"이며(물론 그것을 생태학적으로 "공해"라고 읽을 수도 있다), 사람들은 진지한 것들을 "연기"에 가려 읽지 못한다. 시인은 이곳에서 "노래하지 못한다. 의미 있는 것들에 대해서(15쪽)".

    이곳의 밤들은 황량하고 별들은 모든 습기를
    안개로 풀어헤친다. 그 안개 속에서 절망한 자들은 알리
    살아 있음만큼 더 무서운 욕망은 없다는 것을.
    (……)
    여긴 **안개의 왕국**
    지구에서 가장 오랜 **침묵의, 흐르는 물의** 왕국
    그 **먼지의 성채**에서 우리가 만나는 것은
    지쳐 버린 시간들과 없는 만남들뿐이다

>   _「춘천 비가 4」

>   기차는 컥컥 숨을 틀어막는 **안개의 영역**을 벗어나기 위해
>   미친 듯이 레일을 타고 대도시로 달려가
>   울음을 팽개칠 뿐이지
>   안개가 안개의 등을 밀며 밀리는 한밤이면
>   내가 펼치던 노트 속에서 띄엄띄엄 박혀 있던 **뾰족**한 나무들
>   그 나무들 사이로 헤엄치듯 죽어나자빠지던 나뭇잎들
>   **내가 썼던 열망**. 내가 불렀던 노래들
>   **안개에 가려** 읽을 수 없다
>   _「춘천 비가 2」

    그렇다면 "이후 나는 없다"고 "내가 보이지 않는다(116쪽)"고 말하고 내팽개쳐 버릴 것인가. 아니다. 그렇게 하기에 박용하의 "자존의 에베레스트"는 너무 높다. 그는 "존재의 갈피에 끼어 있는/구름의 두께, 풍요의 모성(71쪽)"을 뒤져낸다. 그리고 우리가 이미 알거니와 그 추구의 방향은 박용하적인 부사를 덧붙여 말한다면 "절대적으로" 수직의 방향이다. 그는 "흐르는" 물을 일으켜 세운다. "비는 (……) 하늘로 상쾌하게 상승한다(9쪽)". 그는 야곱처럼 베델, 또는 삶의 무거움을 머리에 베고 하늘에 이르는 사닥다리를 꿈꾼다. 그 꿈은 그러나 신비적 초월주의자의 꿈이 아니다. 왜냐하면 박용하는 꿈이 "환란"이며 꿈 때문에 자기가 "죽어날" 것이라는 것을 알고 있기 때문이다. 그는 존재의 바깥으로 걸어 나간다. 거기에서 그를 기다리는 것은 위안이 아니라 초월을 쟁취하기 위한 싸움, "사투"이다. 그는 "아슬아슬하게" "위험한 세계의 아들처럼(72쪽)" 문밖의 나무와 강물, 그리고 바다에 간다. 그것이 범상한, 희끄무레한 삶의 반대 방향으로 가는 길이므로 시인은 그

것을 "초록의 광기" "발광" "취한 삶"이라고 부른다. 그의 광기는 집요하다. 그는 싸움이 별로 승산이 없다는 것을 알고 있지만, 그러나 고집스레 "나는 점점 더 심해질 것이다"라고 말한다.

> 나는 자백한다
> 문안에 있는 사람들은
> 더욱 깊고 안전하고 따스한
> 문안을 희망하고
> 문밖에 있는 사람들은
> 더욱 거칠고 포악한
> 문밖을 희망한다
> _「서울의 밤과 비와 26세를 위한 여섯 개의 대 묵시默視」

이 수직성의 꿈은 그러므로 아니마의 꿈이 아니라 아니무스의 꿈이다. 그것은 오히려 시인 자신의 표현대로 "전쟁"이다. 그의 시에 아주 빈번히 등장하는 군대용어의 사용도 우리는 같은 맥락에서 이해해야 한다. 그것은 어쩌면 박철화가 해설에서 조심스럽게 이야기하듯이 그가 한때 학교에서 제적되어 막바로 맞게 된 군대 경험의 강도의 흔적일 수도 있다. 그러나 "벙커" "특명" "전방 20m" "탄피" "야전" "완전군장" 등의 군대용어는 "담배나 술 대신 은단을 주시[며]" 온순해질 것을 종용하는 어머니, 여성의 존재가 완전히 추방당해 있는 그의 남성적 세계의 특성을 아주 효과적으로 전달하는 역할을 수행하고 있다. 이 군대용어들은 초월의 상징주의에 흔히 등장하기 마련인 무기의 상징성을 내포하고 있다. 모든 초월성은 무장한다. 왜냐하면, 빛의 쟁취는 어둠과의 싸움을 전제로 하기 때문이다. 싸움이 힘겨우면 힘겨울수록 승리의 정당성은 보장된다. 그래서 박용하라는 검투사는 "승리에는 피 냄새가 배어 있다"라고 말한다. 그는 아니마적인 상상력이 주조를 이루는 한국의 시단에서 광야를 누비던 광개토대왕의 기질을 물려받은 몇 안 되는 후예 중의 하나이다. 그를 가장 참을 수 없게 하는 것은 "시시함"이다. 그에게 "시시함"은 "폭력"보다도 더 무서운 것이며, "시시하게 사느니 차라리 악이라도 행하라"고 충고한다. 그래서 그는 "악화는 양화를 구축한다"는 경제적 명제를 일부러 "악한 자는 선한 자를 구제해줄 수도 있다고 생각한다"라고 틀리게 읽는다. 나는 그 말을 "시시하지 않은 자는 시시한 자를 구원할 수도 있다"라고 고쳐 읽는다.

이 "힘"에 대한 매혹은 박용하의 시 도처에서 읽힌다. 앞서도 이야기했듯이 "물"에 대한 그의 사랑도 그것이 조용히 흐를 때가 아니라 가장 역동적으로 움직일 때 더욱 커진다. 비는 "철썩거리며" 하늘로 "치솟고", 나무의 "푸른 물[은 뜨겁게] 끓어넘[친다](18쪽)". 그가 강보다도 바다를 사랑하는 까닭은 그것이 거대하며, 땅의 끝(박용하라는 싸움꾼은 "끝"까지 간다. 그렇지 않고는 그의 "자존"이 입을 다물지 않기 때문이다. 그래서 그는 한 해의 "끝"인 12월에 화악산 "꼭대기"로 "끝인 길만을 [찾아] 낑낑대며 올라가고"(100쪽), 바람 부는 날 압구정동에 있는 시인 유하를 끌고 "한계령"에 올라간다. 그 고개가 대관령이나 다른 고개가 아니라 "한계"령이라는 것은 우연한 선택이 아니다. "끝"까지 가본 자만이 삶의 의미를 탐할 수 있는 것이다)이라는 사실 때문이기도 하지만, 그것이 끝없이 움직이는 물이라는 사실 때문이다. 그의 시세계에 한군데에 얌전히 붙박혀 있는 것은 아무것도 없다. "쉬고서는 견딜 수 없(66쪽)"기 때문이다. 모든 것은 자기 밖으로 나가기 위해 움직인다. 땅에 붙잡혀 있는 나무들마저 "한계"를, 묶여 있음을 "쳐죽이기" 위해(이 쳐, 치 등의 접두어들은 강하고 빠른 움직임을 암시하는 콱, 휙, 확, 팍팍 등의 의성어들과 함께 얼마나 이 시인이 역동성에 민감한가를 드러내어 보여 준다. 그는 모든 사물을 아주 빨리, 그리고 그것이 가장 높은 에너지에 도달해 있을 때 집약적으로 파악한다. 그의 시 속에 빈번히 등장하는 성적 환기력을 가진 방放 자의 의미도 바로 같은 맥락에서 이해되어야 한다. 그것은 자기 바깥으로 분출되기 직전의 가장 응축된 에너지를 암시한다. 그래서 그는 나무를 "방전로放電路"라고 부르며, "방심"하는 자만이 "태양의 내부"를 꿈꿀 수 있고, 측백나무는 꿈을 "방뇨한다"라고 말한다) "불탄다". 그가 불에 매료되어 있는 이유는 그것의 빠른 움직임 때문이다. 그의 나무들은 모두 불탄다. 아주 빨리 상승하기 위해서이다. 포르테시모, 그리고 알레그로, 그것이 박용하의 어법이다. 그가 조용히 아니마적인 몽상을 이야기하는 유일한 시「동해안 포구를 위하여」가 기형도의 어법을 따르고 있음은 암시적이다. 박용하의 발성법은 아니마적 몽상에 익숙하지 못하다.

"힘"에의 매혹은 자연스럽게 "거대함"에 대한 선호로 이어진다. 거대한 모든 것은 그의 영감을 부추긴다. "하늘" "산" "바다", 그리고 준령 꼭대기의 나무들, "풀잎"의 이미지에서도 그가 길어 올리는 것은 그것의 불굴의 투지, 위대함에의 소명감이다. 일종의 거인주의적 상상력이라고 부를 수 있는 이러한 상상적 특성은 박용하로 하여금 그가 사랑하는 이미지들을 아주 큰 소리로 길게 발음하게 만든다. 그는 그의 바다를 바아 – 다아(94쪽), 나무를 나 – 아 – 무(192쪽)라고 부른다. 그의 이미지들은 아르프Arp의 조각들처럼 크게 부푼다. 그래서 그의 시에 나타나는 "둥금" 또는 "굴성"의 이미지는 이성복이나 정화진의 경우처럼 모성의 따스함을 의미한다기보다는 "거대함"의 추구의 한 상상적 도식을 나타내는 것처럼 보인다. 그것은 아주 큰 곡선, "창공"의 궁륭이거나 또는 "윤회"의 곡선이다. 그것은 "땅 끝에서 하늘 끝(101쪽)"을 잇는 선, "멀리에서 멀리로 흐르는 바다(10쪽)에서 비가 이어주는 하늘과 땅의 긴 곡선이다. 그 거대한 궁륭을 꿈꾸는 시인은 꼼지락꼼지락 온갖 작전을 세우느라 바쁜 사색가들과는 달리 아예 전략적 사고를 싹 무시한다. 그는 싸움의 고통을 전략을 통해 덜어볼 잔꾀를 부리지 않는 것이다. 그의 나무는 "막무가내로" "고집불통으로" 방식이고 규칙이고 예의이고를 싹 무시하고(91쪽) " 압구정동에서 바로 휙! 시원始原으로 이행해 간다. 그래서 그의 어법은 때에 따라 아주 거칠게 느껴진다.

이 막무가내의 투박한 싸움은 작품 안에서 "정면대결"의 양상으로 드러난다. 그는 싸움이 힘겹다는 것을, 승리의 승산이 거의 없다는 것을 이미 알고 있다. 그럼에도 "불구하고" 그는 썩은 세계와, 나무와 철새들의 적으로 나타나 "나무를 뚝! 분지르며" 그를 문밖으로 내몬 제도라는 "부성父性"과 정면 대결한다. "등허리에 작살이 꽂힌 채(47쪽)" "서서 죽는" "대열에서 벗어난 자(46쪽)"의 싸움. 그가 절벽 위가 아니라 "앞"에, 나무 옆이 아니라 "앞"에 서 있는 것은 그 때문이다. 이 정면대결 의식은 박용하의 시 속에서 아주 독특한 언어사용으로 드러난다. 그는 평상 어법대로라면 장소부사, 또는 간접목적어로 사용되어야 할 단어들을 몽땅 직접목적어로 써버린다. 그러한 예는 박용하의 시집 전체에서 수도 없이 읽힌다. 몇 가지 예만 들어봐도, "죽음을 눈뜬다" "지구를 가스등 켠다" "불바다를 일렁인다" "살을 흐른다". 이러한 언어사용은 그가 얼마나 사물에 막바로 직접 다가가는가를 웅변으로 드러낸다.

그는 매순간 전적으로 투기한다. 그러므로 이제 죽음은 오히려 추구의 대상, 또는 "살아내어야 할" 대상이다. 왜냐하면 죽음은 바로 생이라는 판돈을 다 거는 도박꾼이 무릅쓰지 않으면 안 되는 "삶의 경이로운 위험(123쪽)"이기 때문이며, 바로 죽음 직전에 삶은 가장 높은 에너지를 확보하기 때문이다. 다 얻기 위해 다 버려라. 그것이 박용하의 좌우명이다.

> 절벽이란 갑자기 울리는 초인종처럼 까마득히
> 쓱 쓱 옆구리에 비수를 갖다 들이대는
> 그 공포감으로 나를 정신들게 한다
> 하물며 절벽을 타고 내리는 물이란
> 마치 내몸을 휘감는 공기 같다
> 물의 행진, 그것은 단절의 연속으로
> 추락으로 더, 더 아름답다
> 쓰러지면서 살아뛰는 마음의 죽순이로다
> 물은 어떠한 절벽의 높이 위에서도
> 공포의 깊이 위험 앞에서도 뛰어내린다
> 그리하여 멀리 바다에 이른다
> 　　　　　　　　　　_「낭떠러지 앞에서」

 90년대 문학은 위대함을 포기함으로써 그 목소리의 시대적 변별성을 추구해 가고 있는 것 같다. 나는 그 시도의 문학적 의미를 과소평가하지 않는다. 그것은 명백히 의미 있는 시도이다. 80년대의 들뜬 정치적 메시지에 눌려 질식되었던 개인의 목소리들이 얼핏 보기엔 아주 잡다한 여러 형식들을 통해 발성되고 있다. 박용하의 목소리는 그 목소리들 가운데에서 어쩌면 가장 이질적인 요소들을 가장 많이 가지고 있는지도 모른다. 그는 위대함의 꿈을 버리지 않은 거의 유일한 젊은 시인이다. 그래서 그의 시에는 어떻게 보면 시쳇말로 '폼'만 너무 센 터프가이의 거친 매너를 닮은 부분이 가끔 돌출되어 드러난다. 그러나 그것은 그의 젊음의 열정의 흔적이다. 오히려 그 세련되어지지 않은 열정은 도시적 감수성으로만 얄팍하게 무장한 "내면이 없는" 세대가 가장 결하고 있는 덕성일 수도 있다.

박용하는 이미 어떤 자신의 어법을 구축하는 데 성공하고 있다. 그리고 그것은 그의 치열한 내면추구를 통하여 탄탄한 상상적 통일성을 보여 준다. 어조의 단조로움이라든지 이미지들의 조합이 도식적이라든지 하는 결함을 지적할 수는 있겠지만, 그것은 그가 지닌 위대함의 꿈, 그리고 그것을 수행해 가면서 구축한 그의 견인주의적 상상력이 이룩한 성과에 비하면 그리 크게 문제 삼을 바는 아니다. 게다가 그는 젊은 시인이 아닌가. 젊음의 거칠음은 오히려 신선하다. 그것은 어떤 의미에서는 내일의 형식적 우아함 보다 훨씬 더 가치 있는 것인지도 모른다.

1992년

형식으로부터의 탈출, 소멸의 꿈
_허순위 시집 『말라가는 희망』

허순위의 시집은 쉽게 읽히지 않는다. 그녀의 시는 마치, 꼭꼭 눌러 쓴 메모지 뒷장에 남아 있는 어떤 글씨의 흔적들처럼 희미한, 이렇게 말하는 것이 허용된다면, 의미의 그림자들만을 남긴다. 그것은 무엇인가를 말하려고 하다가 이내 입을 다물어 버리거나 한눈을 판다. 그러다가 그것은 내가 쉽게 일관성 있는 법칙을 짚어낼 수 없는 어떤 내적인 감성의 골을 따라 흘러가 버린다. 던져진 단어의 파편들, 그리고 그 파편들은 문득 전체의 구문에서 떨어져 나와 자유롭게 번식한다. 그것은 가능한 한 시인의 의식을 차근차근 따라가 이미지들의 체계, 그리고 그것들이 드러내는 시인의 혼의 결을 읽으려고 하는 나를 혼란스럽게 만든다. 나는 어느 순간 갑자기 내가 들고 쫓아가던 작은 불빛을 잃어버린다. 나는 갑자기, 허순위가 자주 사용하는 표현을 빌어 말한다면 "벽처럼 우뚝우뚝 치솟아오르는" 어둠 속에 남아 있다. 내 탓이다, 나는 겸손하게 인정한다. 아마도 나는, 이 시인을 충분히 이해하기에는 너무나 둔하거나, 또는 너무나 딱딱한 자를 들고 있는 것일까. 아니면 나는 또

다시 지나친 욕심을 부리고 있는 것인지도 모른다. 나는 기다린다. 치열한 추구, 그것을 거쳐 드러나는 우아한 영혼의 자유…… 낯선 지평선…… 그러나 그것들을 한 쾌에 정리하는 어떤 지적인 명료함…… 나는 특히 명료함의 결핍 때문에 시달린다. 아이고, 할머니, 때가 어느 때인데 명료함, 운운하십니까, 바야흐로 언어가 언어를 처부수지 못해서 안달인 시대에, 언어가 자기 스스로를 거추장스러워하는 시대에. 하지만 내 맘이다. 나는 몇 개의 절대로 양보할 수 없는 덕목들을 꼭 끌어안는다. 나는 그것들을 위해 살거나 죽는다.

　허순위의 시에서 내가 읽어 낼 수 있는 것이 어떤 희미한 흔적들에 불과하다 하더라도 한 가지 확실한 것은 그것이 '상실'의 흔적들이라는 사실이다. 상실감은 허순위의 시세계의 밑그림이다. 그것이 얼마나 시인이 삶에 대해 느끼고 있는 근본적인 감정인가 하는 사실은 다음의 시에서 뚜렷하게 드러난다.

　　신설동역에선
　　스카프를 고쳐 맬 동안에 장갑을 잃었다
　　살갗에 지퍼를 달자
　　호주머니가 몸 안에 있을 때
　　내가 잃어버린다는 말과 이별할까?
　　　　　　　　　　　　_허순위,「가장 쓸쓸한 역」

　"잃어버린다"는 감정이 오죽 절실했으면 시인은 몸속에다가 존재를 챙겨 넣을 호주머니를 만들어 달 생각을 하게 된 것일까. "육체"와 상실감과의 관계는 허순위만의 독특한 감정은 아닐 터이다. 육체야말로 삶의 담보이지만, 동시에 우리는 그것 때문에 죽어 가야 하는 존재가 되는 것이니까. 그러나 허순위에게 육체와 상실의 주제는 다른 어느 시인들의 시에서보다 더욱 가깝게 붙어 있다. 그녀에게 삶은 오로지 "부글거리는 거품의 계단"일 뿐이며, 시간은 "어둠의 시침, 배반의 분침, 그리고 상실의 초침"일 따름이다. 그 육체가 불러내는 상실의 감정은 어떻게 보면 「환상」, 「포도밭 이야기」 그리고 「얼음방」 등에서 암시되는 실연의 경험과 직·간접적으로 연관을 맺고 있는 것처럼 보인다.

> 시베리아 여관에서 잔 기억이 있습니까?
> 눈의 동토지대 그 대극이었어야 했을 잠과 사랑의 지역에
> 오매불망 그리던 무망의 눈벌판이 누워 있다는 것을 아십니까?
> 욕망과 허기가 꼬깃꼬깃 접혀든 맨드라미 음지의 붉은 속살
> 빗죽 불거진 가시를 뽑을 때 몸은 겨드랑이에 무거운 돌을 매달고
> 추락하며 나는 알았습니다. 부서지지 않으면 몸은
> 아무것도 아니라고 몸보다 긴 밤의 길이를 자르고, 적시고, 뭉쳐서
> 내던지며, 장미와 물을 위해 쓰여지지 않으면 몸도 벼랑일 뿐이라고, 아무것도
> 아니었지만 그러나 나의 옛 삶은 언제나 옳았다고 괴로웠기 때문에.
> 나무들의 작은 손이 머리를 만지며 따라왔던 서울의 한복판
> 악의 꽃잎 물고서야 잠잠히 가라앉던 나를 가르고
> 절망의 얼음조각 집어넣던 정사 끝의 길쭉한 독방을,
> 기억하십니까?
> 　　　　　　　　　　　　　　　　　　　　_「얼음방」

육체는 이 시인에게 따스한 "잠과 사랑의 지역", 나눔과 만남의 기호가 아닙니다. 그것은 "욕망의 허기"로 고통스러워하며, 무거운 "추락"의 숙명을 지닌, 어둡고 고독한 헤어짐, 이별의 기호이다. 육체에 덧붙여진 상실의 주체와 실연의 경험과의 관련성은 다음 시에서도 조심스레 드러난다.

> 이별의 정류장 아픈 내 머리 위
> 처음에는 안돼 안돼 소스라치다가
> 스르르 풀리는 햇살의 태엽
> 그날 이후 마음 안의 마음도
> 마음 밖의 마음도 지치던 저녁답
> 오후 3시의 햇살 속에 쏟아지는 눈같이
> 적막이 정지된 시계 속
> 찌르르 찌르르 여치가 울고
> 그러고도 한 사나흘 뒤 비딱한 모자 쓰고
> 제 낯 드러내는, 잘 가 즐거웠어, 하는 말같이.
> 이별의 정류장 아픈 네 머리 위
>
> ―「반달」

「반달」의 이미지는 허순위의 시들 속에서 여러 차례 등장한다. 어느 경우에도 그것이 드러내는 정서는 결핍과 어둠이다. 이를테면 시인은 쇼윈도 안의 헝겊인형들의 춤을 묘사한 다른 시에도 「반달」이라는 제목을 붙인다.

> 기타를 메고 선글라스를 낀
> 헝겊인형들의 춤이 한창인 쇼윈도
> 안을 보는 밤

둥근 시선 끝 더 안쪽에서 붉은 비가 부슬부슬

　　흐르는 전류 때문에 단조로웠지만
　　처음 보는 조그만 열광에 취해 나도 비도 모르고
　　삶은 비 오는 날의, 목마른, 불륜의 애증을 배경음악삼은 춤
　　갖가지 꽃의 낯을 띤, 인형들, 수수깡 몸매의
　　속이 불안한 춤을 들여다보았다.
　　약간씩 구부러진 낡은 등마다
　　조금, 웅달이 괴어
　　자기 핀 줄기마다 기우뚱 시든 잎사귀 꼭 세 개씩 붙었다.
　　그림자조차
　　묶어지지도 풀어지지도 않는 두 사람의 만남과 이별같이
　　　　　　　　　　　　　　　　　　_「반달」

　앞서의 "반달"의 이미지는 아마도 그 비딱한 모양새 때문에 안녕, 하고 모자를 벗고 인사하는 이별의 동작을 환기시킨 것이겠지만, 이 시에서의 "반달"은 아마도 인형의 "구부러진" 등의 곡선에서 직접적인 연상을 얻은 것이리라. 그러나 내가 관심을 가지는 것은 그런 외형적 연상작용이 아니다. 나는 아마도 틀림없이 쇼윈도의 붉은 조명을 묘사하고 있는 듯한 "붉은 비"와 "반달", "열광", 그리고 "불안한 춤"과 "시든 잎사귀 세 개"를 상징적 동일선상에 놓고 읽는다. "붉은 달"은 농부들에게 가장 두려운 징조였다. 그것은 흉년과 재난의 징조였다. 그 "붉은 색"과 달의 상징적 연관관계 뒤에서 여성적 생리에 대한 금기를 찾아낸다든가 또는 허순위의 시에 표현된 "춤"과 피에 물든 칼리 여신의 광란의 춤을 연결시킨다든가, 또는 달의 상징주의가 언제나 3과 4의 상징주의(상·하현/보름달/그믐)를 중심으로 전개된다든가 하는 해석을 포기한

다 하더라도, 적어도 우리는 허순위의 시에서 나타난 "반달"의 이미지가 부정적으로 여가與價된 에로스의 의미를 가지고 있다는 사실을 확인할 수 있다. 인형이 쓰고 있는 선글라스가 암시 하는 통제되지 않은 무의식의 어둠은 "불륜", 그리고 "웅달"의 의미소 곁에서 수렴된다. 그것은 만나서 짝을 이루어 열매를 맺는 풍성한 육체의 춤이 아니라 만나지지 않는, 짝짝이의, 홀수의, "불안한" "시든" 속이 빈 "수수깡"의 춤이다. 그 육체를 적시는 비는 생장의 원칙인 신선한 생수가 아니라 "삶은 비"이다.

허순위가 육체에 부여하는 상실감이 어떤 구체적인 실연의 경험에 기초하고 있는지 그렇지 않은지를 아는 것은, 사실은 조금도 중요하지 않다. 내가 그러한 가정을 따라가는 것은 그것이 이 시인에게서 시의 탄생과 관련을 맺고 있다는 생각 때문이다. 시인은 개인적인 대화에서 대학 졸업(부산대 지구과학과)과 동시에 "어떤 영혼을 만났고……", 그리고 "앓았다"라고 조용히 말했다. 그리고 그녀는 "시를 쓰기 시작했다"고 덧붙여 말했다. "자기 소멸의 시작 이었어요."라고 그녀는 말했고, 그리고 나는 속으로 "그래요, 그리고 진짜 자아를 얻기 위한 제의의 시작 이었겠지요"라고 따라 말했다. 자기를 죽이는 제의는 한 타인의 영혼에 매혹된, 그리고 그 매혹으로 인하여 상처받은 자의 내면에서, 허순위에게 익숙한 표현을 빌자면 "늑골 안쪽에서" 시작된다. 그녀는 한동안 "아무것도 안하고 시에 미쳐 있었고", 그리고 "공부를 제대로 해야겠다는 필요성 때문에" 서른한 살의 늦은 나이에 대신대 국문과에 진학한다. 만나지지 않은 영혼과 시의 탄생은 「환상」과 「포도밭 이야기」에서 암시적으로 묘사된다. 길지만, 허순위의 시세계를 이해하기 위해서 중요한 요소들을 함축하고 있으므로 「환상」을 전문 인용하기로 한다.

<

　그리고 어쨌든 나는 보았다. 나를 둘러쌌던
　옛 시간의 둥근 집을
　그 집을 메우며 14년 전의 H씨가 지워지는 광경이
　뱃속에서 잉태되는 것을 보았다.
　어떤 낯선 H씨가 아닌 H씨 같은 그를 만났을 때
　그 검은 태아를 위해 흘리는 그 누군가의 눈물이
　피를 기억나게 하고 피 속의 불이 솟아 나를 말아삼킬 때
　오래 차단된 한숨과 전쟁이 바로 내 뱃속에서
　커다란 변화의 환상으로 일어났다고나 할까.
〈김종삼〉을 생각나게 하는 점박이눈처럼, 혹은 무슨 이중주
곡처럼
　들끓으며 내 앞에 내 모습을 던지는 빛과 괴로움의
　비비적거림과 치대이는 불안의 검은 태아가
　불 먹고 헐떡이며 일순 빈 나를 만들 때
　그때, 그때,
　그 태아 불볕에 익어가는 붉은 포도밭이 되는 것을 나는 보
았다.
　올망졸망 포도알과 포도잎사귀들은 배를 박차고 나가 우거
지고 싶어
　그늘 속 포도줄기 가는 데마다 끈끈한 진액들 흙을 적시고
싶어
　오, 하지만 힘들어 그 불 속에서 살기며 꿈꾸기며
　빨리 달아난 몸속의 환상은 하늘의 불의 장난이었을까.
　H씨도 H씨 같은 그도 여전히 그 자리에 섰는데
　무언가 다시 찾은 쓸쓸함 같은 것이 구름을 열고 온다.
　오묘한 불의 조화 한복판에 나만 우뚝 서 있다.

포도꽃들은 여전히 내 검은 배꼽 속에서 끙끙거리고
　　훌쩍거리며 빠져 나간 포도열매를 찾아 다시 기웃기웃 칭얼
　　거리고

_「환상」

　이 시와, 그리고 똑같은 환상을 다루고 있는 「포도밭 이야기」에는 "뱃속의 포도밭아/네가 왜 울며 어디로 가는지/이제 말하지 않아도 괜찮네"라는 시구가 덧붙여져 있다. "포도"는 전통적으로 다산과 풍요를 상징하며, 허순위의 시에서도 같은 상징적 의미로 사용되고 있지만, 기독교 교육을 받고 자란 이 시인에게서 "포도밭"은 또 다른 영적인 의미로 착색되어 있다. 그것은 복음서의 비유에 빈번히 등장하는 장소이다(허순위의 시에서 기독교적 용어는 자주 등장한다). 이 시 속에서 "포도밭"은 "불의 조화"로 인하여 얻어진 H씨 대신의 어떤 다른 새로운 존재의 자리, 고통의 값을 치르고 결핍의 자리를 "메우며" 태어난 시인의 존재론적 장소이다. H씨로 상징되는 아무개 씨는 환상의 다리를 거쳐 "어떤 H씨가 아닌 H씨 같은 그"로 바뀐다. 그는 우연히 만났던 어떤 사람의 의미를 뛰어넘는다. 그 "커다란 변화"를 경험하는 자아는 실존의 테두리를 탈출한다. 그것은 "일순" 자아의 틀을 탈출한 "빈" 자아, 서구의 형이상학자들에게 익숙한 용어로 바꾼다면 비자아非自我 *le non-moi*이다. 이 대목은 「포도밭 이야기」에서는 더욱 명료하게 진술된다.

　　문득 짧게
　　내 깊은 뱃속 바알간 포도밭에 나는 싸였네
　　아랫도리 혼곤히 어둠에 젖어 배꼽이 빠질 듯 아플 때
　　14년 전의 H씨 지우려고 저기서 낯선 H씨 올 때
　　옛 시간의 둥근 집 검은 태아처럼 잉태되었네

생명은 다 찬연한 곳으로 머리 돌리고 싶어
「포도밭 이야기」

그 "낯선" H씨는 이미 시인이 예전에 사랑했고, 그리고 얻지 못했던 현실의 어떤 존재가 아니다. 시인은 개인적인 상실의 경험을 영혼의 싸움이라는 용광로에 넣고 단련하여 시로 변환시킨다. 그는 이제 시인이 낳는 시이다. 또는 시인이 상실의 경험을 통하여 쟁취하는 새로운 자아이다. "점박이 눈", 또는 "이중주곡처럼" 고스란히 육체와 정신, 밤과 낮, 삶과 죽음의 치열한 이원론적 싸움의 흔적을 지니고 있는 이 "태아"가 존재론적 변환의 상징이라는 것은 "내 앞에 내 모습을 던지는"이라는 대목에서 움직일 수 없이 확실해진다. 이 구절을 정확히 이해하기 위해서는 "나는 나이시니 (또한 내 몸과 나 사이에서의), 「약이 나인데」"라는 다른 시의 시구를 겹쳐 읽어볼 필요가 있다. 허순위는 "내가 내가 되기 위해서" 나를 버리는 제의의 한복판에, 시인 자신의 표현을 빈다면 "나를 꿈꾸는" "오묘한 불의 조화 한복판에" 서 있는 것이다. 연금술사들의 자기 변환의 매체인 '불'의 환상은 존재의 변환을 꿈꾸는 한 한국의 시인에게서 다시 되풀이된다.

시인은 나와의 개인적인 대화에서 "나를 부수고 흩어버리고 그리고 내면에서 다시 통일하고 싶었어요. 그리고 내겐 그럴 힘이 있어요"라고 나지막하게, 그리고 단호하게 말했다. 그러나 인용된 시들 속에서 그 태아의 환상은 아주 "빨리 달아나" 버린다. 그 언어의 호문쿨루스 *Homonculus*는 아직 행복한 "살됨 *incarnation*"의 현실에 이르지 못한 듯 "불안"하며, "검은 환"에 싸여 있으며, 아직 태어나지 못한 채 한번 가능했던 포도열매에 대한 환상을 찾아 "끙끙거리고" "칭얼거린다". H씨와 "낯선" H씨도 통일되지 못한 채 다시 각각 따로따로 별개의 존재로 인지된다.

>
아마 아아

이건 나를 꿈꾸는 하늘의 불의 짧은 장난이었나 봐

H씨도 낯선 H씨도 포도밭가에서

따로 자기 나무 아래 앉아 담배를 피우고

나는 여전히 혼곤한 어둠에 젖어 있는 건지

포도꽃들은 배꼽 밑에 모여 잃어버린 포도열매를 찾아

끙끙거리고, 칭얼거리는데

_「포도밭 이야기」

다시 이야기하게 되겠지만, 허순위에게서 존재의 근거는 "나무"이거나 "풀잎"이다. 두 H씨들은 각각 다른 "나무"에 기대고 있다(그 "나무"는 존재의 축, 인류학적 용어를 빈다면 일체의 사물이 의미를 획득하는 중심을 꿰뚫는 세계축이다. 자아추구의 환상에서 야곱의 사다리의 변형인 "나무"의 상징주의가 자주 등장하는 것은 그 때문이다). 시인의 내면의 포도밭은 울고 있다. 그것은 아직도 현시태顯示態 le manifestié가 아니라 비현시태 le non manifesté의 존재, 몸을 얻기 위하여 아직 시인의 내면에서, 허순위적인 표현으로 말한다면 "들끓고 있는" 존재이기 때문이다. 그것이 "검은 태아"인 이유는 그 때문이다. 모든 현시태의 존재는 반드시 빛을 동반한다. 그 시라는 "아이"는 아직 빛 속으로 나오지 않은 아이, 아직도 태어나지 않은 태아이다. 시인은 입덧 중이다. 그녀는 "너" "돌연변이 물새"(엽서)의 도래를 기다리며 "아……앵도 한 알 먹고 싶어"한다.

시 「환상」과 「포도밭 이야기」는 시인의 개인적 상실의 경험이 존재론적 소명으로 전환되는 내면의 제의를 기록하고 있다. 이 미완성의 제의는 허순위의 시세계를 이해하기 위한 가장 중요한 단서를 제공한다. 그녀의 흐릿한 흔적 같은 글쓰기를 꼼꼼히 참을성 있게 읽어 보면, 우리는 그녀가 '형식'의 껄끄러움 때문에 고통스러워하고 있다는 사실을 알게 된다. 위에서 인용한 시들에서 이미 드러나 있는 것처럼, 그녀는 내면의 추구에게 적절한 '살됨'의 형식을 부여하지 못해 힘들어 하고 있는 것이다. 그녀가 '형식'이라고 부르는 것은 어떤 구체적 윤곽 속에 갇힘을 의미한다. 그것을 우리는 유한有限 le fini이라는 용어로 바꾸어 부를 수 있다. 그녀에게 유한을 가장 가깝게 느끼게 하는 것은 바로 우리의 살, 육체이다.

> 팍 쪄놓은 영계백숙을
> 들어올려 숟가락으로 탁, 탁,
> 날개뼈 사이를 때리니까
> 촤르르 온몸이 분해되어 쏟아지는 성냥개비만한
> 뼛조각들, 살도 뼈도 한통속인 것을,
> 낡은 헝겊 같은 껍데기의 질긴 형태를,
> 그토록 불쌍한 흐느적거림의 모진 생태를,
> 본다.
>
> _「구석에서의 대면」

그 덧없는 유한의 껍질은 그러나 질기며 모질다. 살아 있는 생명은 어느 경우에도 '형식'의 어색함에 시달린다. 그것은 근본적으로 생명의 내용과 어긋나 있는 어떤 것이다. 이 생명의 형식의 근원적인 '어긋남'은 시인으로 하여금 "옥수수꽃은(……)/피고 싶지 않아도 텅/꽃이기에(……)/의아해하며 피었다"라고 말하게 만든다. 그녀는 무엇이 옥수수꽃을 옥수수꽃이라는 형식 안에 갇혀 있게 만드는지 알지 못하는 것이다. 그 생명 형식의 '어긋남'에 대한 인식은 육체의 형식을 "휘휘 나를 따라오며 감기던 껍데기의 덩굴", 그리고 이윽고 옷에서 달랑 떨어져 버리는 "무정한 단추"라고 느끼게 만든다. 그녀에게 삶은 "언제나 시보에 맞춰놓지만/(……) 하루에 5분씩 늦"는 시계다. 그녀에게 시는 그 근원적인 어긋남과 겨루는 방식이다.

> 저 오류의 5분은
> 내 늑골 안쪽을 노려보는 듯하다
> 5분의 증오를 꽃밭으로 일구어 보겠다고
> 아마 그 꽃밭 속에 젖은 검은 내 속눈썹이 떨어져
> 있을 걸 생각했다 나는 그 꽃밭 속에 속눈썹이 있다고
> 온몸을 5분의 환도뼈와 겨루어 왔다. 백지 위에서
> 이곳에서
> 그 골짜기의 언어는 다 지워지고
> 언어가 다 지워진 골짜기에 비가 내리고
> 어디서 몰려왔을까 청개구리 떼 울음 꽉 찬
> 풍경을 본다.
> ─「속눈썹을 위한 저녁기도」

「속눈썹을 위한 저녁기도」라는 알쏭달쏭한 제목은 이 '형식'의 부재에 고통스러워하는 시인을 이해하게 하는 데 결정적인 도움을 준다. 유한의 덧없음을 혐오스러워하는 이 시인에게서 우리는 자연스럽게 '촉각'의 부재를 확인한다. 그녀는 매끄러운 단추 같은 메뚜기 눈알을 "만져 보고" 싶어하는 정화진의 정반대편에 있다. 허순위는 사물을 만져보지 않는다. 그녀는 그것을 '바라본다'. 그녀의 시세계에서 가장 선호되는 감각은 시각이다. 삶의 근원적인 어긋남을 극복하는 꽃밭, 시의 장소에다가도 그녀는 "속눈썹"을 놓아둔다. "수백 년 전"의 "축축한 속눈썹"은 바로 시공을 초월

하는 시적 직관, 내면적 투시의 상징인 것이다. 그런데 그것이 언어의 '지워짐'에 연관되어 있다는 사실에 우리는 주목할 필요가 있다. 그 지워진 언어는 말라르메적인 의미에서의 '침묵'에 접근한다. 언어는 유한의 원칙이다. 그것은 언제나 기표의 구체성에 덜미를 잡혀 있다. 그것은 저 풍요로운 자연의 소리, 있는 그대로 충만한 "개구리 떼"를 그려내지 못한다. 시인의 언어는 그 앞에서 "약 없는 볼펜(「가을」)"처럼 무력하다. 그것은 어긋난 언어, 허순위 식으로 말하면 "오해"다. "오해"는 삶의 근원적인 요건이다. 시인은 그 어긋난 형식 때문에 "사라진 [자신의] 절반의 거처를 모른다(「오해」)". 그녀의 삶은 텅 빈 형식, "랜드로바 종이가방"이다.

  삶의 형식이 내용과 근원적으로 어긋나 있는 어떤 것이라는 인식은 「두 여자」라는 시에서 플라타너스 그림자와 오버랩 되지 못하는, "나무"와 언제나 "나무 한 그루의 거리만큼" 일정하게 떨어져 있는 여자의 그림자로 묘사된다. "탕녀 같은 시대"의 욕정은 자연의 행복한 법칙과 영원히 따로 놀고 있는 것이다. 그런 "오해"의 삶 속에서 "사방 살아 있는 사물들은 미안하다".

  그래서 허순위는 유한의 형식을 포기한다. 그녀는 낮게 포복하기 시작한다. 그래야 삶을 존재의 근거인 자연의 형식에 "접붙일" 수 있기 때문이다. "한 줄기의 행위를 한 나무의 의지에 접붙이려고(자연에 기대기 위해서 시인은 '행위'를 나무를 세는 양 한 '줄기'라고 부른다)" 시인은 가능한 한 낮게 몸을 숙여 자연의 형식을 자기의 것으로 동화하려 한다. 그 꿈은 가장 텅 빈 형식인 "숫자"의 반대편인 "들판"으로 시인을 데려가고, "몸으로부터 오는(……) 삶을 믿지 말자(……) 결심"하며 "풀꽃을 향해 포복해 가게" 만든다. 형식의 껄끄러움으로부터 자유로운 삶은 그녀에게 "지렁이"의 이미지로 묘사된다.

> 누가 만약 돌 같은
> 내 뼈를 꺾어놓고
> 나를 고운 지렁이, 지렁이 하고…… 불러준다면
> 흙 속을 금을 캐듯 밝혀온 몸뚱어리
> 어느 날은 허공을 담담하게 곤추서서
> 꽃이 많다는 하늘의 비에 타겠지
> 그때 살갗 밑
> 우지 않는 새들이 없고
> 실핏줄 속속들이
> 달리겠지 흠없고 긴
> 나의 자유는.
>
> 　　　　　　　　　　　　　　_「지렁이」

 이윽고 허순위는 육체를 완전히 포기한다. 그녀를 사로잡고 있는 가장 강력한 욕구는 소멸의 욕구이다. 그녀에게 가장 아름답게 여겨지는 것들은 소멸되기 직전, 또는 육체로부터 탈출하기 직전의 사물들이다. 신발 끈을 묶는 발레나, 실바람에 실려 가는 작은 꽃들, 부서지는 달빛. 그녀가 눈과 얼음에 매혹되어 있는 까닭도 그것들이 아무런 유한의, 끈적거리는 육체의 저항 없이 사르르 소멸될 줄 알기 때문이다. 그녀의 시에 '소리'가 유난히 많이 등장하는 것도 이 소멸의 욕구와 무관하지 않다. 무형적인 것들을 파악하는 감각은 청각뿐이기 때문이다.

 드러나지 않은 어떤 무형의 형식, 또는 형태 이전의 삶의 형식에 대한 갈증은 「그 소리」에서 아름답게 묘사된다. 이 시에서 돌아가신 어머니라는 부재하는 무형의 존재는 "콜탈로 엉긴 꽃의 형태"이며, 그것은 "식물의 품종인 환타지아로 쿵, 쾅 울리거나 휩

쏠"린다. 그 무형의 형태가 식물적 상상력을 동반한다는 사실에 우리는 주의를 기울일 필요가 있다. 육체의 동물적 끈끈함을 견디지 못하는 시인에게 무형의 꿈에 동반되는 '소리'는 "식물의 품종" "서늘한" 삶의 형식과 관련되어 있는 것이다. 죽어서 무형인 어머니에게 형태를 주기 위해서 시인은 가장 순결한 여성들인 "처녀들의 탄탄하고 초산 머금은" 자궁에서 그 "콜탈"을 끄집어내려고 하지만, 여전히 시인의 시도는 좌절 된다(안녕? 안녕! 하며 밤 속으로 들어가 보지만 모두 아니라고 말한 것뿐이고요).

  그러나 그 꿈이 늘 좌절로 끝나기만 하는 것은 아니다. 이를테면 목욕탕에서 시인은 "몸의 부피만큼 빠져나가", 내가 나이거나 또는 아니거나 한 내가 아니라 "유일한 나의 당신"(이 "당신"은 정화시키는 '물'의 상징성을 거쳐 시인에게 '온다'. 예를 들면 "주방에서 그릇을 씻으면/물 속으로 당신이 온다(「회복」)", 또는 다른 시들에서 "너"라고 불리는 이 존재는 타인인 외부의 "너"가 아니라, 내면의 다른 '나', 어떤 특별한 순간 완벽하게 실존의 윤곽을 벗어나는, 랭보적인 의미에서의 타자 *Autre*다)이 되는 "다른 모양"의 삶의 형식이 "완성되려 한다"고 예감한다. 또는 쏟아지는 폭우를 보며 시인은 존재의 "가장자리 부근에서 사라"져 "우리 은하 바깥 우물 안"(「2월」)으로 들어간다.(그 형식은 존재 쪽에서 보면 '밖'이지만, 존재 이상 쪽에서 보면 '안'이다) 그 형식의 힘찬 현현을 본다. 그 힘찬 빗줄기는 무력한 "흐느적대는" 살의 추락의 형식을 전격적으로 교정하는 거꾸로 일어서는 살이다.

    청춘이 비누나 치약같이 한 덩이 거덜나고 거품의
    쓴 꼬리 끝에 형식에 이용당한 사랑이 끌려 나올 때
    줄기 탄 탕자의 지붕 위 풀들은 뜻밖의 세찬 밤폭우로 푸들푸
      들 떨며

나와 내 사이 헝클어진 거리가 몸을 이루는 게 보인다.
　— 무서운 비
　— 무서운 몸
　— 번갯불 속에서 꼿꼿이 선,
　— 내 몸 밖에서 나를 바라보는 소리 없는 경악의
물약 같은 슬픔은 우편그늘이 되어 조용히 멈추어 섰다.
휩쓸려가는 세월의 급류 아래
엉킨 실뿌리들 투명하게 결 고르며 피까지 젖는 몇 날 밤의 검은
몸에 돋는 물의 소름을 보며, 나는 싸늘하게 기절한다.
— 「밤폭우」

　"우편그늘"은 무엇을 의미하는 것일까? 내가 내 몸 밖의 나와 소통한다는 뜻일까? "폭우"가 시인을 매료하는 까닭은 우선은 그 힘찬 역동성 때문이지만, 그러나 그 매혹은 또 다른 중요한 이유를 가지고 있다. 비는 그 '고른' 결 때문에 육체의 들쭉날쭉함에 고통스러워하는 허순위를 매혹한다. 그것은 균질均質의 사물이다. 그래서 우리는 "가늘게채썬은용서에몸붙여비명에찬가슴의태엽을풀고싶다"라든가 "엷게 저민 무의 켜켜에 눈물 같은 것이 찔끔거렸다"든가 하는 수수께끼 같은 표현들을 이해하게 된다. 그녀는 가지런히 배열된 사물들을 선호한다.
　그러나 누가 육체를, 이 너덜거리는, 그러나 질기고 완강한 유한의 형식을 떠날 수 있는가?

　골짜기의 미로처럼 빨갛게 달구어진 채 점점 또렷해지는 열에 들뜬 코일선은 **소멸을 바랬던** 그녀의 불안 혹은 그것의 확인을 위한 한낱 물증일지도 모른다…… 목마른 물주전자를 얹

고 물을 끓여 본다. 아쉽도록 미안하도록 물은 오래 끓는다. 물이 바깥의 무절제한 바람을 끓인다. 물과 바람은 균형을 위해 안간힘 쓸 뿐, 아직은, 아직은 그녀는 형식인 슬픔의 껍데기를 벗겨 내리고 찢어발길 수 없다. 그녀 기다리는 불새가 이 벽 저 벽 쿡쿡 부딪치며 방바닥에 떨어진다.

「독신녀」

언젠가 자유가 우리의 옆구리에서 "부채처럼" 활짝 펼쳐질 때까지 이 마땅찮은 형식을 받아들이는 수밖에 없다. 그렇지 않은가. 혹시 4년 전부터 하게 된 병원 근무가 육체에 대한 부정적 인식을 더욱 굳혀 버리게 만들지 않았느냐는 나의 질문에 시인은 아니, 전혀 그렇지 않다, 라고 대답했다. "전에는 그랬어요. 몸을 버리는 일만이 몸을 벗어나는 길이라고 생각했어요. 아뇨, 지금은 전혀 그렇지 않아요. 오히려 지금은 결핍이, 티가 있는 것들, 불완전한 것들이 사랑스러워요." 그래서 그녀의 시 안에는 "점박이나리"와 "점박이눈"이, 그리고 "외발"로 걷기가 등장하는 것일까.

그러면 다시 그녀와 함께 기다리자. 어떤, 삶의 유한함을 껴안으며 극복하는 참을성 있는 불새의 도래를.

1992년

죽일 수 없는 난장이의 꿈
_조세희의 『난장이가 쏘아올린 작은 공』의 한 읽기

한 편의 소설의 독자가 된다는 것은 무엇을 의미하는 것일까. 그것은 나에게 한 사람의 어깨너머로 세상을 들여다보는 일을 의미한다. 여기 한 명의 독자가 있다. 그의 마음에는 한 편의 소설을 만나기 전에 이미 형성되어 있는 영혼의 요철이 패어 있다. 한 편의 소설을, 또는 시를, 또는 한 곡조의 음악을 만나기 전에 그것들을 이미 어떤 손에 의해서 모양이 정해져 있다. 그러나 어떤 위대한 작품들은 독자의 마음의 요철을 뒤바꾸어 놓는다. 마치 파도가 한 차례 지나간 뒤의 모래톱들처럼 그것은 어떤 강한 힘의 습격을 받고 일대 혼란을 겪는다. 그러나 그것은 얼마나 놀라운 경험인가. 그리고 어떤 구절들, 그 작품의 어떤 분위기는 이제 다시는 어떤 강한 힘이 밀어 닥쳐와도 없어지지 않는 뚜렷한 흔적으로 우리의 마음에 남는다. 작가는 어떤 권력자보다도 더 막강하게 독자의 영혼을 지배한다. 권력자들은 얼마나 어리석은가. 그들은 우리를 그물에 가두어 넣고 안심한다. 그들은 우리가 꾸는 자유의 꿈이 얼마나 지독한 중독성을 가지고 있는지 알지 못하는 것이다. 우리는 그물에 갇힌 채 꿈의 씨앗을 키운다. 적의와 증오, 좌절과 쓰라림의 호된 공격에 무방비로 노출되어 있는 작은 씨앗. 그러나 작을수록 얼마나 집약적인 힘을 숨겨가지고 있는지 어리석은 그들은 알지 못한다. 우리의 존재는 조금씩 성장한다. 꿈은 조금씩 배어나와 어느새 우리의 존재를 거대한 풍선처럼 만든다.

그물을 끊을 수 없다고? 아니, 그물은 끊어진다. 사방에서 아주 작은 난장이들이 해머, 끌, 쇠망치, 줄칼, 드라이버, 스패너로 밤마다 일하고 있기 때문이다. 그 난장이들의 왜소한 가슴속의 힘없는 씨앗의 어머니들, 그 난장이들만큼 힘없고 가난한 작가들이 사라져버린 뒤에도 난장이들은 열심히 일한다. 가끔 풍선들이 하늘로 떠오른다. 떠오르기 전에 그 풍선은 옆의 난장이들에게 숨을 가르릉 거리며 말한다. '사랑한다'라고. 우리는 가버리는 풍선에게 '안녕'하고 인사한다. 눈물이 우리를 흔든다. 그러나 우리는 눈물의 가치를 믿는다. 왜냐하면 그 눈물의 힘으로 우리는 함께 난장이로 살아가야 하는 이 삶의 힘겨움을 견디는 것이라고 믿으므로, 드디어 이 그물에서 해방되어 어느 약속되어 있는 땅에 이르는, 이 땅에서 난장이였던 자들이 매달렸던 밤일의 가치를 믿게 하는 것은 바로 그 눈물의 힘이므로.

조세희의 『난장이가 쏘아올린 작은 공』은 내가 그물에 갇혀 꾸는 꿈의 단단한 씨앗 하나를 내 가슴에 남겼다. 그 책은 거의 상처와도 같이 내 젊음의 까끌까끌한 삶 위에 떨어졌다. 산다는 일의 참담함, 그 참담함 속에 유배되어 있는 순결함의 꿈처럼 둥둥 떠도는 문학이라는 이름의 낡은 배. 나는 왜 이 폐선을 떠나지 못하는가. 나는 조세희의 난장이 곁에서 깨달았다. 그것은 삶에 대한 사랑 때문이었다. 내가 확신할 수 있는 것은 그 사랑의 진정성 한 가지뿐이었다. 나는 그 배 안에 남았다. 나는 굉장히 불행했고 아주 조금 행복했다. 그러나 나는 깊이 사는 방법을 배웠다.

나는 다시 난장이를 만나러 간다. 그의 발자국을 놓치지 않고 따라가기 위해서 나는 『난장이가 쏘아올린 작은 공』의 작품 하나 하나를 찬찬히 되짚어보려고 한다.

「뫼비우스의 띠」

입시를 앞둔 고등학교 3학년 교실. 수학교사가 아이들에게 질문을 던진다. 두 아이가 굴뚝청소를 했는데 한 아이는 깨끗한 얼굴로 또 한 아이는 더러워진 얼굴로 내려왔다. 누가 얼굴을 씻겠는가? 아이들은 얼굴이 더러워진 아이라고 대답한다. 교사는 아니라고 대답한다. 왜냐하면, 얼굴이 더러운 아이는 얼굴이 깨끗한 아이를 보고 자기도 깨끗하다고 생각하겠지만, 반대로 깨끗한 얼굴을 한 아이는 상대방의 얼굴을 보고 자기도 더럽다고 생각할 것이기 때문이다. 아이들이 놀라움의 탄성을 지른다. 교사가 똑같은 질문을 다시 던진다. 한 학생이 일어나 아까 교사가 암시한 대답을 한다. 그러나 교사는 못 박듯이 말한다. "그 답은 틀렸다……. 두 아이는 함께 똑같은 굴뚝을 청소했다. 따라서 한 아이의 얼굴이 깨끗한데 다른 한 아이의 얼굴은 더럽다는 일은 있을 수가 없다." 그러고 나서 교사는 칠판 위에 "뫼비우스의 띠"라고 쓴다. 내면과 외면이 없는 갇힌 평면. 그것은 타락한 세계의 알레고리이다. 그곳에서 탈출하는 길은 막혀 있다. 우리는 바깥으로 나간다고 생각한다. 그러나 우리가 도착하는 곳은 여전히 타락한 사회 안이다. 이 「뫼비우스의 띠」를 제시하고 있는 문단은 단편 「뫼비우스의 띠」뿐이 아니라 『난장이가 쏘아올린 작은 공』 전체의 프롤로그 역할을 하고 있다. 『난장이……』 속에 수록되어 있는 열한 편의 중·단편 소설은 사실 완벽한 연작의 형태로 씌어 있다. 작품집 맨 끝에 수록되어 있는 「에필로그」가 다시 그 수학교사를 다루고 있다는 것은 이 소설의 처음과 끝이 완벽하게 겹쳐져 있다는 사실을 확인시켜 준다. 「뫼비우스의 띠」를 학생들에게 설명하는 수학교사를 등장시키고 난 뒤, 작가는 곧장 철거반에 의하여 집을 강제철거당한 앉은뱅이와 꼽추의 이야기를 들려준다. 밤이다. 앉은뱅이는 그들의 무허가집이 무너진 폐허 옆에 불을 피우고 꼽추를 기다리고 있다. 앉은뱅이는 불 위에다가 철판을 얹어 놓고 콩을 굽고 있다. 그 어둠 속에서 반짝이는 쇠와 — 아니, 반짝이지 않았을 것이다. 그것은 오히려 녹이 잔뜩 슬어 있는 파쇠조각이었을 것이다. 그런데도 나는 막무가내로 그것이 반짝인다라고 믿고 싶어 한다 — 콩알들을 보고 총과 총알을 연상하는 것은 지나친 비약일까. 그러나 어쨌든 조세희의 작품들 속에는 어둠 속에서 반짝이는 쇠붙이가 빈번하게 등장한다. 그것은 어둠으로 상징되는 악을 심판하는 심판자의 칼날이다. 상상력 속에서 모든 칼날들은 번쩍인다. 번쩍이지 않는 엑스칼리버를 상상할 수 있는가. 앉은뱅이가 피운 불, 그리고 철판과 콩은 어둠 속에서 먹이를 찾아 날아다니는 쏙독새의 비상飛翔과 연결되어 있다.

"무슨 소리지?"
"응?"
"무슨 소리가 났어."
두 사람은 잠깐 숨소리를 죽였다.
"새가 날아다니는 소리야,"
앉은뱅이가 말했다.
"밤에?"
"낮엔 잠을 잔다구. 나무에 혹처럼 붙어서 잠을 자는 새야."
꼽추는 입으로 가져가던 콩을 철판 위에 놓았다. 앉은뱅이는 꼽추가 떨리는 손으로 담배를 피워 무는 것을 보았다.
_「뫼비우스의 띠」, 14쪽.

탁탁 소리를 내며 타오르는 모닥불의 적의, 그리고 몰래 음모처럼 비상을 준비하는 쏙독새. 그것들은 꼽추와 앉은뱅이의 탈출의 시도를 미리 암시하고 있다. 그들은 철거민들의 아파트 입주권을 헐값에 사들여 엄청난 이득을 보고 팔아넘기는 자의 승용차를 습격한다. 그들은 자기들의 입주권이 이미 팔려버렸다는 것을 알고 그들이 그 남자에게 입주권을 팔 때 받았던 금액만큼만 가방에서 꺼내고는 나머지 돈과 사나이를 승용차에 태운 채로 불을 질러 버린다.

「칼날」

신애의 남편은 일생 사회와 화해하지 못하고 정신병원에서 죽어간 독립운동가의 아들이다. 그는 좋은 책을 쓰는 것이 소원이었던 문학청년이었다. 그러나 그는 병에 걸린 아버지의 병원비 때문에 그가 그렇게 증오하는 돈을 벌지 않으면 안 되었다. 그러던 그가 어느 날 칼을 사들고 들어온다. 예사 칼이 아니라 대장장이가 수없이 담금질을 해서 만든, 등의 두께가 3밀리, 길이가 32센티미터짜리 칼이다. 그들의 집은 TV를 있는 대로 큰 소리로 틀어놓고 사는, 필경 국가에서 주는 봉급만 가지고 생활하는 것 같지 않은 세무서 조사과 직원이 살고 있는 뒷집과, 역시 TV를 크게 틀어놓고 사는, 무슨 제과회사 선전부직원이 살고 있는 앞집 사이에 짓눌린 채 살아가고 있다. 신애의 집엔 물이 잘 나오지 않는다. 그녀는 공구를 둘러메고 수도를 고치러 다니는 난장이에게 수도를 고친다. 그는 아주 낮은 곳에다 수도꼭지를 달아준다. 그러면 다른 집들보다 물을 빨리 받을 수 있다는 것이었다. 난장이가 일을 다 끝마쳤을 때, 잘 안 나오는 수도 대신 펌프를 놓을 것을 동네부인들에게 종용하던 펌프집 사나이가 들이닥친다. 그는 자기의 장사를 방해한다며 난장이를 죽도록 두들겨팬다. 말리다가 힘이 부친 신애는 부엌에 들어가 32센티미터짜리 날카로운 생선 칼을 가지고 나와 사나이의 옆구리를 찌른다. 칼은 빗나가 사나이의 팔에 상처를 낸다. 사나이가 도망을 치고 난 뒤, 신애는 난장이에게 말한다. "저희들도 난장이랍니다. 서로 몰라서 그렇지, 우리는 한편이에요."(57쪽) 밤이 되었을 때, 신애는 평소 때보다도 일찍 물을 받으려고 양동이를 새로 단 수도꼭지 밑에 가져다 놓는다. 마음 졸이는 그녀의 귀에 시원한 수돗물 소리가 들려온다.

「우주여행」

윤호는 국회의원의 아들이다. 그는 A대학 사회계열을 목표로 재수를 하고 있다. 어느 날 아버지가 윤호 할아버지의 친구의 손자인 지섭을 그의 가정교사로 데려온다. 할아버지의 친구는 독립군이었다. 지섭은 거지꼴이었다. 지섭은 A대학 법학과 4학년 재학 중에 제적 당했다. 윤호는 지섭을 좋아했다. 지섭은 윤호에게 시험공부를 시키지 않았다. 그 대신에 그는 난장이식구들의 비참한 생활을 알려 주었다. 그리고 지섭은 동시에 달나라에 대한 꿈도 가르쳐 주었다. 윤호는 지섭과 함께 난장이네 동네에 가보았다. 지섭은 난장이네 동네의 철거현장에서 피를 흘리며 돌아왔다. 그가 무슨 일을 했는지 아무도 알지 못했다. 지섭은 쫓겨났다. 그때부터 윤호는 낮에는 학원에서 공부를 하고 밤에는 한강 가에 있는 칠십 평짜리 아파트에서 또래의 상류층 자녀들과 과외지도를 받는다. 일요일이면 아이들은 춘화를 보고 잠자리를 같이 하기도 했다. 윤호도 여자아이들과 잤다. 그 아이들을 생각하면 항상 기분이 나빴다. 그러나 은희는 달랐다. 은희를 생각하면 윤호는 가슴이 에는 것 같았다. 예비고사 예비소집일 날, 윤호는 동아리 중에서 못된 짓을 가장 앞장서서 하던 인규와 같은 고사장에 대각선으로 앉게 되었다는 것을 알았다. 인규는 은희를 포기할 테니 답안지를 보여 달라고 요구한다. 입학시험 날 윤호는 인규에게 답안지를 보여주었지만 대신 자기의 답안지에 인규의 이름과 수험번호를 써넣는다. 윤호도 인규도 둘 다 대학에 떨어질 것이다. 집에 돌아온 윤호는 책 속에 숨겨둔 아버지의 권총을 찾아낸다. 은희가 찾아온다. 윤호는 은희에게 자기를 쏘라고 말한다. 그러나 은희는 옷을 벗고 어머니처럼 다가가 윤호를 감싸 안는다.

「난장이가 쏘아올린 작은 공」

아버지는 난장이다. 아버지의 이름은 김불이. 아버지의 선조는 대대로 노비였다. 서울특별시 낙원구 행복동 46번지의 1839. 영수와 영호는 인쇄소에서, 그리고 영희는 슈퍼마켓 한쪽에 있는 빵집에서 일했다. 어느 날 철거 경고장이 날아든다. 엄마가 대문기둥에 붙어 있는 무허가 건물 번호가 새겨진 알루미늄 표찰을 식칼로 떼어낸다. 그걸 가지고 있어야 나중에 말썽이 생기지 않을 테니까. 입주권이 나온다고 해도 그들이 마련할 수 있는 액수가 아니었다. 그들은 어차피 헐값에 아파트 입주권을 팔아넘기고 그들의 터전에서 쫓겨나고 말 것이다. 아버지는 이제 지쳐서 일을 할 수 없다. 아버지는 겨울 동안 방에서만 지냈다. 아버지는 『일만 년 후의 세계』라는 책을 읽었다. 아버지는 그 책을 지섭에게서 빌렸다. 영수는 책을 많이 읽었다. 그는 가끔 고민하는 사나이의 얼굴을 하고 공책에다 무어라 끄적이기도 했다. 사나이 하나가 나타나 얼마 전까지 이십이만 원하던 입주권을 이십오만 원씩에 몽땅 쓸어 사버린다. 아버지는 달에 가서 천문대 일을 보기로 했다고 말했다. 영희는 집을 나가버렸다. 철거반원들이 와서 집을 헐어버렸다. 마침 난장이가족들과 같이 무허가 건물에서 마지막 식사를 했던 지섭이 철거반장에게 대들다가 철거반원들에게 심하게 얻어맞는다.

아파트 입주권을 돈이 많은 사내에게 팔던 날 영희는 집을 나왔다. 영희는 그 남자의 집으로 그를 따라 갔다. 영희는 예뻤다. 남자는 영희를 탐냈다. 영희는 신문에서 부동산 관계 정보를 스크랩하는 일을 했다. 그는 영희에게 돈도 주었고 옷도 사주었다. 그 대신 그녀의 몸을 요구했다. 영희는 어느 날 밤 남자를 마취시키고 금고에서 그녀의 집의 무허가건물 표찰과 돈, 그리고 칼을 꺼냈다. 그녀는 행복동 사무소에 가서 입주에 필요한 절차를 마쳤다. 영희는 자기가 집을 떠나 있는 동안, 아버지가 공장 굴뚝에서 떨어져 돌아가셨다는 것을, 그리고 가족들이 다른 곳으로 이사를 가버렸다는 것을 가까이 지내던 동네아주머니에게서 듣는다.

「육교 위에서」

신애의 동생이 입원을 했다. 마흔도 안 된 젊은 나이에 음식도 소화시키지 못하고 잠도 자지 못했다. 그는 내과의사만 찾아다녔다. 신애의 남편이 그를 정신과 의사에게 데리고 갔다. 그를 진찰한 의사들이 입원을 권유했다. 신애의 동생과 친구는 대학시절에 열렬한 이상주의자들이었다. 생각하는 것을 말할 수 없는 시대였다. 동생과 친구는 그들의 생각을 글로 써서 학보에 발표하려고 했으나 학보사 주간 교수는 그들의 원고를 받아주지 않는다. 그는 "그따위 글을 신문에 싣는 것은 무서운 죄악이며 설사 실어 준다고 해도 이 원고를 쓴 사람은 고통을 받게 될 것"이라고 말한다. 신애의 동생과 친구는 등사판으로 유인물을 만들어 학생들에게 돌렸다. 그들과 부딪친 학보사 주간 교수는 그들의 마음에 상처가 남는 말을 남겼다. 그 교수는 친일파였던 할아버지와 역시 친일파였던 아버지를 가지고 있었다. 동생의 친구는 공무원이 된 모양으로 지금은 그의 상사가 되어 있는, 그들이 예전에 '박쥐'라고 불렀던 그 교수 아래서 일하고 있다. 교수는 동생의 친구에게 자기 옆방으로 와서 일하라고 '유혹'한다. 결국 그는 변해 버린다. 그 친구는 냉

· 난방 시설을 갖춘 큰 집에 없는 게 없이 해놓고 산다. 그리고 신애의 동생은 정신병동의 침대 위에서 잠자고 있다.

「궤도회전」

　윤호는 삼수를 하고 있다. 윤호가 예비고사에서 떨어진 이유를 알고 아버지는 윤호를 철사줄로 때렸다. 윤호는 그 고통 때문에 사흘 밤낮을 앓았다. 윤호는 A대학 사회계열 대신에 B대학 사학과를 고집했다. 이번에는 아버지가 물러섰다. 윤호는 B대학에는 지금의 실력으로도 충분히 들어갈 수 있으므로 학원은 물론 개인지도 같은 것도 일절 받지 않겠다고 했다. 윤호는「노동수첩」이라는 작은 책자를 읽었다. 경애라는 옆집의 대재벌의 손녀딸이 윤호에게 접근해 온다. 경애의 할아버지가 죽었다. 사람들이 와서 그의 미라를 만들었다. 할아버지 장례식 전날, 경애는 윤호가 노동문제에 관심이 많다는 것을 알고 '십대 공원'이라는 주제로 성당에 소속되어 있는 친구들의 클럽에서 토론을 하기로 했다며 윤호를 끌어들인다. 윤호는 내키지 않는 대로 아이들의 토론회에 참가한다. 아이들은 그림자를 잡는 듯한 이야기만 삼십 분쯤 나누다가 윤호의 의견을 물었다. 윤호는 공원들이 실제로 겪는 실례를 들어가며 설명하다가 단념해 버린다. 아이들이 이해할 리가 없다고 생각했던 것이다. 아이들도 사실은 관심이 없었다. 그들은 2부의 쌍쌍파티 프로그램에 더 관심이 있었다. 윤호는 경애의 옷을 벗기고 고문대에 매다는 시늉을 한다. 경애의 죄는 고통당하는 이웃의 아픔을 모른 죄, 고통스러운 아이들을 빌미로 윤호를 끌어들인 것이었다. 경애는 구역질을 했다. 그리고 벽에 기대어 앉아 무어라고 썼다. 경애는 동네에 돌아와서 자기 집으로 들어가다 말고 되돌아와 윤호에게 종이쪽지를 전해 주고 집안으로 들어갔다. 그것은 그녀가 쓴 할아버지의 묘비명이었다. 그녀는 결국 할아버지가 죄인이었다는 것을 깨달았던 것이다. 비가 내리고 있었다. 윤호는 대학에 들어가는 대로 경애와 결혼하리라고 마음먹는다.

「기계도시」

윤호의 머릿속에 은강시市는 어두운 그림으로 남아 있었다. 그는 난장이의 죽음에 대해서도 생각했다. 그는 난장이의 큰아들을 만나 노동자들의 절망적인 상황에 대한 이야기를 들었다. 그들은 조합을 만들고 싶어 했다. 그러나 불가능했다. 그는 수없이 협박당하고, 얻어맞고, 병원에 입원하기도 했고, 구류까지 살았었다. 난장이의 큰아들은 윤호에게 그의 방에 숨겨달라고 말했다. 기회를 봐서, 윤호의 옆집에 사는 은강그룹의 경영주, 즉 경애의 아버지를 죽이겠다고 말했다. 그는 지금 브라질의 상투스에서 경애와 함께 휴양중이라고 윤호가 말해 주자, 난장이의 큰아들은 그가 돌아올 때까지 기다리겠다고 말했다. 돌아가서는 난장이의 큰아들의 뒷모습을 바라보며, 윤호는 "단체를 만들자, 그 사람 혼자의 힘으론 안 되는 일이야"라고 생각한다.

「은강 노동가족의 생계비」

아버지가 돌아가시고 난 뒤, 난장이의 아이들은 모두 취직을 해야 했다. 그러나 그들은 공업학교조차 나오지 못했으므로 가장 단순한 작업밖에는 할 수가 없었다. 작업환경은 말할 수 없이 열악했고, 일한 만큼의 보수를 받지 못하고 있었다. 두 번째 월급을 받는 날, 난장이의 둘째 아들은 노동조합 사무실로 찾아가 지부장에게 시간 외 근무수당의 미지급, 부당한 급여, 부당해고 등에 관해 따진다. 그리고 난 뒤 그는 그 공장에서 사흘밖에는 더 버틸 수가 없었다. 그가 사용하는 공구가 자주 고장을 일으켰고, 그는 너무나 빨리 밀려드는 일감을 감당할 수가 없었다. 작업반장이 그를 다그

쳤고, 그나마 가까스로 해낸 작업도 검사 과정에서 불량 작업으로 체크를 당했다. 동료들도 그에게 냉랭하게 대했다. 그는 해고자 명단에 이름이 오르기 전에 은강자동차에서 나와 은강방직으로 옮긴다.

「내 그물로 오는 가시고기」

경훈의 숙부가 공원의 칼에 찔려 죽었다. 살인범은 난장이의 큰아들이었다. 그는 사실은 피해자를 경훈의 아버지로 오인하고 죽인 것이었다. 그의 공격 목표는 은강그룹의 총수였다. 경훈이 마음을 쓰는 것은 숙부의 죽음이 아니었다. 그는 자기에게 돌아올 몫에만 관심이 있었다. 경훈 숙부의 살인사건 공판이 열렸다. 변호사는 우발적인 사건으로 몰고 가려고 했지만 난장이의 큰아들은 분명히 잘라서 우발적인 범행이 아니라고 대답한다. 그는 회장이 '인간을 생각하지 않았기' 때문에 죽이려 했다고 대답했다. 경훈은 그따위 이상주의자들은 생각만 해도 욕지기가 났다. 그는 꿈속에서 그물을 쳤다. 살찐 고기들을 잡기 위해서였다. 그러나 그 고기들은 살찐 고기들이 아니라 뼈와 가시에 두 눈과 가슴지느러미만 단 큰 가시고기들이었다. 겁이 난 그는 그물을 걷어 올린다. 가시고기들이 인광을 뿜어내며 그에게 달려들었다. 놀라서 잠이 깬 그에게 노을빛이 아름답게 느껴진다. 그는 자신이 '사랑' 때문에 약해지고 있다고 느낀다.

「에필로그」

수학 담당 교사가 교실로 들어간다. 예비고사에서 좋은 수학 성적을 내게 할 수 없었던 그는 수학 과목을 내놓고 윤리를 가르치라는 지시를 받는다. 결국 그것은 그를 쫓아내려는 음모였다.

차력사를 따라다니며 약장사를 해왔던 꼽추와 앉은뱅이는 사장이 그들을 따돌리고 도망쳐 버렸다는 사실을 알게 된다. 다시 밤중. 그리고 그들은 다시 먹이를 찾아 나는 쏙독새 소리를 듣는다. 앉은뱅이는 사장을 찾아 해치워버리겠다고 벼른다. 그의 주머니 속에는 새파랗게 간 칼과 철사줄이 들어 있었다. 그들은 차를 잡기 위해서 고속도로 변에까지 간다. 그들은 그곳에서 다시 불을 피운다. 가까스로 냉동차 하나를 세울 수 있었지만, 앉은뱅이를 보고 겁이 난 운전수는 다시 도망치듯 차를 몰아 가버린다. 그들은 다시 어둠 속에 남겨져 있다. 그때 갑자기 꼽추가 개똥벌레를 보았다고 소리친다. 그들은 샛강 아래쪽에 서 있는 커다란 건물을 바라다본다. 난장이의 큰아들이 수감되어 있다가 사형집행을 받았던 형무소였다. 그들은 다시 어둠 속에 한참 동안을 남아 있었다. 갑자기 꼽추는 개똥벌레를 다시 보았다. 그리고 동시에 꼽추는 자동차 엔진소리도 들었다. 꼽추가 분리대를 향해 뛰어갔다. 달려온 것은 연료공급차였다. 앉은뱅이가 불빛 속으로 몸을 굴려 넣으며 차를 세우려고 손을 번쩍 들었다. 운전기사는 순간적으로 눈을 감고 급브레이크를 밟다가 놓았다. 차는 다시 속력을 내어 달렸다. 꼽추가 분리대 앞에 모로 쓰러져 있었다. 앉은뱅이는 개똥벌레가 날아가는 것을 보았다.

    교사는 학생들에게 작별인사를 했다. 그는 그가 우주인을 만났으며 그는 그들이 살고 있는 혹성에 가게 될 것이라고 말한다. 교사가 이상한 걸음걸이로 교실을 나간다.

    요약한 내용을 살펴보면(별다른 줄거리를 짚어낼 수 없는「잘못은 신神에게도 있다」와「클라인씨의 병」이 빠져 있다) 우리는 평균 3,4개월 간격을 두고 2년여에 걸쳐 각각 상이한 지면에 별개의 작품으로 발표되었던 작품들이 얼마나 서로 유기적으로 연결되어 있는지 한눈에 파악할 수 있다. 우리가 앞서 이야기 했다시피 맨 앞에 수록된 「뫼비우스의 띠」와 맨 끝의 「에필로그」는 완벽하게 겹쳐진다. 똑같은 수학교사가 등장해서 주제를 제시하고, 제시된 주제가 꼽추와 앉은뱅이의 삶을 통해 묘사된 뒤, 다시 수학교사가 등장해서 이야기를 마무리한다. 더구나 두 작품의 마지막 부분은 거의 베껴놓은 것처럼 똑같다.

"다른 인사말은 서로 생략하기로 하자."
"차렷!"
반장이 벌떡 일어서며 소리쳤다.
"경례!"
교사는 상체를 굽혀 답례하고 교단에서 내려왔다. 그는 교실에서 나갔다.
겨울 해는 이미 기울어 교실 안이 어두워왔다.
_「뫼비우스의 띠」, 26쪽.

"다른 인사말은 서로 생략하기로 하자."
"차렷!"
반장이 벌떡 일어서며 소리쳤다.
"경례!"
교사는 상체를 굽혀 답례하고 교단에서 내려왔다. 그는 교실에서 나갔다. **나가는 그의 걸음걸이가 이상했다. 외계인의 걸음걸이가 바로 저럴 것이라고 학생들은 생각했다.**
겨울 해는 이미 기울어 교실 안이 어두워왔다.
_「에필로그」, 340쪽.

「에필로그」에서 필자가 강조한 부분을 제외하면 두 대목은 완전한 데칼코마니이다. 차이점이 있다면 「뫼비우스의 띠」의 교사는 자기 나름의 교육방법이 어떠했나 테스트해 보려 하고 있고, 「에필로그」의 교사는 자신의 교육방법이 실패였음을, 더욱더 정확히 말하자면, 제도에 의해서 받아들여질 수 없음을 깨닫고 있다는 점이다. 말하자면 교사는 사회 안으로 들어갔다가 나온다. 더구나 두 작품에는 똑같은 동일인물이 똑같이 절박한 상황에 처해 있다. 그러나 그 똑같은 등장인물, 꼽추와 앉은뱅이의 경우도 두 작품 안에서 교사의 상황이 다른 것처럼 — 똑같은 형식으로 — 다르다. 그들 역시 첫 작품에서 사회 안으로 들어간다. 돈을 빼앗은 뒤, 그들은 그 돈을 밑천으로 약장수를 따라다니며 돈을 벌 궁리를 한다. 「에필로그」에서 그들은 그들이 당했음을 깨닫는다. 교사가 '혹성으로 떠난다'고 말함으로써 암시하고 있는 죽음, 그리고 꼽추에게 실제로 닥친 죽음이 『난장이가 쏘아올린 작은 공』의 결말이다. 완벽하게 겹쳐지고 있는 두 작품이 각각 작품집의 첫머리와 말미에 놓여 있다는 사실은 작품 발표연도를 확인해 보면 더욱더 확실히 작가의 의도를 드러낸다. 『난장이가 쏘아올린 작은 공』의 열두 편의 작품들은 이 두 작품을 제외하면 모두 발표 순서대로 편집되어 있다. 그러나 「뫼비우스의 띠」는 두 번째에 수록되어 있는 「칼날」보다 오히려 3개월 늦게 발표된 작품이다. 한편 「에필로그」는 끝에서 두 번째에 수록되어 있는 「내 그물로 오는 가시고기」보다 훨씬 먼저 발표된 작품이다. 따라서 첫 작품과 끝 작품은 작품집의 구성을 위해서 발표연도별로 배열한 전체 편집원칙과는 별도로 구성되었음을 알 수 있다. 이 두 작품에 나타나 있는 들어감 – 나감의 맞물림은 작품 전체 구도와 무관하지 않다. 아주 거칠게 말한다면 『난장이……』의 열두 작품은 모두 똑같이 이 맞물려 있는 들어감-나감의 주제를 다루고 있다고 할 수 있다. 그런 의미에서라면 이 작품집에는 오히려 「뫼비우스의 띠」나 「클라인씨의 병」이라는 제목이 더 어울릴는지도 모르겠다.

요컨대 『난장이……』는 들어감-나감, 또는 안-밖의 주제를 다루고 있는 것이다. 이 작품집에는 각각 안과 밖에서 살고 있는 두 계층의 사람들이 등장한다. 작품의 주제는, 이 명민한 작가에 의하여 몇 겹으로 겹쳐지는 중층구조를 택하고 있다. 그것은 우선은 안과 밖의 삶들을 묘사한다. 누가 안에 있고 누가 밖에 있는 자들인가. 만일 난장이로 대표되는 소외된 자들이 닫힌 사회로부터 탈출을 시도한다는 주제를 설정한다면, 또는 그들이 문제의 당사자들, 줄 "안"에 서 있는 사람들이라는 시선으로 주제를 해석한다면 ("따져보면 목사님과 나는 줄밖의 사람야." 그 '과학자'가 말했다, ―「클라인 씨의 병」, 276쪽), 또는 그들을 경훈이 꾼 꿈처럼 돈 많은 사람들이 이익을 얻기 위해 쳐놓은 그물에 걸려드는 물고기들로 비유한다면, "안"은 난장이들의 깜깜한 삶의 공간적 은유이다. 그리고 "밖"은 햇빛 비치는 자유로운 공간, 그곳을 활보하며 돌아다니는, "호수의 물빛, 뜨거운 태양, 나무와 들풀, 거기 부는 바람, 호수를 가르는 모터보트, 잔디 위에서의 키스, 이상한 버릇이 있는 여자아이, 그리고 아주 단 낮잠"(「내 그물로 오는 가시고기」, 310쪽.)의 세계에 속하는 자들의 삶의 은유이다. 그러나 만일 이 작품 전반에 걸쳐 나타나고 있는 '철거'의 주제가 상징하듯이, 난장이일가들이 이익 분배에서 철저하게 '쫓겨나는', 사회의 중심부에서 소외된 자들이라고 보면, 오히려 "안"에 있는 자들은 부유한 자들이며, "밖"에 있는 자들은 난장이일가들이다. 그러나 사실 이런 기호 읽기는 아무런 의미도 없다. 「뫼비우스의 띠」에서 수학교사는 잘라 말한다. 똑같이 굴뚝청소를 했는데 한 아이의 얼굴은 깨끗하고 한 아이의 얼굴이 더럽다는 것은 있을 수 없는 일이다. 말하자면 안팎은 없다, 그것이 미리 내려진 논리적 결론이다. 또는 「클라인 씨의 병」한 구절을 읽어보자.

<

"이것이 클라인씨의 병이야. 안팎이 없는데 닫힌 공간이 있어."

나는 아주 오랫동안 그것을 들여다보았다.

"정말로 내부가 없군요."

내가 말했다.

"안팎을 구분할 수 없어요. 그리고 닫혀 있는 공간이란 말도 알겠어요."

과학자가 웃었다. 그는 나에게 말했다.

"내부와 외부의 구분이 있으면 이런 현상은 없지."

그날 나는 이 병을 왜 나에게 보여 주느냐고 물었고, 과학자는 병을 완성한 순간에 네가 왔을 뿐이라고 대답했다. 나에게는 우연 같지가 않았다. 더욱 알 수 없는 것은 그림 3의 실체가 내 눈앞에 있는데 그 실체를 무시하고 상상의 세계에서만 그 존재가 가능하다는 것이었다. 그래서 그림 3을 들고

"그럼 이것은 뭡니까?"

내가 물었는데 그는 간단히

"그것은 없다."

고 잘라 말했다.

_「클라인씨의 병」, 227쪽.

그러나 안과 밖은 분명히 있다. 「뫼비우스의 띠」에서 「에필로그」사이에 배열되어 있는 작품들은 똑같이 굴뚝청소를 했는데도 한 아이는 더럽고 한 아이는 깨끗한 일이 있을 수 있다는 것을, 안과 밖은 분명히 있다는 것을 알리는 보고서들이다. 한쪽에는 꼽추, 앉은뱅이, 난장이와 그의 가족들과 지섭, 그리고 그 뒷면에는 은강그룹 회장이었던 경애의 할아버지와, 그의 아들, 그리고 또 그의

아들인 경훈과 같은 자들이 버티고 있다. 신애와 그녀의 남편과 동생, 타인의 고통에 눈떠가는 삼수생 윤호와, 그러는 그를 따스함으로 사랑하는 경애와 은희, 그리고 본래 합리적인 정신의 소유자인 듯한 경훈의 사촌 등은 그 양극 사이에서 흔들리고 있다. 이 두 세계 사이에 명백히 존재하는 적대관계를 허물어 버리는 것, 그것이 소설가 조세희에게 주어진 소명이다. 그러나 빼어나게 아름다운 이 소설집은 높은 문학적 성취도에도 불구하고 그 소명의 실천에 관한 한 그리 큰 성공을 거두고 있는 것 같지는 않다. 그러나 나는 조세희를 이해한다. 그럴 수밖에 없었을 것이다. 이를테면, 진정한 해결 방법이란 은강 노동자들의 생존 ― 작가 자신의 표현을 빌리면 "2차원의 삶" ― 또는 살아남기를, 생활, 또는 '3차원의 삶'으로 바꾸어 주는 일일 것이다.

> 우리의 제도는 이제 안에서부터 파괴될 것이라고 그(경훈의 사촌)는 말했다. 우리는 3차원의 세계에 살고 있지만 칼을 품었던 사람과 그의 동료들, 그리고 그들의 식구들은 2차원의 세계에 살고 있다는 말까지 했다.
> ＿「내 그물로 오는 가시고기」, 290쪽.

이 2차원적인 생존은 『난장이……』 곳곳에서 "벌레"라는 말로 표현되어 나타난다. 그런데 어디 문학이 그 2차원에서 3차원으로의 진입을 약속하는 것이던가. 조세희는 문제해결 방식을 붕 떠워 버린다. 그는 2차원에서 아예 3차원의 진도는 떼어먹고 막 바로 4차원으로 월반해 버린다. 아무래도 3차원에서의 해결방식은 불가능하다는 절망 때문이었을까. 문제의 해결이, 작품이 주제로 삼고 있는 문제에 대한 작가의 짱짱한 현실인식에도 불구하고, '이곳 여기'에서의 그 무엇이 아니겠구나 하는 냄새는 벌써 첫 작품 「뫼비우스의 띠」에서부터 강하게 풍긴다.

> 내부와 외부가 따로 없는 입체는 없는지 생각해 보자. 내부와 외부를 경계 지을 수 없는 입체, 즉 뫼비우스의 입체를 상상해 보라. 우주는 무한하고 끝이 없어 내부와 외부를 구분할 수 없을 것 같다.
> ─「뫼비우스의 띠」, 26쪽.

대번에 "우주"이다. 또는 권력집단에 무사히 진입하기 위해서 아버지의 결정대로 대학입시를 준비하면서, 자기 주위의 혜택 받은 동아리들처럼 의미 없는 쾌락도 즐기면서 자기의 삶에 욕지기를 느끼는 재수생 윤호가 선택하는 해결방식도 '우주여행'이다. 난장이 역시 똑같은 방식을 택한다. 그는 늘 아들에게 자기는 "살기가 너무 힘들"어서 "그래서 달에 가 천문대 일을 보기로 했다"고, 또는 "쇠공을 쏘아 올려 보여 주겠다"(「난장이가 쏘아올린 작은 공」)고 말한다. 삶의 고통스러움, "시퍼런 칼을 맞아 살이 찢겨 패고 칼 자리에서는 피가 흐르는데 그 상처에 소금을 뿌려 넣는 무엇"(「클라인씨의 병」, 271쪽)으로부터 벗어나기 위해서 난장이도 수학교사도 '우주여행'을 선택한다. 그것이 무엇을 의미하는가는 다음 대목에서, 조세희의 문학세계에서는 보기 드문 빈정거리는 어조로 말해진다.

> 그날 주거지역 교회의 학생들이 노인을 찾아왔다. 한 아이가 "앞으로의 할아버지의 생활은 어떠지실 거라고 믿으세요?"라고 물었다. 다른 아이가 하나만 짚으라면서 여섯 개의 문장을 읽어 내려갔다.

- 아주 좋아질 것이다
- 비교적 좋아질 것이다
- 좋아지지도 나빠지지도 않을 것이다
- 약간 나빠질 것이다
- 아주 나빠질 것이다
- 대답할 수 없다

노인은 간단히 말했다.
"아주 좋아질 거야. 거기다 동그라미를 쳐 줘."
학생들은 나무껍질 문 앞에 서 있었다. 뜻밖의 대답이라는 표정을 그 아이들이 지었다.
"**나는 곧 죽을 거야.**"
애꾸눈 노인이 말했다.

_「클라인씨의 병」, 252쪽.

난장이는 공장 굴뚝에서 떨어져 자살하고(「뫼비우스의 띠」에서 그랬듯이 공장굴뚝은 엄연히 존재하는 현실의 고통을 상징한다. 그것은 단순히 노동자들의 작업현장에서 발견할 수 있는 가장 높은 곳만을 의미하는 것이 아니다. 그것은 "안", 우리 삶의 신산한 내부, 만일 고통이 존재한다면 그 누구라도 그것에 대한 책임을 회피할 수 없음의 상징이다. 난장이는 굴뚝 "속"으로 몸을 던져 죽는다), 꼽추는 트럭에 치여 죽는다. 수학교사에게도 그것은 역시 죽음이다.

서쪽 하늘이 환해지며 불꽃이 하늘로 치솟으면 내가 우주인과 함께 혹성으로 떠난 것으로 믿어 달라. 긴 설명은 있을 수가 없다. 내가 아직 알 수 없는 것은 떠나는 순간에 무엇을 대하게 될까 하는 것뿐이다. 무엇일까? 공동묘지와 같은 침묵일까? 아닐까? 외치는 것은 언제나 죽은 사람들뿐인가?

_「에필로그」, 340쪽.

그래도 지섭과 영수는 좀 다르다고, 그들은 조합을 결성하고, 심지어는 좌절의 원인을 제거하기 위해서 은강그룹의 총수를 찌르지 않았느냐고 — 비록 엉뚱한 사람이 희생되기는 했지만 — 반문해 보아야 소용없다. 왜냐하면 해결방식이 '범죄'의 형식을 취할 수밖에 없다는 것은 결국 합리적인 또는 사회적인 문제해결이 불가능하다는 것을 암시하고 있기 때문이다. 이 점에 있어서 영수의 살인은 모든 난장이들의 대응방식의 종합이다. 「뫼비우스의 띠」에서 꼽추와 난장이는 아파트 투기꾼을 살해한다. 「칼날」에서 신애의 행동도 살인까지는 아니더라도 분명 살인미수에 미치는 행동이다. 「난장이가 쏘아올린 작은 공」에서 영희의 행동도 명백히 절도죄에 해당한다. 그러나 작가는 그들의 범법행위에 대해 아무런 결말도 제시하지 않고 있다. 하지만 언제까지나 대답을 미룰 수는 없는 것이다. 왜 작가는 영수로 하여금 그룹의 총수가 아니라 엉뚱한 사람을 찌르게 한 것일까? 영수의 살인의 의미는 너무나 불분명하다. 전혀 당위성이 없다. 그것이 의미가 있다면 그것은 그 범죄가 지금까지 제시된 모든 행동을 뭉뚱그린 상징적 행위로 생각될 수 있기 때문이다. 아니, 오히려 그 엉뚱한 살인은 그것이 영수가 정상적인 해결방식을 아예 포기해 버렸음을 의미하기 때문에 무의미하지 않다고 해석되어야 할까? 어쨌든 확실한 것은 영수의 해결방식도 '이곳 여기'에서의 문제를 현실적으로 해결하는 방식은 아니라는 점이다. 그러나 나는 혹시 내가 놓치는 것은 없을까 하고 점검해 보기 위해서 문제를 뒤집어본다. 혹시 작가는 이 '우주여행'을 통해서 전혀 반대의 이야기를 하는 것은 아닐까. 말하자면, 작가는, 문제를 회피하기 위해서 문제를 존재론적으로 띄워버리는 것이 아니라, 오히려, 그런 구체적인 사회문제들이야말로 우리의 존재론의 근거임이 틀림없음을 주장하기 위해서 3차원의 문제를 4차원에다 비 끌어맨 것이 아닐까? 과연 '우주여행'이 문제의 회피일지도 모른다는 부담을 작가 자신도 느끼고 있다.

"질문이 있습니다."
맨 뒷줄의 학생이었다.
"뭔가?"
"우주인이나 비행접시의 목격 현상은 사회적인 스트레스의 순간에 나타나는 장기방어의 결과라는 이야기를 들은 적이 있습니다. 선생님의 경우는 어떻게 이해하면 되겠습니까?"
―「에필로그」, 340쪽.

교사는 대답한다. "시간이 다 되었다. 지구에 살든, 혹성에 살든, 우리의 정신은 언제나 자유이다." 그렇다면 죽음은 회피가 아니라 자유를 쟁취하기 위한 적극적인 행위이다. '받아들여진' 죽음과 '받아들인' 죽음은 전혀 다른 것이다.

그러나 조세희의 작품세계에서 나를 가장 매혹하는 것은 세목의 섬세한 반짝임이다. 군더더기 없는 깔끔한 문체. 시인들을 질투에 사로잡히게 할 만큼 섬세한 감수성. 쉴 새 없이 재빠르게 이동되는 시점時點. 마치 아주 빠르게 진행되는 소형영화를 보고 있는 것 같은 대사 처리. 그리고 깔끔한 문장 밑에 숨겨져 있는 칼들. 그 칼들은 「뫼비우스의 띠」에서부터 반짝이기 시작해서 「에필로그」에 가서까지 반짝인다. 그리고 그것은 반드시 어둠을 동반한다. 왜냐하면 그 칼이 베어내려고 하는 것은 바로 우리로 하여금 서로 사랑할 수 없게 만드는 사악한 세력이기 때문이다.『난장이……』의 가장 확실한 칼은 신애의 칼이다. 작가는 그녀의 이름을 한자로 쓰지 않았지만, 나는 그것이 믿을 '신信' 사랑 '애愛'라고 확신한다. 그녀는 무엇을 믿는 것일까? 우리의 탈출을. 그녀는 무엇을 사랑하는 것일까? 우리의 난장이의 삶을. 적의에 가득 찬 금속의 반짝임이 곧장, 난장이의 잉여인간의 삶처럼 낮에는 "나무에 혹처럼 붙어서 잠을 자는" 쏙독새의 비상을 불러오는 것은 그 때문이다. 신애의 칼은 두께가 3mm, 길이가 32cm이다. 3은 고대로부터 완성을 의미하는 숫자이다. 그것은 시쳇말로 '끝내기'의 숫자이다. 예수도 사흘 만에 부활했고, 가위 · 바위 · 보도 삼세번이다. 윤호가 아버지에게 얻어맞고 완전히 아버지를 극복한 것도 '사흘' 밤낮을 앓은 다음이었으며, 영호도 '사흘'만에 "힘을 합치려는 가난한 사람들의 노력을……깨뜨리려고" 하는 "이 사회의 음모"를(「은강 노동가족의 생계비」, 223쪽) 완전히 파악한다. 칼의 길이 32cm의 3과 2를 더하면 5가 된다. 5는 비상의 숫자, 인간에게 허용된 4방위의 한계를 뛰어넘는 초월성의 숫자이다. 그것은 요컨대 어둠을 뚫고 솟아오르는 쏙독새의 기호이다.

   계층 간의 의사소통은 정녕 그렇게 불가능한 것일까? "이상에 현실을 대어보는…… 엄숙주의자들은 생각만 해도 넌더리"(「내 그물로 오는 가시고기」, 310쪽)를 내는, 사람들을 효과적으로 부려먹기 위해서는 행복해지게 하는 약을 먹이는 것이 제일 좋은 방법이라고 생각하는 경훈은 꿈속에서 살이 찢어지는 아픔을 느낀다. 그 아픔은 그에게 공판정에서 살인범 아들을 끌어안던 난장이 아내의 몸짓을 생각하게 한다. 그것이 사랑인 것을 그는 어렴풋이 알아차린다. 그리고 그것은 저녁시간의 일이었다. 그것은 혹시 화해의 시간을 상징하는 것은 아닐까? 밝고 행복한 낮의 삶을 누리는 사람들과 잊힌 곳에서 비참하게 살아가야 하는 밤의 삶에 갇혀 있는 사람들이 만나는 시간? 조세희는 비관주의자일까? 죽고 난 뒤에라야 행복해질 것이라고 생각하므로? 아니, 나는 그렇지 않다고 생각한다. 「에필로그」에서 꼽추와 앉은뱅이는 작은 잣나무 사이에 세워놓은 표어판 두 개로 불을 피운다. 표어. 공권력에 의해 전파되는 이데올로기, 또는 공익의 이름으로 우리에게 행사되는 억압, 가장 텅 빈 어리석은 언어. 그것을 태워 버리고 난 뒤 그들은 개똥벌레를 만난다. 산업화의 물결 속에서 살아남은 우리의 꿈이 아니면 그것이 대체 무엇이란 말인가? 꼽추와 앉은뱅이가 캄캄한 고속도로에서 처음에 만났던 것은 냉동차였다. 그러고 나서 두 번째로 만난 것은 — 꼽추가 치어죽은 — 연료공급차였다. 그것은 우연한 선택일까? 혹시 그 두 대의 차는 차갑고 어두운 삶에서 따뜻하고 밝은 삶으로의 전이를 또는 그것에 대한 희망을 의미하는 것은 아닐까? 드디어 개똥벌레가 어디 있느냐고 빈정대던 앉은뱅이가 개똥벌레의 존재를 확인한다. 그 개똥벌레는 꼽추의 죽음으로 인해 늘어난 엔트로피를 줄이기 위해서, "연료를 공급하기" 위해서 나타난 신神의 전령은 아닐까? 왜냐하면, 꿈을 가지고 있다는 단 하나의 이유만으로도 우리는 세상의 어둠을 성큼 저만큼 쫓아낼 수 있기 때문이다.

『난장이가 쏘아올린 작은 공』 이후 조세희는 침묵을 지키고 있다. 시대에 대한 책무감이 글쓰기의 허위성을 참을 수 없이 드러내기 때문일까? 그러나 그것은 어느 누구나, 어느 시대의 글쟁이건 감당하지 않으면 안 되는 고통이 아닐까? 나는 조세희라는 '연료공급차'를 기다린다. 세상은 아주 어둡지 만은 않다.

1990년

제2부

갈증과 긴장
_이브 본느푸아의 시적 탐색

1. '장소'에의 접근 — 존재와 파롤

초현실주의의 명백한 영향 하에서 쓰인 습작기의 작은 한 권의 시집 『반反플라톤 *Anti-Platon*, 1947』을 빼면, 이브 본느푸아Yves Bonnefoy를 대번에 주목받는 시인으로 만들어 준 『두브의 움직임과 움직이지 않음에 대하여 *Du mouvement et de l'immobilité de Douve*, 1953』로부터 최근작 『빛 없이 있었던 것 *Ce qui fut sans lumière*, 1987』에 이르기까지, 그리고 두 권의 아름다운 수필집 『저 너머의 나라 *L'Arrière-Pays*, 1972』와 『옆길 *Rue Traversière*, 1977』 안에서조차도 본느푸아가 한결같이 천착하고 있는 주제는 '장소*lieu*'에의 접근이다. 그에게서 '장소'가 무엇을 의미하는가를 알기 위해서 우리는 그의 어린 시절의 경험들을 뒤져볼 필요가 있다. 왜냐하면, 하나의 사랑받는 이미지, 또는 사랑받는 주제는 바슐라르의 말을 굳이 빌지 않더라도, 오랜 '앞서의 역사*préhistoire*'를 가지고 있다는 것을 우리는 알고 있기 때문이다.

조금은 서두는 감이 없지 않은 대로 우선 이 '장소'의 주제가 그 노시스적gnostique 성격을 가지고 있는 것을 밝혀 두기로 하자. 물론 우리가 여기에서 '그노시스적'이라고 이야기할 때, 우리는 그노시스주의라는 특정한 신비주의 독트린과의 관계를 지칭하고 있지 않다. 우리는 다만 그노시스주의의 존재론적 이원론의 주제만을 택하고자 한다. 그렇다면 굳이 '그노시스적'이라는 형용사에 매달릴 이유는 없다. 보다더 일반적인 표현을 사용하는 것이 오히려 타당할 것이다. 그러나 우리가 굳이 이 형용사를 사용하고자 하는 까닭은 본느푸아의 진술 자체에 근거를 두고 있으며, 미리 '그노시스적'이라는 한정어를 사용함으로써, 우리가 앞으로 전개시키게 될 모든 논의에 대한 이해를 도울 수 있다고 생각하기 때문이다.

> 어린 시절부터 나는 장소에 대한, 예를 들면 헛되고 탈색된 모습의 이곳과 실체로 풍부한 다른 곳ailleurs — 아니, 오히려 '저곳 là-bas' — 에 대한 생각을 가지고 있었다. 그 생각은, 오늘날 돌이켜 보면 **초월성에 대한 직관**의 성격을 지니고 있었던 듯하다.
> _본느푸아, 잭슨J. E. Jackson과의 대화, 『라르크 L'arc』지 66호, p. 87.

> 나의 글쓰기에 대하여 이야기할 때, '그노시스'는 나로 하여금 글을 쓰게 한 첫 번째 경향이었던 것 같다.
> _본느푸아, 위의 책, p. 90.

1) '다른 곳'을 찾는 어린이 — 장소의 이원성

'장소'에 대한 각성은 어린 시인의 의식 속에, 그가 처음으로 무한infini에 대한 수학적인 개념을 배웠을 무렵에 어렴풋이 생겨나기 시작한다. 그는 그 감정에 대하여 "불안했다"라는 표현을 쓰고 있다.

> 나는 숫자가 무한히 계속되는 것을 이해하기 시작했으므로 불안했었다.
>
> _AP, p. 91.[1]

창 너머로 내다보이는 눈, 늘 그가 익숙하게 알고 있는 풍경들 너머에, 어쩌면 숫자가 무한히 계속되듯이 어떤 그가 알지 못하는 나라가 있을지도 모른다는 생각이 어린 본느푸아를 사로잡는다. 그 어떤 나라, 다른 곳에 대한 예감은 구체적인 '결핍manque'의 경험에 의하여 한층 더 깊어진다. 사람은, 우선은 범박하게 이야기하도록 하자, 이곳ici에서 불행하기 때문에 다른 곳을 찾는다.

> 내가 태어난 고장에 대하여 나는, 나에게 틀림없이 부정적이었던(……) 경험만을 간직하고 있다. 이차대전이 일어나기 전의 투르Tours에 대하여 나는 황폐하고 텅 빈 거리만을 기억하고 있을 뿐이다. 그리고 진정한 의미에 있어서 그 거리들은 정말로 그랬었다. 우리는 자그마한 가난한 집들이 있는 구역에서 살고 있었다.
>
> _본느푸아, 앞의 책, p. 91.

자기가 태어난 도시의 숨 막힐 듯한 침묵에 짓눌려 있었던 소년 랭보가 그랬듯이 본느푸아도 다른 곳을 '발명한다inventer'. 단조롭

---

1 작품약어 AP : 『저너머의 나라 L'Arriè-Pays』, Douve : 『두브의 움직임과 움직이지 않음에 대하여 Du mouvement et de l'immobilité de Douve』, PE : 『기록된 바위 Pierre Ecrite』, DLS : 『문턱의 미혹 속에서 Dans le leurre de Seuil』, RT : 『옆길 Rue Traversière』, IM : 『있을 법하지 않은 것 L'Improbable』.

고 지루한 그의 고향의 분위기에 비하여, 그가 여름방학을 보냈었던 중앙고원지대Massif Central에 있는 도시 트와락Toirac의 남성적인 웅장함의 분위기는 그 '다른 곳'에 대한 예감을 한층 더 구체적으로 어린 시인에게 불어넣는다.

> 그렇다, 나는 이 고장이 아름답다고 생각했다. 그것은 심지어는 나의 깊은 내면의 결의안에서 나를 형성하기까지 했다. 잿빛 바위들이 펼쳐져 있는 그 황폐하고 거대한 석회질 고원, 그리고 때로는 닫힌 성채 위에서 몇 날이고 계속되는 천둥번개.
> _본느푸아, 앞의 책, p. 93.

본느푸아는 이 두 도시의 대조적인 분위기를 장소의 이원성 *dualité des lieux*이라고 부르고 있다. 본느푸아의 시적 분위기는 실상 중앙고원지대의 풍경을 많이 닮아 있다. 웅대하게 펼쳐진 화산지대를 싸안고 웅웅대는 바람, 빽빽하게 솟아오른 큰 키의 풀들, 바위, 가끔 텅 빈 지평선 위에 외롭게 홀로 서 있는 키 큰 나무, 그 금욕주의적인 남성적 분위기의 아름다움. 본느푸아의 시적 아름다움은 그가 이 고장의 아름다움에 부여하고 있는 형용사 "어려운"에 꼭 맞아떨어진다. 그러나 이 "어려운 아름다움*beauté difficile*"은 외부의 풍경만으로 그렇게 어린 시인의 영혼을 '구조화 *structuré*(AP, 90)'할 수 있었을까? 이 지역이 본느푸아의 시적 상상력 속에서 충일*plénitude*의 첫 번째 원형으로 나타나는 이유는 단순히 풍경의 아름다움 때문만은 아니다. 이 지역은 그에게 있어서 바로 '유년시절'의 대명사이다.

> 저기에 있는 저 강물, 저 언덕들, 비시간성*intemporel*의 나라, 대지는 이미 꿈이었다. 죽음에 관해서는 아무것도 모르는 나날들의

평안이 영원히 계속되는 곳, 랭보가 말했듯이, 육체가 아직도 나무에 매달린 과일과 같은 곳. 말라르메가 이야기했듯, 나지막한 냇물이 빽빽한 풀섶에 아직도 숨겨져 있는 곳.

_본느푸아, 앞의 책, p. 93.

   그 '정원jardin' 안에서 어린이는 세계에 관하여 질문을 던지지 않는다. 왜냐하면 그 자신이 세계이기 때문이다. 어린이는 세계 '앞'에 서 있지 않다. 어린이는 '세계를 지니고 있기(……)l'enfant qui porte le monde'(DLS, p. 258) 때문이다. 그는 그의 순진한 의식으로 세계를 대번에 이해한다. 본느푸아는 어린이의 이 행복한 세계 인식을 "왼손 글씨"라 묘사하고 있다. 융은 '왼쪽'의 상징주의에 많은 관심을 기울이고 있다. 그에 의하면, 오른쪽은 사회적으로 이미 체제화 된 모든 가치를 상징하며, 특히 사회화된 의식, 지성과 관계를 가지고 있다. 반대로 왼쪽은 그 정반대의 방향, 즉 반체제적인 가치들과 관계를 가지며, 개인적인 내면적 가치, 즉 직관과 무의식에 연결된다. 그는 많은 예를 들고 있지만 그중에서도 특히 불교의 탑돌이 의식이 왼쪽 방향으로 이루어지는 것에 흥미롭게 주목하고 있다.[2] 즉, 종교적 기원은 의식의 방향이 아니라 무의식의 방향을 따르고 있다는 것이다. 본느푸아는 '왼손'의 표현을 통해 서투룸maladresse과 순진함innocence을 동시에 지칭하고 있다. '왼쪽'의 상징주의는 본느푸아 작품 속에서 이따금 되풀이되고 있는데, 다음의 시구에서는 뚜렷하게 융Jung적 전제에 접합되고 있다. "되찾아진 육체[3] 위에 있는 심장의 **왼쪽** 몸짓gestes gauches du coeur sur le corps retrouvé"(Douve, p. 83, 강조: 필자). 본느푸아는 조건법 시제를 사용하여 그가 이 순진한 세계 인식을 더욱 깊이

---

2 C. G. Jung, *Pschychologie et Alchimie*, Buchet/Chastel, 1970, p. 106.
3 죽음의 시련을 겪은 자아의 정화.

배우지 못했음을 아쉬워하고 있다(보다 깊어질 수도 있었을 이 왼손 글씨Cette écriture gauche, qui aurait pu peut-être s'approfondir, AP, p. 94). 이 유년시절의 정원의 이미지는 앞으로 우리가 보게 될 것처럼「오랑쥬리 회화관繪畫館 l'Orangerie」의 이미지에 겹쳐지게 된다.

2) 점과 네거리

'장소의 이원성'의 각성은 점점 더 존재론적인 의미를 띠게 된다. 무한의 개념을 배운 어린 초등학생 앞에서 세계는 얼마나 거대한 거인처럼 자꾸만 자라났을 것인가. 자꾸만 자라나 우주적인 거인이 될 때까지. 무한의 개념은 실상 인간으로 하여금 우주론적 인식을 가지게 한다. 그리고 이 우주론은 존재론 외의 다른 것이 아니다. 브레이에Brehier는 신플라톤주의자들이 몰두했던 우주론적 질문이 실상은 무한한 우주 안에서 인간의 운명이 그것과 맺고 있는 관계를 규명하려는 노력이었다는 것을 밝히고 있다.[4] 극대의 무한과 극소의 무한 사이에서 난파한 파스칼Pascal은 절망적으로 묻는다. "인간은 어디에 있는가Où se trouve l'homme?" 본느푸아 역시 무한 속에서 묻는다. "나는 어디에 있는가Où suis-je?" 그 질문은 실상 나는 누구인가라는 질문과 다르지 않다. 본느푸아는 존재론적 갈등을 느낄 때마다 이 질문을 되풀이한다.

이 무한의 개념과 더불어 어린 본느푸아는 처음으로 존재론적 질문에 눈뜨게 된다. 그러나 '장소'에 관한 질문이 보다 더 명백하게 존재론적 의미를 지니게 된 것은 시인이 보다 더 발전된 수학 개념인 바이어슈트라스Weierstrass의 정리를 배우고 난 뒤이다. 바이어슈트라스는 점*point*을 "두개의 직선이 교차하는 지점"으로 정

---

[4] E. Bréhier, *La Philosophie de Plotin*, Vrin, 1982, p. 3.

의하고 있다. 하나의 점, 즉 하나의 정해진 장소/*endroit fixe*는 자율적으로 정해지는 것이 아니라 두 개의 선의 교차로 이루어진다. 그렇다면, 하나의 존재, 그리고 그 존재가 점유하고 있는 하나의 공간과 그 공간이 소속되어 있는 현실은 자율적으로 결정되는 것이 아니라 어떤 다른 현실과의 교차에 의하여 상대적으로 정의되는 것이 아닌가? 그렇다면 그 '다른' 현실, 지금 내가 처해 있는 현실을 '현실'로 만드는 그 어떤 다른 현실은 정말로 존재하는 것이 아닐까? 그 질문은 어린 학생에게 마치 섬광처럼 다가온다.

> 나는 갑자기 대상물이 없는 일종의 환희로 감동하였다. 그 감정 안에는 환희와 슬픔이 뒤섞여 있었다. 조금 뒤에 나는 벤치 위에 길게 누워 있었다. 구겨진 겉저고리, 나는 잠들려고 애썼다. 그러나 잠들 수 없었다.
>
> _AP, p. 92.

기쁨, 왜냐하면 학생은 다른 현실의 존재를 거의 구체적으로 예감했기 때문이다. 슬픔, 왜냐하면 그는 정작 그것이 무엇에 관계되는지 정확히 알 수 없었기 때문이다.('대상물이 없는*sans objet* 환희'). 이러한 슬픔이 가미된 환희, 일종의 종교적 멜랑콜리라고 불릴 수 있는 감정은 본느푸아 작품 특유의 분위기를 구성하고 있다.

'다른 현실'에 대한 예감은 본느푸아의 작품 속에서 '네거리*carrefour*'의 이미지와 더불어 묘사되고 있다. 어느 경우에나 네거리의 상징주의는 일종의 상실감*sentiment de perte*에 연결되어진다.

> 신비한 물체들, 내가 교회나 박물관 등에서 이따금 만나는, 그리고 나를 또다시 **네거리에 멈추어 서게** 하는(……) 존재에 균열이 생기고, 그 틈으로 빛이 새어나와, 나를 또다시 **유형의**

> **장소**에 있게 하기 위해서는, 사실 어떤 하나의 사물이 나를 건드리기만 하면 되었다.
>
> _AP, p. 90.

본느푸아의 "네거리"는 그러므로 우리가 앞의 문장에서 읽을 수 있듯이 어떤 구체적인 장소를 의미하는 것이 아니라, 의식의 어떤 상태*un certain état de conscience*를 나타내고 있다. 아름다운 예술품 앞에서 시인은 이 땅의 구체적 윤곽을 벗어나는 어떤 신비한, 그의 표현대로라면 비물질적인*immatériel* 아름다움을 느낀다. 그러나, 그, 그가 감각으로 분명히 느낄 수 있고, 그리고 심지어 이해할 *comprendre* 수 있는 아름다움은 그가 그것을 설명하려고 노력할 때 그의 이성의 그물을 빠져나간다(우리는 아무것도 잡지 못하는 그물을 던진다Nous jetons un filet qui ne retient pas, DLS, p. 276). 그렇다면, 그 아름다움은 틀림없이 어떤 다른 인식체계에 속하는 것이다. 그 다른 인식체계는 어떤 다른 질서의 지배를 받는 다른 현실의 존재를 암시하고, 시인은 대번에 유형자*exilé*의 입장으로 떨어진다. 여기에서 우리는 본느푸아의 '장소'의 개념이 실상 종교적 피안*au-delà*을 찾는 것이 아님을 깨닫게 된다. 그에게 있어 비록 다른 곳에 대한 탐색이 처음에는 그의 고향의 부정적 면모에 대한 인식으로써 시작된 것이라 할지라도, 그의 다른 곳은 지구 바깥에 있지 않다. 그것은 지구의 연장선 위에, 지구의 뒤쪽에*arrière* 있다.

> 미지의 색채와 미지의 형태를, 또는 이 세계의 아름다움의 초월에 대해 꿈꾸는 것은 나의 기질에 맞지 않는다. 나는 세계를 사랑한다. 내가 바라다보는 것은 나의 존재를 가득 채운다.
>
> _AP, p. 8.

그러나, 세계의 집약적인, 거의 구원과도 같은 아름다움을 인식의 얼개 안에 가두어넣을 수 없다면? "나는 하나의 열쇠가 모자란다는 느낌을 무참하게 느낀다." "보다 앞서 나갈수록, 그리고 나는 진전했다. 나는 그것을 알고 있다. 그럴수록 하나의 문이 닫힌 채로 남아 있으리라는 것을 나는 알고 있다."(RT, p. 36)

    나는 네거리에서 종종 불안을 느낀다. 그 순간, 그 장소, 또는 거의[5] 그 장소에서 내게는 이렇게 여겨지는 것이다. 저곳, 내가 택하지 않았고 그럼으로써 내가 떠나온 저 길에서 두 발자국 떨어진 곳, 그렇다, 보다 더 고귀한 본질의 나라가 열리는 곳은 그곳에서이다. 내가 살러 갈 수 없었으므로 그러므로 내가 잃어버린.

_AP, p. 7.

네거리의 상징주의는 문화적으로 거의 하나의 클리세에 가깝다. 비에른Vierne은 그녀의 집중적인 통과제의initiation 연구 책자 속에서, 통과제의의 최종목표가 '거룩한 현실의 존재에 대한 인식을 신입자에게 주는 것'이라고 전제하고 그 예로서 프리메이슨단의 예식에서 사용되는 네거리의 상징주의를 제시하고 있다. "동지 Compagnon의 서열에 있는 자는 신입자를 대 사거리Grand Carrefour 로 이끌어간다."[6] 그리고 그것은 인간이 두 개의 대립되는 세계 이

---

[5] 거의presque : 본느푸아의 작품 속에서 그 흡사한 표현을 찾는 것은 어렵지 않다. 특히 이야기해야 될 대상이 어떤 '절대적' 가치 체계에 속해 있는 것일 때, 본느푸아는 이런 유보적 표현을 즐겨 쓴다. 그렇게 함으로써 이 시인은 시적, 예술적으로 닫힌 미학적 공간 안에 머무는 순수시학의 입장을 배척한다. 그에게 있어서 어떤 절대적 가치는 "거의……하게 여겨지는 것"에 불과하다. 되풀이되는 부사 "아마도 peut-être, sans doute" 또는 그에 상응하는 조건법시제와 "……인 것 같다 il me semble" 등의 표현에 유의하자. 지성의 명석함의 시인 발레리와는 달리 본느푸아는 시 또는 예술은 그 어느 경우에도 완전함이 될 수 없다고 여긴다.

[6] S. Vierne, *Rite, Roman, Initiation*, P. U. G., 1973, p. 72.

곳*ici*과 저곳*là-bas*에 찢겨 있는 상대적인 존재라는 인식을 그가 가지게 하기 위해서이다.

보다 높은 본질의 세계 찾기는 그러므로 본느푸아에게 있어서 플라톤과 정반대의 입장에서 출발하고 있다. 플라톤은 세계의 불완전함의 전제에서 출발하여 논리적으로 이데아를 추론해 낸다. 본느푸아는 거꾸로, 세계가 너무나 아름답다는 깨달음에서 출발하여, 그 아름다움이 인간의 현상적 인식 속에 완전히 들어오지 않는다는 사실로써 거꾸로 인간의 인식론적 한계를 인정하고, 그리고 그 절대에 대한 기이한 감정이 실체로써 완전히 설명되는 인식론적 혁명의 단계를 추정한다. 그러므로 그의 탐구는 플라톤의 동경을 고스란히 간직하고 있으면서도 그와 정반대이다.[7] 그의 형이상학 체계는 플라톤의 충실한 주석가로 자처했으면서도 플라톤과 전혀 다른 플로티노스의 입장에 가깝다. 실제로 본느푸아에게 미친 이 알렉산드리아 철학자의 영향은 결정적이다.[8] 본느푸아에게 있어서 구원*salut*은 질병과 고통이 없는 천상의 땅으로 가는 것이 아니라, 오히려 인식론적 혁명을 달성하는 것이다. 그에 의하면, 저곳의 주민을 우리들과 구별하는 것은 그들의 삶의 양태가 아니라 인식의 양태이다.

> 이야기를 나누는 당신들은 물질이다. 그러나 침묵으로 의사를 표현하는 우리들은 정신이다.
> ― RT, p. 41.

---

[7] J. Roudaut, *Critique N°254*, 1968, p. 647. "플라톤의 동경을 간직하고 있으면서도 플라톤을 전복하는 정말로 기이하고 복잡한 사고"

[8] 본느푸아는 여러 차례에 걸쳐서 이 철학자에 관해 이야기하고 있다. 특히 그가 플로티노스에게 경도하는 이유는, 플라톤의 도학자적인 성격을 이 철학자가 가지고 있지 않았다는 사실이다. 플라톤은, 도식적으로 말해서, 인간은 선善*Bien*을 향해 상승해야 한다 라고*doit* 말한다. 그러나 플로티노스는 인간은 선을 향해 가고 싶어 한다*veut*라고 말한다. 그리고 갈 수 있다*peut*라고 말한다.

<
　　이곳에서 우리에게 부족한 것은 아주 조금밖에 없으므로, 내가 생각건대, 저곳의 주민들을 우리와 구별짓는 것은 어떤 단순한 몸짓의 거의 드러나지 않는 이상함, 또는 나의 이웃들이 그들과 교역하면서 보다 깊이 심화시켜 보려고 노력하지 않았던 한마디 말의 기이함일 뿐이다.

_AP, p. 12.

이 네거리에 있다는 느낌, 인간은 보다 더 높은 본질의 나라와 교차되는 현실 속에 상대적으로 존재하고 있다는 느낌은 어린 시인의 혼에 깊은 각인을 찍는다. 그때까지 1층에 있던 그의 정신은 지하실 또는 2층을 탐험하기 시작한다. 어린아이는 도대체 그 나라라는 것이 어디에서 시작되는지 알고 싶어 안달한다.

　　저녁식사 시간이면, 나는 노란색 전등불 아래 앉아서, 빵 속에서 빵 껍질이 끝나고 빵 속이 시작되는 그 신비스러운 지점을 발견하기 위해 애썼다 — 물론 허사였지만.

_AP, p. 91.

그러나 그 시도가 단순히 어린이다운 호기심 때문만이 아니었음을 우리는 쉽게 알게 된다. 그리고 물론, 그것은 '초월성의 관절 *articulation d'une transcendance*'에 있는, 더 이상 지상에 속하지 않는 신화적 공간에 관계된 문제'였으니까(AP, p. 92).

3) 시적 언어의 힘
　점의 개념에 의하여 거의 구체적으로 느껴진 다른 곳의 예감은 문학적 소명에 접합된다. 왜냐하면 이번에는 라틴어가 본느푸아로 하여금 다른 현실로 다가갈 수 있는 도구를 제시해 주었기 때문이다. "열두 살 무렵이었던 것 같다. 라틴어 기초를 배우고 있었으니까. 그리고 곧이어 나는 나의 모국어 단어들을 하나의 예기치 않았던 차원, 또는 비밀로 둘러싸는 이 단어들에 매혹되었다." 미래의 시인은 라틴어 표현들 속에서 "영혼의 월계수"를, 하나의 숨겨진 차원을, 하나의 "숲속의 빈터*clairière*"를 발견한다. 본느푸아는 이 라틴어의 계시를 "눈부심*éblouissement*"이라고 표현하고 있다. 훗날의 시인이 특히 매료된 것은 '장소'에 관한 라틴어의 복잡한 표현방법이다. 프랑스어가 '어디*où*' 하나로 평면적으로 표현하는 것을 라틴어는 ubi, unde, quo, qua의 네 가지로 구분하고 있음으로 해서, 갑자기 단조로운 이곳에서 "신비에 가득 찬 나라가 기억[9]과 미래, 그리고 앞 쪽으로 열렸다"(AP, p. 98). 그 뒤로 로마는 본느푸아에게 있어서 어떤 비밀의 장소, 기원*origine*의 비밀을 쥐고 있는 도시로 여겨지게 된다. 제 시대에 속하지 않음으로 해서, 유형지에 있는 언어처럼 시인은 유형자인 자신을 느끼는 것이다. 로마로Eo Romam! 그 후로 로마는 본느푸아의 중심*centre*의 상징이 된다. 우리는 실제로 로마를 향해 떠나는 시인을 만나게 된다.

우리는 어린이가 그때 이미 시인의 소명을 감지했던 것이라고 생각한다. 왜냐하면 어린이는 언어의 계시 능력에 관해 이미 어떤 신념을 가지고 있었기 때문이다. 그때, 어린 시인에게 다가온 죽음의 경험은 그 언어에 대한 소명을 보다 더 확실한 것으로 만들어 준다. 할아버지가 돌아가시고, 소년은 장례식에서 먼 언덕 위에 서 있는 키 큰 나무를 바라다보며 인간조건의 한계에 대하여, 그리고

---

[9] 본느푸아가 기억*mémoire, souvenir*이라고 이야기할 때, 그것은 단순한 연대기적 기억이 아니다. 그것은 플라톤 식의 레미니상스로 읽힌다. 그가 충일의 상징으로 사용하고 있는 오랑쥬리 회화관에 대해 사람들이 '아무런 기억도 가지고 있지 않는 나라 le pays où l'on a aucun souvenir'로 묘사하고 있음을 상기하자.

그 언덕 너머 어딘가에서 시작되는 보이지 않는 나라에 대하여 생각한다.

>나는 이 삶을 나의 '거친 현실'로, 나의 '의무'로 삼기로 결정했다(그렇다, 나는 그렇게 생각했다. 그리고 그 뒤로 그 생각은 고집스럽게 계속되었다). 그렇다고 해서 내가 나의 꿈을 포기한 것은 아니었다. 꿈은 아마도 가까운 장소에서 살그머니 몸을 돌려 저곳 *la-bàs*에서, 이미지 속에서, 상대적인 것 *le relatif*과, 무한한 것 *l'infini*의 그리운 일치를 다시 재구성해 낼 것이었다.
>
>_AP, p. 15.

잃어버려진 통일성을 언어, 유한한 것 *fini*을 통해 재구성하기. 소년은 이미 시인이었다. 무한한 것을 본질적으로 유한할 수밖에 없는 형태 또는 유한적인 것을 통해 그려내려는 시도, 그것에 본느푸아는 일생을 걸게 된다.

언어의 능력에 대한 신념은, 영혼의 문제에 시 언어의 모색으로 대답하려는 본느푸아의 시도의 근저에 단단히 깔려 있다. 그는 줄기차게 시적 언어의 가능성을 믿고 있다. 그가 첫 번째 시집에 부친 반플라톤이라는 말로써 명백하게(약간은 그의 시인으로서의 출발을 요란하게 장식한) 표명하고 있는 반反 철학적 입장도 사실은 철학 전반에 관한 회의가 아니라 언어의 철학적 사용에 대한 거부라고 보아야 한다.

>우선 서둘러 말하겠습니다. 나는 한 번도 철학을 공격한 적이 없습니다. 그랬다면, 그것은 아마도 가장 못된 배은망덕이 되겠지요. 다만 나는 시에 관심을 기울이며 얻은 경험을 빌어 철학

자들이 생각하는 숫자*nombre*[10]의 위험을 지적했을 따름입니다. 나는 그 점에 관하여 확신을 가지고 있습니다. 체계적인 언어가 이루어내는 위험 속에서, 감동은 사라져 버립니다. 언어는 감동에서 태어나는데 말입니다.

_스리지에서의 세미나, 발표자들의 질문에 대한 본느푸아의 대답,
Cahier du sud, 1985, p. 414.

철학은 언어를 관념화한다. 그렇게 함으로써 철학은 개개의 언어가 가지고 있는 생생한 현실의 체적을 빼앗아 버린다. 본느푸아에게 있어서 철학적 언어는 죽은 것이며, 유희이고 심지어는 환상, 또는 거짓말이기까지 하다. 그는 철학의 체계*Système* 개념에 가장 부정적인 반응을 보인다. 그는 각각의 단어는 그 각각의 체적으로써 이해되어야 하는 것이라고 여기고 있다. 본느푸아에 의하면 가장 최소한의 관념화의 시도도 가장 음산한 현실도피이다. 죽음에 관한 철학적 관념은 이미 죽음이 아니다. 그러나 철학자들 역시 관념의 위험에 관해 의식하고 있다. 헤겔도 다음과 같이 말한 바 있다. "그러나 살아 있는 자연은 그 자연의 관념과는 영원히 다른 어떤 것이다(……), 살아 있는 자*vivant*, 어쩌면 자연스럽고 아름다운 유일한 자."[11]

철학적 언어, 체계화되고 관념화된 언어에서 등을 돌린 본느푸아는 자연스럽게 시적 언어에 다가간다. 그에게 언어는, 또는 체계를 거부하는 시인답게 하나하나의 단어*mot*는 미궁, 우리가 영원히 이를 수 없는 어떤 혼과 같은 것이다. 시는 우리를 현실에서 유리

---

10 피타고라스 이래로 숫자는 본질*essence*을 나타내는 개념이었다. 본느푸아는 철학의 체계화의 시도, 매순간의 정착시킬 수 없는 빠져 달아나는 실재를 관념으로 가두려는 철학적 시도를 이 표현으로 지칭하고 있다.

11 J. Hyppolite, *Introduction à la philosophie de l'histoire de Hegel*, Seuil, 1983, p. 47에서 재인용.

시키지 않은 채로 삶의 문제에 다가가도록 허용한다.

그러므로 그에게 있어서 시적 탐색은 영혼의 문제와 깊이 연관된다. 특히 그가 깊이 천착하고 있는 문제는 존재*l'être*의 문제다. 보들레르 이래로 프랑스의 시가 형이상학적, 영적 탐색의 수단이 되어온 것을 우리는 익히 알고 있다.[12] 그러나 시인들의 탐색은 공소한 형이상학의 논의와 전혀 다른 맥락에서 이루어진다. 존재에 대한 철학자들의 논의와 시적 탐색을 결정적으로 다르게 만드는 것은 본느푸아의 믿음대로라면 시적 언어와 철학언어의 질*qualité*의 다름이다. 이 점에 있어 본느푸아는 시인들이 철학자들의 탐색을 도울 수 있을 것이라고까지 생각한다.

> 나는 시가 그 감동의 기억을 간직하고 있는, 그 원천을 잘라내지 않은 유일한 언어라고 생각합니다. 그리고 그 점에 있어서 (……) 시의 언어는 철학자들의 작업을 도울 수 있을 것입니다. 그래서 키에르케고어는 스스로 시인이라고 자처했던 것이지요(……). 철학자들의 사고는 스스로 시인이기를 원하는 자들에게 많은 것을 가져다줍니다. 그것은 꿈꾸려는 성향을 시인 스스로 자제하게 만들어 주기도 하고, 시인의 희망을 한층 확실하게 다지게 해주기도 합니다. 나는 플로티노스와 니체, 체스토프 Chestov의 이름을 들겠습니다.
>
> _스리지에서의 세미나

시를 통한 존재에의 접근은 본느푸아에게 있어 시적 모색의 전부이다. 그 존재에의 탐색은 우리가 앞서 이야기한 장소 찾기와 전혀 다르지 않다. 우리는 이 두 개의 주제가 어떻게 겹쳐지는가를

---

12   cf. M. Raymond, *De Baudelaire au surréalisme*, J. Corti, 1940, p. 11.

『두브의 움직임과 움직이지 않음에 대하여』에 나오는 여성 두브의 정체성을 규명함으로써 더욱 분명하게 이해하게 될 것이다. 시를 통한 존재의 드러내기의 주제는 거의 언제나 여성의 이미지로 재현되고 있다. 본느푸아의 작품 속에서 그녀들은 조용히 말없이 움직인다. 본느푸아의 독특한 감성의 조명을 받고 그녀들은 유령처럼 창백하게 우리 앞에 떠오른다. 그리고 나서, 그녀들은 우리의 현실 속에 끌어넣기 위하여 그녀들의 이름을 소리쳐 부르는 우리 앞에서 허망하게 사라져간다. 베아트리체, 에우리디케 또는 우리의 손이 닿지 않는 언어의 혼.

2. 통과제의적 죽음

'장소'에의 접근, '존재' 추적의 주제는 자연스럽게 '변형 *transformation*'의 주제로 이어진다. 왜냐하면 이 '장소'의 접근, '존재'는 우리가 태어나면서 유전받은 그대로의 장소가 아니라 보다 더 높은 본질의 장소 또는 시적 탐색에 의하여 새로이 창조된 '다른' 존재일 터이기 때문이다. 이 '다른 것*autre*'의 테마는 본느푸아의 작품 속에서 끊임없이 되풀이되고 있으며, 다른 것과 비교해 다른 것이 아니라 '절대적'으로 다른 것을 환기시킴으로써 엘리아데의 '성聖 *Sacré*'의 개념에 접근하고 있다.[13] 제한된 지면 안에서 본느푸아의 신성함에 대한 논의를 길게 늘어놓을 수는 없다. 다만 본느푸아의 작품 세계에 전통적인 의미의 신성함이 — 물론 뉘앙스 차이가 있기는 하지만 — 분명히 존재하고 있다는 것만을 지적해 두기로 하자. 이 '다른' 존재에의 접근은 한 신화적인 주제를 떠올리

---

13 M. Eliade, *Le Sacré et le Profane*, Gallimard, 1965, p. 13.

게 한다. 즉, 통과제의적인 재생renaissance inititique의 주제가 그것이다. 통과제의initiation의 주제와 상징주의에 대하여 긴 부분을 할애하는 것은 불가능하겠지만, 우리가 다루려는 주제와 연관되는 부분은 짚고 넘어가기로 하자.

통과제의는 인류학적으로 아주 큰 중요성을 가지는 의식이다. 엘리아데는 심지어 전통사회société traditionnelle와 현대사회를 통과제의의 유무여부로 판별할 만큼,[14] 이 의식의 세계적 보편성을 강조하고 있다. 그는 통과제의의 궁극적인 철학적 의미를 "존재 양태의 변화changement du régime existentiel"로 보고 있다. 엘리아데는 고대의식에 대한 그의 깊은 성찰을 통해서 이 고대의식이 보여 주고 있는 '존재론적 갈증'을 읽어내고 있다. 즉, 고대인들에게 있어 존재의 가치는 탄생과 더불어 고유하게 주어지는 것이 아니라 후천적으로 쟁취해야 하는 것이었다. 그 가치의 쟁취를 가능하게 해주는 것이 바로 "신성한 현실réalité sacrée"의 존재다. 고대인들은 우리가 태어나면서 유전받은 삶을 거부하고 "신성한 현실"에서 아득한 옛날in illud tempus에 일어났던 일을 제의를 통하여 모방함으로써 삶을 가치 있는 것으로 만들 수 있다고 믿었다.[15] 이 육체적으로 유전된 삶의 거부는 제의적 죽음의 형태로 나타난다. 자연적인 자아le moi naturel는 죽음을 상징하는 시련의 의식을 거쳐 새로운 자아, 영적인 자아le moi spirituel로 다시 태어난다. 엘리아데는 여러 통과제의를 정리하여 세 단계의 공통적인 시나리오를 뽑아내고 있다. 1)준비단계 2)제의적 죽음 3)재생. 통과제의가 우리의 삶의 조건과 그것을 극복하려는 종교적 의지를 총체적으로 다루고 있으므로 해서, 실상 문학이 — 어느 경우에도 '삶' 그 이상도 그 이하도 다룰 수 없는 — 이 제의의 주제를 비껴가기란 거의 불가능한 일이

---

14   M. Eliade, *La Nostalgie des origines*, Gallimard, 1971, p. 206.
15   M. Eliade, 위의 책, p. 20.

다. 그래서 일반적으로 주인공의 '존재론적 변화'가 묘사되어 있는 작품을 우리는 통과제의적이라고 부르게 된다. 그러나 한 작가를 '통과제의적'이라고 특별히 한정해서 부르고자 할 때, 우리는 그 용어 사용을 타당하게 할 수 있는 구조적인 유사성을 그의 작품에서 발견해 내지 않으면 안 된다.[16] 그만큼 통과제의는 독특한 주제와 구조를 따라 형성되어 있다.

그런 조심스러운 논의를 거쳐서 살펴보았을 때, 순수한 의미에서 통과제의적이라고 부를 수 있는 작품들의 특징은, 주인공의 단순한 정신적 성장을 다루는 소위 성장소설들 — 괴테의 『빌헬름 마이스터의 수업시대』 또는 플로베르의 『성 앙투안의 유혹』류의 — 과 판이하게 구별된다. 통과제의적인 작품들이 다루는 변모는 단순히 주인공의 '지혜'의 습득으로 귀결되지 않는다. 그것은 전적으로 종교적인 변화를 상정한다.[17] '죽음'으로 상징되는 예전의 자아의 완전한 취소*annulation*를 거쳐 통과제의적 주인공은 '재생'으로 상징되는 새로운 자아의 완전히 변화된 존재양태를 손에 넣는다. 본느푸아의 시적 상징주의는 이 의식에 가까이 접근하고 있다. 더구나 우리는 그의 작품 속에 뚜렷하게 나타나고 있는 '통과제의적 행로*parcours initiatique*를 읽어낸다. 그리고 우리가 앞서 보았던 바와 마찬가지로 그 도정의 끝, 재생은 시적 파롤의 완성, 그것이 드러내는 존재의 창조와 완벽하게 겹쳐진다.

1) 가출 — 로마를 향하여

---

16 cf. S. Vierne, 앞의 책, p. 17.
17 이 점에 있어 엘리아데의 언급을 환기해 볼 필요가 있다. 엘리아데는 모든 통과제의가 그것이 선별된 영적 지도자의 교육을 대상으로 하는 것이든, 아니면 부족 공동체 일원에게 무차별로 해당되는 성년식과 같은 '문화적인' 성격의 것이든 모두 '종교적'이라는 사실을 지적하고 있다. 왜냐하면, '존재론적 변화'는 종교적인 경험을 상정하지 않고는 불가능한 것이기 때문이다.

우리가 1장에서 살펴보았던 학생은 어느 날 정말로 로마를 향해 떠난다. 밤에, 알 수 없는 열기에 들떠, 그러나 결연히.

> 첫 번째 페이지가 빠져 있었다. 나는 그것을 기억하고 있다. 나의 모든 노력에도 불구하고, 나는 그 어느 순간에도 그 페이지를 써넣거나 심지어는 상상해 낼 수조차 없었다. 나는 단지 그 페이지가 여행자의 출신 또는 그가 출발을 결정하게 된 어떤 동기들로 채워졌어야 한다는 것을 알고 있을 뿐이었다.
>
> _AP, p. 77.

시인은 이 출발의 원인을 설명하지 못하고 있다. 그러나 우리는 이 점을 거꾸로 이해할 수도 있다. 즉, 어쨌든 여행이 그만큼 불가피했다는 사실이다. 학생이 원하든 원하지 않든, 그는 떠났어야 했던 것이다. 이 출발의 첫 번째 페이지는 통과제의의 첫 번째 성립 요건에 겹쳐진다. 비에른은 모든 통과제의가 그 제의가 가지는 중요성으로 인하여 조심스러운 준비단계를 필연적으로 요구하는 것을 밝혀 보이고 있다. 그 준비단계는 대체로 제의가 치러질 장소를 성별聖別하는 것으로 구성된다. 신입자는 그의 자연적인 조건을 떠나 제의가 시작되기 전에 일단 기다림의 장소로 들어간다. 그런데 예전의 현실, 인간이 탄생과 더불어 육체적으로 유전받은 현실은 '어머니'로 상징되어짐으로써, 많은 통과제의는 이 준비단계에 신입자가 그의 어머니의 세계와 이별하는 의식을 행한다. 이 의식의 단호한 성격을 지칭하기 위하여 비에른은 "이 헤어짐은 오히려 뽑아내기*arrachement*이다"[18]라고 말하고 있다. 학생의 출발은 이 어머니의 세계와의 이별을 지칭하고 있다. 그 여행의 동기를 대변

---

18 S. Vierne, 앞의 책, p. 17.

에 통과제의적이라고 볼 수는 없지 않겠는가 하는 의문은 우리가 계속 따라가게 될 이 여행자의 여행을 따라 자연스럽게 사라질 것이지만, 만일 이 대목이 우리의 전제에 충분히 부합되지 않는다면, 우리는 "어머니의 포기abandon de la mère"라는 본느푸아의 중요한 주제를 통하여 그 의문에 대답할 수 있다. 이 주제는 다음 장에서 다시 언급될 것이다.

여행자는 "스스로를 이해하는 것se comprendre"을 그 임무로 가지게 된다. 여행자는 그 임무를 수행하기 위하여 과거로 거슬러 올라간다. 그러므로 그 스스로를 이해하기는 단순히 현실적 자아의 이해가 아니다. 그것은 존재 자체 또는 역사적 시간에 의하여 변질되기 전의 신화적 자아의 이해다.

> 그리고 그러한 사실로 인하여 이렇게 이야기할 수 있다면, 내가 꿈속에서나 가졌던 환상들을 다시 살아내며, 그러나 내가 알지 못하는 것을 다시 발견하며, 존재의 이유와, 이 중심의 이름을 가지고 있는 탈중심화décentrement와, 내가 내 삶으로 만들었던 이 뒤집힌 장갑의 메커니즘을 찾아내며.
>
> _AP, p. 75.

만일 삶이 지금껏 존재론적 충일에서 멀리 떨어져 있는, 탈중심화된décentrée 삶이었다면, 그래서 뒤집힌 장갑이었다면 그것을 다시 한 번 더 뒤집어야 하는 것이다. 그 뒤집기inversion를 가능하게 하는 것은 다름 아닌 여행, 곧 글쓰기의 여행이다. '여행'의 주제에 동반되는 과거로의 귀환의 주제는 본느푸아의 작품 속에서 독특한 상징주의를 구성하며 펼쳐지고 있으나, 다만 여기서는 그것이 고대의식의 상징주의와 마찬가지로 '카오스의 회복' '시간의 재생' '역사적 시간의 사라짐' '원초성의 회복' 등의 주제를 동반한다는 것만 밝혀 두기로 하자.

　로마로 떠난 여행자의 여행은 로마가 아닌 엉뚱한 장소에서 끝나게 된다(이 엉뚱한 결말의 의미에 관해 우리는 다시 언급하게 될 것이다). 아페키오Apecchio에서 학생은 우리의 주제와 관계하여 무척 흥미로운 경험을 가지게 된다(AP, p. 83). 그는 어느 날 밤 아페키오에 도착한다. 그리고 밤이 저물 무렵의 멍한 기다림. 이유를 알 수 없이 그는 지붕너머를 바라보면서 힌두어 시간을 기다린다. "아무런 인지 가능한 대상물을 가지지 않은 감정", 그 경험을 시인은 "공Vide"이라고 부르고 있다. 이 "공"의 경험은 전혀 우연한 것이 아니다. 그것은 오히려 어떤 제의적 필연성la nécessité rituelle마저 가지고 있다. 이러한 우리의 가정은 다음 페이지를 읽어보면 곧장 증명된다.

> 　여행자는 밤이 내리는 동안 그리고 또 그 뒤에도 아페키오에서 헤매었다. 그는 그처럼 헤매는 한 마리 말[馬]만을 만났을 뿐이다(……). 그리고는? 글쎄, 이 지상세계의 너무나 분명한 이미지, 죽음, 네거리에 흘러넘치는 마술 저 너머로, 환한 대낮 또는 여름 열기 속의 쨍쨍한 대낮의 환각들마저도 붐비는 것이었다. 나는 폭풍치는 밤과 더불어 아페키오 너머의 한 텅 빈 성당 안으로 몸을 숨겼다. 절대가 다가오는 순간, 우리는 마치 성서聖書를 그리는 화가들 마냥 성급한 판에 박은 표현들stéréotypes에의 권리를 가지는 것이다.
>
> 　　　　　　　　　　　　　　　　　　　　_AP, p. 84.

　이 성당에서의 경험은 프리메이슨단의 신입자가 '로즈loge'라고 불리는 독방에서 받아야 했던 제의적 죽음의 장면을 생생히 닮아 있다. 위대한 숙련공Grand Expert은 불이 꺼진 독방에 홀로 남아 있는 신입자에게 엄숙하게 소리친다. "비전秘傳을 전수받는 다는 것, 그것은 죽는 것을 배우는 것이다*S'initier, c'est apprendre à mourir*."[19] 성당이라는 종교적 장소의 선택도 우연으로 여겨지지 않는다. 더구나 이 대목의 제의적 죽음의 상징성은 '말'이라는 인류학적으로 가장 보편적인 죽음의 상징으로 한층 확실해진다.[20] 본 느푸아 자신이 이 동물의 죽음의 상징성에 관해 명백하게 인식하고 있으므로 사실 논의 자체가 불필요하기도 하지만, 더구나 시인은 그 경험의 조금은 도식적인 성격을 자신이 껄끄럽게 느끼고 있음을 드러내 보임으로써 이 경험의 신화적 성격을 확인시켜 주고 있다(아닌 게 아니라 우리는 바로 다음 페이지에서 오랑쥐리 회화관으로 들어가는 여행자를 만나게 된다). 그러므로 앞서의 '공'의 경험은 단순한 우연이 아니라 성당에서의 제의적 죽음을 준비하는 특정한 국면을 형성하고 있는 것이다.

이 공의 경험은 우리의 주제에 비추어 볼 때 특별한 존재론적 의미를 지니고 있다. 이 점에 있어 비에른의 지적이 흥미롭다. 새로 태어나기를 원함으로써 자신의 자연적 여건에서 '뽑혀진' 신입자들의 존재론적 상태는 "아무것도 아닌*rien*" 상태이다. 그의 예전의 자아의 존재론적 가치는 어머니의 조건에서 뽑혀져 나옴으로써 무화無化된다. 그러나 그는 아직 죽음의 의식을 거쳐 정화되지 않았으므로, 아직 다시 태어난 것도 아니다. 그는 존재론적으로 유보되어 있는 자*un suspendu ontologique*이다. "(······) 왜냐하면, 고대인들에게 있어서, 신입자는 문자 그대로 선하지도 악하지도 않은 존재기 때문이다. 그는 아직 아무것도 아닌 자*rien*이다. 그는 이제 존재하는 것을 배워야 하는 것이다."[21] 이 공의 경험은 그러한 존재

---

19 S. Vierne, 앞의 책, p. 21.
20 G. Durand, *Les Structures anthropologiques de l'Imaginaire*, Bordas, 1984, pp. 79-87.
21 S. Vierne, 앞의 책, p. 16.

론적 변경 *limbes*의 경험에 접근하고 있다.

2) 죽음 ─ 존재 또는 파롤의 정화

여행자의 이야기의 첫 번째 페이지는 비어 있었다. 그러나 두 번째 페이지는 마치 시인이 지금도 '눈으로 보고 있듯이' 생생한 기억과 더불어 열려진다. 여행자, 본느푸아의 분신은 천천히 계단을 내려가 울퉁불퉁한 보도를 지나, 깜깜한 운하 가장자리에 이를 때까지 걸어간다. 그날 밤, 축축한 운하 가장자리에서 여행자는 몇 시간을 꼼짝하지 못하고 어둠 속에 못박혀 있다. '아주 직접적인 방법으로, 물리적으로' 느껴지던 어둠의 체험은, 바슐라르의 호수 곁에서 부딪치는 축축한 어둠의 음산함, 스팀팔리즈화 *stymphalisation*[22]의 공포를 완벽하게 재현한다. 본느푸아에게 운하 *canal*는 언제나 시간의 흐름, 달리Dalí식의 액체화된 시간의 상징으로 쓰인다. 운하 가까이 있던 어린 시절의 집에서 아버지가 돌아가신 뒤(RT, p. 106), 이 이미지는 시인에게 죽음을 직접 환기시키는 상징이 된다. 아무것도 보이지 않고, 아무것도 움직이지 않는 축축한 어둠 속에서 여행자는 꼼짝도 하지 않고 몇 시간이고 기다린다. 기다렸다는 말은 타당치 않다. 왜냐하면 그는 실제로 이 늪과 같은 어둠에 갇혀 있었기 때문이며, 자신의 힘이 아니라 타인의 힘을 빌어 그 어둠을 빠져나왔기 때문이다. 그는 그 어둠의 경험이 그의 행로에 어떤 전환점이 되리라고 예감한다("나는 나의 예전의 걸음이 여기에서 한계를 만났다고 느꼈다", AP, p. 78).

이 늪 같은 카오스의 어둠 속에서의 기다림은 '마지막 집'의 문이 열리고, 노인 하나가 램프를 들고 나와 어둠을 비출 때까지 계속된다. 이 "낯선 이*étranger*"는 배로 다가가 그 위에 몸을 숙이더니

---

[22] G. Bachelard, *L'Eau et les Rêves*, J. Corti, 1957, p. 137.

바구니를 하나 들고 사라져 버린다. 다시 어둠, 그러나 이 한 번의 빛의 분출로 암흑의 덩어리에 불과했던 곳, 존재가 존재에 대하여 개별적 관계를 가질 수 없었던("돌멩이의 돌멩이에 대한 텅 빈 관계", AP, p. 80) 어둠이, 식별 가능한 '장소'로 바뀐다. 엘리아데는 카오스에서 코스모스로의 전이가 '빛'의 분출과 더불어 이루어지는 것을 잘 보여 주고 있다.[23] 즉, 비현시태非顯視態 *non-manifesté* 가 현시태顯視態 *manifesté*로 바뀌어지는 것이다. 이 점에 관해서는 창세기 1장의 천지창조 장면을 떠올리는 것으로 충분하리라. 여행자는 이 빛의 분출 이후에 더 이상 죽음의 실체인 어둠에 묶여 있지 않다. 이제 '존재'를 향해 떠날 수 있는 것이다. 단 한 번의 빛의 분출로, 죽음의 공포는 극복된다. 다시 어둠, 그러나 그 어둠은 더 이상 같은 질質을 가지고 있지 않게 된 것이다. "장소는 그럼에도 불구하고 장소를 가졌던 그것을 여전히 간직하고 있지 않을까? 여행자는 일어나서 배로 다가가 "낯선 이"가 들여다보던 배가 석탄으로 가득 차 있음을 확인한다. 석탄, 무거운 육체성의 상징, 배, 변전 *devenir*의 운명, 그리고 그 곁에서 그는 그가 어릴 적 그토록 사랑하던 푸생Poussin 그림 하나를 떠올린다. 「물에서 건져진 모세 *Moïse sauvé*」. 모세의 일생이야말로 가장 전형적인 통과제의의 모델이다 [(1)어머니와 헤어짐 (2)예전 자아의 죽음 (3)새로운 탄생]. 어머니에게서 뽑혀져서 동방의 공주의 아들로 다시 태어나는 이 신의 택함을 받은 자의 이야기는 본느푸아를 깊이 매혹했던 모양으로, 모세와 이집트 공주의 이미지는 작품 도처에서 되풀이되어 나타나고 있다. 죽음을 상징하는 운하 곁에서 시인이 이 모세의 생애를 떠올렸다는 것은 의미 깊다. 여행자는 일어서서 다시 로마를 향해 떠난다.

---

23 M Eliade, *Le Mythe de l'éternel retour*, Gallimard, 1969, p. 30.

이 죽음의 경험은 통과제의의 신입자가 새로운 존재를 얻기 위하여 필연적으로 거쳐 가지 않으면 안 되는 과정이다. 죽음의 주제는 본느푸아 작품 곳곳에 나타나고 있지만 특히 시집 『두브의 움직임과 움직이지 않음에 대하여』에서 생생한 모습으로 그려지고 있다. 이 시집에 그려져 있는 죽음의 상징성을 이해하기 위해서 우리는 두브의 정체를 먼저 밝히지 않으면 안 된다. 왜냐하면 이 시집 전체가 여성 두브와 그녀의 움직임을 지켜보는 '나' 사이의 내면의 대화로 이루어져 있기 때문이다.

잭슨J. E. Jackson은 이 시집 앞에 붙어 있는 헤겔에게서 인용한 문장을 통하여 이 여성의 정체를 밝히고 있다. "그러나 정신의 생명은 죽음 앞에서 두려워하지 않으며, 죽음으로부터 순수하게 지켜진 생명이 아니다. 그것은 죽음을 감당하며 죽음 안에서 유지되는 생명이다." 두브는 '나'의 분신이며, '죽음의 고통에 던져진 자아의 외면화', 그리고 헤겔의 변증법 속의 '죽음 안에서 산 채로 견디어 내는 부분'이다.[24] 만일 본느푸아가 의식의 분열*scission de conscience*을 가정했다면, 그것은 그것을 변증법적으로 뛰어넘기 위해서라는 것이다. 그리고 그 변증법적 통일은 '나'와 두브의 성이 남성과 여성으로 대립되어 있음으로써 더욱 더 가능성에 가까이 다가가게 된다. 실제로 본느푸아는 이 두 존재의 '껴안기' '결혼'의 주제를 통하여 이 의식의 분열의 완전한 극복을 그려 보이고 있다.

그러나 우리는 두브를 달리 이해하고자 한다(잭슨의 해설의 의미를 그대로 간직하면서), 두브는 분명히 '나'의 분신이다(발음상의 흡사함도 언급할 만하다. 불어로 분신은 '두블*double*'이다). 이 여인의 특성은 시집을 열자마자 드러난다.

---

24 J. E. Jackson, *La Question du sujet*, Ed. de la Baconnière, Neuchâtel, 1978, p. 248.

> 나는 네가 테라스 위에서 달려가는 것을 보았다
> 나는 네가 바람을 맞아 싸우는 것을 보았다
> 냉기가 네 입술 위에서 피처럼 흘러내린다
>
> _Douve, p. 23.

고통에 던져지는 것은 언제나 두브이고 그것을 제삼자격의 '나'가 냉정히 바라보고 있다. 두브는 움직이고, 죽고, 그리고 나는 한옆에 구경꾼처럼, 아니 오히려 연출자처럼 남아있다(실제로 『두브의 움직임과 움직이지 않음에 대하여』의 제1장의 제목은 「극장 Théâtre」이다).

> 밤새 나는 너를 꿈꾸었다. 두브여, 너를 좀 더 잘 불꽃에 집어던지기 위하여.
>
> _Douve, p. 75.

> 나는 네 곁에 있다. 두브여, 두브, 나는 너를 비춘다.
>
> _Douve, p. 77.

> 나는 네 밤의 주인이다. 나는 밤처럼 네 안에서 밤샘한다.
>
> _Douve, p. 64.

> 나는 네 욕망을, 네 형태를, 네 기억을 파괴한다. 나는 잔인한 너의 적이다.
>
> _Douve, p. 51.

이 점에서 우리는 두브를 영혼âme으로, '나'를 정신esprit으로 읽는 독법을 제시하고자 한다. 영혼은 아름다운 처녀 프시케 이래로 늘 여성으로 상징되어 오지 않았던가. 그리고 죽음과 삶, 구원은 늘 영혼의 몫이 아니었던가. 죄를 지은 파우스트를 위하여 죽는 것은 마르그리트이지만, 죽은 마르그리트 덕에 구원을 받은 것은 파우스트다. 턱없이 공양미 삼백석의 시주를 약속한 주책없는 아비 때문에 죽어가는 심청, 그러나 고통 받은 심청 덕에 심봉사는 눈을 뜬다. 죽어가며 마르그리트는 외친다. "파우스트, 나는 그대의 운명을 겪는 거예요, 그대의 운명을……."[25] 영혼을 죽음의 시련에 내어 주고 시인의 '나'는 명석한 의식으로 그 비극의 현장을 지킨다. 바슐라르는 현대철학이 정신분석학자들의 영향으로 정신과 영혼을 혼동하고 있다고 비판한다.[26] 이 구분은 신플라톤주의자들이나 카발주의자들에게는 분명한 것이었다. 그러나 현대 철학자들도 양자를 명백히 구분한다. 브뤼에르Bruaire는 정신을 '지성의 행위', 사고력을 갖춘 '지각판별 능력 *le pouvoir d'intelligibilité*'이라고 보고 있다.[27] 얀켈레비치는 이렇게 말한다. "영혼은 모든 생각이며 코기토의 작용이 아니라 코기토이다."[28] 즉 영혼은 존재*être*이지, 행위 *acte*가 아니라고 보는 관점이다. 영혼의 몫인 죽음을 결의에 의하여 결정하고 그것을 냉정한 의식으로 지키는 것은 분명히 정신의 행위이다. 두브는 죽음을 겪고 죽어버림으로써 그녀의 임무를 완수한다. 『두브』의 제3장을 거치면서 죽어버린 두브는 더 이상 이 시집에서 모습을 보이지 않는다. 부활의 환희가 묘사되어 있는 마지막 두 장에서 두브 대신에 기쁨을 누리는 것은 '나'이다.

   더불어 우리는 두브의 운명이 시의 운명과 완전히 겹쳐지고 있음

---

25   Goethe, *Faust et le Second Faust*, traduit par G. Nerval, Ed. Garnier Frères, 1969, p. 293.
26   Bachelard, *La Poétique de l'Espace*, P. U. F., 1984.
27   C. Bruaire, *L'Etre et l'Esprit*, P. U. F., 1983, p. 23.
28   V. Jankélevitch, *Philosophie première*, P. U. F., 1954, p. 193.

에 주목하고자 한다. 앞서 우리가 살펴보았듯이 본느푸아에게 있어서 모든 시적 임무가 삶의 그것과 함께하는 것이라면 두브-영혼의 모색은 두브-시의 모색과 별개의 것이 아니다. 그러므로 두브의 운명을 완결한다는 것은 시의 운명을 완결한다는 것과 같은 말이다. 이 점에 관한 한, 시집 『두브』의 구성을 살펴보는 것은 유익하다. 『두브』는 다섯 부분의 소시집으로 이루어져 있다[1)극장 2)마지막 행위 3)두브는 말한다 4)오랑쥬리 회화관 5)진정한 장소]. 전반적으로 보아서 이 시집은 1)2)의 변전의 운명이 4)5)의 부동의 운명으로 이행해 가는 과정을 보인다. 그런데 이 두 큰 부분은 중간의 전환점 역할을 하는 3)두브는 말한다를 통하여 연결되어 있다. 즉, 죽음의 운명에서 부활의 환희로 옮겨가는 사이에 '말'의 다리를 거치도록 되어 있는 것이다. 시인이 세워놓은 설계의 의미는 따라서 명백하다. 시인은 '말'의 구원자적 역할을 제3장에서 암시하는 것이다. 실제로 이 부분을 거치면서 '목소리 *voix*'는 '다른 목소리 *autre voix*'로 바뀐다. 그러므로 두브를 죽인다는 것은 시어를 죽인다는 것이며, 새로운 두브의 생명을 얻는다는 것은 새로운 시어를, 완벽한 절대언어 *parole absolue*를 얻는다는 것을 의미한다. 시 언어의 연금술적 정련의 테마는 시집 도처에서 명백하게 나타나고 있다.

원천과 밤 위로
던져진 물질적인 파롤?

_Douve, p. 44.

이 이름의 일반명사의 의미도 음미해 볼 만하다. '두브'는 해자를 의미한다. "성 주위에 파여진 물로 채워진 웅덩이" "두 개의 경작지 사이에 파여진, 물을 흘려보내는 데 쓰이는 파인 구덩이", 그것은 두 지역 사이를 이어주는 통로이다. 그것은 물과 땅의 두 영역을 공유한다. 그처럼 두브는 변전과 존재의 두 겹의 운명을 소유한다. 아울러 잭슨은 이 이름을 두브와 루브louve(암늑대)의 합성어로 읽을 것을 제안한다. 만일 그녀가 물어뜯는 자라면, 그녀는 그녀 스스로를 물어뜯는다. 그녀가 말도로르라면, 그녀는 자기 자신의 말도로르인 것이다.

마지막으로 우리는, 장롱*armoire*의 깊숙한 내면을 이해하기 위하여 그 단어를 발음해 보기를 권했던 바슐라르처럼, 이 여인의 이름을 발음해 볼 것을 권하고 싶다. 두브는 우리를 우선 'ou' 모음의 깊고 무거운 내면으로 데리고 간다. 'V'의 자음은 우리를 바깥에서 기다리고 있다. 그러나 얼마나 감미롭고 가볍게 그 'V'의 순치음은 앞서의 음절의 부드러움을 간직하고 있는 것일까? 우리는 벌써 두브의 행로를 이해하는 것이다. 그녀는 내면 속으로, 우리의 깊은 필멸의 운명 속에 잠기었다가, 다시 외부로 솟아오를 것이다.[29] 그러나 우리는 이미 짐작한다. 다시 바깥으로 솟아오를 때, 그녀는 이미 예전의 그녀가 아닐 것이다.

> 운명 속에 잠겼다가 해초에 뒤덮여 솟아오르는, 더욱 넓은 이마, 더욱 넓은 어깨의 ─ 웃고 있는 눈먼, 신적인 유영자처럼?
>
> _AP, p. 10.

'철학'을 거부하는 시인답게 본느푸아의 죽음의 묘사는 생생한 구체성과 더불어 이루어지고 있다. 시인은 명석한 의식으로 스스로의 혼을 불길 속에 던진다. 왜냐하면, "모든 것은 죽음에 의해서만 존재하기"(IM, p. 32) 때문이며, "죽음에 의하여 증명되지 않는

---

29 이 도식은 본느푸아의 상상적 재현의 한 중요한 축을 이루고 있다. 이 내면으로의 잠기기는 우리의 운명 속으로의 잠수이며, 동시에 초현실주의자들 식의 꿈속에 잠기기를 묘사하고 있다.

것은 그 무엇도 진실하지 않기"때문이다. 이 통과제의적 죽음의 주제는, 죽음과 더불어 증명되는 진실의 상징으로서 본느푸아로 하여금 중세기의 신권재판*ordalie*을 택하게 한다. 이 명사를 제목으로 택하고 있는 빼어나게 아름다운 수필 안에는 주인공의 죽음과 더불어 주인공의 인식이 개별성을 벗어나 보편성을 획득하는, 즉 대문자의 과학Science, 또는 진실Vérité,을 쟁취하는 장면이 본느푸아 특유의 미묘한 종교적 어조로 묘사되어 있다.

>살기 위해서, 너는 죽음을 가로질러가야 한다.
>가장 순수한 현존은 내뿜어진 피이다.
>_Douve, p. 52.

본느푸아에게 있어서 죽음은 그것을 이겨내기 위해서는 반드시 겪지 않으면 안 되는 그 무엇이다. '진정한 장소', 진정한 존재에 이르기 위해서는 지금의 삶, 떠도는, 탈중심화되어 있는 삶을 죽여버리지 않으면 안 되는 것이다. 고대인들이 종교적 의식으로 행했던 것을 본느푸아는 글쓰기로써 시도한다. "한 존재의 진실을 꿈꾸는 것은 그러므로 그의 미래적 죽음을 상상하는 것이며, 끔찍하지만 멋진 피의 분출을 미리 바라보는 것, 그 근육의 경련, 육체의 밤의 공격을 예견하는 것이다."[30] 그것은 다시 말하면 진정한 파롤을 얻기 위하여 지금의 우연의 산물인 언어, 절대*absolu*를 단지 부분적으로, 조각난 상태로*fragmenté* 밖에는 보여주지 못하는 언어를 그 기원으로 돌려보내야 한다는 것을 의미한다.

여기서 우리는 본느푸아의 시적 탐색이 연금술적 상상력에 닿아 있는 것을 확인할 수 있다. 연금술사들의 금을 얻기 위한 노력

---

[30] J. P. Richard, *Onze Etudes sur la poésie moderne*, Seuil, 1964, p. 255.

이 단지 물질적인 금을 얻기 위한 것이 아니었음을 우리는 알고 있다.[1] 금으로 상징되는 영적인 구원을 얻기 위하여 연금술사들이 착수했던 첫 번째 작업 단계는 니그레도라고 불렸는데, 이 단계에서는 상호 대치되는 원칙들을 결합하여 완전한 카오스의 상태로 되돌려 원초물질*materia prima*을 얻는 것을 목표로 했다. 그러므로 연금술사들의 시도를 요약하면 '물질에서 영혼을 추출해 내는 것'이다. 본느푸아의 시적 탐색 역시 같은 축을 따라가고 있다. 절대언어를 얻기 위해서 그는 언어를 그 물질적 원천으로 되돌려 보내야 한다고, 즉 각각의 언어의 구체적인 측면, 즉 기표에서 출발해야 한다고 생각한다.[2] 실제로 그의 시 안에서 관념어는 극도로 제한되어 있다. 그러나 그 어떤 신비에 의하여 — 우리는 그것이 이 시인의 특별한 재능이라고 생각한다 — 그 구체적인 기표들은 모두 이중화*doublé*되어 각각의 단어의 내면의 경사*versant intime*를 가지게 된다. 극도로 구체적인 시어들이 이루어 내는 극도로 관념적인 분위기의 모순 또는 매력. "단어들의 단단한 살*chair*은 의미의 공허*néant de signification* 주위에 자리 잡는다. 그것은 추상화의 구체성, 그리고 반물질*anti-matière*의 멋진 옷이다."[3] 알랭 보스케Alain Bosquet는 본느푸아의 이 연금술을 "기표 앞에서의 탈주"라고 묘사하고 있다.

    심오한 빛은 몸을 드러내기 위하여 밤의, 녹슨 그리고 비꺽이는 흙을 필요로 한다.

---

1   G. Nataf, *Symboles, Signes et Marques*, Berg International, 1981, p. 220.
2   기표의 구체성은 종종 이 시인에게 거친 헝겊으로 상징된다. cf. RT, p. 45. "몸을 숙이고, 밀랍 입힌 삼베 두루마리를 앞으로 뻗은 팔에 들고" p. 117. 또는 "우리는, 이 거친 헝겊으로 만든 주머니 안에서, 언어에서 남은 것을 거칠게 휘젓는다"(『기표에 대하여』).
3   A. Bosquet, *Verbe et Vertige*, Hachette, 1960, p. 168.

불꽃이 작열하는 것은 검은 장작으로부터인 터,

언어에게조차 물질은 필요하고,

그것은 모든 노래 건너편의 움직임 없는 해안을 필요로 한다.

_Douve, p. 52.

기원으로 되돌려진 '물질적'인 언어. 그러므로 본느푸아에게 있어서 시인은 "분할할 수 없는 거대한 물질을 비추는 자(Douve, p. 63)", 금을 얻기 위하여 태초의 카오스로 돌아간 물질을 계속하여 가열하는 연금술사이다. 시는 연금술사들의 용광로*athanor*이다.

오 붙잡혀 고개 떨군 마이나데스여[4]

어느 아궁이에서 네 얼굴의 빛을 일으켜 세울 것인가?

_Douve, p. 56.

이 기표들의 재 속에 손을 넣고 휘젓는 자, 시인, 금을 얻기 위하여 그리고 새로이 태어난 영혼을 얻기 위하여.

일곱 개의 불. 밤이 오기 전에 바닷가의 작은 오솔길로 운반되어 온, 늘 잦아드는 불꽃의 은칸델라처럼, 우리의 들쭉날쭉한 길가기, 느닷없는 재의 커튼 아래에서 이 금을 만들어 내는 자들.

_IM, p. 329.

본느푸아의 죽음의 이미지는 연금술적인 니그레도의 상징주의의 특성 — 원초상태의 수성적 특성, 불에 의한 정련, 천천히 진행되는 부패*putréfaction* 등 — 을 매우 흥미롭게 보여주고 있다. 그러나 본

---

[4] 디오니소스를 무리를 지어 쫓아다니는 광녀狂女들의 이름. 통음난무적인 열기를 환기시킨다. 불가능을 향하여 달려가는 시적 열정.

느푸아적 죽음의 특성은 철학적 '개념'을 거부하는 시인답게 그 구체적이고 끔찍한 양상에서 발견된다. 그러나 이 비장한 죽음의 분위기는 본느푸아 시 전체에 오히려 어떤 음산한 생동감을, 그리고 어떤 비극적 품격을 더해 준다.

> 나는 눈을 뜬다, 비가 오고 있다. 바람이 너를 관통한다, 두브여, 송진 흐르는 끈끈한 황야가 네 곁에 잠들어 있다.
> _Douve, p. 26.

> 갈가리 찢긴 다리, 바람이 그곳을 뚫고 지난다, 그 앞에 비[雨]의 머리들을 내밀면서.
> _Douve, p. 27.

'나'의 명석한 시선 앞에서 죽어가는 두브는 시집 말미에 이를수록 점점 어떤 카니발적인 축제의 주인공으로 변모한다. 그녀는 죽는 것을 '즐긴다', 그리고 그 죽음의 장면들은 타나토스의 본능, 마조히스트적인 쾌락으로 침윤된다. 두브는 죽음의 축제를 위하여 '가장 아름답게 치장한다'. 그녀는 즐거이 죽음의 거대한 턱주가리 아래에 눕는다.

'피할 수 없는 *indispensable*' 죽음을 두브-영혼에게 위임한 '나'는 죽은 두브를 향하여 다가가 그녀를 껴안음으로써, 그 내면의 비극을 완전히 살아낸다. 이제 죽음은 외면의, 바깥의, 타인의 죽음을 통해 관찰되는 우연한 사실이 아니라 내면의 '확실성 *certitude*'으로 변모한다. 본느푸아는 이 국면을 "가장 낮은 결혼"— 아마도, 우리 내면 가장 깊은 곳에서 이루어지므로? — 이라고 부르고 있다. 결혼은 결합의 주제를 환기시킴으로써 주체에 의한 내면의 드라마의 완전한 극복을 상징하고 있다.

<

　　언어의 땅 속에서 빛나는 이 운명, 그리고 가장 낮은 결혼이 이루어졌다.

　　이 가리어진 두 눈. 그리고 나는 죽은 두브를 껴안는다.

　　그녀의 나와의 다시 닫힌[5] 쓰라림 안에서

　　두브여, 나는 그대 안에서 말한다. 그리고 나는 그대를 껴안는다.

　　알고 그리고 명명하는[6] 행위 안에서

_Douve, p. 55.

3. 재생과 귀환

　죽음의 시련을 완벽하게 겪어 낸 시인은 이제 빛나는 변모의 땅으로 들어선다. 아페키오에서의 끔찍한 밤, 그리고 예감했던 대로 '절대'의 아침이 밝는다. 이 죽음을 이기고 얻어 낸 새로운 생명의 주제는 본느푸아에게 있어서 오랑쥬리 회화관의 이미지로 나타난다. 우리는 앞에서 트와락의 뜰이 이 이미지의 원형이 되고 있다고 이야기한 바 있다.

　오랑쥬리 회화관 — 신플라톤주의자들의 일자一者 *l'Un*의 나라가 상징하는, 영적인 귀환의 상징주의를 다루기 전에 이 절대 장소 앞에서 시인에게 닥쳐오는 특별한 감정에 대해 이야기할 필요가

---

[5] refermé. 자아 쪽으로 되돌아선, 자아의 운명 안으로 방향을 돌린, 받아들여진 *assumé* 고통.

[6] 알다 connaitre. 왜냐하면 죽음의 시련을 겪어 냄으로써, 나는 삶과 죽음의 의미를 알게 되었으므로. 명명하다 nommer. 왜냐하면 그렇게 함으로써 비로소 시인은 원초성으로 되돌려진 사물을 새로이 이름부를 수 있게 되었으므로. 그것은 만물에게 이름을 붙이는 아담의 행위이다.

있을 것 같다. 그것은 마치 무엇인가가 이 신화적 장소의 접근을 막고 있는 듯하다는 느낌이다. 모든 것이 환각처럼 느껴지거나 또는 금방 사라질 것처럼 보이며, 그리고 『저 너머의 나라』에서는 실제로 '기절하는' 주인공의 모습이 나타난다. 『옆길』에서는 주인공의 접근을 꺼리는 짐승의 존재가 암시되어 있다. 환각 또는 졸음, 그리고 흔히 불안의 감정으로 묘사되어 있는 이 감정들은 가벼운 비교적秘敎的 접신상태transe의 성격을 가지고 있으며, 엘리아데의 '심플레가데스symplégades'의 상징주의에 합류한다. 엘리아데는 저승에 들어가기에 앞서 신화적 주인공들 또는 비전의식 희망자들이 겪는 어려움을 '심플레가데스'라는 용어로 종합해 부르고 있다. 모든 심플레가데스는 도저히 주인공이 자력으로는 해결할 수 없을 만큼 어려운 시련으로 구성된다. 그래서 종종 초자연적인 존재가 나타나 도움을 주는 해결책이 등장한다. 이 방해의 상징적 의미는 뚜렷하다. "저승에 들어가기 위해서는, 초월적 존재 양태에 이르기 위해서는 정신적 능력을 쟁취해야만 한다."[7] 즉, 구체적인 방법in concreto으로는 그곳에 이를 수 없으며 어떤 특별한 정신력을 통해서만 그곳에 이를 수 있다는 것이다. 본느푸아의 주인공들이 겪는 정신 상태는 물론 심플레가데스처럼 뚜렷하게 저승의 진입을 방해하는 것은 아니지만, 분명히 앞으로 펼쳐질 공간이 속俗의 공간espace profane이 아니라, 신화적 공간espace mythique이라는 것을 암시하고 있다. 추위와 배고픔으로 시달리던 여행자는 오랑쥬리 회화관을 알아본다.

> 나는 알고 있었다. 얼마나 나는 마음 깊이 알고 있었던가, 그것이 책의 끝 ― 변형métamorphose ― 이라는 것을.

---

[7] M Eliade, *Naissances mystiques*, Gallimard, 1959, p. 141.

_AP, p. 86.

시인은 이 장소가 "검은 물가"에서 떠난 주인공이 도착"해야 하는 *doit aboutir*" 곳이라고 이야기하고 있다. 이 장소는 눈이 부실 만큼 찬란한 빛으로 흘러넘치고, 시인은 자기가 "보다 고귀한 실체 *haute hypostase*"의 계단 위에 올라서 있다고 느낀다. 흥미로운 것은 시인이 이 결말에 대하여 "변형"이라고 이야기하고 있는 점이다. 물론이다, 여행자는 로마를 향해 떠났던 것이지 이 신비한 장소를 향해 떠났던 것이 아니기 때문이다. 이 기대하지 않았던 결말을 설명하기 위하여 본느푸아는 '정말로' 그가 '결코 택일할 수 없었던' 두 개의 가정을 세운다.

그 첫 번째 가정은 이 장소를 잃어버린 유년시절의 회복으로 설명하려는 것이다. 이 가정 속에서 여행자는 비탈에서 굴러 떨어져 크게 다친다. 도움을 청하기 위해서 그는 오랑쥬리 회화관의 문을 두드린다. 장소의 여자 감시인, 고개를 숙인 안나Anne가 나타나고, 여행자는 환희 속에서 정신을 잃는다. 여인은 그를 돌보아 주기 위해 그를 데리고 간다(AP, pp. 86-87). 우리가 이 가정을 유년시절의 회복으로 보는 이유는 실상 시인 자신이 이 장소의 성격에 대해 "오이디푸스적"(AP, pp. 90)이라고 말하고 있는 점에 근거를 두고 있다. 안나라는 인물[8]의 분명히 모성적인 성격, 그 여인에게 주인공이 느끼는 신뢰*confiance*도 그 요소로 여겨질 수 있다. 어머니 품으로의 귀환의 상징인 오랑쥬리 회화관의 첫 번째 가정은 그러나 두 번째의 가정에 의하여 극복된다.

두 번째의 가정은 영적인 고향으로서 이 장소의 상징성을 설명한다. 이 가정의 영적인 성격은 이 장소 앞에 서 있는 "낯선 이

---

[8] AP, pp. 108-109, 윗 대목에 덧붙여진 도판 참고, 레오나르도 다빈치, 『성녀 안나, 성처녀와 아기예수 *Sainte Anne, La Vierge et L'Enfant*』.

étranger"⁹의 존재로 설명된다. 이 존재는 본느푸아 작품 곳곳에서 등장하는데 어느 경우에도 시인의 영적인 스승의 면모를 가지고 있다. 그들은 시인이 자신에게 던져진 질문을 스스로의 지적 능력으로 해결할 수 없을 때 나타난다. 앞서 본, 운하의 장면에서 나타난 노인의 경우도 마찬가지이다. 마치 성배전설에 나오는 은자들처럼, 이 낯선 이의 출현과 더불어 시인의 모색은 갑자기 고도의 영적인 성격을 띠게 된다.

> 낯선 이는 저곳 문턱에 지평선을 바라다보며 서 있다. 메마른 돌멩이 위로 부활의 공기가 진동하고 있었다. 빽빽한 형태와 빛깔들 속에서, 마치 불꽃처럼 목소리 하나가 솟아올라 긴 기다림이 끝났다고 외치고 있었다.
>
> _AP, p. 88.

오랑쥬리 회화관에 대한 이 두 번째 가정의 영적인 특성이 어떻게 첫 번째 가정을 극복하는가를 알기 위해서는 본느푸아의 한 중요한 주제를 이해할 필요가 있다. 즉, '어머니의 포기'라는 주제이다. 이 주제는 수필 「이집트Egypte」에 잘 묘사되어 있다.

이집트에서의 여행 중에 시인은 마치 그가 어떤 다른 땅, 저 너머의 나라에 와 있다는 느낌을 받는다. 하루 온종일 그는 그 신비를 풀기 위해 몰두한다.

> 나는 잠이 깨었다. 그리고 종일토록, 나는 그 불 밝혀진 도시,

---

9   통과제의에서 신입자의 영적안내를 위하여 반드시 설정되는 '대부'의 역할을 하는 이 존재는 그노시스 전통에서 신의 개념인 '알 수 없는 이*Inconnu*'의 용어를 간접적으로 차용하고 있다.『옆길』의「로마, 화살들」이나「있을 법하지 않은 것」의「일곱 개의 불」에서 이 존재는 더욱 아름답게 묘사된다.

그 부두, 그리고 그 절대적인 이해 불가능함에 대해서 끊임없이 생각했다. 커다란 슬픔, 그리고 고독의 감정과 더불어.

_RT, p. 12.

그리고 그날 저녁, 그는 고향집에서 홀로 살고 계신 어머니의 전화를 받는다. 어머니는 그 전날 저녁 잠자기 위해 침대로 가다가 뇌졸중으로 쓰러져 밤새 정신을 잃고 바닥에 누워 있었다고 얘기한다. 다음날 아침, 시인은 바닷가에서 "블루진을 입은, 노래하는 소녀"를 만난다. 그리고 갑자기 그는 그녀의 이름이 "이집트"라는 것을 깨닫는다. 그 깨달음이 준 기쁨은 너무도 커서, 그는 마치 자신이 삶 속에 있는 것이 아니라 꿈속에 있다고 느낀다.

그러므로 어머니에게 닥친 죽음의 위기는 두 개의 의미 있는 사건 사이에 끼워져 있다(신비의 탐색과 소녀로 상징되는 신비의 계시). 신선한 어린 소녀, "날카롭고, 새처럼 팔딱이는" 즐거운 존재는 본느푸아에게 우연히 다가온 것이 아니다. 그녀는 죽어가는 어머니 대신에 그에게 다가온 존재인 것이다. 그녀는 어머니로 상징되는 우리가 유전한 땅의 부활, 변형된 땅 "이집트"이다. 이 변형된 땅의 주제는 실상 초현실주의자들을 겨누고 있다. 욕망의 해방으로 인간의 내부에 잠재해 있는 무의식이 절제되어지지 않은 받아쓰기로 절대 파롤을 얻을 수 있다는 브르통의 시론에 본느푸아는 이 신선한 소녀, "뾰족한" 소녀를 마주 세운다. 본느푸아에 의하면 "초현실주의자들은 놀고 있다". 그런데 글쓰기는 "놀이*jeu*"가 아니라 "일", 주어진 땅, 주어진 언어, 주어진 욕망을 변형시키는 노동인 것이다.[10] 본느푸아가 이 새로운 소녀를 어머니 대신에 택한다면, 그것은 어머니 대지를 그가 사랑하지 않기 때문이 아니다. 그

---

10 그 때문에 이 시인에게 있어 글쓰기는 늘 '손'으로 상징되고, 시인은 '석수石手 maçon으로 상징된다. 시는 종종 경작된 땅 *terre labourée*으로 묘사된다.

것은 그가 어머니를 '올바르게' 곧, '포기*abandon*'와 더불어 사랑하기를 원했기 때문이다(나는 하나의 다른 땅을 꿈꾼다(……). 그것은 우리가 꼭 그래야 했던 방법으로, 포기와 더불어 사랑할 줄 몰랐던 어머니이다, RT, p. 52).

그런 맥락에서 이해했을 때, 오랑쥬리 회화관은 단순히 잃어버린 유년의 회복으로 설명될 수 없다. 오랑쥬리 회화관에 들어간 여행자는 어머니를 극복한다. 그는 어머니보다 더 먼 근원으로 귀환하는 것이다. 어떤 지상의 인과율도 이제 더 이상 그를 제한할 수 없다.

> 나는 그때 그 차가움, 그 눈[雪][11]으로부터 올라오는 목소리를 하나 들었다.
> 역사학자는 그의 강의를 끝냈다. 학생 하나가 그의 곁으로 다가와 말했다. 제 이름은 노바디Nobody입니다.
> _AP, p. 134.

우리가 이 장소를 영적 기원으로 보고 있는 이유 중의 하나는, 이 장소로 다가가는 행동이 접두어 're'를 동반하는 동사들로 이루어져 있다는 것이다(되돌아가다*revenir*, 다시 합류하다*rejoindre*, 다시 일으켜 세우다*rétablir*, 귀환하다*retourner* 등). 만일 시인이 그 장소로 되돌아온 것이라면, 그것은 언젠가 그가 그곳을 떠났었기 때문이 아닌가? 이 점에 있어서 본느푸아에게 미친 플로티노스, 또는 그가 많은 관심을 지니고 있는 그노시스주의자들이 형이상학 체계의 영향은 절대적이다.

---

11 차가움, 눈 등의 이미지는 본느푸아에게 있어서 신성함Sacré의 경험을 직접 환기시킨다.

너는 어떤 방으로 **되돌아간** 것이냐, 창 위에 새벽의 공포가
한층 짙어지는 그 방에?

_Douve, p. 77.

내가 순수하며, **내가 전에 도망쳐온**
이 높은 집에 머물 수 있다는 생각[12]이 내게 들었다.

_Douve, p. 79.

이 장소에서 시인의 몸은 빛나며 번쩍인다. 이 장소의 영적인 성격은 당연히 비물질적인 표현을 동반하게 한다. 땅은 '비어 있고', 거의 '지워진다'. 이 장소는 시간의 사라짐을 동반하고 그려진다. 속俗의 시간은 '단순한 simple' — 이 형용사는 본느푸아가 신플라톤주의자들에게서 차용한 일자 一者 l'Un의 속성으로 자주 쓰이고 있다 — 시간, '신적인 시간'으로 바뀐다. 이제 영적인 근원으로 귀환한 자는 더 이상 돌아가야 할 곳을 가지지 않는다. 그는 그가 있어야 할 곳에 있기 때문이다.

우리에게로 **귀환이 없는** 땅의 눈길을 돌리며.

_PE, p. 209.

오늘 저녁, 내게는,
우리가, 천사들이 **귀환이 없는** 문들을
다시 닫은 정원 안으로 들어왔다고 여겨진다.

—PE, p. 163.

---

12 본느푸아는 이 '생각'을 대문자 Idée로 쓰고 있다. 즉 이러저러한 '생각'이면서 동시에 플라톤적인 이데아를 함께 환기시키고 있다.

4. 결론

　제한된 지면 때문에 부활의 주제와 그것에 연결되어 있는 여러 가지 흥미로운 상징주의를 다룰 수 없음은 매우 유감이다. 특히, 본느푸아가 절대를 파악하는 간접인식 Conscience indirecte과 그것의 상징적 재현은 매우 흥미로운 여러 면모를 보이고 있다.

　우리는 우리의 주제를 따라오느라고 『두브의 움직임과 움직이지 않음에 대하여』와 『저 너머의 나라』만을 중점적으로 거론할 수밖에 없었다. 실상 순수하게 통과제의적인 탐색의 항로는 『두브의 움직임과 움직이지 않음에 대하여』를 잇는 『사막을 다스리던 어제 Hier régnant désert』에서부터는 『두브의 움직임과 움직이지 않음에 대하여』 시절에 가졌던 순수한 통과제의적인 행로 또는 구성은 사라진다 — 물론 주제론적인 면에서 주제는 여전히 남아있지만 — 본느푸아는 『두브의 움직임과 움직이지 않음에 대하여』 시절의 시적 결론이 너무 신화적이라는 데 스스로 많이 당황하고 있었던 듯이 보인다. 제3시집 『사막을 다스리던 어제』는 「증인의 위협 Menace du témoin」으로 시작된다. 시인은 이 시집 속에서 그가 『두브의 움직임과 움직이지 않음에 대하여』에서 이루어내었던 신화적 재생 — 새로운 파롤 — 의 영광에 대해 심한 자괴감을 나타내어 보이고 있다. 그는 그 시절이 그에게 있어 가장 '어두운' 시절이었다고 술회하고 있다. 현실주의자가 되돌아와 시인에게 질문을 던진다. 무엇이 바뀌었느냐고? 그렇다, '실제로' 바뀐 것은 아무것도 없다. 『사막을 다스리던 어제』의 새는 날개가 찢기고, 연소되지 못하고 그을리고, 진흙 속으로 떨어진다. 이 책은 온통 그런 비극적인 이미지로 가득 차 있다. 그러나 갈증은 다시 되돌아와 더욱 '자란다'. 그리고 그 익숙한 낡은 밤샘 la vieille veille.

　이 좌절과 회의는 그러나 본느푸아의 시론의 한 단단한 근거를 이루고 있다. 『두브의 움직임과 움직이지 않음에 대하여』 시대에 조차도 이 회의는 사실 부재하지 않았었다. 『두브의 움직임과 움직이지 않음에 대하여』의 마지막 시는 어떻게 끝난다.

  오 우리의 힘과 영광이여, 그대는 죽은 자들의 벽을 뚫을 수 있는가?

_Douve, p. 91.

 우리는 이, 순수하게 통과제의적 영광을 노래했던 시집이 물음표로 끝나고 있는 것에 깊이 시인과 함께 공감한다. 시는 어느 경우에도 비록 그것이 '저곳'의 찬란한 광채를 보여 준다 할지라도 '문턱 $seuil$'에 불과한 것이다. 그것은 가능태 $le\ possible$ 이지 단정 $l'affirmation$ 이 아닌 것이다.

 이 좌절 또는 예술적 창조의 한계에 대한 인정은 본느푸아의 명석한 작시법에서도 엿보인다. 본느푸아는 전통적인 12음절시 Alexandrin를 즐겨 쓰고 있다(적어도 제4시집까지는). 그러나 자세히 살펴보면 그 12음절시는 6/6이 아니라 6/5의 음절로 구성되어 있는 것을 알 수 있다. 본느푸아의 문체론을 연구하고 있는 텔로 Thélot는 이 변형된 알랙상드랭을 "절름발이 알랙상드랭"이라고 부르고 있다. 본느푸아의 의도는 명백하다. 그는 시 형식을 일부러 불완전한 것으로 남겨 놓음으로써 시형식의 의도적으로 비워진 공간 안에 삶 자체의 신비가 접목되게 하려는 것이다. 적어도 그것이 실제로 가능한 효과를 가져다주지 않는다 할지라도, 그가 그것을 원하고 있음을 드러내어 보이는 것이다. 그래서 그의 시들은 우리의 가슴에 깊이 울린다.

  불완전함을 사랑할 것, 왜냐하면 그것은 문턱이므로,

불완전함은 절정이다.

_HRD, p. 117.

그렇게 여름은 늙어갔다.
    그리고 우리는 조금 잠들었다. 시Si 음音이 오랫동안 붉은 헝겊 속에서 울렸다.

_PE, p. 204.

불완전함에 대한 사랑, 그것은 거꾸로 시인의 혼이 끊임없이 완벽을 꿈꾼다는 것을 증명한다. 완벽함의 가정 없이 불완전함을 인식할 수는 없기 때문이다. 이 우리의 어슴푸레한 인식에 '저곳'은 추억으로, 유령으로, 오 연약한 나라O *pays fragile*로 남아 있을 뿐이다. 그러나 시인은 앞서나간다. 왜냐하면, 꿈꾸는 것은 그의 권리이기 때문이다.

    원하고 그리고 알았던
    인내,
    불탈 권리가 있는 자의 머리에
    왕관을 씌우다.

_DLS, p. 228.

1988년

지워지기, 또는 아주 조금 존재하기
_필립 자코테[1]의 시학

---

1 1925년 스위스 무동 태생. 프랑스에 거주하며 활동하고 있다. 문단에 별로 모습을 드러내지 않는 은둔자적 생활을 하고 있다. 시뿐 아니라 시 비평 분야에서도 빼어난 글들을 써내고 있다.

그대에게 말을 꿈꾸는 일이 아직도 유효한 일이라면, 세계에 대해 절망하고 절망한 그대 가슴의 재 속에 아직도 말에 대한 지극한 사랑이 불씨로 남아 있다면, 그리고 그 말을 꿈꾸는 일의 가치가 국지적인 것이 아니라 보편적인 어떤 것이라고 그대가 믿고 있다면, 나지막한 목소리로, 마치 행간으로 숨어 버리기 위해서만 시를 쓰는 듯한 한 명의 프랑스 시인을 만나는 일은 무의미하지 않다. 시를 쓰는 일이, 말의 깊은 미궁으로 내려가 세계의 어둠에 처박혀 있는 그 본래의 빛을 해방시키는 것이라고, 그대가 아직도 남몰래 문득문득 생각한다면…… 그 말의 순결함에 이따금 두려움으로 떨며 그대의 늙은 살을 대어 보며…… 북받치듯 본래 우리의 것이었던 어느 봄날의 기억을 그대가 떠올린다면…… 그러나 그럼에도 불구하고 절대로 진흙과 뼈, 썩어 갈 우리의 운명, 그리고 타락한 나날의 살림살이로부터 도망칠 궁리로써 시를 생각하지 않고 있다면…… 시가 그대에게 잃어버려진, 그래서 되찾아야 할 존재의 영광에 이르는 좁은 영혼의 길이며, 그리고 그와 똑같이 삶에 대한 성실성의 표지라면, 자코테는 그대의 종족이다. 왜냐하면 이 시인은 우리에게 허락된 얼마 안 되는 힘으로 무한과 유한 사이에 아주 열심히 매달려 있기 때문이다. 우리들, 가운뎃길을 헤매는 많은 유랑자들, 존재의 거지들처럼.

자코테는, 그렇다, 아주 나지막한 목소리의 시인이다. 그의 시적 자아는 소녀로서 말한다. 또는 조금이라도 큰 소리로 말하면 깜짝 놀라 상처를 입고 도망갈지도 모르는 소녀에게 말하듯 조심조심 말한다. 그 소녀 — 자코테가 시 속에서 '너'라고 부르는 — 는 지금 집에 있지 않다. 왜냐하면 그녀의 집은 죽음의 소문으로 가득 찬, 순결한 그녀가 도무지 편안히 잠들 수 없는 고통스러운 장소이기 때문이다.

> 여기 티티새 한 마리가 있다. 수줍은 소녀가
> 자기 집을 나온다. 새벽은 촉촉이 젖은 풀잎 속에 있다.
> _「파종기 X」, 『올빼미』, p. 50.[2]

그 순결한 소녀, 어느 날 우리의 존재의 얼굴이었던 그녀는 언제나 도망친다. 그녀는 붙잡을 수 없는 존재/*insaisissable*이다.

> 나는 너에게만 말한다. 부재하는 나의 여인, 나의 땅이여……
> _「몇 개의 소네트」, 앞의 책, p. 16.

언제나 빨리 끝나는 여름의 추억. 언제나 우리의 존재는 여름,

---

[2] 이하 인용 작품 쪽수는 다음 판본 참고. 『올빼미』(갈리마르, 1953), 『어둠』(갈리마르, 1961), 『겨울 햇살 속에서』(갈리마르, 1977), 『나무 아래에서의 산보』(비블리오테크 데 자르, 1957), 『무지한 자』(갈리마르, 1958).

축제였던 삶의 기억으로부터 쫓겨난다. 언제나 추억일 뿐인 충일의 경험.

> 비가 잠깐 내리고 난 뒤, 신선한 바람이 스치고
> 지나갔다. 사람들은 성큼성큼 걸어서 가을로 다가갔다. 언덕들은
> 저 완벽한 광채 속에 잠겨 있다. 그 빛 속에서 나는
> 매일 저녁 바캉스중인 어린이들을, 길에서 울리는
> 종소리들을 다시 만난다. 오늘 저녁은 내가 가족들과
> 함께 지냈던 추운 산속에서의 저녁 못지않게 고향에 온 듯 느껴진다.
> 너, 너까지도 돌아오는구나! 오 잃어버린 시간이여…… 너는
> 돌아오는 체 시늉만 하는구나. 눈물이 난다. 나는 네게 안녕, 이라고 인사한다.
> ─「몇 조각의 이야기들 X」, 앞의 책, p. 43.

이 추위 타는 소녀의 목소리는 우리로 하여금 얼른 릴케를 떠올리게 한다. 저 시인들이라는 종족은 얼마나 제 동류를 재빠르게 알아보는가. 자코테는 릴케를 번역한 시인으로도 유명하다. 천사들의 퍼덕이는 날갯짓 소리로 가득 찬 릴케의 목소리…… 그러나 금방, 마치 회전무대처럼 갑자기 절망으로 깜깜해지는 그 목소리의 뒷면. "…… 그러나 지금은 행복한 육체들이 쾌락의 비명을 지르며 그들의/사랑 속에 파묻히는 때, 한 소녀가 추운 마당에서 울고 서 있다(『올빼미』, p. 15)." 자코테의 시세계도 릴케의 그 아슬아슬한 순결의 맛을 지니고 있다. 그런 자들에게 삶은 위기로 가득 찬 그 무엇, 그러나 걸치지 않을 수 없는 가시 숭숭 돋친 속옷이다: "가시 숭숭 돋친, 무장한, 무無 rien : 누군가 우리를 그 위로 집어 던

지는, 날카롭게 벼린 칼날(『어둠』, p. 49)". 그러나 우리는 그 칼날 아래에서 비명을 지르는 시인의 목소리를 듣지 못한다. 누가 그의 성대를 잘라 버린 것일까. 그러나 그 울음소리는 나지막해서 오히려 우리의 가슴에 오래도록 울린다. 왜냐하면 자코테가 지금 아프다고 말하지 않는 이유는, 우리가 알거니와, 그 칼날 위에서의 삶을 받아들이기 위해서이기 때문이다.

> 새벽녘 바닷가의,
> 바람에 젖은 빽빽한 숲,
> 나는 네 안으로 들어간다, 나는 네 안에서 숨이 막힌다.
> _『무지한 자』, p. 25.

동이 터오고 있다. 그러나 시인은 빛을 향해 나아가는 것이 아니라 반대로 숲 쪽으로, 빛의 이면을 향해 간다. 이 받아들여진 숨막힘, 밀도에의 순명, 이 온순함. '여기에 있는' 사랑해야 할 것들을 위해서 천성으로 타고난, '저기에 있는' '다른' 것들을 사랑하는 소질을 끊어 내기. 그래서 우리는 "나는 우리의 삶 속에서 하나의 이방인"(『올빼미』, p. 15)이라고 하면서도 다음과 같이 노래하는 시인의 마음을 이해하는 것이다.

> 다른 도시에 가서 헤매는 것보다 차라리
> 슬픔에 잠기기를 더 좋아하는 남자처럼
> 나는, 우리의 육체가 그 아래에 파묻힐
> 이 파편들, 깨어진 조각들, 이 찌꺼기들을 고집스레 뒤적인다.
> _「몇 개의 소네트」, 『올빼미』, p. 19.

그는 '이곳'을 떠날 생각이 없다. 그러나 어쨌든 우리 존재의 밑

그림이 슬픔이라는 사실은 부정할 수 없다. 슬픔을 견디어 내는 일, 그것이 살아간다는 것이다. 그 슬픔의 밑바닥에는 우리의 유한성에 대한 자각이 숨어 있다. 자코테의 시세계 어디에서나 우리는 죽음의 쉭쉭대는 목소리를 듣는다.

> 밤은 잠들어 있는 거대한 도시, 그곳에서는
> 바람이 불고 있다…… 바람은 침대가 놓여 있는 피난처로
> 먼 곳으로부터 왔다. 지금은 6월의 한밤중.
> 너는 잠들어 있다. 누군가가 나를 이 무한의 가장자리로 이끌어 왔다,
> 바람은 개암나무 가지를 흔든다. 가까이 다가왔다가 다시
> 뒤로 물러서는 그 부름 소리가 다가왔다. 숲을 가로질러 도망쳐 가는
> 어떤 빛이 틀림없겠지, 또는 사람들이 말하듯이, 지옥을 휘도는 그림자들일까,
> (여름밤의 그 부름 소리에 대해 나는 참으로 많은 것을 말할 수 있다,
> 그리고 너의 눈동자에 대해서도……) 그러나 그것은
> 이 교외의 숲속 깊은 곳에서 우리를 부르는 올빼미라는
> 이름의 새에 불과할 뿐, 벌써 우리에게선
> 새벽에 풍겨 나오는 부패물의 냄새가 스며 나오고,
> 뼈는 우리의 그토록 따스한 살을 뚫고 빼져나오고,
> 거리 모퉁이에선 별들이 침몰한다.
> ＿「몇 개의 소네트」, 『올빼미』, p. 9.

올빼미는 말할 필요도 없이 빛을 똑바로 쳐다보지 못하는 밤의 주민, 늘 홀로 외로움 속에서 울고 있는 운명의 사자, 죽음의 전령

이다. 자코테는 부엉이hibou[*ibu*] 대신에 올빼미effraie[*efrɛ*]를 택한다. 그것은 effraie의 떨림이 hibou의 무거운, 단정하는 듯한 음성학적 특질보다 훨씬 더 그의 시세계에 어울리는 까닭이다. e와 aie의 가벼운 열림, 그리고 f의 연약한 떨림, 그리고 그 떨림에 아주 가깝게 붙어 있는 r의, 폐모음 e[e]에서 개모음 aie[ɛ]으로 열리면서 우리 영혼의 잡답함을 모두 몰아내는 것 같은, 아주 거친 숨소리. effraie의 발음은 또한 곧장 공포*effroi*를 떠올리게 한다. 아닌 게 아니라 자코테는 다른 시에서 자신을 두려워 떠는 자*effrayé*(「수업」, 『겨울 햇살 속에서』, p. 11)라고 표현하고 있다. 이 f와 r로 변주되는 죽음의 공포, 그리고 모음 e가 암시하는 존재의 '열림'에의 기다림. 그것이 자코테의 시세계의 중요한 축을 이루는 주제들이다.

그러나 죽음의 공포에 대한 자코테의 대응 방식은 그 주제에 익숙한 그의 동시대의 다른 시인들, 예를 들면 본느푸아 식의 적극적 대응 방식과는 전혀 다르다. 본느푸아는 죽음으로부터 번쩍이는 빛을 이끌어내기 위해서 가장 끔찍한 방법으로 죽음을 재현시킨다. 그의 시는 가장 찬란한 빛을 얻기 위하여 가장 리얼하게 연출된 죽음의 연극이다. 그러나 자코테는 온건함의 동양적 지혜를 선천적으로 체득하고 있는 듯이 보인다. 다음의 시에서 시인의 태도는 거의 비겁해 보이기까지 한다.

나는 오래 전부터 이곳에서 살려고 애써 왔다,
내가 사랑하는 척하는 이 방 안에서,
테이블, 근심걱정 없는 사물들, 매일 저녁이 끝날 무렵이면
새로운 푸르름을 향하여 열리던 창문,
어두운 담쟁이 안에서 티티새의 가슴이 뛰고,
어디에서나 어렴풋한 빛들이 늙어가는 그림자를 없애 버린다.
나는 날씨가 포근하다고, 나는 내 집에 있으며,

오늘은 좋은 날이 될 거라고 생각하기로 한다.
바로 침대 발치에 저 거미란 놈이 있다
(정원 때문이다), 나는 그놈을 아주 완전히
으깨어 버리지 않았다, 어디 보이지 않는 데 숨어서
내 연약한 유령을 낚아챌 그물을 아직도 짜고 있겠지……
　　　　　　　　　　　　　　_「내부」, 앞의 책, p. 28.

　아니, '비겁하다'는 표현은 온당치 않다. 왜냐하면 '바로 침대 발치에', 우리의 나날의 무심한 휴식의 장소에서 버젓이 그물을 짜고 있는 저 털이 숭숭한 죽음의 괴물, 거미를 시인이 "아주 완전히 으깨어 버리지 않았"던 것은, 사실은 '아주 완전히 으깨어 버릴 수 없었음'의 겸손한 고백일 따름이기 때문이다. 그렇게 해서 시인은 적을 아주 끝장내어 버리는, 적을 완전히 무력하게 만드는 이원론적 해결 방식이 아니라, 적을 있는 그대로 인정하면서 그의 부정적 가치 자체에서 긍정적 가치를 이끌어 내는 일원론적 해결 방식을 택한다.
　이 시인은 단정을 내리지 않는다. 그가 보기에 죽음의 거미는 시인의 발밑에서 절대로 으깨질 수 없다. 아무리 시로 찬란한 가능성의 건물을 지을 수 있다고 해도 거짓을 말할 수는 없다. 그가 이미지의 아름다움에 빠져 넋을 잃고 있는 초현실주의자들과는 달리 끊임없이 이미지들에 대해 유보적인 태도를 보이는 것은 '삶'의 진실로부터 지나치게 멀리 떠나지 않기 위해서이다. 이를테면 다음의 노트에서(「말하기」 뒤에 덧붙여진 노트, 『올빼미』, p. 53) 그가 시적 거짓말에 대하여 스스로에게 내리는 경고는 준엄하다.

　　(나는 앞으로 이따금 너의 혓바닥을 잡아 **뺄**는지도 모르겠다, 이 점잔빼는 문사文士여, 그러니 마귀할멈이 흔들어 대는 거

울 속에 비치는 네 꼬락서니를 들여다보아라. 소리 나는 찬란한 기적으로 인하여 오랫동안 그토록 자신만만했던 원천, 황금의 입술인 너, 너는 이제 침 흘리는 하수구에 불과하구나.)

우리의 젊은 시인 유하의 시원스런, 약간은 속된 표현을 빌자면 자코테는 "뻥 까지 않으려고" 그렇게 조심스런 태도를 취하는 것이다.

시 「내부」에게로 돌아가 보자. 이 시는 운명에 대한 명백히 유보적인 태도에도 불구하고 막강한 상대에게 문제 해결의 이니셔티브를 맡겨 버리고 무작정 두 손을 다 들어 버리고 있지는 않다. 전략적인 점에 있어서 어쩌면 자코테의 방식이 본느푸아 류의 전면전보다 훨씬 더 세련된 것인지도 모른다. 왜냐하면 본느푸아의 전투 방식의 결과는 전부 아니면 전무인 데 반해서 자코테의 방식은 지금 조금, 그리고 어쩌면 점점 더 많이의 방식이기 때문이다. 전면전의 경우 다 얻거나 다 잃어버린다. 그러나 자코테의 우회 전법의 경우 한꺼번에 다 얻을 수는 없겠지만, 그러나 적어도 다 잃을 염려는 없는 것이다.[1]

우선 이 시의 제목이 「내부」임을 눈여겨보아야 한다. 그 '내부'에서 환기되어지는 '외부'의 가치도 눈여겨보라("……푸르름을 향하여 열리던 창문"). 여기에서 '내부'는 죽음의 내면화, "내가 사랑하는 척하는 이 방안"에서 살기의 수용, 으깨어 버릴 수 없는 거미의 존재의 인정, 운명에 대한 사랑의 공간적 표현이다. 그런데

---

[1] 이 점에 있어서 J. P. 리샤르의, 너무 토막토막 잘라 낸다는 문제점은 있지만, 아주 섬세하고 효과적인 이미지 읽기는 흥미로운 결과를 보고한다. 본느푸아나 자코테에게 있어서 나무는 모두 불탐으로써 그 형이상학적 기호를 바꾼다. '태우기'는 두 시인에게 있어서 어둡고 무거운 실체에서 가볍고 밝은 실체로의 변환이 이루어지는 구체적 방식이다. 본느푸아의 나무는 한꺼번에 확 불타서 피닉스의 영광으로 직진한다. 그러나 자코테의 나무는, 연기, 잉걸불, 재의 단계를 차근차근 밟는다(J. P. 리샤르, 『열한 명의 현대 시인 연구』, Seuil, 1964, P. 336).

얼마나 은밀히 시인이, 깜깜한 내부 속에 외부의 빛의 음모를 끌어들이는가 보라. 그것은 독자가 거의 눈치 챌 수 없는 방법으로 이루어진다. 창문이 살며시 열리고, 그 열림의 행위는 재빨리 저 천상으로 솟구치는 초월의 영원한 대명사 "새"의 가슴이, 빛이라고는 전혀 없는 담쟁이 — 더구나 담쟁이는 땅바닥을 가장 낮게 포복하는 우리의 평면성의 상징이다 — 속에서 뛰게 만든다. 그리고 이어지는 승리의 예감! 어둠과 싸우는 자코테의 빛은 본느푸아의 빛처럼 너무나 눈부셔서 "감당할 수 없는insupportable" 빛이 아니다. 그것은 조용하고 겸손한 빛, "어슴푸레한 빛lueur"이다.

자코테는 자기가 이 존재의 닫힌 방을 나갈 수 없음을 잊어 본 적이 없다(또는 그는 나가고 싶지 않다). 대신 그는 존재의 무게를 조금 덜어 낸다. 또는 존재가 천성적으로 가지고 있는 빛의 소질을 해방한다. 그에게 있어서 모든 사물은 빛을, 또는 가벼워질 수 있는 소질을 숨겨 가지고 있다. "빛의 근원은 나무들 아래에 있는 진짜 샘물보다도 더욱더 눈에 보이지 않는다. 그것은 땅의 내부로부터, 바위의 가슴으로부터 솟아나오는 것처럼 보였다"(『어둠』, p. 145). 그 빛은 어떤 특별히 고급스러운 사물이 아니라 가장 보잘 것없는, 가장 친숙한 경험을 통하여 포착할 수 있는 사물들 안에 숨어있다, 또는 갇혀 있다.[2]

그러므로 자코테의 시적 소명은 리샤르의 아름다운 표현처럼 사물들로 하여금 무겁고 불투명한 세계 너머의 "존재의 기화된 진실"(리샤르, 앞의 책, p. 315)에 이르게 하는 것이다. 그의 시에서 그 소명의 실천을 찾아내는 것은 너무나 쉬운 일이다. 돌 위에서

---

[2] 자코테는 이 점에 있어서 인간의 육체를 신의 숨결에 갇혀 있는 감옥 이라고 생각했던 그노시스주의자들의 후예이다. 그러나 그의 그노시스주의는 그의 선조들처럼 투쟁적이지는 않다. 그들에게 있어서 육체는 반드시 처부수어야만 하는 악이었지만, 그의 세계에는 죽여 없애야 할 적은 없다.

이슬은 발산되고, 나무의 가장자리는 풀어지고, 머리카락은 흩어진다. "연기를 닮은 산들은" "안개의 가벼움"(『나무 아래에서의 산보』, p. 64)을 가지고 있고, 그 산들을 바라보는 자는 "숨결로 바뀐 무거움"의 기적을 목격한다. 그 가벼워진 사물들은 점점 더 높은 곳으로, 점점 더 높아지므로 점점 더 넓어지는 곳에 이른다. "존재의 끊임없는 열림", 중세의 카발주의자들이 그토록 오랫동안 꿈꾸었던 일곱 하늘 저 너머에 있는 하늘. 그 해방된 빛의 공간에서 사물들은 극도로 가벼워진다. 그래서 공간을 지나가는 일은 자코테에게 "불 밝혀진 먼지들의 축제를 벌이는 것"이다.

이 기화되는 사물들과 더불어 우리도 기화된다. 그런데 예상되는 결말이지만 극도의 상승은 추락의 위험에 맞물려 있다. 그 추락의 위험은 자코테의 시 속에서 "소용돌이 *tourbillon*"의 부정적 이미지로 나타난다. 뿐만 아니라 기화에 동반되는 팽창의 경험을 자코테의 온순한 상상력은 견디어 내지 못한다. 너무나 넓은, 그래서 비인간화한 공간은 시인을 너무나 전격적으로 삶의 공간에서 잡아 빼어 감당할 수 없는 넓음의 심연 속에 집어 던진다. 구덩이는 아래쪽뿐 아니라 위쪽에도 있는 것이다. 상승은 일상적인 친근한 삶의 상실을 그 대가로 요구한다. 초월의 시도는 위험한 것이다.

> 모든 것이 멀어진다 그리고
> 한 발자국 앞으로 걸어 보지도 못한 것 같은데
> 당신들로부터 얼마나 멀리 나는 떨어져 있는 것일까.
> 사물들이 그들의 무게를 잃어갈수록
> 더욱더 가까이 다가오는
> 적들만이 내 곁에 있다.
> _『무지한 자』, p. 22.

'아무것도 망가뜨리지 않기'를 원하는 자코테에게 이런 초월적 해결 방식, 어쩔 수 없이 사물의 무거움을 전격적으로 부정할 수밖에 없는 이원론적 방식은 마땅치 않다. 그러면 어떻게 할 것인가? 하늘과 빛, 즉 외부는 외부대로, 필멸의 무거운 육체성은 또 그 진흙의 운명 그대로, 그 내부는 내부대로 따로따로 두어야 할까? 그러나 저 상승의 명백한 가치를 어떻게 부정한단 말인가? 여기에서 우리는 자코테 특유의 행복한 화해의 형이상학을 만난다. "그것을 위해서는 물론 빛을 사랑해야 하지만, 그러나 그것이 다시 땅 쪽으로 굽어지게 함으로써, 그것을 인간적인 사물들과 친근한 현실에게 붙들어 맴으로써 (……) 요컨대 빛에게 무게와 맛을 줌으로써 ― 그러나 빛의 머물러 있지 않는 기화하는 특성을 잃게 만들지 않으면서"(리샤르, 앞의 책, p. 319) 그 형이상학은 완성된다. 그러므로 자코테에게 글쓰기는 '저곳의 초월성으로부터 출발하여, 이곳의 충만한 현존을 되찾는 것, 어떤 의미에서는 내재성*immanence*을 신격화' 하는 것이 된다.

　이 빛과 어둠의 일원론적인 융합 안에서는 어느 하나의 가치를 드러내기 위하여 어느 하나의 가치가 마모되는 법은 없다. 하나는 완전히 자기 자신이면서 동시에 상대가 된다. 자코테의 셈본 공책에는 그러므로 1+1=1이라고 씌어 있다. 바깥의 밝음과 안의 어둠의 종합은 "빛나는 불투명성"의 행복한 이미지들을 만들어 낸다.

　이 이미지군의 맨 앞줄에는 헝겊, 베일, 침대 시트, 널어놓은 빨래 들이 등장한다. 이것들은 자기 안으로 갇혀 있으면서도 끊임없이 외부로 펄럭인다. 이 닫힘-열림의 종합은 비[雨]의 이미지 속에서 더욱더 행복하게 이루어진다. 왜냐하면 비는 반짝인다는 점에 있어서 헝겊들보다 더욱더 빛에 가깝기 때문이다. 그것은 밀도를 지니고 있으면서도 천상의 비밀을 지니고 위에서 아래로 떨어지면서 시인을 가둔다. 그러나 동시에 그것은 얼마나 열려 있는가.

더구나 늘 낮은 곳으로 떨어지는 겸손함 때문에 비는 자코테의 온유한 영혼을 아주 가까이에서 건드린다. 비보다 더욱더 우리 시인의 사랑을 받는 이미지는 비보다 더욱더 낮게 드러누워 있는, 우리의 수평의 운명을 따라 흘러가는 강과 냇물이다. 그것은 더구나 매 순간의 덧없음으로 반짝인다. 똑같은 강물은 한 번도 없다. 빛의 추억으로 반짝이는 강, 그러나 동시에 우리의 변전의 운명처럼 덧없이 떠밀려가는 물방울들. 이제 이 이미지군의 마지막 줄에는 자코테에게 가장 사랑받는 이미지들인 식물들이 나타난다. 먼저 나무. 나무는 "높이의 가벼움을 향하여 더욱더 잘 솟아오르기 위해서 땅으로부터 양분을 취하는 그 무엇이다". 위를 향해 솟아오르는, 가장 가벼운 움직임으로, 가장 무거운 것과(대지) 가장 가벼운 것을(공기) 연결시키고 그 양자의 결합을 자기의 생명의 근거로 삼고 있는, 바깥과 안, 그리고 열림과 닫힘의 가장 완벽한 종합. 이 나무의 이미지 곁에서 더욱더 약하게 떨고 있는 우리 운명의 동반자들은 풀이다. 풀 속에는 아무런 빛남도 없다. 풀은 우리의 연약함, 우리의 어둠, 우리의 죽음의 예고이다. 그러나 풀은 하나의 갇혀진 차원인 채로, 거의 눈에 띄지 않는 온순한 모습으로, 또 다른 차원으로 몸을 들어 올렸다가 또다시 되돌아온다. 요컨대 풀은 자기 자신이면서 전혀 자기 자신이 아니다. 풀은 끊임없이 움직이는 뫼비우스의 띠이다. 두 개의 자코테적인 이미지의 결합, 풀밭 위를 흘러가는 강물의 이미지는 가장 자코테적인 풍경이다. 다시 한 번 더 리샤르의 우미한 언어의 도움을 빌자면, 이 이미지는 "우리의 어둠과 밝음의 대화, 존재하는 것과 존재하지 않는 것의 꿈꾸어진 관계를 거쳐 설정된 어쩌면 앞으로 존재하게 될 것의 가정"이다.

어두운 자기의 운명을 전혀 부정하지 않으며 이윽고 어둠의 운명을 완벽히 살아냄으로써 전혀 새로운 존재의 문턱에 이르는 자코테의 주제는 다음 시에서 달의 어두운 광채의 변신으로 묘사되고 있다.

> 어둠 속으로 들어가기 위하여
> 얼어붙은 불꽃이 꺼져 가고 있는
> 이 거울을 손에 잡을 것.
> 밤의 한가운데에 이르고 나면
> 너는 그 거울 속에서
> 암양의 세례식이 비추이는 것만을 보게 될 것이다.
> 　　　　　_「공기」, 『카이예 드 뒤 쉬드』 361호.

　죽어 가는 것처럼 차가운 불이었던 달의 얼어붙은 광채는 밤의 정점을 지나고 난 뒤 전혀 새로운 순결하고 포근한(암양) 새로운 존재(세례식)로 변모한다. 이제 이 종합에 이른 자들은 어디 다른 곳에서 존재의 조국을 찾지 않는다.

> **너는 여기에 있다**, 바람의 새는 맴을 돌고,
> 나는 **부드러움**, 나의 **상처**, 나의 재산인 너,
> **오래된 빛의 탑들이 물속에** 잠기고
> 그리고 다정함이 그의 길들을 빼꼼히 열어 놓는다.
>
> **대지는 이제 우리의 조국**이다.
> 우리는 **풀과 물속으로** 나아간다.
> 우리의 입맞춤이 반짝이는 이 빨래터로부터
> 낮이 번개처럼 번쩍이는 이 공간을 향하여.
>
> '우리는 어디에 있나요?' 우리는 평화의 한가운데에서
> 　길을 잃고 있네. 이곳에서는 이제 그 무엇도 이렇게 말하지
> 않는다.

우리의 피부 밑에, 껍질과 진흙 밑에서,

황소처럼 힘세게 도망치는 피가 우리를 뒤섞고,

마치 벌판 위의 만개한 저 히드 꽃들마냥 우리를 뒤흔든다
라고.
「몇 개의 소네트」, 『올빼미』, p. 13.

자코테는 이제 랭보처럼 "삶은 다른 곳에 있다"라고 말하지 않는다. 그 대문자의 삶, '너'는 이제 **이 땅에 있는 우리의 삶**이다. '너'는 받아들여진 삶의 아픔, 그 아픔의 따스한 변신이다. 물, 흘러가는 일회성의 역사 속에 스며드는 초월성의 광채(이 재미난 상상력의 놀이! 게다가 그 "빛"은 "탑"의 모습으로 제시됨으로써 열림과 닫힘의 변증법은 완벽하게 이루어진다). '이곳'에서 저 불안하고 명민한 의식의 천재 파스칼을 대번에 우주의 미아로 만들어 버린 질문 "인간은 어디에 있는가? *Où se trouve l'homme?*"는 더 이상 사악한 힘을 행사하지 못한다. 우리는 평화 속에 길을 잃고 있으므로 ('집'에 있는데 무엇 때문에 길을 찾는단 말인가?). 부드러움의 연약한 힘으로 우리는 이렇게 운명의 사나운 발길질을 이겨 내는 것이다. 어두운 것에서 밝음을 읽어 내는 재주. 또는 낮으로 변한 밤의 기호를 읽어 내기.

그러나 그 능력은 앎에 의하여 얻어지는 것이 아니다. 그 능력을 허용하는 것은 어떤 특별한 영성靈性에의 갈망이다. 그것이 자코테의 '무지한 자/*ignorant*'의 철학이다.

이제 네 손에 어둠을 등잔으로 들고

어둠 속으로 들어가라.

너의 관자놀이 위에 피어난 단 한 그루의 월계수를 위하여

어두운 꿈으로 치장하라.

너의 안내자로는 위험을
너의 동반자로는 낯선 이를 택하라

이끌림을 받은 무지함으로
무지의 밤을 건너라
_「공기」,『카이예 뒤 쉬드』361호.

  이 무지함은 뒤집어 말하면 내가 알지 못하는 것에 대한 그리움이다. 그 그리움으로 부추겨져 시인은 겸손하게 자기의 자아를 지워 버린 채 깜깜한 삶의 길을 걸어간다. 풀잎처럼, 존재하되 아주 조금만, '지워진 자'로 존재하기. 그러나 이렇게 말할 때 시인은 사실은 얼마나 인간을 크게 꿈꾸는 오만한 자인가. "지워지기, 그것은 내 나름의 빛나는 방식이다"(「무지한 자」, p. 50).
  "지워진 자$effac\acute{e}$"는 열림의 예감으로부터 더 큰 열림의 예감으로 떨며 지나간다. 그 지나감은 벌써 앞지르기가 아닐까.

  (잠깐 스치고 지나가는 것, 바깥에서 들려오는 몇몇 발걸음
  들의 시간, 그러나 마술사들이나 신들보다도 더욱 기이한 것)
_『겨울 햇살 속에서』Ⅱ, p. 87.

1990년

신화와 형이상학
_투르니에 소설 속 '같음'의 추구, 「과묵한 연인들」을 중심으로

1. 왜 신화인가?

왜 신화인가? 과학이 이미 왕좌를 차지한 지 오래된 시대에, 문학마저 과학의 추인을 받지 않으면 제자리를 지키기 어려운 시대에, 왜 또다시 '유아적 인식', '집안의 백치'인 상상력에 근거를 두고 있는, '아득한 옛날 옛적에' 일어난 황당무계한 이야기들의 유령을 다시 불러 깨우는가? 그 이야기들이 지금 여기에서의 삶에서 무슨 의미를 가질 수 있는가? 미셸 투르니에Michel Tournier의 소설에 우리는 그런 질문을 던져볼 수 있다.[1] 잘 알려져 있다시피, 투르니에 소설에서 신화가 차지하는 비중은 절대적인 것이기 때문이다. 그의 소설은 거의 전부 신화에서 출발하고 있다. 그의 모든

---

[1] 실제로 이것은 우리가 확인한 투르니에 독자들의 여러 반응들 중의 하나이기도 하다. 투르니에가 초대된 「진실의 시간 L'heure de vérité」이라는 텔레비전 대담 프로그램에 방청객으로 나온 아랍이민 2세인 고등학교 여학생은 아랍 이민의 선조가 주인공으로 등장하는 투르니에의 소설『금방울 La goutte d'or』에 대해서 "당신의 책은 종이값만큼의 값어치도 없다"는 지독한 혹평을 작가의 면전에서 퍼부어댔다.

작품은 어떤 의미에서는 고대 신화의 '현대적 다시 쓰기'라고 볼 수 있다. 40이 넘은 나이에 작가로 출발하여, 출발하자마자 곧 굵직한 문학상을 휩쓸며 프랑스 문단의 총아로 등장하게 된 투르니에는 그의 작품에 대한 상반된 여러 가지 평가에도 불구하고 이미 움직일 수 없는 문학사적 위치를 구축해 놓고 있다. 어떤 사람들에게 ― 주로 지적 인사들이 대부분이지만 ― 그는 신화를 우회시키고 가치들을 진도시키며 사회적 문제의 규약을 혼란시키는 '빈정거림의 대가 maître de l'ironie'이다. 어떤 사람들은 심지어 그의 작품 안에는 아무런 초월성도 없으며, 희망 없는 니힐리즘의 각인이 찍혀 있다고(『성령의 바람 Vent Paraclet』에 나오는 '창백한 웃음 rire blanc' 같은) 평하기도 한다. 그러나 다른 사람들에게 그는 '독자를 대신해서 그들의 고뇌와 애정, 그리고 세계의 아름다움을 말해줄 줄 아는 목소리'[2]이다. 게다가 어떤 사람들은, 명백히 이교도적인 작가의 환상을 무시한 채『가스파르, 멜시오르와 발타자르 Gaspard, Melchior et Balthazar』의 출간 이후에는 그를 기독교 작가로 여기고 싶어 한다. 투르니에의 작품이 '그들의 신앙을 열렬히 만들어 주었다'는 것이다. 뜨거운 호응과 동시에 스캔들을 불러일으키는 그의 작품들은 대중적 인기를 누릴 뿐만 아니라 ― 그는 어린이 독자들마저 가지고 있다 ― 문학성마저 인정받는 드문 행복을 누리고 있다. 그의 소설을 '프랑스 현대소설의 유일하며 모범적인 성공'[3]이라고 여기는 견해마저 있다. 1967년『방드르디 또는 태평양의 끝 Vendredi ou les limbes du Pacifique』의 출판 이래로 그는 프랑스 대학에서 가장 활발한 문학연구의 대상이 되고 있는 작가 중의 한 사람이 되었다. 그러나 '누보로망이 고전 작품이 되고, 대부분의 비평가들과 기호학자들이 현대문학이 어느 정도까지 작품의

---

2   F. Merllié, *Michel Tournier*, Les Dossiers Belfond, 1988, p.10.
3   *cf. Magazine Littéraire* N° 226, 1986년 1월호(투르니에 특집), p. 12.

의미를 파괴하는 데 매달리는가를 강조하고 있던 시기에[4] 독자들에게 먹혀들기 시작한 투르니에의 글쓰기는 그의 동료들의 복잡한 글쓰기와는 달리 아주 고전적이며 투명하다. 그 투명성은 짐짓 의도된 것이다. 작가 자신이 「통과제의적 이야기conte initiatique」라고 부제를 붙인 「아망딘 또는 두 개의 정원Amandine ou les deux jardins」이라는 짧은 소설에 대해 『르몽드』지 기자가 '어떤 두 번째 차원의 독법'이 있지 않겠느냐고 물었을 때 투르니에는 '그렇기도 하고 그렇지 않기도 하다. 사실 두 번째 차원은 이 이야기의 단순한 줄거리와 혼동될 정도로 너무나 투명하다'[5]라고 대답하고 있다. 또는, 그는

> 나는, 다시 읽혀지기 위해서 쓴다. 그러나……나는 단 한 번의 독서만을 원한다. 나의 책들은 첫 번째 독서에서부터 알아차려져야만 — 다시 읽혀져야만 — 한다(VP[6], p. 189).

라고 말하면서 그가 작품의 투명성을 의도하고 있음을 명백히 하고 있다. "두 번째 차원의 독법이 있기도 하고 그렇지 않기도 하다"는 투르니에의 진술의 진정한 의미를 이해하기 위해서 우리는 그의 작품세계의 의미를 잘 함축하고 있는 것으로 보이는 「과묵한 연인들Les amants taciturnes」을 자세히 분석해 보고자 한다. 이 작품은 단순한 줄거리에도 불구하고 투르니에의 작품세계를 설명할 수 있는 대단히 흥미로운 요소들을 숨기고 있다. 그러나 그 의도된

---

[4] *Dictionnaire des littératures de la langue française*, Bordas, 1984, Ⅷ, p. 2316a.
[5] *Le Monde*, 1977. 12. 9, *Le coq de bruyère*, Gallimard, 1978, p. 305에서 재인용.
[6] 이하 약호 : VP : 『성령의 바람 *Le Vent Paraclet*』, VLP : 『방드르디 또는 태평양의 끝 *Vendredi ou les limbes pacifiques*』, M : 『대기현상 *Météores*』, RA : 『오리나무 왕 *Le roi des Aulnes*』, MA : 『사랑의 야식夜食 *Le Médianoche amoureux*』. 이하 아라비아 숫자 : 『사랑의 야식』 인용 쪽수.

투명성은 투르니에가 겉으로 말하는 것처럼 그렇게 순진하기만 한 글쓰기 전략은 아니다. 그의 글쓰기의 단순한 형태가 의도하는 바는 정작 다른 곳에 있다.

> 나의 관심은 형태를 혁신하는 것이 아니라, 가능한 한 전통적이며 보존되어 있는 안전한 형태 안에 그 형태의 특질들을 전혀 지니고 있지 않은 물질이 통과하게 하려는 것이다.

우리는 작품의 분석을 통하여 투르니에의 글쓰기의 단순성 밑에 얼마나 복잡한 의미의 미궁이 숨어 있는가를 밝혀 보일 수 있을 것이다. 투르니에의 글은 깊이 읽기를 요구한다. 그의 글의 투명함은 깊이를 감추고 있는 투명함이다. 『가스파르……』에서 타오르Taor는 말한다. "나는……하나하나의 사물이, 하나하나의 짐승이, 사람들 하나하나가 하나의 표면적인 의미를 지니고 있다는 것을 알게 되었다. 그 표면의 의미는 두 번째의 의미를 숨기고 있고, 그것을 드러내 보면 세 번째의 의미가 드러난다. 계속 그런 식이다. 나도 그렇다." 글쓰기는 이 작가에게 있어 사물의 감추어진 의미를 드러내는 행위이다. 타오르에게 그렇듯 이 소설가에게 "모든 것은 기호이다. 그러나 빛이 필요하다. 또는 반짝이는 절규가. 우리의 근시 또는 귀먹었음을 꿰뚫기 위해서". 그 빛의 예감을 제공하는 것이 투르니에에게 있어선 바로 신화이다.

> 밤의 시간으로부터 이처럼 잠시 동안 우리의 비참함을 비추어 주는 신화라고 불리는 희미한 빛이 빛나고 있다.

투르니에가 "잊혀진, 비밀스러운, 과거에 의하여 전해진 진리의 수호자들인 신화를"[7] 현대화하는 수단으로 글쓰기를 택하게 된 배경에는 그가 직접적으로 언급하고 있는 것처럼 형이상학적 욕구가 강하게 작용하고 있다. "형이상학에서 소설로의 이동이 내게는 신화들에 의해서 제공되었던 것 같다."(VP) 그에게 있어 형이상학적 욕구와 글쓰기의 만남이 40이 지난 늦은 나이에 현실화된 것은 우연한 일이 아니다. 이 철학교수 자격시험 낙방생의 좌절된 철학에의 꿈은 데카르트의 '코기토'나 칸트의 '도식론' 등의 '기막힌 형이상학적 발견'에 필적하는 문학적 등가물을 만들어 내려는 오랜 기간의 성숙기간을 거친다. 그러나 그의 문학창작의 직접적 동기가 된 것은 1948년에서 1949년 사이에 '인간박물관'에서 수강한 레비-스트로스의 인류학 강의이다. 투르니에는 그의 첫 작품 『방드르디……』안에 그가 인간박물관에서 배운 것 중에서 중요한 것을 담으려 했다고(VP, 194) 진술하고 있다. 그러므로 그에게 있어 인류학적 연구와 문학창조 사이의 관계는 절대적이며, 투르니에의 작품 안에서 신화가 가지고 있는 중요성을 이해할 수 있게 해준다. 왜냐하면, 인류학적 연구는 바로 신화연구 안에서 가장 모범적인 업적을 보이고 있기 때문이다.

투르니에가 철학과 문학창조 사이에서 신화라는 다리를 발견해 낸 데에는 물론 그의 개인사적 요소들도 원인으로 작용하고 있다. 그의 작가적 자질 형성의 밑바탕에는 '게르만적인 것*Germanistik*'이 자리 잡고 있다. 그의 문학적 감수성에 가장 큰 영향력을 행사했던 인물은 사제이며 음악과 독일 문화에 대한 조예가 깊었던 그의 작은 외할아버지 귀스타브Gustave이다.[8] 투르니에의 어머니는 삼촌의 영향을 직접 받아서 독일어 공부를 하게 되었고, 독일어 학사학위 준비 도중에 소르본에서 역시 독일어 교수자격 시험 준비

---

7 A. Bouloumié, *Michel Tournier — Le roman mythologique*, Corti, 1988, p. 8.
8 cf. F. Merillé, 앞의 책, p. 215.

를 하고 있던 작가의 미래의 아버지 알퐁스 투르니에를 만나게 된다. "나의 가족은 그러므로 마치 토대처럼 '게르만적인 것'의 기호 *Signe* 아래에 자리 잡고 있었다."(VP) 나치의 경험과 더불어 아버지는 독일 기호嗜好를 잊어버렸지만, 어머니는 계속해서 그녀의 집안의 전통에 충실했다. "우리는 한쪽 발을 독일 안에 집어넣은 채 자라났다." 투르니에의 작품 밑바탕에서 독일적 분위기를 찾아내는 것은 어려운 일이 아니다. 투르니에 자신도 인정하고 있듯이 바그너풍의 '야만적 미학'은 그의 작품의 한 독특한 분위기를 형성하고 있다.[9] 그의 작품세계의 밑바탕에서 핵으로 작용하고 있는 독일의 종교적, 신비주의적 경향은 투르니에의 전형적인 이야기꾼 기질에도 불구하고 그의 문학적 핏줄을 발자크보다는 노발리스Novalis나 장 폴 리히터Jean-Paul Richter에게서 찾게 한다.

그러나 우리가 보기에 '한쪽 발을 독일 안에 집어넣은 채 자라났던' 이 작가의 문학창조 작업 안에서 끊임없이 무의식적인 받아쓰기를 시키고 있는 게르만적인 것은 투르니에의 작품세계 안에서 보다 더 중요한 의미를 지니고 있다. 나치즘이 부상하던 시기에(9, 10, 12세 그리고 14세, 2차 대전 발발 1년 전) 그는 어머니의 손에 이끌려 독일을 정기적으로 방문했다. 그리고 곧이어 나치즘의 추악한 정체는 드러난다. 그가 알게 모르게 매료되었던 나치즘과 그것의 추악한 정체의 확인은 투르니에로 하여금 자신이 그것에 꼼짝없이 연루되어 있다는 느낌과 함께 인간의 원형을 공격적으로 추악한 모습으로 — 그 악마적 특성이 행사하는 매력 때문에 더욱더 — 설정하게 만든다. 독일에 대한 이 복잡한 감정은("독일에 대한 사랑 - 증오*l'amour-haine*") 어떤 한 외국에 대한 단순한 인상 이상의 것이다. 그에게 그것은 어떤 '근본적인 문제*problème*

---

9 cf. A. Bouloumié, 앞의 책, p. 105.

*fondamental*로 여겨진다. 아주 거칠게 말하는 것이 허용된다면 게르만적인 것은 이 작가에게 곧 인간조건으로 인식된다. 식인귀 Orge - 나치Nazi는 곧 타락한 인간의 모습인 것이다. 그렇다면 남은 것은 속죄*rédemption* 뿐이다.

속죄의 가장 모범적인 도정을 제시하고 있는 담론체계는 신화이다. 신화는 신화가 전적으로 군림하던 시대에 — 즉 신화가 신화로서가 아니라 진리의 전부로 인식되었던 시대에 — 원시인이 세계에 대해 획득한 첫 번째 지식, 또는 더욱더 정확히 말한다면 그 거친 지식의 구조이다. 인간과 인간의 자연에 대한 인식에서 가장 근본적인 것은 물질적 이탈이다. 식물과 동물은 세계에 밀접하게 접착되어 있다. 그들은 자연의 일부이다. 그러나 인간에게 있어서 그 점착의 관계는 사고*pensée*가 제시하는 정의되지 않는 탄성의 가능성으로 인하여 느슨해진다. 신화적 인식은 인간과 세계 사이의 인지된 거리, 인간과 세계 사이의 게임의 구조이다. 신화는 인간에 의한 세계 창조의 순간에, 귀스도르프Gusdorf의 표현을 빌자면 '지질학*géologie*이 역사에 양보하는 시점에'[10] 탄생한다. 따라서 신화는 역사적 시간, 즉 인간이 끊임없이 노출되어 있는 존재론적 불안정성의 개연성에 대항해야 하는 생명의 기능을 가진다. 그러므로 신화는 탄생 당시부터 이미 '우주의 균형 잡기의 원형prototype d'équilibration de l'univers', '재통합의 형식formulaire de réintégration'[11]이었던 것이다. 모든 신화는 인간의 속죄, 통일성의 회복을 지향한다. 레비-스트로스의 정의를 따르자면 '신화는 상이한 계<del>들</del>(식물, 동물, 광물) 사이의 의사소통이 가능했던 시대'[12]에 일어났던 이야기를 다룬, '인간의 모순을 해결하기 위한 논

---

10 G. Gusdorf, 앞의 책, p. 58.
11 G. Gusdorf, 앞의 책, p. 59.
12 1984년 5월 4일 방영된 「아포스트로프Apostrophes」 프로그램에서 베르나르 피

리적 모델을 제시하는 목적을 가진'[13] 궁극적 담론이다. 이 논리적 모델은 '실증적 과학이 대답할 수 없는 중요한 질문들에게 특히'[14] 적용된다. 그 중요한 질문들이 인간의 기원, 죽음과 삶, 사후의 삶 등의 종교적인 문제들임은 말할 필요조차 없이 명백하다. 요컨대 신화는 고갱의 질문 : '우리는 어디에서 왔는가, 우리는 누구인가, 우리는 어디로 가는가'에 해당하는 '영구한 효율성의 도식을 제공하는 이야기'이다.[15]

어느 경우에도 투르니에는 신화를 경멸적인 의미 — 비현실적인, 거짓된, 황당무계한 등의 — 로 사용하지 않는다. 신화 안에서 현실로부터 등을 돌리는 가공 기능fonction fabulatrice을 보는 대신에 그는 반대로 신화의 중요성과 현재성을 강조한다. 투르니에에게 있어 신화는 '점진적인 추상화의 여러 수준'으로 이루어져 있는 '여러 개의 층을 가진 건물'이다. '1층'은 유아적이지만, '꼭대기는 형이상학적'이다. 이 건물의 의미를 이해하는데 있어 과학자의 인식은 '하나의 차원을 결하고 있다'(*Météores*, P. 624). 그 하나의 차원은 바슐라르적인 의미에서의 2층의 차원이다.[16] 신화에 의하여 2층의 인식은 깨어난다. 신화는

우화를 마치 자기의 첫 번째 기원의 메아리마냥 모국어처럼 이해하는 순진하고 고대적인 영혼이 우리 안에서 우리를 전율하게 만든다.

그러나 이제는 기술적인 문제가 제기된다. 과연 신화의 '현대

보와의 대담. A. Bouloumié, 앞의 책, p. 10에서 재인용.
13 C. Lévi-Strauss, *Anthropologie structurale*, Plon, 1958, p. 254.
14 G. Durand, *Figures mythiques et visages de l'oeuvre*, Bordas, 1979, p. 35.
15 A Bouloumié, 앞의 책, p. 9.
16 G. Bachelard, *La Poétique de l'espace*, P. U. F., 1984, P. 4.

적인 다시 쓰기'는 가능한가? 작가의 전문가적 식견을 인정한다 하더라도 프로이트의 표현을 따르자면 "인류의 백년 묵은 옛 꿈"인 신화를 어떻게 임의적으로 써낼 수 있는가? 그것은 신화의 의미를 자의적으로 파괴하는 것이 아닌가? 이 지적은 충분히 합리적인 지적이다. 그러나 신화에서 중요한 것은 '이야기성'이 아니다. 귀스도르프는 신화를 어떤 이야기 narration 형식으로 보고 신화에 대한 설명을 시도하는 '에우헤메로스설'과 '자연주의 이론'을 모두 배격한다. 그는 신화를 설명하기 위한 생각의 통일성을 실현했다고 주장하는 것은 잘못이라고 반박한다. 왜냐하면 신화의 영역에서 이니셔티브를 쥐고 있는 것은 논증적 사고가 아니기 때문이다.[17] 그는 심지어 신화의 어원인 뮈토스Mythos(논증적 언어인 로고스에 비해 비합리적이고 감정적인 '이야기'를 의미하는 그리스어)조차 원시인들의 정신을 경멸하고 있었던 그리스 인들의 지성주의의 흔적을 드러내고 있다고 보고 있다. 뒤랑에게 있어 신화의 구조는 메타언어적 *métalinguistique*이다. 그에게 원초적 인간/*homme primordial*은 시적 인간/*Homo poeticus*[18]이다. 신화는 모든 전체적 관점을 빠져 달아난다. 신화에서 중요한 것은 '의미론적 분절단위 *segment sémantique*'이다. 다시 귀스도르프의 도움을 청하자면 신화는 "원자들 *atomes*들의 결합, 어느 정도 조화를 이루는 형태 아래에서 명확해지기 전에 서로 충돌하는 개념들의 집합체"[19]이다. 그 원자들의 재조합을 시도하는 것이 바로 투르니에의 소설이다. 레비-스트로스는 신화의 변이 기능을 설명하기 위하여 시계 조립의 이미지를 사용하고 있다.

17　G. Gusdorf, 앞의 책, p. 61.
18　G. Durand, 앞의 책, p. 77.
19　G. Gusdorf, 앞의 책, p. 61.

조립공의 자료인, 신화의 기표적 이미지들*images sifnificantes*은 이중의 기준에 의하여 정의될 수 있는 요소들이다. 그 요소들은 신화적 성찰이 '분해한' 담론의 단어들로서, 분해된 낡은 시계를 다루는 조립공의 작업에 도움을 준다. 그리고 그것들은 똑같은 용법에 쓰일 수도 있으며, 조금만 그들을 본래의 기능에서 우회시키기만 해도 또 다른 용법에도 쓰일 수 있는 것이다.[20]

그는 다시 만화경 *kaléidoscope*의 이미지를 사용하여, 비록 부서졌지만 끊임없이 재구성된 부서진 조각들로써 역시 엄격하게 구성되어 있는 새로운 총체를 형성하는 신화의 엄격한 구조를 설명하고 있다. 투르니에의 소설은 신화의 이러한 상징적이고 강제적 *contraignant*인 메커니즘을 확인할 수 있게 해준다. 작가 자신도 이 점을 인식하고 있다(VP, p. 191 참조). 그러나 그 어떤 제목도 임의적인 환상에 맡겨지지 않는(심지어 주인공의 머리카락 빛깔까지도) 투르니에의 신화적 소설이 행사하는 매력은 단순히 신화의 고유한 덕목이나 또는 작가의 풍부한 인류학적 교양에서만 기인하고 있는 것은 아니다. 그가 인류의 정신적 자산의 깊은 우물에서 영감을 길어 올릴 수 있는 것은 그의 작가적 재능 없이는 불가능한 것이다.

우리는 투르니에를 통하여 다시 한 번 더 문학이 구원 가능성의 강한 암시임을 확인한다. 열심히 꿈꾸는 자는 틀리지 않을 것이다. 우리는 투르니에 곁에서 파스칼 식의 '내기'를 건다. 그러나 그것은 얼마나 해볼 만한 도박인가. 투자할 것은 우리 영혼의 부서진 흔적들이다. 그리고 그 얼마 안 되는 판돈으로 우리는 위대함을, 전부인 영혼을 얻는 것이다.

---

20   C. Levi-Strauss, *La Pensée Sauvage*, Plon, 1962, pp. 48-49.

2. 결핍 — 제의의 필연성

투르니에의 소설은 모두 이론의 여지없이 형이상학적이며 종교적인 모색의 산물이다. 그렇다면 우리는 투르니에가 사라진 제의의 역할을 글쓰기에서 기대한다라고 결론을 내려도 좋을 것이다. 그의 이러한 생각은 영적 사부 *mentor spirituel* 로서의 역할을 작가에게 부여 한다(그가 기왕에 일반 독자를 상대로 성공을 거둔 작품을 청소년들을 위해서 개작한다든가, 또는 의도적으로 그들을 대상으로 하는 작품을 써내고 있다는 것은 그가 이런 영적 교육자로서의 기능을 염두에 두고 있다는 증거이다. 이 기능은 종교가 이제 거의 영향력을 행사하지 못하고, 청소년들은 무책임한 상업적 '이미지들의 목욕탕' 안에 무방비로 방기되어 있다는 점을 감안하면 상당히 심각하게 논의되어야 마땅하다). 작가는 '동시대인의 영혼을 변모시키는 자', 독자의 영혼을 책임지는 대부*parrain*이다. 그렇다면 소설읽기는 고대인들의 제의의 경험과 똑같은 가치를 가지는 존재론적인 변모의 전략인 통과제의 그 자체이다.

그렇다면 제의의 현존이 의미하는 것은 무엇인가, 또는 더욱더 간단히 말해서 무엇 때문에 제의는 필요한가를 물어야 한다. 제의의 근본정신은 '영원회귀*retour éternel*'이다. 엘리아데는 많은 고대사회 제의들에 대한 관찰을 통하여, 그 제의들의 공통적인 주제를 뽑아내고 있다. 모든 제의는 아득한 옛날, 인간이 아직 역사적 시간에 의하여 고통을 겪기 이전의 신화적 시간으로 되돌아가려는 집단적 욕구를 증거하고 있다. 모든 것은 아득한 옛날 초자연적인 존재들에 의하여 이루어진 행위들을 모방함으로써만 비로소 의미를 가진다. "하나의 사물, 하나의 행위는 그것이 원형을 모방하고 되풀이하는 한에 있어서만 의미를 가진다. 그처럼 실재는 반복이나 참여에 의해서만 획득된다. 모범적 모델을 가지지 않는 모든 것은 의미를 박탈당한다. 즉, 실재를 결하고 있는 것이다."[21] 원형 반복의 필연성을 뒤집어 보면, 우리는 실재를 획득하기 위한 고대인들의 존재론적인 갈증을 만나게 된다. 원시적 인식에 있어서 인간의 삶은 탄생과 더불어 고유한 가치를 가지고 있는 것이 아니다. 그 가치는 제의를 통하여, 즉 원형의 모방을 통하여 후천적으로 쟁취된다. 그 가치의 쟁취는 끊임없는 '같음 *le Même*'의 재확인을 의미하는 것이다. 그렇다면 원시시대부터 벌써 삶은 '다른' 것이었다는 데리다의 명제는 설득력을 가진다. 귀스도르프의 표현을 빌자면 "인간은 한 번도 균열이 없는 순결함을 경험한 적이 없다. 실존적 원죄라는 것이 존재하는 것이다."[22] 이 존재의 근원적 '다름 *l'Autre*'은, 우리 식으로 다시 표현한다면 실존의 '아님'이다. 그 '아님'은 언젠가 '그러함'이 되어야 할 존재론적 필연성을 가진다. 존재론적 결핍은 인간을 제의의 필연성에로 떠미는 것이다.

「과묵한 연인들」에 등장하는 우달Oudalle과 나데쥬Nadège의 존재도 '다른' 존재, '아닌' 존재이다. 소설쓰기의 전제는 이미 그것으로 충분하다. 우선 우달과 나데쥬에게 부여된 '아님'의 특성들을 꼼꼼하게 짚어보도록 하자. 우달은 작품 첫머리에 1930년 3월 21일 이포르Yport 태생이라고 묘사되어 있다. 그가 태어난 날이 춘분이라는 것은 그의 존재론적 위상과 관련이 있다. 그는 지금 절반, 분分 *equinoxe*의 상황에 놓여 있다. 그 분이, 지至 *solstice*, 충일, 전부의 상황으로 옮겨가는 것이 이 작품의 전체 구도이다(「과묵한 연인들」, pp. 24, 39 참고). 귀스도르프의 공식을 따르자면 '다름'의 상황에서 '같음'의 상황으로의 전이, 즉 원형회귀 구도라고 해석할 수 있는 것이다. 우달의 '다름'의 상황은 그가 둘째아들이라는 사

---

21 M Eliade, *le Mythe de l'eternel retour*, N. R. F., 1949, p. 63.(미르치아 엘리아데, 『영원회귀의 신화』, 심재중 옮김, 이학사, 2003.)
22 Gusdorf, 앞의 책, p. 58.

실로도 확인된다. 그는 아버지를 계승할 공식적인 권리를 지닌 장자長子가 아닌 것이다. 아버지는 그를 고기잡이에 데리고 다니지 않는다. 그는 아버지의 계승자가 아니기 때문이다.

아버지는 거룻배를 타고 해안에서 낚시를 했다. 형이 그의 뒤를 이을 수 있는 나이가 될 때까지 기다리면서 아버지는 동료 한 사람과 같이 조업을 했다. 아버지 혼자서도 다룰 수 있는 배였는데 말이다. 내 운명을 기울여 놓은 것은 바로 이 형의 존재였다. 나는 그를 질투했고, 그를 뛰어넘으려는 쑤시는 듯한 욕구를 느끼고 있었다(「과묵한 연인들」, p. 9).

우달에게 해결책을 암시하는 것은 원양어부[23]들로 붐비는 페캉 Fécamp의 대형 선박이다. 그는 형과 똑같아지는 것으로 만족하지 않는다. 그는 형보다 더 멀리 간다.

형은 고등어와 청어와 생자크 조개를 잡았다. 나는 대구*morue*를 잡을 참이었다. 형은 7m짜리 어선을 타고 매일 아침 바다에 나가서 매일 저녁 되돌아왔다. 나는 넉 달 예정으로 조업하는 길이가 70m, 길이가 11m 되는 트롤망어선을 탈 참이었다(「과묵한 연인들」, p. 9).

주인공은 형보다 열 배나 위대한 사람이 될 참인 것이다. 그는 형은 "작은 직업*petit métier*"에 종사하는 사람이지만 자기는 "큰 직업*grand métier*"에 종사하는 사람이 될 것이라고 다짐한다. 이 큰 직업과 작은 직업은 연금술의 두 작업, 은을 만드는 소작업*petit oeuvre*

---

23 des terre-neuvas : 뉴 펀들란드 어장에 나가는 원양 어부들. 그러나 이 단어가 환기시키는 문자 그대로의 의미 '새로운 땅'도 음미해 볼 만하다.

과 금을 만드는 대작업 *Grand OEuvre*[24]을 직접 환기시킨다. 그는 선원이 되고 싶어 안달한다. 법적으로는 15세 이상이 되어야 배를 탈 수 있지만, 우달은 13세에 벌써 배를 탄다(p. 10), 또는 아버지와 형의 세계를 떠난다. 이 13이라는 숫자의 선택은 전혀 우연이 아니다. 13은 악마, 신의 아들을 판 유다의 숫자이다. 이것은 대문자의 아버지의 세계를 배반한 자의 표지인 것이다. 우달은 영적인 의미에서 아버지를 뛰어넘으려는 자, 영적인 의미의 오이디푸스, 아버지 제우스에게서 불을 훔쳐낸 자, 바슐라르적 의미의 '프로메테우스'이다.[25] 그리고 나선 '지옥'같은 소년 수부水夫의 생활이 이어진다(p. 10). 이 "끔찍한 수습기간"은 단순히 "사회경제적 체제의 희생자"인 "착취당하는 계급"(p. 11)에게 가해지는 육체적 학대만을 의미하는 것이 아니다. 이 작품 전체의 구조를 놓고 생각해 볼 때, 그 시련의 경험은 통과제의 시나리오의 두 번째 국면에 해당된다. 이것이 단순한 시련이 아니라는 것은 우리가 뒤이어 다루게 될 나데쥬와의 만남에서 드러난다. 이렇게 해서 통과제의 시나리오의 두 장[1)탄생 공간으로부터의 탈출 2)제의적 죽음을 상징하는 육체적 시련]은 우달에 의해서 연기된 셈이다. 그러나 아직 최종단계에 해당하는 재생의 장이 연기될 시간은 아니다. 왜냐하면 우달의 다른 반쪽, 그의 분分의 존재를 채워줄 또 다른 분의 존재인 그의 아내 나데쥬 역시 필요한 제의의 국면을 연기해야만 하기 때문이다.

우달의 미래의 아내 나데쥬 쪽으로 보자면, 그녀의 '다름'의 상황은 그녀의 이름과 그녀의 육체적 요건과의 불일치를 통하여 표현된다.

---

24 cf. S. Hustin, *L'Alchimie*, P. U. F., 1981, pp. 90-91.
25 cf. G. Bachelard, *La Psychanalyse du feu*, Gallimard, 1949, p. 26.

내 이름이 나데쥬인 것은 사실이다. 아버지는 이렇게 말씀하시곤 하셨다. '나는 그 애가 매력적이지 않으면 안 되게 하기 위해서 그 이름을 지어 주었지. 그렇지 않다면 그 이름 때문에 이 아이는 웃음거리가 될 테니까'. 그런데 바로 그 이름 때문에 나는 언제나 고통을 받았다. 왜냐하면 나는 '매력적인 여자'의 정반대였으니까(「과묵한 연인들」, p. 13).

투르니에의 작품 속에서 고유명사는 우연한 선택이 아니다. 그에게 이름은 인간성 그 자체이다. "아무것도 우연히 선택되지 않는 투르니에의 신화적 소설 안에서 고유명사는(…) 비밀스러운 필연성에 복종하고 있으며 작품의 중요한 의미를 발견할 수 있게 해준다."[26] 사람들의 이름에 대한 생각에 관한 한 투르니에는 크레티엥 드 트루아Chrétien de Troyes의 소설 「성배 이야기Le Conte du Graal」의 주인공 페르스발의 어머니와 같다 : "길에서건 주막에서건, 잠시라도 어떤 사람과 동행하게 되면 반드시 그의 이름을 묻도록 하여라. 왜냐하면 이름을 통하여 사람들의 됨됨이를 알게 되는 연고이니라."[27] 디포Defoe의 『로빈슨 크루소』에서 야만인 프라이데이라는 이름은, 로빈슨이 그를 우연히 만나게 된 요일의 이름을 따서 지어졌을 뿐이다. 그러나 투르니에의 방드르디Vendredi는 그 이름 자체가 이미 의미보유체*phorie*이다. 방드르디는 아프로디테의 탄생과 그리스도의 죽음과 관련이 되어있는 요일이다. 투르니에의 로빈슨은 방드르디의 이름에 관해 명상하면서, "물론 분명히 우연한 이 만남 안에서, [그]를 초월하여, [그] 안에 남아 있는 예전의 [그]의 신실한 청교도적인 요소를 두렵게 만드는 어떤 경지를 예감하지 않을 수 없었다"(VLP, p. 228). 방드르디는 그

---

26 A. Bouloumié, 앞의 책, p. 52.
27 Chrétien de Troyes, *Perceval le Gallois ou le conte du Graal*, Stock+Plus, 1978, p. 44.

이름 자체로 이미 문명화된 로빈슨의 왜소함을 뛰어넘는 양성인간인 것이다. 투르니에의 고유명사가 우연한 선택이 아니라 이름과 인물 사이에 전혀 임의적이지 않은 관계를 수립하고자 하는 시도라는 것은 어느 작품에서나 확인된다. 우리는 그 경우를 일일이 나열할 수는 없다. 다만 가장 흥미로운 경우인 「베로니크의 수의 Les suaires de Véronique」에 대해서만 언급하기로 하자. 작품 속에서 베로니크는 식인귀의 면모를 가진 여성 사진작가이다. 그녀는 모델을 사진 찍는 것으로 만족하지 않고 모델의 몸에 인화액을 묻혀 직접 헝겊으로 찍어내는 작품, '직접 사진'을 제작하고, 모델은 서서히 죽어간다. 그런데 기독교 전통에서 베로니크는 십자가를 지고 형장으로 가던 그리스도를 동정하여 수건을 내밀어 그의 얼굴을 닦아 주었던 성녀의 이름이다. 전설에 의하면 그 수건에는 그리스도의 얼굴이 생생하게 찍혀 있었다고 한다. 투르니에 작품의 수의 *suaire*의 발음은 그리스도의 땀 *sueur*에 절묘하게 겹쳐진다. 그리고 성녀가 그리스도에게 내어주었던 수건은 라틴어로 수다리오 sudario(얼굴을 닦는 수건)라고 불렸다. 게다가 베로니크 Véronique의 이름에는 대중의 신앙이 실려 있다(vrum: 진실한 *vrai*을 의미하는 라틴어, icona: 그림 *image*을 의미하는 그리스어).

클로델이나 프루스트에게 있어서처럼 고유명사는 투르니에에게 있어서 역동적인 내용을 가지고 있다. 투르니에는 '존재론적인 계획안에서, (……) 고유명사에게 그 고유명사가 동일시하는 인물의 본질을 표현하는 임무를 부여 한다'.[28]

나데쥬 Nadège는 브르통의 소설 「나쟈 Nadja」의 주인공 나쟈를 떠올리게 한다. 나쟈의 신비스럽고 때로는 악마 같기도 한 아름다움과 나데쥬의 유사성은 우달이 그녀를 "옹딘, 멜뤼쥔, 인어" 등

---

28   A. Bouloumié, 앞의 책, p. 54.

의 반인반어半人半漁의 괴물의 이름으로 부르는 사실로도 확인된다(p. 21). 나쟈는 스페인 어로 소망*espérance*이라는 뜻을 가지고 있다. 소망은 「방드르디…」에서 로빈슨이 그의 성적 상대역을 하는 섬에게 붙여 준 이름 스페란차Speranza('희망'을 의미하는 이탈리아어)에 또한 겹쳐진다. 김현은 스페란차에서 스페르마sperma와의 음성학적 유사성을 읽어낸다.[29] 그것은 스페란차 섬이 여성의 역할을 하고 있다는 사실 때문에 자연히 떠오르는 연상이다. 나데쥬가 소망을 환기시키는 것과 스페란차 섬이 떠올리게 만드는 스페르마와의 연관은 전혀 무관하지는 않다. 우선 소망은 기독교 신앙의 세 가지 향주덕向主德, 믿음·소망·사랑 가운데의 한 가지이다. 신앙이 성령St-Esprit을 흠모하는 행위에로 이어진다면, 로빈슨이 섬에게 하는 남성의 행위는 ― 그는 섬과 관계하여 '만드라고라'라는 그의 식물적 2세를 만들어 낸다. 그 식물적 2세의 주제는 땅으로부터의 탄생naissance autochtone이라는 오래된 인간 기원 신화의 되풀이이다 ― 성령이 신자와의 관계에서 담당하는 역할이다. 그것은 신자의 영혼에 말씀의 씨앗*Sperma*을 뿌려 신앙이라는 말씀의 아이를 낳게 하는 것이다. 성령의 등장은 아주 많은 경우에 '말씀'의 도래를 동반한다. 오순절의 기적이 가장 전형적인 예다. 이 점에 관한 한 불루미에와 투르니에의 대담은 매우 흥미롭다. 「대기현상Météores」을 '오순절Pentecôte'(언어의 기적이 일어난)과 연결된 '언어의 진정한 신화'를 써낸 '언어의 소설'로 보는 대담자의 견해에 찬성하면서 투르니에는 「대기현상」이 '성과 언어'라는 쌍*couple*의 주제를 다룬 소설이라고 말하고 있다. 그리고 그는 그 두 가지가 성령의 전통적인 속성(수태고지와 오순절 Annonciation et Pentecôte)임을 염두에 두라고 덧붙이고 있다.[30]

---

29 김현, 「로빈슨 크루소의 변용에 대하여」, 『외국문학』, 1984년 가을 제2호, 319쪽.
30 A. Bouloumié, "A Bouloumié와의 대담", 앞의 책, p. 255.

이 두 가지는 바로「과묵한 연인들」의 주제이다.「대기현상」의 쌍둥이와 우주언어 추구의 주제는 우리의 분석대상 텍스트의 우주적 침묵의 추구와 나데쥬와 우달의 쌍의 주제에 상응한다. 나데쥬는 소망, 말씀의 잉태에의 소망, 즉 말씀의 현실에 참여하려는 소망이다. 그리고 그것은 성性, 즉 쌍의 주제가 예고하는 원초적 통일성, '같음 *le Même*'의 회복의 주제와 연결되어 있는 것이다. 그러나 그녀는 아직도 '다른' 존재, 즉 쌍의 불완전한 한쪽에 불과하다. 그녀의 존재론적 결핍은 그녀의 이름이 그녀의 실체와 다르다는 사실에서 출발한다.

> 한 어린 소녀의 생애 안에는 어떤 중요한 순간, 그 뒤에는 그 어느 것도 전과 같지 않은 결정적인 시련이 존재한다. 방과 후에 서로 떠다 밀며 학교 문을 빠져나오는 소녀들을 바라다보시기를. 당신은 아직 고통을 겪지 않은 순진한 소녀들 *innocentes*을 첫눈에 알아볼 수 있을 것이다. 그 아이들은 빼빼 말랐거나, 포동포동하거나, 얌전하거나, 서툴거나, 명랑한가 하면 우울하다. 하지만 분명히 그녀들은 그런 일에 마음을 쓰지 않는다. 또는 그런 사실조차 모르고 있다. 다른 소녀들, 고통을 겪은 여자아이들, 입문자들 *initiées*은 거울 앞에 서서 그녀들이 한 가지 질문을 가슴에 품고 있다는 사실을 알아차리는 것이다. '나는 예쁜가?' 그 순간에 그녀들의 어깨 위에는 여성적인 조건이 포함하는 소외가 온통 떨어져 내리는 것이다(p. 13).

나데쥬의 이 질문은 물론 분명히 사회학적인 의미를 가지고 있다. 그러나 다음 대목에서 이 질문은 그 이상의 의미로 확대된다.

> 나는 예쁜가? 나는 거울에 대고 이 질문을 던졌던 것이 아니

다. 나는 엄마에 대고 그 질문을 던졌다. 나는 열한 살이었다. 엄마는 그녀의 아름다움, 우아함, 세련된 사교적 지식으로 나를 황홀하게 했다(p. 14).

그녀는 마침 근시 때문에 안경을 맞추어 쓰고 안경점을 나오던 참이었다. 그녀는 엄마에게 "엄마 나 예뻐?"라고 물었고, 엄마는 "아니, 하지만 너는 상냥하고 영리해 보인단다. 그게 훨씬 더 나은 거야"라고 대답한다. 그녀는 자기가 엄마 같지 않다는 것을 확인한다. 말하자면 그녀가 인지한 '다름'의 상황은 엄마에 비해서인 것이다. 그녀가 거울이 아니라 엄마에 대고 '그 중요한 질문'을 던졌다는 것은 중요한 의미를 감추고 있다. 거울은 투르니에의 작품 세계에서 언제나 자기 정체성의 확인과 직결된다(「방드르디…」, 「아망딘 또는 두 개의 정원」, 「오리나무 왕」 참조). 나데쥬는 자기의 '아닌' 상황의 의미를 '엄마'에 비해서로 받아들인다. 그녀의 '아님'이 훨씬 더 멀리 있는 대문자의 '엄마'에 비해서인 것을 그녀는 알아차려야했다. 그 잘못된 '다름'의 인식은 나데쥬의 첫 번째 결혼의 실패라는 결과로 나타난다.

나데쥬의 존재론적 상황이 '결핍'이라는 것은 그녀의 아버지인 선주船主가 식인귀로 묘사되고 있다는 사실로도 확인된다. 겉으로 보기에 그 선주는 원양어부들의 임금을 착취하는 "신화 속의 거머리"(p. 11), 선원이 다쳤다거나 죽었다는 사실보다도 어획고가 작을 때 더 신경을 쓰는 못된 부르주아[31]에 덧붙여진 수식어처럼 보인다. 그러나 투르니에 작품 전반에 걸쳐서 가장 빈번하게 나타나

---

31 나데쥬의 아버지가 부르주아라는 사실은 우선은 '계급착취'의 관점에서 그를 식인귀라고 부르게 만든 것일 테지만, 투르니에에게 식인귀와의 첫 번째 만남으로 여겨지는, 그가 네 살 때 마취 없이 편도선수술을 받게 했던 의사 부르주아Bourgeois 씨의 기억과도 관계되어 있는 것이 아닐까?(cf. VP, p. 17)

고, 또 가장 중요한 신화적 인물 중의 하나인 식인귀는 더욱 더 본질적인 다른 의미를 숨기고 있다. 우리가 앞서 말했듯이 투르니에에게 있어서 식인귀는 인간조건의 의인화이다.

> 인류는 식인귀들, 힘센 사람들, 그렇다, 교살자들의 손들과 식인귀의 이빨을 가진 자들로 구성되어 있다. 그리고 이 식인귀들은 형제살해에 의해서 역사라고 불리는 폭력과 범죄의 폭포의 물꼬를 튼 거야. 그들은 고독과 회환에 사로잡혀 세계 전체를 헤매고 있어(M, p. 196).

투르니에는 카인에 의한 아벨의 살해를 어머니 뱃속에서 쌍둥이 형제를 살해한 인간의 원죄로 바꾸어 읽는다. 투르니에에 의하면 '모든 사람들은 쌍둥이 형제를 가지고 있다. 모든 여성은 두 명의 아이를 잉태한다. 그러나 더 강한 자는 그가 모든 것을 나누어야 하는 형제의 존재를 참을 수 없다. 그는 어머니 뱃속에서 그 형제를 목 졸라 죽이고, 죽인 다음에는 먹어버린다. 그리고는 원죄로 더러워진 채로 세상에 태어난다'(M, p. 196). 투르니에에게 식인귀는 원죄를 저지른 타락한 인간, 잔인하면서도 동시에 그의 고독으로 인하여 고통스러워하는 인간의 비극적 조건을 상징하는 인물이다. 투르니에의 세계에서 식인귀는 바로 인간의 존재론적 '다름'의 가장 극적인 표현이다. 식인귀는 자기 죄의 대가로 아무것도 '같은 것이 없는sans-pareils' 불화의 세계로 떨어진 인간의 운명을 상징한다. 식인귀가 어린이의 신선하고 따뜻한 피를 탐하는 것도 어린이의 순결함이 그에게 결핍되어 있기 때문이며, 그것과 같아지고 싶은 욕구를 그가 강하게 가지고 있기 때문이다(식인귀의 집어삼키는 행위로 나타나는 상대방과의 동화의 욕구는 우리의 분석대상 텍스트에서 '식사'의 상징성으로 묘사된다). 불루미에가

멋지게 말하듯이 식인귀는 '존재 이상plus-qu'être에의 공격적인 모색을 표현한다'.[32]

나데쥬는 식인귀의 가계, 존재론적 결핍에 시달리는 가계에 속해 있다. 그녀가 근시라는 사실도 그녀의 식인귀 가계의 특성과 무관하지 않다. 투르니에가 본격적으로 식인귀 신화를 다루고 있는 「오리나무 왕Roi des Aulnes」의 주인공인 티포쥬Tiffauges의 이름은 작가가 작품 안에서 직접 설명하고 있듯이(RA, pp. 406-407) 독일어 어원 티파우게Tiefauge(눈이 움푹 들어간 사람, 점쟁이) 또는 트리파우게Triefauge(눈꼽이 낀 눈을 가진 사람, 근시)에 접근한다. 이 근시의 특징은 우선은 티포쥬의 다른 짐승 같은 면모(냄새를 잘 맡는다던가, 날고기를 좋아한다던가, 이빨이 발달되어 있다던가)들과 나란히 열거될 수 있을 테지만(우리의 작품 안에서는 나데쥬와 생선과의 관계로 나타난다), 그의 다른 중요한 특징인 투시적 능력과도 관계된다. 가장 보편적으로 인정되는 식인귀의 어원은 라틴어로 죽음의 신을 의미하는 오르쿠스Orcus이다. 그러나 『쾨르팅Körting 로마어 사전』은 '점치다'를 의미하는 어근 'augur'를 식인귀의 어원으로 제시하고 있다.[33] 인류학적으로 초자연적이고 비밀스러운 일을 꿰뚫어 보는 능력은 언제나 장님들에게 주어져 왔다. 바이킹의 신 오딘Odhin은 육안으로 볼 수 없는 사물을 볼 수 있는 능력을 얻기 위해서 한쪽 눈을 잃는 것을 받아들이며, 예지의 시인 호메로스는 장님이라고 전해진다.

아버지의 세계를 떠나 지옥의 고통에 던져진 우달이 처음으로 나데쥬를 만나는 장면은(pp. 11-13) 흥미로운 상징성을 숨기고 있다. 나데쥬의 아버지는 교육의 일환으로, 나데쥬와 그녀의 오빠가 조업 중인 그의 소유의 트롤망어선을 이틀 동안 방문하도록 시킨

---

32 A. Bouloumié, 앞의 책, p. 70.
33 A. Bouloumié, 앞의 책, p. 62.

다. 선주의 아이들이 이등 항해사와 뒷 갑판을 지나가고 있을 때, 그때 16살이었던 주인공은 청소를 하느라 바쁜 중이었다. 이등 항해사는 파이프담배에 불을 붙이라고 지시했고, 우달은 실수로 그의 검은 수염을 태울 뻔 한다. 화가 난 이등항해사는 옆에 있던 커다란 대구로 우달의 뺨을 갈긴다. 그 거친 광경에 놀란 선주의 아들이 나데쥬의 이름을 부르며 가자고 말하며 동생을 데리고 사라진다. '어쨌든', 주인공은 그 순간 '소녀의 이름을 알게 되었던 것이다'.

소녀의 등장과 우달의 실수는 상징적으로 밀접하게 연계되어 있다. '수염'은 투르니에의 작품 안에서 대단히 중요한 역할을 수행하고 있는 상징이다.[34] 그것은 색깔과 모양에 따라 각각 다른 의미를 가지고 있다. 까만 수염은 잔인한 정복자적인 남성다움에 덧붙여지는 상징적 장치이며, 어느 경우에도 가부장적인 권위를 상징한다. 그러면서 그것은 동시에 추악하고 지저분한 육체성에 동반되는 속성이다(「튀픽Tupik」, 「빨간 난장이」, 「엄지의 가출」 참고). 그러므로 우달이 라이터 불로 태울 뻔 한 수염은 모욕당하고 부정된 부성의 권위와 인간의 육체적 실존을 상징한다. 흥미로운 것은 그 수염의 소유자가 맏아들이 아닌 우달처럼 결핍의 존재, '이등' 항해사라는 사실이다. 이등 항해사가 우달을 후려친 대구 *morue*와 죽음*mort*의 음성학적 유사성도 이 불탈 뻔 한 수염의 속성을 지니는 추악한 육체적 실존의 상징적 소멸을 의미한다고 보여진다. 그가 대구로 얻어맞는 순간 소녀의, 우달에게는 미지인 어떤 세계의 이름을 듣게 되었다는 사실이 우리의 가정을 뒷받침하고 있다. 그러므로 우리는 이 장면에서 주인공 우달이 남성의 세계에서 여성의 세계로 옮겨가게 되었다고 가정할 수 있다. 그러나 투르니에의 작품세계에서 여성적 세계란 남성적 세계에 대비되는

---

34 cf. F. Merllié, "Histoires de Barbes", *Magazine Littéraire*, N° 226, pp. 29-35.

개념이 아니라 오히려 반사회적 세계, 또는 신화적 세계를 의미한다. 메리에Merillé는 이 세계의 무성無性상태asexualité를 지적하고 있다.[35] 그녀에 의하면, 변모한 로빈슨과 방드르디 또는「엄지의 가출」에 나오는 로그르Logre 등의 양성인간적 인물들은 성을 둘 다 소유하고 있는 존재라기보다는 오히려 무성적인 존재들이다. 그들은 말하자면 어른이 되기 전의 존재들, 세계와 너무나 하나가 되어 있음으로써 타인에 대한 욕구를 느끼지 않는, 또한 그 욕구 때문에 고통스러워하지 않는 '완벽한 적요, 제로의 상태'에 놓여 있는 '같음le Même'의 존재들인 것이다.

우달과 나데쥬는 각각 고통당한 사람들éprouvés, 자신의 '다름'의 상황을 인지하고 그로 인하여 고통 받는 존재들이다. 이제 존재의 반쪽들이 만나 '같음'의 경지로 돌입하게 되는 것을 지켜볼 차례이다.

3. 종말론적 결별 — 왕과 여왕으로서의 역할 분담

'엄마'처럼 예쁘지 않은 나데쥬는 루앙 대학에서 고전 어학 학위를 준비한다. 그녀는 '엄마'의 사교적인 부르주아 세계의 반대편으로 간다. 그녀가 만나 사랑하게 된 상대는 철학교수 자격시험을 준비 중이었던 알렉시스이다. '예쁠' 수 없는 운명으로 인하여 그녀가 택했던 남성적 자질인 지성은 그러나 나데쥬를 구하지 못한다. 알렉시스('고유명사는 어떤 의미에서는 레미니상스의 언어학적 형태'[36]라는 바르트의 가정을 따른다면, 이 이름은 권력의지의 화신인 알렉산드로스 대왕의 레미니상스이다. 알렉산드로스의 프

---

35 F. Merllié, 앞의 책, p. 306.
36 R. Barthes, *Nouveaux essais critiques*, Seuil, p. 124.

랑스식 표기인 알렉상드르Alexandre는 「대기현상」에서 지옥을 상징하는 쓰레기처리장을 운영하는 장과 폴의 아저씨로 등장한다. 그는 쌍둥이 장과 폴을 행복한 '같음'의 세계에서 끌어내어 '다름'의 세계로 밀어 넣는 악마적인 역할을 수행한다)의 지성은 철두철미 사회적인 쪽으로만 방향을 잡고 있다. 그의 지성은 계몽주의자로서의 역할에만 충실하다. 나데쥬와 알렉시스의 만남에는 1968년의 학생혁명이 매개항으로 작용하고 있다.

> 나는 끊임없이 알렉시스의 혁명가적 열정을 비웃었다. 그가 언제나 그의 철학교수 역할을, 잠을 깨우는 자, 불안하게 만드는 자, 혼란의 숭고한 선동자로서 생각했던 것은 사실이었다. 그는 68년 5월을 개인적인 사건으로서 경축했다. 나는 사건들을 다른 시각으로 바라보았다. 실상 그에게 있어 모든 것은 담론으로, 장애물들이라든가, 반대자들과 소박한 양식良識마저도 몽땅 휩쓸어 버리는 억제할 수 없는 말의 물결로 해결되는 것이었다. 그는 권력을 잡는 것과 말을 하는 것을 혼동하고 있었고, 나는 그에게 그 사실을 지적해 주지 않을 수 없었다(p. 16).

그녀가 신의 계시를 받았던 여인 잔다르크의 고장 루앙Rouen[37]에서, 그것도 고전어학을 공부했다는 것은 「과묵한 연인들」의 중심주제인, 존재론적 변모와 맞물려 있는 진정한 언어, 우주적인 '같음'의 언어의 모색과 무관하지 않다. 그녀는 알렉시스의 지성에게 그 언어사용의 모범을 기대한다. 그러나 그녀는 실망한다. 알렉

---

[37] 이 고장의 선택은 다시 한 번 더 나데쥬의 식인귀의 운명을 확인시켜 준다. 「질과 잔느Gilles et Jeanne」에서는 페로Perrault의 '푸른 수염Barbe-Bleue'의 모델이라고 알려져 있는 전설적인 실존인물인 식인귀 질 드 레Gilles de Rais가 등장한다. 그는 잔다르크의 동료였다.

시스의 언어는 권력욕구와 관련되어 있던 언어였기 때문이다. 나데쥬가 찾고 있는 언어는 언어의 사회적 기능을 뛰어넘는 어떤 경지의 참여로써만 온전히 얻어질 수 있는 것이다.

알렉시스와의 관계에 절망하여 이혼한 나데쥬는 고향 페캉으로 되돌아온다. 1968년의 요설에 지친 그녀가 매료되는 것은 고향 사내들의 과묵한 성격이다. 그녀는 그곳의 한 카페에서 선원을 모집 중이던 "흰 북극곰처럼" 과묵하고, 파리의 경박한 지식인들의 정반대처럼 보이는 "덩치가 크고 느릿느릿한" 우달을 만난다. 그는 언젠가 한 번 그녀를 본 적이 있었다고 이야기한다. 그녀는 곧 그에게 빠져든다. 그러나 1968년의 '말의 물결'의 반대 항으로서 그녀가 택했던 '과묵함'의 덕성 역시 문제의 해결은 아니었다. 그녀의 우달과의 관계는 또 다른 결별의 위기를 겪는다. 우달의 침묵은 '가짜 침묵 faux silence'이었기 때문이다. 그들은 전혀 의사소통을 하지 못한다. 나데쥬와 우달의 결혼생활의 실패에서 역시 가장 중요한 요인으로 작용하는 것은 언어의 문제이다.

> 나는 그와 더불어 뱃사람들이 그들의 피를 빨아먹는 선주들에 대해서 품고 있는 맹렬한 적의의 감정에 대하여 이야기할 기회가 있었다. 그러나 우리들 — 식인귀의 아이들인 — 은 '위대한 직업'에 종사하는, 빅토르 위고에서부터 피에르 로티와 조셉 콘래드를 거쳐 로제 베르셀에 이르는 별처럼 빛나는 작가들에 의해서 칭송된 이 이슬랑드의 뱃사람들에 대한 찬양 속에서 자라났던 것이다. 그것은 우리 가족의 서사시였으며, 우리의 세계였다. (……) 그 모든 것이 나의 우달에 대한 감정에 영향력을 행사했음은 물론이다(p. 17).

그녀는 이 '문학'의 힘으로 멋지게 미화된 우달의 이미지를 가슴에 품고, 5년 동안이나 그에 대해 생각하고, 열심히 기다리고 편지를 쓴다. 그때 '문학'의 기능은 현실의 기만적인 미학적 변용 외의 아무것도 아니다. 그런 문학은 잠깐의 마취제에 불과하다. 결별은 이미 가까이 다가와 있다. 처음 얼마동안 우달은 자기가 겪은 드문 경험담으로 나데쥬 안에 살아 남아있던 부르주아적 문학 욕구를 만족시켜 준다. '그러나 밑천이 바닥난다'(p. 20). 그의 경험담들은 곧 나데쥬가 그 이야기들에 일련번호를 붙일 정도로 뻔한 레퍼토리들로 바뀌고 만다(pp. 33-34). '68년의 요설'에 지친 나데쥬는 "간결한 말로 표현되는 지혜, 무게 있는 의미를 듬뿍 실은 말수 적은 표현을-"(p. 30) 꿈꾼다. 그러나 나데쥬와 우달이 빠져든 것은 "학생들의 말 많음 만큼 텅 비어 있는 무게의 침묵 속"이다. 이 식인귀의 언어, 존재의 결핍과 맞물려 있는 텅 빈 언어, 아니 오히려 '소리'는 우달의 '코 골기'로써 가장 특징적으로 부각된다. 어느 날 아침, 아침 식사 시간에 우달은 신문만 읽고 있다. 그때 나데쥬가 우달이 코고는 소리가 녹음된 테이프를 틀어놓는다(p. 32). "증기기관차 소리를 내는" 남편 곁에서 밤을 지새운 뒤 나데쥬가 얻어낸 "코고는 소리에 관한 철학"은 "부부가 나누는 말들은 시간이 갈수록 점점 더 중요성을 지니게 된다는 사실"이며, "대화는 영역이 넓어지고, 그리고 깊이마저 생기지 않으면 안 된다는 사실이다". "서로 나눌 말이 더 이상 없어지면 부부의 의미는 없어진다"(p. 33)는 것이다.

더 이상 할 말이 없어진 그들에게 남아 있는 일은 "'이제 헤어지는 일 뿐"(p. 38)이다. 그러나 사실 이 종말은 해결의 전주곡이다. 그들이 그들의 의사소통 불가능에 대하여 대화를 나누기 시작했다는 사실이 이미 문제 해결의 실마리이기 때문이다. 나데쥬와 우달이 그 문제에 관해서 이야기를 하기 시작한 것은 우달이 실직을 하게 된 다음부터였다. 그가 타던 배가 폐선 통고를 받은 것이다. 시대에 뒤진 트롤망어선은 채산이 맞지 않아서 고철소로 끌려갈 신세가 되었다. 그러나 그때부터 바다의 의미는 우달과 나데쥬에게 새롭게 다가온다.

> 당신은 나의 실직에 대해서 내가 나중에야 그 의미를 깨닫게 된 결정으로 반응을 보였소. 당신에게 그 결정을 내리는 것은 힘든 일이었을 것이오. 당신이 그 결정을 내린 것은 나를 위해서, 나와 우리 부부를 구하기 위해서였소. 내가 육지로 아주 돌아오게 된 뒤 6개월 후에 당신은 페캉 항구를 굽어보고 있는 창문이 달려 있는 우리의 아름다운 아파트 문을 닫아 버렸지. 우리는 아브랑슈 가까이 있는 그루앵-뒤-쉬드의 여름별장에 자리를 잡았소. 당신은 그 집을 수선해서 일 년 내내 살 수 있는 곳으로 바꾸어 놓았지. 이 노르망디 지방의 한쪽 끝으로부터 다른 한쪽 끝으로의 이주는 분명한 의미를 가지고 있었소. 경제위기와 실직으로 인하여 혐오스러운 분위기를 가지고 있던 페캉의 환경으로부터 나를 떼어놓고, 특히 실직으로 인하여 내가 빼앗겨 버린 바다를 새로운 형태로 나에게 돌려주기 위한 것이었소 (pp. 21-22).

지금까지 우달에게 '일터'였던 바다는 '새로운 형태'로 그에게 주어질 것이었다. 그러나 그것은 우리가 즉각적으로 짐작하듯이 피서객들의 '놀이터'로서의 바다를 의미하는 것은 아니다. 우달은 그토록 오랜 기간을 바다에서 보냈으면서도 '수영을 할 줄 모른다'(p. 22)고 말하고 있다. "우리들, 우리들은 바다와 함께 놀 줄을 모른다". 위의 대목에서 우리는 공간의 의미에 대해 주의를 기울여야 한다. 나데쥬가 그들 부부를 '구하기 위해' 내린 결정은 우달이 직업인으로 생활하던 공간을 떠나 그 공간의 반대편으로(다른 한쪽 끝)으로 가는 일이었다. 모든 제의는 장소의 준비로 시작된다. 신참자는 우선 속俗의 공간을 떠나 성별聖別된 신화적 공간으로 옮겨진다.[1] 그것은 제의 참가자가 제의가 끝난 뒤에 누리게 될 존재론적 변모의 종교적 성격을 미리 규정하는 행위이다. 실직으로 상징되는 속俗의 공간으로부터의 뽑혀 나옴은 우달의 구원이 사회적인 것과 완전히 단절된 어떤 것으로서 주어질 것이라는 것을 암시하고 있다.

그루앵에서 우달이 발견한 것은 "바다의 정반대, 대양의 이면"(p. 22)이다. 우달은 그곳에서 걸어 다니면서 하는 원주민의 낚시를 발견한다. 그 낚시는 단순히 실직을 대신한 생활수단이 아니다. "단단히 조여 맨 스크화를 신고 하는(……) 바닷물의 오르내림에 따라 번갈아 나타났다가 사라졌다 하는, 이 모호하고 논쟁적이며 마술적인 공간인, 썰물 때 드러나는 '모래땅*laisse*'과의 깊은 공범관계를 요구하는, 피서객들이 모르는 원주민의 낚시"가 요구하는 것은 "바닷물의 리듬에 따라 사는 것"(p. 23)이다. 원주민 낚시꾼은 "신비하고 거대한 천체의 시계"에 복종한다. 그러므로 이 낚시가 상징하고 있는 것은 우주의 섭리와의 합일이다. 우달이 빼앗긴 '일터'로서의 바다는 종교적 의미로 그에게 되돌아온다.

우달은 나데쥬를 낚시에 동반하고 잡아 올리는 생선이나 낙지 따위의 이름을 일일이 그녀에게 가르쳐준다(p. 24). 그러나 생선들의 이름이나 생선들을 잡기 위한 세밀한 기술적 조언들은 "헛된 수련"이어서 그들 부부를 "결합시켜 주기보다는 더욱 멀어지게 만들었을 뿐이다". 왜냐하면 나데쥬가 원하는 것은 사물을 가르고 분류하는 지성적 인식이 아니라 그녀의 이름이 암시하는 초월적 현실에의 참여인 신비적 인식이었기 때문이다. 그 후로 작품은 우달과 나데쥬의 결별이 불가피함을 계속해서 설명하고 있다. 그것이 드러나는 것은 언어의 남성적 사용과 여성적 사용의 다름의 주

---

1 cf. S. Vierne, 앞의 책, p. 17.

제를 통해서이다. 나데쥬는 남성들의 가장된 언어적 조심성과, 여성들이 수다스러움 안에서 나누는 은밀한 자매애 *sororité*를 대비시키고 있다. 결국 우달은 선언한다.

> 결국, 당신과 나는 불행히도 다른 성에 속하고, 서로 나눌 이야기도 없으므로 이제 헤어지는 일만이 남았구료. 헤어지더라도 멋지게 헤어집시다. 친구들을 초대해서 밤의 만찬을 들기로 합시다(p. 38).

이 야식夜食 *médianoche*은 밤이 가장 짧은 날 밤에 열리도록 계획된다. 그들은 손님들에게 말하고 손님들은 그들에게 말하기로 한다. 그 대화는 부부와 사랑에 대한 "길고 지루한 이야기의 대향연"이 될 것이다. 각자가 모두 한마디씩 하고 나면 나데쥬는 유리잔을 나이프로 두들겨 우달과 나데쥬가 서로 이해하지 못해서 헤어지기로 했다고 "엄숙히 알리게 될 것이다".

그러나 이 결별은 이 작품의 끝부분이 그려 보이듯이 곧장 새로운 결합으로 이어진다. 이 결별은 그러므로 새로운 탄생을 위한 종말론적인 의미를 지니고 있다. 우달과 나데쥬의 새로운 결합의 서곡인 철저한 결별은 연금술의 첫 번째 단계에 상응한다. 연금술의 첫 번째 단계는 남성원칙을 상징하는 금속과 여성원칙을 상징하는 금속의 세심한 준비과정이다. 두 금속이 합쳐져서 니그레도 Nigredo 상태로 진입하기 전에 가장 세심한 주의를 기울여서 각각 왕과 여왕으로 상징되는 남성금속과 여성금속이 마련된다.[2] 나데쥬와 우달의 결별은 보다 완벽한 쌍으로서의 결합을 위한 선결조건인 것이다. 결별을 선언하는 나데쥬가 사용하는 컵과 나이프는

---

2   cf. S. Hustin, 앞의 책, pp. 84-88.

바로 여성과 남성을 상징하는 도구들이다. 성배전설의 가장 중요한 상징물인 성배Graal는 여성성을, 그리고 그리스도의 옆구리를 찔렀다고 전하는 창은 남성성을 상징한다.[3] 컵과 나이프는 성배전설의 성배와 창의 현대적 변용이다. 더군다나 이 상징들은 식사의 의미와 연관되어 있다. 성배전설은 언제나 신비한 현실에의 참여를 의미하는 성찬의 상징주의로 귀결된다.

나데쥬와 우달의 결별은 연금술에서 여왕과 왕으로 상징되는 음과 양의 역할 분담이다. 이제 이 분리된 원칙들이 어떻게 식사의 의식으로 통합되는가를 살펴보도록 하자.

4. 종種의 구원으로서의 문학 — 신화적 인식

두 사람이 결별을 결정하기 전에, 그들의 결별이 불가피한 일임을 알려주는 이 작품의 가장 중요한 대목을 이루고 있는 신비한 인물과의 만남이 이루어진다. 9월의 어느 맑은 날 아침, 그들은 바닷가로 '원주민 낚시'를 나갔다가 모래 위에 조각되어 있는, 서로 껴안고 있는 남자와 여자의 형상을 발견한다. 그들은 라고스Lagos라는 이름의, 산티아고에서 조각과 춤을 전공한 칠레인이 그 조각의 작가임을 알게 된다. 그는 그들에게 신비한 춤을 보여 주고, 그리고 '침묵'의 참된 의미를 가르쳐 준다(pp. 24-29).

이 신비한 인물은 「방드르디…」에서 방드르디가 로빈슨에게 수행했던 입문안내자*initiateur*의 역할을 수행하고 있다. 그는 의사소통의 불가능으로 인하여 고통당하고 있던 우달과 나데쥬의 구원을 예시한 인물이다. 모래 위에 조각되어 있던, "신께서 진흙으로

---

3 cf. P. G. Sansoneti, *Graal et Alchimie*, Berg International, 1982.

빚어진 그들의 콧구멍에 숨을 불어 넣기 전의 아담과 이브"(p. 25)를 생각나게 하는 이 두 형상은 하나의 운명으로 뒤섞이기 전에 분리의 의식을 치러야 하는 우달과 나데쥬의 운명을 재현하고 있다. 조각은 하나로 합쳐지기 전에 이별이 강조되는 모습으로 묘사되어 있다.

> 그들의 야생적인, 운모와 같은 비늘로 번쩍이는 얼굴은 서로를 향해 있었고, 뛰어넘을 수 없는 거리를 두고 서로 떨어져 있었다. 그들의 손과 그들의 다리만이 서로 겹쳐져 있을 뿐이었다 (p. 25).

부부가 망연히 그들을 내려다보고 있을 때, 어느 보이지 않는 구멍에서 솟아나온 듯한 악마와 같은 라고스는 춤을 추기 시작한다. 이 아름답고 신비로운 대목은 여러 가지 이미지들의 조합을 통하여 '죽음'의 의미 쪽으로 수렴된다. 왜냐하면 그 조각은 썰물이 밀려오면 "자비로운 초록색 깊은 바닷물 속으로"(p. 26) 사라져 버릴 것이기 때문이다. 파도에 쓸려 사라져 가는 이 조각들의 부서져 가는 모습이 상징하는 육체의 분해, 죽음은 그러나 역사적 시간의 파괴적 운명의 수동적인 받아들임이 아니다.

> 시간이 멈추었다. 그 시간이 다시 흐르게 만들기 위해서는 무엇인가가 필요했다. 그것은 내 발을 간지럽히고 있는 살랑거림 소리였다. 거품의 왕관을 두른 혓바닥 하나가 내 발가락들을 핥았다. 귀를 기울이면, 은밀히 우리를 향해 기어 올라오고 있는 바다의 수천수만의 속살거림 소리가 들렸다(p. 26).

멈추어 버린 역사적 시간 대신에 기록되는 시간은 우주의 시간이다. 그리고 라고스의 춤은 바로 파도의 넘실거림이 상징되는 우주적 시간에 육체를 적응시키는 기술처럼 그려진다.

— 하지만 부서질 텐데! 라고 당신이 소리 질렀다.
무용수는 슬픈 미소를 띠며 허락한다는 표시처럼 몸을 수그렸다. 그러고 나서 그는 벌떡 몸을 일으키더니, 마치 그의 춤으로 파도를 동반하고, 북돋우고, 들쑤석이고 싶어 하는 것 마냥 밀물을 흉내 내는 것이었다. (……) 그러자 바다가 복종했다(p. 26).

투르니에에게 있어서 춤은 가장 원초적인 행동을 상징한다. 「음악과 춤에 대한 전설」에서 춤은 창조된 인간 아담이 천구의 음악을 듣기 위해서 사방으로 빙빙 방향을 바꾸는 행위로 나타난다(MA, pp. 249-250). 그러므로 그것은 공간을 점유하고 어느 한 방향을 택할 수밖에 없는 인간이 무한창공의 열려 있음을 향해 가는 행위이다. 투르니에에게 있어서 춤은 생겨나면서부터 벌써 우주와의 관계 맺기의 형식인 것이다.

라고스가 '순간의 예술인, 본성상 덧없는 예술인' 춤과, 파괴되지 않는 재료를 추구함으로써 시간에 도전하는 영원성의 예술인 조각을 함께 공부했다는 것은 모순처럼 보인다. 그러나 라고스의 춤과 조각공부의 시작은 모두가 시간에 대한 강박관념 때문이었다 : "시간의 문제가 그를 사로잡고 있었다"(p. 27). 춤은 태어나는 순간 죽는다. 그것은 영원히 소멸하는 시간의 예술이다. 그러나 조각 역시 죽음에 이른다 : "(조각이) 결국 찾아내게 되는 것은 죽음이다. 왜냐하면 대리석은 명백히 죽음의 소명을 지니고 있기 때문이다". 마르셀 그리올Marcel Griaule은 예술의 기원이 세계의 이미지를 양식화하고 고정시키려는 욕구와 관계되어 있다는 것을 관찰한다. 원시인들에게 있어 종교적 물체의 미학적 가치는 무엇보다도 불변성*immutabilité*에 근거를 두고 있다. 그러므로 원시 미술은 "인간의 형태의 변화와 그 형태의 죽음을 부정하는 방법"이며 "형태의 부패"와의 싸움이다.[4]

라고스는 형태의 부패에의 도전인 조각을 부추기고 있는 '죽음'을 부정하려는 욕구와, 본질적으로 순간적인 죽음에 내던져져 있는 춤을 결합시킨다. 그는 죽음을 역사적인 시간 속에서가 아니라 우주적 시간 속에서 파악하고자 한다. 우리의 주제와의 관련 하에서 생각하자면 죽음은 역사적 시간의 결과인 와해, 불일치, 즉 '다름'의 대리인이다. 그는 그 '다름'을 우주적 차원 안으로 옮겨 놓고 원초적 현실 안에서 일어난 '같음'의 사건으로 뒤바꾸어 버린다.

> 도버 해협과 대서양의 해안에서, 라고스는 우주적 법칙에 의하여 명령을 받는 파도의 현상을 발견했다. 그런데 파도는 모래 위에서 춤추는 무용수의 몸짓의 박자를 맞추어 주고, 동시에 일시적인 조각의 창작을 가능하게 해주었다(p. 27).

라고스의 행위는 "시간에 적용된 동일성의 법칙"[5]을 추구하고 있다. 그의 예술행위 안에서는, 고대의 제의에서처럼 '존재론적 같음이 역사적 다름에 대해 우위를 차지하고 있는' 것이다. 그러므로 그때의 죽음은 죽음이 아니라 **죽음**이다. 그리고 그 죽음이 의미하는 것이 '같음'의 질서체계 안으로의 진입이라면 그때의 죽음은 곧 삶, 즉 우주적 생명의 획득인 것이다. 과연, 라고스는 단언한다.

> 나의 조각들은 살아 있어요. 그것들이 죽어 버린다는 것이 그

---

4 M Griaule, *Art de l'Afrique noire*, éd. du Chêne, 1947, p. 108.
5 G. Gusdorf, 앞의 책, p. 79.

것들이 살아 있다는 증거지요. 그것들은 생명이 없기 때문에 영원한 공동묘지의 조각과는 정반대랍니다(p. 27).

그러므로 "베스비우스 화산의 잿더미 안에서 화석이 되어 버린" 듯한, "핵폭탄의 폭발로 인하여 유리처럼 변한 히로시마 사람들 같은" "금방 파헤쳐진 무덤과 같은"(p. 25) 라고스의 조각은 파도에 씻겨 부서져 나갈 때 "더욱 더 감동적인"(p. 26) 모습을 띤다. 따라서 그의 조각이 완성되는 순간은 다름 아니라, 파도가 와서 작품을 모조리 파괴해 버리는 "끔찍한 예식"의 순간이다. 그 예식이 지닌 절정의 의미를 보장하는 것은 그 파괴의 우주적 성격이다.

이 '죽음의 미학'은 당연히 '침묵'의 문제를 불러온다. 왜냐하면 이 작품의 주제는 바로 언어의 문제와 관련되어 있기 때문이다(나데쥬와 우달의 입문안내자 역할을 하고 있는 라고스Lagos는 분명히 말씀Logos의 변형인 것처럼 보인다). '침묵'은 그렇다면 언어의 죽음인가? '침묵'에 대한 질문을 던지는 것은 당연히 68년의 텅 빈 언어의 홍수에 진저리를 쳤던 나데쥬이다. 왜냐하면 그녀는 그 요설에 대한 반항으로 '말 없는' 남자를 새로운 남편으로 택했기 때문이다. 그러나 라고스의 대답은 단호하다 : "침묵이라구요? 하지만 침묵이란 건 없어요! 자연은, 그것이 공허를 싫어하듯이 침묵을 증오하지요"(p. 28). 라고스에 의하면 우주는 소리들로 가득 차 있다. 바닷물조차 그의 말을 찾는다. 우주는 "요람에서 옹알이를 하는 아기"(p. 29)이다. 이 우주생물학Cosmobiologie은 투르니에의 독특한 우주론이다. 그의 우주는 플라톤이 『티마이오스』에서 살아 있는 짐승으로 묘사하고 있는 우주의 모습과 흡사하다. 「대기현상」에서는 순결한 쌍둥이가 우주와 대화를 나누는 모습이 "소리를 내는 바위들*pierres sonnantes*"이라는 아름다운 이미지로 그려져 있다.

제의의 끝은 언제나 계시로 끝난다.[6] 모든 제의는 계시록 Apocalypse이다.(apocalypse의 어원은 '베일을 벗기다'라는 뜻이다). 그 계시의 앎Connaissance으로 인하여 제의 참가자는 그 계시가 속해 있는 드높은 현실réalité supérieure 안에서의 함께 태어남Co-naissnce을 누린다. 이 제의의 마지막 국면은 우리의 텍스트 안에서 '성찬'의 상징으로 마무리되고 있다.

우리는 우선 나데쥬와 우달이 친구들을 하지날 밤에 초대했다는 점에 주의를 기울여야 한다. 우리는 우달이 춘분날 태어났다는 사실을 지적했다. 춘분이 절반을 상징한다면 하지는 전부를 상징한다. 이 시점은 명백히 의미 있는 선택이다. 그것이 절반의 존재인 나데쥬와 우달의 온전한 결합을 의미하는 상징적 시점임은 말할 필요도 없이 명백하다. 친구들은 밤에 도착해서 새벽에 떠난다. 그 새벽시간은 각覺illumination을 상징하면서 새로운 탄생을 예고하고 있다. 모든 새벽은 죽음을 상징하는 밤에 대한 승리인 것이다.

우달과 나데쥬의 야식은 단순한 파티가 아니다. 나데쥬는 작품의 말미에 남편에게 말한다. "당신의 바다 야식은 정말 멋졌어요. 당신을 우리 집 주방장으로 임명할게요. 당신은 내가 하는 **요리의 위대한 사제, 식사에 영적 차원을 부여하는 음식과 식사에 관한 제의를 보존하는 사람**이 되어 주세요."(p. 42, 강조: 필자). 이 야식은 성찬이며 축제다. 이 저녁 모임의 축제적 성격을 살펴보도록 하자.

축제의 가장 기본적인 특성은 그것이 개인의 존재론이 아니라 공동체 전체의 존재론과 관계를 맺고 있다는 사실이다. 축제의 성립요건은 '같음'의 체제가 역사적 '다름'의 체제에 의해서 위협당할 수 있다는 개연성이다. "잃어버려진 충만함에 대한 회한이 공동체 구성원들의 나날의 삶을 짓누를 가능성은 언제나 있다. 그래

---

[6] S. Vierne, 앞의 책, p. 56.

서 공동체의 실존에게 이따금 제의적인 충만한 에너지를 다시 부여해야만 한다".[7] 제의적인 에너지의 주기적인 충전, 그것이 고대 사회의 생활에서 중요한 의미를 가지는 축제의 기능이다. 뒤메질 Dumézil의 표현을 따르자면 "축제는 대문자인 시간으로의 열림"을 실현한다. 거룩한 현실과 인간세계 사이에 일어날 뻔 했던 비연속성은 이렇게 해서 사라진다. 그런데 축제는 언제나 공동체 전체에 관계되는 의식이다. 귀스도르프의 재미있는 표현을 따르자면, 축제는 공동체 전체의 '존재론적 승진'을 실현한다. 그러나 축제의 행위는 어느 경우에도 인공주의로 축소되지 않는다. "축제의 행동은 매우 명시적인 전통의 코드에 의하여 규정된 제의적 행동이다. 축제기간은 엄격한 예의의 적용을 요구한다. 사람들은 보다 정성들여 옷을 입는다. 사람들은 어떤, 평상시의 언어가 아닌 특별한 형식을 암시하는 언어를 말한다. 사람들은 어떤 특정한 요리를 먹는다".[8]

우달과 나데쥬의 저녁식사는 우리가 지금 살펴본 축제의 요건에 완벽하게 일치한다. 축제 참가자들은 사랑과 부부에 관한 이야기를 하게 되어 있다. 그리고 이미 메뉴마저 완벽하게 짜여 있다. 게다가 우달과 나데쥬의 구원이 암시되는 것은 바로 축제 참가자들 각자에 의해서 행해진, 코드에 의해 미리 정해진 행동, 이야기를 하는 행위에 의해서인 것이다. 축제 안에서는 '아무도 스스로 충분하지 않다. 각자는 타인과의 협동에 의해서 자기 자신을 확인한다'. 사회 전체 안에서 각자의 기능을 인식함으로써 축제 참가자는 자기 존재의 새로운 의미를 발견한다. 어떤 회식자들은 '끔찍하게' 현실적인 이야기들과, '무거운 진실성'을 곁들인 이야기들을 하고 다른 이들은 '달콤하고 열정적이고 상냥한' 이야기들을 들려

---

7 G. Gusdorf, 앞의 책, p. 125.
8 G. Gusdorf, 앞의 책, p. 132.

준다. 처음에는 현실의 비참한 모습을 묘사하는 이야기들이 설득력 있게 들렸지만, 시간이 지나갈수록 오히려 현실성을 획득하는 것은 신화 쪽이다. 왜냐하면, 신화는 고대적인 의미에서의 실재성의 담보이기 때문이며, 어떤 한 개인이 아니라 인간 종의 문제해결 방식이기 때문이다. "신화는 정도의 차이는 있지만 수없이 많은 엇비슷한 상황들을 요약해 놓은 상징적 우화이다. 신화는 항구적인 관계들의 어떤 유형들을 한눈에 파악할 수 있게 해준다."[9]

이제 우달과 나데쥬는 신화의 덕성으로 "함께 살 수 있는 집을"(p. 42) 짓는다. 이제 현실의 미학적 변용이라는 부르주아적 문학의 용도는 나데쥬와 우달이 대표하는 종의 구원의 가능성으로서의 존재론적 용도에 의하여 극복된다. 그 신화적 언어의 새로운 집은 나데쥬와 우달 두 사람에 의해서가 아니라 **공동체 구성원 한 사람 한 사람의 기여에 의하여** 지어진 것이다. 이제 나데쥬와 우달은 헤어지지 않아도 좋은 것이다. 그들은 나데쥬와 우달이 아니라 나데쥬-우달이다. 이 부부의 결합은 카발주의자들의 완벽한 인간의 모델인 아담 카드몬(이브와 분리되기 전의 아담)을 환기시키는 양성인간적 면모를 가지고 있다. 작가는 작품 첫머리에 이브 Yves라는 우달의 이름을 소개하고도 계속해서 그를 성姓인 우달로 부르고 있다. 그런가 하면 나데쥬의 성姓은 언급조차 되지 않고 있다. 결국 그것은 그 두 사람이 한데 합쳐져서 나데쥬-우달이라는 단 한 사람의 정체성을 완성하게 되리라는 암시였던 것이다.

의사소통 불가능으로부터 신화적 언어의 덕성에 힘입은 완벽한 의사소통으로의 진행이라는 전체적인 작품의 구도는 작품의 외적 형태로도 나타나고 있다. 이 작품은 그Lui와 그녀Elle가 번갈아가며 하는 독백형식으로 이루어져 있는데 첫 부분에는 완전히

---

9   D. de Rougemont, *L'Amour et l'Occident*, Plon, p. 19.

독백형식을 취하고 있다가 뒷부분으로 갈수록 점점 더 대화의 형식으로 옮겨가고, 야식 다음에는 아예 그와 그녀의 언급마저 빠져버린 완벽한 대화형식으로 바뀌고 있다.

우달은 자기가 직접 모래땅에서 잡은 생선들만으로 "채소도, 설탕도 쓰지 않은"(p. 40) 요리를 만들어 손님에게 대접한다. 이 생선의 의미는 매우 상징적이다. 우선 그것이 문명적 도구를 사용하지 않은 원시적 방법("바다의 리듬을 읽을 줄 아는")으로 잡혀진 것이라는 사실을 상기해야 한다. 게다가 생선은 나데쥬와 우달에게는 "생선 - 물신物神, poisson - fétiche"(p. 20)이다. 그들에게 생선 이름 하나하나는 "프리메이슨단團 franc maçnnerie[의] 기호"(p. 20)이다. 프리메이슨단이 상징하는 것이 신비한 지식이라면, 생선은, 말할 필요도 없이 그 지식의 비밀을 감추고 있는 부적들이다. 이 양념조차 되어 있지 않은 가장 원시적인 생선요리를 먹는 축제는 앞서 우리가 이야기한, 나데쥬에게 생선 이름 하나하나를 가르쳐 주는 우달의 행위의 대척점에 놓인다. 여기에서 전자와 후자의 행위는 각각 신화적 인식과 지적 인식의 은유이다.

원시적 인식 또는 신화적 인식에게 있어서 존재의 의미는 거룩한 현실에 참여함으로써만 얻어진다. 레비-브륄Lévi-Brühl의 공식을 따르자면 고대인에게 있어서 "존재한다는 것은 참여한다는 것이다."[10] 우달의 실패는 진정한 지식의 획득은 사물을 가르고 분류하는 지적 구분에 의해서가 아니라 사물들에 참여함으로써만 얻어진다는 사실을 간과했다는 사실에서 유래한다. 신화적 인식에 있어서 세계의 "사물들은 하나가 다른 하나를 배제하는 방법으로 놓여 있지 않다. 그 세계는 하나가 다른 하나에 참여하는, 서로 침투하는 존재들로 이루어져 있다."[11]

---

10   Lévi-Brühl, *La Mentalité primitive*, Alcan, 1922, p. 11.
11   G. Gusdorf, 앞의 책, p. 90.

생선을 먹는 것은 가장 적극적인 의미에서 생선에 합일되는 방식이다. 뒤랑은 고대의 모든 종교의식에서 식사의 제도가 매우 중요하게 여겨지고 있음을 상기시키고 있다. 먹는 행위를 통하여 성찬의 참석자는 그가 흠모하는 상대와 한 몸이 된다. 그리스도를 흠모하여 성찬에 참여하는 자는 그리스도의 몸과 피와의 실체공유 *consubstantialisation*를 체험하는 것이다. 그것은 우리의 주제와 관련하여 표현을 바꾸면 '다름', 즉 존재의 결핍을 소멸시켜 버리는 가장 직접적이며 적극적인 행위이다.

문학, 이 언어로 지은 존재론적 집안에서 우달과 나데쥬는 끊임없이 하늘과 바다에, 그리고 운명에 참여하며 살아갈 것이다. 그 집안에서 삶은 언제나 성찬식이며, 적극적인 존재이상의 쟁취가 연기되는 우주적 극장이 될 것이다.

5. 결론

투르니에는 자기의 작품이 "단 한 번의 독서로 알아차려져야만 한다"라고 말한다. 그가 두 번째 차원의 독서를 거부하는 까닭은 바로 그의 작품의 모든 언어들이 우달과 나데쥬의 신화적 성찬과 같은 것이 되게 하기 위해서이다. 성찬에 참가하여 생선을 먹는 사람들은 우선 그냥 생선을 먹는다. 그러나 그들은 생선을 먹으면서 생선이 담보하고 있는 신화적 성격 때문에 생선이상을 먹는 것이다. 투르니에는 작품의 신화적 언어가 작가의 의도성에 의하여 축소되어 알레고리로 떨어지는 것을 가장 경계하고 있다. 그는 그의 작품이 신화와 마찬가지로 체험되기를 바란다(그렇다면 우리는 지금까지 작가를 배반한 셈일까?). 신화는 소유와 누림의 대상이지 분석의 대상이 아닌 까닭이다.

우리가 신화에 대해 논의하는 까닭은 원시시대로의 회귀를 주장하기 위해서가 아니다. 그것은 가능한 일도 아니며, 현대인의 심성이 이미 원시인의 심성에 비하여 한없이 왜곡되어 있다는 사실을 염두에 둔다면, 단순한 원시심성으로의 회귀는 오히려 감당하기 힘든 혼란만을 불러일으킬 수도 있다. 그러나 신화는 끊임없이 삶의 무의미함에 시달리는 현대인에게 삶의 재의미화의 가능성을 예시하는 원형담론으로서 여전히 강력한 영향력을 행사하고 있다. 우리는 원시인들이 누렸던 존재론적 충일을 문학의 덕성으로 다시 되살려 낼 수 있기를 바란다. 그런 의미에서 문학은 종교가 더 이상 커다란 역할을 수행할 수 없는 이 시대에 종교의 영적인 소명을 물려받을 수 있을 것이라 생각된다. 신화는 인간이 자연과 의사소통을 할 수 있는 인식을 소유하고 있었을 때 인간이 자연에 대해 알고 있었던 지식의 구조이다. 그것은 많이 알고 있는 우리가 정말로 모르고 있는 그 무엇에 대한 정보를 제공한다. 그런 것이 어디 있는가라고 과학주의자들은 물을 것이다. 그러나 우리의 관심은 그것의 존재를 증명하는 일이 아니다. 우리의 관심의 초점은 우리가 끊임없이 그것을 찾고 있다는 엄연한 사실에 맞추어진다. 그 사실의 검손한 인정이야말로 우리가 잃어버린 저 신비로운 참여의 의미를 되찾을 수 있게 해줄 것이다. 우리는 이 공허의 시대를 살아갈 수 있는 힘을, 인류가 몇 천 년 동안 함께 꾸어 온 신화라는 꿈으로부터 얻어낼 수 있을 것이다. 누가 알 것인가, 어느 날 정말 신들처럼 우리의 종種이 변모할 날이 올지?

1992년

'강제'로부터 '소유'에게로 :
작은 니체들의 탄생
_『현대세계의 일상성』, 앙리 르페브르

출발 — 문제의 철학적 제기

개인적인 이야기로 이 글을 시작하는 것이 나쁜 선택은 아니다. 왜냐하면, 르페브르가 결국 이 책에서 드러내 보이고 있는 궁극적인 의도는 현대를 살아가는 왜소한 일상인들에게 구체적인 '잘 살기'의 처방을 제시하는 것이므로.

지난 일요일에 우리 가족은 제부도에 갔었다. 바다가 홍해처럼 갈라지는 장면을 구경하려고. 우리 같은 게으름뱅이도 떨쳐나선 터에, 오죽할까. 길은 이미 꽉꽉 메워진 뒤였다. 어쨌든 우리가 도착한 뒤에는 바닷물이 이미 다 빠져서 시커먼 갯벌만 끝도 없이 펼쳐져 있었다. 실망. 그렇거나 말거나 아이들은 자연 속에 푹 빠졌다. 너무나 행복해 하는 아이들을 보면서, 나는, 맙소사 이게 대체 무슨 어리석은 짓인가, 하고 한숨이 나왔다. 옛 사람들 같으면 그저 저절로 알고 소유하던 것을, 구경하려고 기를 쓰고 와선 시간을 버리고, 자연 속에 풀어 놓으면 저토록 행복해 하는 천사들을 매연 속에 잡아넣고 불행하게 만들다니. 현대인들처럼 어리석은 인간은 일찍이 없었다. 인간은 삶을 무의미하게 만들기 위해서 그토록 수천 년을 발전신화에 매달려 애를 태웠던 것인가.

프랑스의 소시민들은 자신들의 삶을 세 개의 O라고 부른다. métro(전철), boulot(일하기), dodo(잠자기). 그 무의미한 되풀이 속에서 삶은 마모되어 간다. 초급 프랑스어 회화 교재 『상 프롱티에르 *Sans frontières*』 안에는 카페에서 처음으로 알게 된 젊은 남녀를 소개하는 대화가 들어 있다. "그런데 프레데릭은 살아가면서 무얼 할까요? 그는 드골 공항에서 일을 합니다. 그는 에어 프랑스에 다닙니다. 에어 프랑스, 그것은 그의 일입니다. 하지만, 그의 삶, 그것은 기타입니다. 주말이면 그는 한 재즈 클럽에서 전기 기타를 칩니다." 삶은 세 개의 O속에 없다. "알리바이의 삶." 그것이 르페브르가 공격대상으로 삼은 허깨비이다. 그 적은 모양은 없지만 그러나 분명히 무시무시한 힘을 지니고 있다.

뻔한 얘기? 일상이 시시한 것을 누가 모른단 말인가. 현대인들은 삶의 무의미함에 시달린다. 그것은 새로운 발견이 아니다. 그 이야기를 하기 위해서 또 종이를 낭비할 참인가. 그러나 정작 현대의 삶이 시시한 이유는 무엇인가, 그것을 어떻게 정의하고 이해할 것인가, 하는 문제는 본격적인 철학적 논의의 대상에서 제외되어 왔다. 그것은 항상 본질적인 문제의 찌꺼기, 부속물로서만 여겨졌다. 그러나, 일상은 이미 간단하게 문제의 중심에서 치워 버릴 수 있는 지엽적인 문제가 아니다. 르페브르의 일상성의 이해의 특성은 바로, 그가 일상성을 현대사회를 이해하기 위한 총체적인 특징으로 이해하고 있다는 점에 있다. 일상성의 군림은 "계급의 전면적(경제적, 정치적, 문화적) 전략의 소산"(p. 226)이다. 따라서 극복의 전략도 "총체적인 혁명"에 의해서만 수립할 수 있다. "전체적 인간"의 가능성, 그것이 테러리스트 사회를 살아가는, 소비 테크

노크라트들의 조종을 받는, 일상적 인간이라는 현대의 어리석은 골렘들 앞에 르페브르가 내세우는 미래의 청사진이다.

"전체적 인간"의 모델을 찾는 철학자답게 르페브르의 교양의 잣대는 길다. 그 잣대를 맨 먼저 건드리는 것은 예상할 수 있다시피 문학작품들이다. 르페브르라는 에피메테우스는 제임스 조이스라는 프로메테우스 뒤를 바짝 좇아간다. 1922년에 발표된 『율리시스』에서 그는 "언어와 글쓰기를 통해 사유와 의식 속에 들어온"(p. 30) 일상성의 주제를 파악한다. 그러나 우리의 철학자가 주의를 기울이는 것은 일상성의 주제가 아니다. 그의 관심의 대상은 바로 글쓰기 자체의 특성, 주체가 흐릿하게 지워지고, 객체가 우선하는(p. 37) — 그런데 이 객체는, 주체에 의해 의미를 가질 뿐인 '객관성*objectivité*' 속에서가 아니라 '물체성*objectalité*'에 의하여 제시된다 — '물체적 글쓰기'의 특성이다. 언어의 구조는 현실의 구조와 똑같다. 물체적 명료성 속에서 사물은 스펙터클로 변형된다. 『율리시스』에 이어서 르페브르는 1961년에 발표된 클로드 시몽 Claude Simon의 소설 「플랑드르 가는 길」을 '물체적 글쓰기'의 다른 예로 제시한다. 그러나, 글쓰기의 영도零度, *le degré zéro de l'écriture*를 암시하는, "정확하고 순수한 글쓰기"(p. 41)를 통해 각각 두 작품에서 제시된 일상은 전혀 다른 느낌을 준다. 전자에는 일상의 숨겨진 풍요로움이, 그리고 후자에는 일상의 참을 수 없는 지리멸렬함이 그려져 있다. 영도의 글쓰기와 더불어 이 일상의 두 모습은, 르페브르가 앞으로 그의 복잡한 미궁과도 같은 저작 속에서 줄기차게 좇아가게 되는 주제를 이미 모두 함축하고 있다.

이제 에피메테우스는 프로메테우스의 메시지를 분석하기 시작한다. 문제는 간단하지 않다. 왜냐하면, 일상이라는, "실체들이 마치 찌꺼기처럼 경시하는 것"(p. 48)을 철학의 장으로 끌어들이는 데만도 치워 버려야 할 철학적 딜레마들이 몇 개씩이나 도사리고 있기 때문이다. 르페브르는 헤겔-마르크스와 키에르케고어-니체의 두 철학적 계보 사이에서 힘들게 위치를 정한다. 헤겔의 역사주의와 키에르케고어의 허무의 형이상학 사이에 끼어 있는 르페브르의 '일상성의 철학'은 애매하게도, 그러나 의미심장하게도 철학으로부터의 분리이면서 동시에 철학으로의 진입이다. "만일 우리가 헤겔과 마르크스의 방향, 곧 철학을 통한 합리성의 실현을 주장한다면 일상의 비판적 분석은 철학에서부터 분리된다. 우리가 만일 사실들의 무의미 위로 선언되는 의미의 평가 또는 전망이라는 니체의 가설을 수락한다면, 일상의 분석과 변형은 철학에 매달리게 된다. 즉, 일상은 철학의 서막이 되는 것이다."(p. 47) 실상 이러한 모순은 실천*praxis*의 정신을 지니고 있으면서도, 철학의 무용성을 주장하는 실용주의에 맞서 '총체적 인간 존재의 기도企圖를 제시해 주는 철학'의 가능성을 믿고 있는 철학자로서는 감당해야 하는 근원적인 것인지도 모른다. '철학은 스스로를 실현하고 싶어 하나, 실현은 철학에서 도망가 버린다.'

그렇다면 결국 '일상성의 철학'은 '비철학적인 것의 철학'인 셈이다. 자신의 입장이 지닌 근원적 모순에 조금 짜증스러워하면서 르페브르는 그의 메타-철학이 철학을 부정하기 위한 것이 아니라는 점을, 즉 실증주의적인 태도가 아니라는 점을 누누이 강조한다. 그가 "비철학非哲學"이라는 전제를 달고 서도 여전히 "철학의 대상이라고(……) 선포한"(p. 49) 일상은 철학자들의 개념사용 방법을 요구한다. 르페브르가 그의 비철학으로써 시도하는 것은 철학의 부정이 아니라 철학의 "연장"이며, 그가 도착하고자 하는 곳은 "합리-현실"의 통일점이다. 이것은 어느 정도 '산파술'이다. 즉, "일상성으로 하여금 현재에는 그 안에 부재중인 어떤 충만성을 세상에 내놓도록 도와주는 일"(p. 50)이다.

2. 무엇이 문제인가 — 무엇과 싸워야 하는가?

현대의 현실은 사실은 "두 장 접이 그림"이다. 그것은 "현대성"이라는 매혹적인 얼굴과 "일상성"이라는 매력 없는 얼굴을 동시에 가지고 있다. "현대성은 일상성을 후광으로 장식하고, 또 그것을 뒤덮는다. 현대성은 일상성을 비추고 또 그것을 슬쩍 감추기도 한다"(p. 58). 현대성은 새로운 것, 신기한 것이라는 의미를 가지고 있으며, 사교성과 기술성의 특징이 가미된 재치와 역설을 의미한다. 그것은 가볍게 반짝이며 저항할 수 없는 매력을 행사한다. 그러나 영화는 잽싸게 끝난다. 그리고 우리는 언제나 새드 무비의 뒷맛을 감당해야만 한다. 일상성과 현대성은 각기 서로를 은폐하고 또 서로를 정당화하고 보상한다. 헤르만 브로흐의 지적처럼 "이 시대의 일상생활은 현대성의 이면이고 시대정신이다"(p. 59). 매혹과 환멸. 그것이 우리가 던져져 있는 현실의 문장紋章이다.

현대의 일상생활이 무의미해지는 가장 중요한 이유는 양식의 부재이다. 양식은, 형태와 기능과 구조의 어떤 통일성, 삶에 의미를 부여하는, 서로 분리되어 있거나 또는 혼동되어 있지 않은 격식, 포이에르바하적인 의미에서의 자기 본질의 재소유를 보장하는 어떤 근거를 의미한다. 그것은 19세기에 산업경제와 화폐경제가 일반화되기 이전까지 인간이 알고 있었던 삶을 의미화 하는 수단이다. 르페브르의 멋진 표현을 빌리자면 그것은 "세계의 시"이다. 고대의 양식은 몸짓, 말, 도구, 친근한 주변의 물건들, 의상들까지 결정지었다. 양식에 의하여 의미를 부여받은 사물들은 그것이 아무리 사소한 것일지라도 아직 "세계의 산문 속으로 떨어지지 않았다"(p. 64). 옛날의 삶은 빈곤과 억압에도 불구하고 현대의 삶처럼 "무의미" 앞에 무방비로 노출되어 있지 않았다. 그것은 양식을 가지고 있었기 때문이다. 옛날에는 생산물이 아니라 작품이 있었다. 그것은 현대사회에서는 꿈도 꿀 수 없는 한가한 신선놀음이다. 대량생산 체제는 물건의 실용성 이외의 다른 것에 마음을 쓸 여유가 없는 것이다. 그러나 정작 문제를 복잡하게 만드는 것은 현대인들이 그 사라진 양식을 "악착같이" 추구한다는 사실이다. 하다못해 소 여물통까지 주워 집안을 장식하느라 법석을 떠는 요즘 한국인들의 모습이라든가 비싼 로열티가 붙은 유명제품을 소비해야 직성이 풀리는 신흥부자들의 행태도 결국은 그 부재하는 양식에 대한 향수를 드러내고 있는 것이다. 그러나 불행히도 현대인들은, 양식의 추억 속에 자리 잡으려는 눈물겨운 노력에도 불구하고 스스로에게 양식을 부여하는 데 실패했다.

　소비자의 양식 추구의 욕망은 광고에 의하여 교묘하게 조작된다. 광고는 이미 상품에 대한 객관적인 정보를 제공하는 순진한 심부름꾼이 아니다. 그것은 소비 욕구를 창출할 뿐만 아니라, 이미 고급문화와 멀어질 대로 멀어져 버린 일반대중의 심미적 욕구마저도 채워 주는 역할을 수행한다. 광고는 소비 이데올로기의 분배자이며, 현대사회의 수사修辭이다. 물건은 광고에 의해서 그 물건에 덧붙여진 기호의 가치에 의해 상상적 존재로 탈바꿈한다. 요컨대 그것은 신화가 되는 것이다. 소비자들이 소비하는 것은 그러므로 물건 자체가 아니라, 그것에 덧붙여진 기호이다. 재화의 소비를 자극하기 위한 광고가 이처럼 오히려 제1의 소비재가 되어 버린 것이다. 광고는 신화를 생산한다. 아니, 오히려 아무것도 생산하지 않으면서 고대의 신화를 훔쳐 자기 것으로 만든다. 광고는 현대의 클로디어스, 왕위찬탈자이다. 마치 올림푸스의 신들과 흡사한 광고모델이 소비하는 물건과 똑같은 물건을 소비함으로써 소비자는 그 가짜 신화의 영역에 편입되기를 바란다. 그러나, 오 가엾은 탄탈로스여, 그대의 갈증은 영원히 해소되지 않는다. 현대사회를 살아가야 하는 그대의 욕망은 영원히 유동적이기 때문이다. 오늘 가장 가치 있고 세련된 것 같았던 욕구의 패턴은 '유행'이라는 막강한 괴물에 의하여 아주 빠르게 가장 촌스러운 것으로 '폐기'되어 버린다. 그러나 이 덧없음은 아주 괴상한 특징을 가지고 있다. 그것은 "수동적으로 당하는 덧없음이 아니라 사람들이 능동적으로 기꺼이 원하고 열망하는 질적인 덧없음"(p. 129)이다. 사람들은 힘을 합쳐서 자신의 삶을 소외시키는 테러 작전에 열심히 동참한다. 욕구와 삶의 덧없음은, 르페브르의 분석에 따르면, "유행과 취미를 만들어 내고 세계를 활동무대로 삼는 그러한 사회계급의 전유물"이다. 요컨대, 그것은 "계급전략"이다.

어떤 눈에 보이지 않는 연금술사들, 일상인들로 하여금 가짜 신화를 향하여 영원히 헐떡거리며 달려가는 어리석은 인공인간 골렘이 되게 하는 소비조작 관료들 ─ 아무런 납득할 만한 정당성도 부여받지 않은 채 현대인의 일상을 마구 유린한다는 점에서 그들은 거의 "테러리스트들"이다 ─ 에 의해 기술적으로 조작되는 "기호 소비"의 양상은 언어학적으로 대단히 흥미로운 분석의 대상이 된다. 문제가 되는 것은 소비의 1차 대상인 사물이 아니라 그것의 가치를 정해 주는 언어의 폭력성이기 때문이다. 로고스에 관한 오랜 성찰의 종착점인 언어에 관한 성찰은 현대 사상의 특징이다. 특히 미셸 푸코는 언어와 권력의 문제에 대하여 깊은 관심을 보인다.

예를 들어보자. 이덕화가 등장하는 남성 내의 '트라이'의 텔레비전 광고는 '멋진 남자'의 카피와, 닫히는 엘리베이터 문 앞에서 쾅 하고 제임스 딘 스타일의 좌절의 제스처를 취하는 배우의 그림으로 이루어져 있다. 정신분석학적으로 너무나 뻔한 의미를 드러내 보이는 엘리베이터의 문과 그 안에 타고 있는 도망가는 매혹적인 여인, 성적 환기력이 강한, 모델이 입고 있는 검은 가죽점퍼 등의 기표들과, 암시되어 있는 '멋진 인생'이라는 기의 사이에는 아무런 진실한 관계도 없다. 기표는 기의를 떠나 제멋대로 둥둥 떠돈다. 기표는 완전히 자유롭다. 엿장수 마음대로 기표들은 한없이 변주된다. "자기, 말미잘, 멍게, 바퀴벌레……"하고 연인에게 아양을 떠는 소녀가 택하는 기표는 참조대상으로부터 완전히 자유롭다. 원한다면 "자기, 우거지, 총각김치, 배추벌레……"라고 바꾸어 말할 수도 있다. 어차피 그 단어들은 텅 비어 있는 기표들이기 때문이다.

참조대상의 몰락. 그것이 현대의 광고 언어가 가진 특징이다. 그 광고는 비단 상품에만 관여하는 것이 아니라, 배우와 가수, 심지어는 정치인들의 이미지 형성에도 깊숙이 관여한다. '박남정 오빠'를 외치며 환호하는 소녀들의 '박남정'이라는 기표는 사실은 텅 비어 있다. 그것은 가수 박남정 씨의 실체라는 실재하는 참조대상과 아무런 관계도 가지고 있지 않은 떠도는 유령에 불과하다. 되풀이되는 학교생활, 지겨운 시험, 그녀들이 아무런 의미도 찾을 수 없는, 기성세대에 의하여 폭력적으로 부과되어진 강제들*contraintes*에 의하여 소외된 자신의 자아를 재소유*appropriation*하기 위해서 그녀들은 가짜 신화들 속으로 도피한다. 박남정 씨가 춤을 잘 추기 때문이라고? 물론 그것도 한 이유가 되기는 한다. 그녀들에게 필요한 것은 아폴론이 아니라 디오니소스이므로. 취기, 망각, 도피. 그러나 그녀들이 숭배하는 신神 박남정은 춤 잘 추는 젊은 청년 박모 씨와 상관없이 자족적으로 존재한다.

자, 이제 문제는 거의 다 드러났다. 현대의 삶의 일상성은 현대성이라는 교묘한 환각장치 밑에서 야금야금 우리의 의식을 알리바이 속으로 밀어 넣고 있다. 게다가 소비 이데올로기를 전파하는 광고언어에 의해서 현대인의 삶은 철저하게 조작되고 있다. 그것은 믿기 어려울 정도로 텅 비어 있다. 소외는 또 다른 근원적인 소외로 대치되었을 뿐이다. 사회의 최상층을 점하고 있는, 외관상으로는 일상성을 초월한 듯한 극소수의 '올림푸스의 주민들*les*

Olympiens'을 제외하면, 이 일상의 계획화를 겨냥하는 전체적 '계급 전략'으로 혜택을 입는 사람들은 아무도 없다. 재화의 결핍은 사라졌지만, 다른 결핍이 사람들을 공격한다. 랭보의 한탄은 아직도 유한한가? 삶은 다른 곳에 있다고*La vie est ailleurs*?

3. '소유'로서의 삶 — 테러리즘을 넘어서

르페브르의 '영구 문화혁명'의 처방을 읽어보기 전에, 이 프랑스 현대철학자의 동시대인인 미셸 투르니에의 작품을 잠깐 들여다보기로 하자. 왜냐하면 현장 문화 종사자로서 내가 르페브르의 일상성의 철학에 기울이는 관심은 결국 그것이 문학작품 속에서 어떤 모습으로 재현되는가 하는 문제이기 때문이다.

『황야의 수탉』이라는 작품집 안에는 「트리스탕 복스Tristan Vox」라는 단편이 수록되어 있다. 이 작품은 방송 언어 — 광고 언어만큼이나 들떠 있는 — 가 조작해 내는 가짜신화와 그 신화에 의하여 농락당하는 현대인의 알리바이 의식, 그리고 기꺼이 자신을 파멸로 몰아가는 어리석은 현대인의 모습이 섬뜩하게 묘사되어 있다. 이해를 위해서 내용을 요약해 보면,

1) 펠릭스 로비네Felix Robinet(펠릭스는 라틴어로 '운 좋은', '행복한'이라는 뜻을, 그리고 로비네는 불어로 '수도꼭지'라는 뜻을 가지고 있다)는 60세가 다 되어가는 은퇴한 연극배우 출신으로 '말하는 벽시계'라는 라디오 심야 프로그램에서 트리스탕 복스Tristan Vox(트리스탕은 중세의 유명한 연애담인 트리스탕과 이졸데에서 딴 이름이고, 복스는 라틴어로 '목소리'라는 뜻이다)라는 예명으로 심야 라디오 음악 프로그램에서 생방송을 하고 있는 디

제이다. 삼류 연극배우로 실패한 인생을 살았던 그는 엉뚱하게 이 분야에서 큰 성공을 거둔다. 그는 매력적인 허스키 보이스를 가지고 있는데, 그것은 사실은 그가 앓았던 후두염과 늘어진 턱 때문에 생겨난 결과이다. 라디오방송 국장과 그는 철저하게 그의 정체를 숨기기로 작정한다. 청취자들은 그가 삼십대 후반의 매력적인 독신 남성이라고 상상한다. 실제생활에서 로비네가 가장 의미를 부여하는 것은 그의 뚱뚱한 마누라 아멜리와 함께, 방송이 끝난 뒤에 차려 먹는 맛있는 밤참이다.

2) 그에게 오는 모든 팬레터들은 그의 비서인 플라비 양이 관리하고, 스튜디오로 찾아오는 팬들도 그녀가 따돌린다. 그러나 어느 날인가부터 이졸데라는 여인으로부터 노골적으로 음탕한 말들이 들어 있는 편지가 오기 시작하고, 플라비 양은 그것을 로비네에게 보여준다. 그런데 또 다른 이졸데가 나타났다. 이번에는 온통 음식 이야기로 가득 찬 편지다. 분명히 먼젓번 이졸데와 다른 이졸데이다.

3) 정작 큰일이 벌어진 것은 『주간 라디오』라는 주간지에 삼십대 후반의 프레데릭 뒤라토라는 테니스 선수가 트리스탕 복스라는 엉뚱한 기사가 나가고 난 다음이다. 프레데릭 뒤라토는 자신의 생활에 생긴 불편함에 대하여 따지기 위해서 로비네를 찾아왔다가 오히려 자신에게 씌워진 트리스탕 복스의 가면에 만족해 돌아간다. 충격을 받은 플라비 양은 3층에 있는 그녀의 아파트에서 투신자살을 한다(그녀가 바로 음탕한 이졸데의 편지를 보냈던 장본인이었다). 집으로 돌아온 로비네는 두 번째의 이졸데가 자기 아내인 것을 알게 된다.

4) 혼란에 빠진 로비네는 사표를 내고 아멜리의 고향으로 낙향한다. 그러나 '말하는 벽시계'는 또 다른 트리스탕 복스, 그러니까 뒤라토에 의해 여전히 방송되고 있다. 어느 날 로비네는 아내가 자기 몰래 부치려고 써놓은 편지의 겉봉에 트리스탕 복스라는 이름이 쓰여 있는 것을 발견한다.

로비네는 생각 없이 신을 흉내 냈다가 호되게 복수를 당한 셈이다. '말'로 인간을 창조했던 신처럼 수도꼭지 로비네는 그의 이름답게 마이크를 통해서 존재의 허공에 씨앗을 쏘아 보낸다. 무슨 위험이 있겠는가. 청중은 가짜 영웅의 텅 빈 아름다움에 들뜨고, 그리고 무엇보다 중요한 것은 '장사가 잘 된다는 점이다'. 게다가 이 자궁을 찾지 못한 스페르마를 기르기 위해서 두 명의 여인들이 각각 나선다. 한 명은 관능의 기쁨을, 한 명은 음식물을 제공한다(음식의 상징주의가 완곡하게 표현된 섹슈얼리티인 것을 우리는 알고 있다). 말하자면 그녀들은 허깨비에 육체를 주려는 시도를 했던 것이다. 중요한 것은 그녀들 역시 이 호몬쿨루스 제조 작업에 로비네처럼 '말'이라는 수단을 가지고 덤벼들었다는 점이다. 그러나 그들은 너무 멀리 갔다. '수도꼭지를 잠가야 할' 시간이 된 것이다. 어느 날, 유령이 나타나 '내 시체 내놔, 내 시체 내놔' 하고 실존의 권리를 요구하기 시작한 것이다(「고스트버스터즈 Ghostbusters」의 주인공들은 아마도 현대에 꼭 필요한 영웅들인지도 모른다. 하룻밤에도 수천수만의 방송 유령들이 허공을 헤매어 다닌다). 뒤라토라는 아름다운 남자에게 그 유령이 씐다. 그는 모든 것을 팽개치고 본격적으로 유령놀이에 덤벼든다. 텅 빈 기표라는 유령이 현대인의 의식을 완전히 마비시켜 버린 것이다. 누군가가 그 유령을 조종하고 있다. 소비 테크노크라트들. 그리고 우리는 그들이 시키는 대로 돈을 내고 텅 빈 기호들을 물어뜯는다. 존재의 허기. 그것이 현대의 일상인들이 앓고 있는 만성질환이다.

그러나 증세를 자각하면 사태는 낙관적이다. 문제는 우리들이 우리의 존재를 소외시키는 이 놀이에 카발주의자들의 영혼 없는 진흙인형 골렘처럼 참여하고 있다는 사실이다. 두렵지 않은가?

> 일상성 전체를 다시 문제 삼아야 한다는 의미이다. 호모 사피엔스 homo sapiens, 호모 파베르 homo faber, 호모 루덴스 homo ludens는 결국 호모 쿠오티디아누스 homo quotidianus로 귀착된다. 사람들은 일상 속에서 인간 *homo*의 자질마저 잃어버린다. 일상인은 아직 사람인가? 그것은 잠재적으로 하나의 로봇이다. 그가 인간의 자질과 성질을 되찾기 위해서는 일상의 한가운데에서, 그리고 일상성에서부터 출발하여 일상을 극복해야만 한다(p. 259).

무차별하게 누구의 삶에나 끼어들어 오는 이 존재의 소외의 흉계는 전반적인 양상을 띠고 있다. 현대사회의 그러한 특성을 르페브르는 "테러리스트 사회"라고 부른다. "테러리스트 사회"는 가시적인 폭력이 난무하는 사회를 의미하는 것이 아니라, 폭력이 잠재 상태로 존재하며, 각자가 자신을 억압하는 사회, 자신이 자신에 대한 테러리스트가 되는 사회를 의미한다. 그곳에서는 자기 본질의 소유 *appropriation*보다 강제 *contrainte*가 더욱더 우위를 차지하고 있다. 대한민국은 대표적인 '테러리스트 사회'이다. 그곳에서는 성적이 떨어졌다고 열댓 살 아이들이 일 년에 수십 명씩 자살하고, 옆집에서 하얀색 한샘 부엌가구를 들여놓으면 죽으나 사나 우리 집도 그렇게 해야 하며, 8학군에 배정받기 위해 집 팔아 강남에 가서 지하 셋방에 들어 살아야 하며, 그렇게라도 해서 유사 올림피언들이 되지 않으면 삶이 무의미해지는 사회다. 각자는 각자를 억압하고 불행하게 만들며 영원히 도달할 수 없는 올림푸스 꼭대기를 하염없이 목을 늘이고 바라본다. 나의 가치는 나의 본질과 아무런 상관이 없다. 사회의 강제 요건이 모든 것을 결정한다. 일 년에 오십 퍼센트씩 오르는 전셋값을 마련 못하는 가장은 자살해야 한다. 그의 존재가치는 마이너스 수치이기 때문이다.

문학비평가들의 글쓰기의 영도 개념을 원용하여 르페브르가 진단하는 테러리스트 사회의 또 다른 특징은 그 구성원들이 "일상 속에서 직접적 환상"을 가지고 있다는 사실이다. 즉, 그는 일상 속에서 일어나고 있는 모든 아노미에 대해 전혀, 또는 거의 눈치 채지 못한다. 그가 보고 감지하는 모든 것은 모두 그에게는 당연한 것처럼 보인다. 지금 여기 *hic et nunc*에 주어져 있을 뿐인 모든 것은 정당하지 않거나, 정당화되지 않거나, 또는 정당화할 수 없는 것일 수도 있다. 그러나 그것은 그런 것일 뿐이다. "일상성의 존재인 그는 투명성 및 자명성(그런 거지 뭐)의 환상과 실제적 현실(도저히 그럴 수는 없어)의 환상이라는 이중의 환상 속에서 살고 있다. […] 테러리즘은 이 환상, 이 비판적 사고의 영도를 유지시킨다. 형태들(그리고 이 형태들에서 끌어낸 제도들)의 테러리스트적 작용은 현실의 가짜 투명성을 유지하고, 이 실체를 유지하는 형태들을 은폐한다. 일상생활 속에서 사람들은 자기 고유의 존재를 믿거나 또는 그것에 대해 알려고 하지 않는다. 아무도 그들에게 그것을 금지하지 않지만, 그들은 스스로 그런 일을 금지한다(p. 252).

일상성의 이성은 그러므로 환幻에 대한 자각이다. 그것은 스스로 테러리즘의 이중의 환상을 꿰뚫을 수 있는 외과용 칼이다. 그것은 다른 데서 얻어 온 것이 아니라, 일상의 상황에 대한 탐구 속에서 스스로 솟아 나온 것이다. 지금 여기에 대한 과학적 인식은 지금 여기의 테러에 대한 가장 확실한 대응책이다. 마르크스의 연장선 위에서 르페브르는 '혁명'의 처방을 제시한다. 그러나 그것은

"단순히 국가나 재산관계만을 변혁시키는 것이 아니라 우리의 삶을 개조하는"(p. 274) 혁명이다. 그는 1)성 혁명과 개혁 2)도시 혁명과 개혁, 그리고 1)2)항의 종합으로서 3)일상성 – 축제성 대립의 극복, 즉 도시사회 안에서 일상에서 축제로의 이동을 실현한다는 거창한 계획을 제안하고 있다.

이제 '강제' 대신 '소유'가 삶의 지배적인 원칙으로 등장할 것이다. 그리고 삶은 제품이 아니라 '작품'이 될 것이다. 그러나…… 축제는 늘 빨리 끝난다. 우리가 더욱더 익숙해져야 하는 것은 어쩌면 오히려 환멸의 삶인지도 모른다. 오히려 로비네가, 멀쩡하게 가짜인 것을 알면서도 트리스탕에게 편지를 보내는 아내를 보고 느꼈던 "아찔한 고독의 감정 *un sentiment de solitude vertigineux*", 그것에 우리는 더 익숙해져야 할는지도 모른다. 그러나, 작은, 매일의 혁명은 가능하다. 이를테면, 우리는 기표에게 충만함을 되돌려 줄 방법들을 알고 있는 것이다. 벌써, 릴케는 시를 쓰며 그것을 알지 않았던가, 그가 이렇게 기도했을 때?

  우리에게 무슨 일이든 일어나게 해 주소서

일은 일어난다, 그대가 사물에게 영혼을 부여하는 방법을 알기만 하면. 그리고 그때 우리는 우리를 조종하는 모든 끈들을 끊어버린다. 우리는 세계 앞에서 작은 초인들로서 일어선다. 배경은 여전히 좌절이다. 그러나 어떤 자들은 그것을 존재의 상승을 위한 도약대로 사용할 줄 아는 것이다.

1991년

지혜를 향한 변환의 연금술
_헤르만 헤세의 『유리알 유희』

누가 헤세의 문전을 한때 힐끗거리지 않았겠는가. 누가 우리의 영혼 깊은 곳에 왼손가락을 가져다 대던 저 위험한 프란츠의 존재를, 흔들리는 싱클레어 앞에서 불의 영혼을 속삭이던 저 피스토리우스의 눈빛을, 그리고 그들을 거쳐 이윽고 존재의 문턱을 넘던 열 몇 살의 우리의 불안한 젊은 날을 기억하고 있지 않겠는가.

헤세는 가을날, 너무나 우리의 핏줄의 결을 닮아 있는 이 계절의 경사를 따라서 우리 안으로 무작정 들어왔었다. 그래서 조금은 우리 안에 너무나 본질적인 존재의 병처럼 가라앉아 있는, 이, 어느 날인가 문득, 어떤, 단 한 번의 암시에 의하여 버석이며 일어서는 안개…… 갈증…… 오, 우리는 얼마나 지혜에 목말라 했던가. 그리고 우리가 만났던 카스탈리엔의 숲. 청정함이여, 이제 우리가 세상을 떠돌다 잃어버린, 아깝디 아까운, 저 젊은 날의 영혼의 아우라. 그러나 그것은 늘 추억으로 우리 안에 남아 있다. 그리고 사실은 우리 존재의 조금을 우리는 그 카스탈리엔의 숲속에 남겨 두고 왔던 것이다.

나에게 헤세의 『유리알 유희』는 그렇게 내 존재의 부스러기를 묻혀간 책이다. 그때는 거의 벌판이었던 목동에 있는 우리 집 작은 뒷산에 올라 저물녘까지 나는 크네히트와 함께 있었다. 무구한 젊음. 그러고 나서 얼마나 오랫동안 나는 꿈꾸었던 것인가. 그때 내 절름발이 영혼의 어느 구석에선가 댕댕 울리던 종소리. 그 종소리의 알 수 없는 불안한 예감의 맛…… 그것을 자기의 서툰 언어 안에 잡아 두고 싶어서 이윽고 해거름이 내릴 때까지 그 작은 소나무 숲을 떠나지 못했던 열 몇 살의 여자아이. 그 아이는 아직도 중년의 내 영혼 안을 서성이고 있는 것이다. 대체 그때 내가 어떻게 알았을 것이란 말인가. 내가 그토록, 절대로 서로 양보할 생각이 없는, 두 개의 완고한 실체를 내 존재의 빛깔로 가지게 될 줄을, 양극으로 팽팽히 대립된 두 개의 소청을 내 영혼이 함께 지니게 될 줄을. 어떤 우연에 의해서였는지 나는 모른다. 그때 나의 『유리알 유희』의 독법은 아주 독특한 것이었다.

나는 도스토옙스키의 『카라마조프가의 형제들』과 헤세의 『유리알 유희』를 함께 읽었다. 『카라마조프가의 형제들』을 읽다가 지겨워지면 『유리알 유희』를 읽고, 그런 식으로 나는 두 권의 책을 동시에 읽었다. 광기와 지혜. 암시적이다! 그러나 아무래도 『유리알 유희』쪽으로 나는 더욱 당겨졌다. 이유? 왜냐하면, 나는 더욱 도스토옙스키였고, 덜 헤세였으니까. 내 기질은 『유리알 유희』에 더 결핍되어 있었으니까. 크네히트는 나를 늘 주눅 들게 했다. 그것은 나중에, 아라비아의 로렌스에 대한 나의 열중과 똑같은 맥락에서 그랬다. 알 만하다, 라고 프로이트를 꿰고 계신 분들은 말할 것이다. 나는 들킨다. 할 수 없지. 그러나 나의 그 갈망이 크네히트처럼 '넘어가기'위한 것이라면? 크네히트들이여, 나는 그대들을 넘본다. 왜냐하면 나는 알리바이를 꿈꾸기 때문이다. 나는 내 존재를 비운다. 그렇게 해서 나는 내 존재 이상 *plus qu'être*을 훔친다. 나는 존재 도둑이다.

지혜를 향한 변환의 연금술   471

단순한 형태 너머 숨어 있는 신비함

『유리알 유희』는 이야기책이 아니다. 그 안에는 아무런 줄거리도 없다. 플롯으로 치면 그렇게 밍밍한 소설이 또 있을까. 마치 성배 전설을 주제로 한 일련의 소설에서처럼 주인공의 삶은 어떤 은총에 의해 미리 짜인 극본대로 진행된다. 독자는 모든 것을 진작에 짐작한다. 너무 쉬워, 라고 소설의 외형적 기법이 소설의 메시지보다 더 큰 발언권을 가지고 있다고 여기는 우리 시대의 세련된 독자들은 말할 것이다. 『유리알 유희』의 기법은 아닌 게 아니라 보잘것없다. 소설의 구성적 미학으로 보면 이 작품은 썩 만족할 만하지 못하다. 그러나 나를 매혹했던 것은 그런 단순한 형태 너머에 숨어 있는 어떤 것이었다. 그것이 이 작품이 지니고 있는 어떤 신비주의적 요소들 때문이라는 것을 알게 된 것은 훨씬 훗날의 일에 불과했다.

크네히트는 지혜에 종사할 임무를 운명처럼 타고난다. 그의 출생은 으레 모든 전설의 영웅들의 출생이 그렇듯 부모와의 단절로 시작된다. 그 점에 관한 한, 작가는 너무 안일하다 싶을 정도로 모든 논쟁거리가 될 만한 장치를 싹둑 잘라낸다. '영재 학교의 다른 모든 학생들과 같이, 그는 일찍이 부모를 잃었거나 그렇지 않으면 불우한 환경 속에서 벗어나 교육국의 보호를 받게 되었던 것이다. 하여튼 그는 영재 학교와 자기가 태어난 가정 사이의 충돌을 면할 수가 있었다.' 그는 지혜에 종사하기 위하여 개인적 번거로움을 '면제받은' 사람이다. 그가 어떤 집안 출신인지, 어떤 부모님에게서 태어났는지, 어떤 성장과정을 겪었는지, 하고 궁금해 하는 우리의 호기심을 작가는 싹 무시해 버린다. 그의 인생은 '원래 카스탈리엔이나 종교 단체나 교육국에서 일할 수 있도록 태어났으며, 미리 결정된 것 같은 그러한 행복한 사람들 가운데 속하는 사람이었다'. 그의 생애가 소설 첫머리에서부터 이미 모차르트와 바흐에 비견되고 있다는 것은 주목할 만한 사실이다. 그것은 그의 운명이 음악과 밀접하게 연관을 맺고 있다는 것을 암시한다. 주인공의 유년 시절에 관해서 작가는 상술해야 할 필요를 느끼지 않는다. 왜냐하면 『유리알 유희』는 그의 어린 시절로부터의 탈출에서부터, 즉 어머니, 우리가 임의적으로 자연으로부터 물려받은 '살'의 자아로부터 분리되는 지점에서부터 의미를 가지는 행위이기 때문이다.

'그의 유년 시대, 다시 말하면 영재학교에 들어가기 전에 대해서 우리는 그저 한 가지 사건을 알고 있을 뿐이다. 그러나 그것은 중요하며 상징적인 의미를 갖는 사건이다. 즉, 그것은 정신이 그를 향해서 처음으로 큰 소리로 부른 일, 그의 소명의 제1막을 의미하기 때문이다.' 그러므로 우리는 유리알 유희가 무엇을 의미하는가를 벌써 짐작한다. 그것은 기왕의 존재를 부정하는 존재의 비밀에 이르기, 알맹이, 존재를 온통 지혜에 발심發心하여 들어 올린 고승高僧들의 타버린 육체가 남기는 사리의 놀이, 존재의 기호학이다.

어쨌거나 그것은 어머니로부터 도망치는 자들의 놀이이다 ― 나는 삶이라고 말하지 않는다. 왜냐하면 가장 고급의 삶은 놀이이기 때문이다. 크네히트가 소명을 받을 무렵에 라틴어 학교 학생이었다는 사실은 우리가 보기에는 의미 깊다. 왜냐하면 그의 소명인 유리알 유희는 음악으로 상징되는 자연과의 순수 조응을 추상화, 즉 기호화하는 것으로 구성되기 때문이다.

푸가로 주고받는 어린 소년과 음악대가의 아름대운 대화

라틴어 학교 학생은 이제 음악의 세계로 들어간다. 그가 진작에 음악을 배우지 않았던 것은 아니다. 그러나 이제 그는 '높은 의미로서의 음악가'가 될 것이다. 그는 소명을 받은 자이다. 그렇다면 그는 신의 은총에 의하여 일방적으로 선택된 엘렉티인가? 아니다. 헤세는 갈망의 가치를 놓치지 않는다. '그 자신은 소명을 거의 자신의 내부에서 일어난 일로써 체험하고 있는 데 지나지 않았다.' 그것은 예감의 확인에 불과하다. 크네히트가 영재학교에 들어갈 소질이 있는가 없는가를 테스트하러 온 음악대가는 소년의 지적 능력이 아니라, 영적 능력, "경이의 뜻을 품는(……) 소질"을 눈여겨본다. 지혜는 지적 능력만으로 얻는 것이 아니라 신비에 참여하는 겸손함으로써 얻어지는 것이기 때문이다.

음악대가와 소년의 첫 번째 상면은, 일체의 언어소통 없이 음악만으로, 특히 푸가 연주로 이루어진다. 이때 음악이 어떤, 인간의 직접인식을 벗어난 간접인식의 방법이라는 것을 이야기할 필요가 있을까? 음악은 피타고라스학파 시절부터 벌써 우주와의 직접 교감을 의미했었다. 음악은 절대인식의 상징이다. 푸가로 대화하던 어린 소년과 음악대가의 관계는 일생을 두고 아름답게 지속된다. 그러나 우리가 알게 되겠거니와 '음악' 자체가 유리알 유희는 아니다. 그러나 그것은 유리알 유희의 한 중요한 방편이다. 영리한 소년은 벌써 자기가 어떤 소명을 부여받았는가 하는 것을 예감한다 ("눈앞에서 전개되는 그 곡 속에 있는 법칙과 자유, 봉사와 지배를 즐겁게 조화시키는 정신을 그는 희미하게나마 느꼈다").

그리고 소년은 에쉬홀츠 학교에 배정된다. 12, 13세 때의 일이다. 그러고 나서 그는 열일곱 살에 상급학교에 진학하게 된다. 졸업식이 끝나고 상급학교에 진학하기 전에 그는 노대가를 방문한다. 그는 소년에게 상급학교에서는 특히 '명상'을 배우게 될 것이라고 이야기한다. 노인은 명상에 들어가기에 앞서 소년에게 우유를 한 잔 권한다. 그러면서 그는 "천천히, 시간을 두고 마시라고" 권하면서, 특히 "아무 말도 말"것을 권유한다. 우유를 마시는 것은 단순히 명상에 필요한 육체적 힘을 위해서가 아니다. 우유가 가장 대표적인 원물질原物質의 상징인 것을 우리는 알고 있다. 즉, 주인공은 지금까지의 언어를 잃어버리고 순수 상태로 돌입하는 제의적 행위로 우유를 마신 것이다. 이 우유의 상징성은 우리가 이제 곧 이야기하게 될 내면의 만다라의 상징성에 겹쳐진다. 대가는 음악을 들려주며, '음악의 진전을, 무용이나 또는 끊임없이 균형을 이룬 중심부에서 나오는 여러 가지 크고 작은 발걸음처럼 생각해 보라고 한다'.

이제 소년은 바야흐로 유리알 유희의 정수에 접근하는 것이다. 이 대목에서 우리가 주의를 기울여야 하는 것은 소년이 명상하는 동안에 음악이 사라졌다고, 즉 변해 버렸다고 이야기하는 점이다. 이 변화는 음악의 추상화를 의미한다. 크네히트는 이 변화를, '음악이 변해서 형상화한 형태'를 스케치해 보려고 했다. 그는 한 가닥 선을 긋고 비스듬하게 옆으로 몇 개의 선을 그어 나뭇가지 모양을 만들고, 장난삼아 선을 휘어서 원을 만든다. 그리고 나서 잠자리에 들었는데 그는 그날 밤 아름다운 꿈을 꾸게 된다. 크네히트의 발밑에 '그리운 에쉬홀츠'가 가로놓여 있다. 정방형의 건물 가장자리가 무너져 둥글게 되더니 바퀴가 되고 이윽고 화환으로 변한다. 바퀴는 미친 듯이 빠르게 돌다가 빛나는 별 사이로 산산이 흩어져 버린다. 이 꿈은 명백히 만다라의 상징성에 연관되어 있다. 모든 만다라의 상징에서는 중심의 의미가 두드러진다. 이 중심이란 바로 다름 아닌 존재의 진정한 근원, 만물이 그로부터 말미암는 비밀의 근원이다. 크네히트의 이 만다라는 그러므로 유리알 유희의 정수의 모색을 그 중심으로 가진다. 장방형의 건물이 원형으로 부서졌다는 것 역시 이 중심의 모색과 연관된다.

연금술사들은 4원소(여기에서는 정방형이 상징하는)에서 원물질Prima Materia를 뽑아내는 과정을 구적법Quadrature이라고 불렀다. 이 원물질이 이 대목에서 원형으로 상징되고 있음은 앞서 크네히트가 우유를 마셨다는 사실과 무관하지 않다. 아, 그리고 '그리운 에쉬홀츠'라 함은! 그립다함은 이미 그곳으로 돌아갈 수 없게 되었다는 사실을 의미하는 것이 아니겠는가.

'머무는' 자가 아닌 '넘어서는' 자, 크네히트

노대가가 어느 곳으로 갈 것인가 하고 물을 때 크네히트는 유리알 연기자들로 유명한 발트첼(삼림속의 승방)로 가겠다고 선언한다. 유리알 유희. 그러나 그것은 '예술의 대용품'이기는 하나 예술로 모두 설명되지 않고, 추상화를 지향한다는 의미에서 수학으로 대표되는 학문이기는 하나, 감각적 체득을 요구한다는 점에서 또한 학문만으로 설명되지는 않는다. 유리알 유희는 요컨대 변환의 기술, 개별적인 것에서 보편적인 것을 찾아내고 보편적인 것에서 개별적인 것을 찾아내는 연금술이다("우리가 생각하며 요구할 수 있는 인간, 우리가 목표로 삼는 인간은 자기가 하는 학문이나 예술을 언제나 다른 것과 바꿀 수 있을 것이다. 또는 유리알 유희에서 가장 분명한 논리를 해명할 수도 있고, 문법 가운데에서 가장 창조적인 공상을 나타낼 수도 있지. 그래야한다").

발트첼, 모든 영재 상급학교 가운데에서도 가장 유용성이 없는 '유리알 유희'에 전념하는 지적 고수高手들의 학교에 진학한 크네히트는 차근차근 유희의, 명수名手의 자질을 닦아 나간다. 그는 이곳에서 청강생의 자격으로 유리알 유희를 배우러 온, 세속을 대표하는 인물 데시뇨리의 도전을 받는다. 웅변과 논리에 강한 이 정치 지망생 앞에서 크네히트의 소명은 강하게 흔들린다. 그러나 그 도전이 오히려 크네히트의 명수의 자질을 확고하게 만든다. 그는 유희의 무용성을 주장하는 데시뇨리를 발트첼의 대표자의 입장으로 설복시키는 것이다. 그러나 이 두 세계 — 카스탈리엔과 속세 — 가 변증법적 통합을 이루기 위해서는 보다 더 오랜 세월을 기다려야 했다. 왜냐하면, 크네히트는 크네히트대로, 데시뇨리는 데시뇨리대로 각각 이루어내야 할 삶의 몫이 있었기 때문이다.

타고난 지성, 고매한 인품으로 인하여 크네히트는 결국 유희의 명수 자리에 임명되고 성직자의 대열에 오른다. 그러나 명수로서 가장 완벽한 성공을 거둔 뒤, 그는 느닷없이 명수 자리를 던져 버린다. 왜냐하면, 그는 머무는 자가 아니라 '넘어서는' 자였기 때문이다. 크네히트가 카스탈리엔을 탈출하기에 앞서, 세상사에 지치고 절망한 데시뇨리에게 정성스레 카스탈리엔의 명랑함, 존재의 순정한 기쁨을 되찾아 줌으로써 망가진 그의 자아를 치유하는 점은 흥미롭다.

결국 그렇게 해서 그들이 젊은 시절에 유보시켰던 두 개의 세계는 적극적으로 통합되는 것이다. 고식화된 유희, 아무런 감동도 더 이상 찾을 수 없는 추상적 지적 유희를 던져 버리고 크네히트는 데시뇨리의 아들 티토의 가정교사가 될 것을 자처하고 나선다. 철없는 젊은이는 옛날 유희 명수에게 수영시합을 제안한다. 이 마지막 대목에서 헤세가 티토의 젊고 아름다운 육체를 특히 강조하고 있는 점에 주의를 기울일 필요가 있다. 크네히트는 물속으로 뛰어들어 영영 물 위로 떠오르지 않는다. 우리의 해석이지만, 그렇게 해서 크네히트는 그에게서 말하자면 운명의 명령에 의해 잘려나갔던 살에게 되돌아간 것은 아닐까. 왜냐하면 물이야말로 가장 모성적인 상징이며, 티토는 바로 크네히트의 영적인 아들 — 그가 대표하는 카스탈리엔과 데시뇨리가 대표하는 속세의 결혼에서 태어난 — 의 역할을 하고 있기 때문이다.

그리고 보라, 이제 막, 겨우 이 스승을 이해하기 시작한 젊은이의 영혼을 뒤흔드는 또 다른 소명의 예감을. "……이 책임이[……]

지금까지 자기가 자기한테 요구한 것보다 더욱 위대한 것을 요구하리라는 예감에 사로잡히자, 곧 그는 신성한 몸서리를 느꼈다."

1989년

지워지는 글쓰기
_마리 르도네의 소설, 신화의 소멸, 또는 소멸의 신화

1. 백색의 글쓰기

마리 르도네Marie Redonnet의 소설은 프랑스의 5-60년대를 풍미했던 누보로망의 성과 위에서 시작된다. 공식적으로 그 성과를 인정받은 한 문학적 경향을 잇는 후배들은 선배들의 문학적 성과를 계승하면서도 그것을 거부하고 자기만의 목소리를 가져야 할 부담스러운 입장에 처하게 된다. 최현무가 "잠정적"이라는 단서를 달아 "단편적 소설roman fragmentaire"[1]이라고 부를 것을 제안하는 소설을 쓰고 있는 프랑스 당대 소설가들의 입장이 바로 전형적으로 그러한 경우다. 누보로망의 성과가 특히 글쓰기 자체의 극단적인 실험성 안에서 획득된 만큼 7-80년대의 작가들은 자연스럽게 누보로망 작가들이 배제시켜 버린 이야기histoire의 복원에게로 눈을 돌린다. 이 시기에 갑작스럽게 등장하기 시작한 전기물들과

---

1 최현무,「최근 프랑스소설의 동향」,『시대문학』, 1987 창간호, 289쪽.

역사물들의 유행은 바로 그러한 '문학사 내적 반작용' 안에 그 원인을 두고 있다. 그러나 이 형식은 이야기를 즐기려는 대중들의 취미와 야합함으로써 큰 문학적 성과를 이루어내지 못하고 있다. 반면에 보다 고급독자들의 관심의 대상이 되고 있는 '단편적 소설'의 작가들은 전시대의 문학적 성과에 대해 좀 더 복합적인 입장을 취한다. 그들은 '문학적 현실을 언어의 실험장 안에 가두어 둔 경향에 알러지를 보이면서도, 전세대의 소설적 언어나 형식에 대한 각성을 배웠다는 점에서 발전 혹은 수정의 관계를 유지'[2]하고 있기 때문이다. 어떤 의미에서 이들은 선배들의 언어실험을 '자기 것으로 착복하고 형식의 경험을 이미 획득된 것으로 고려'[3]한다. 따라서 이들은 이미 획득된 언어적 실험성을 토대로 자신의 독창적 문체를 고안해 내고 선배들의 소설의 이야기 부재라는 결함을 극복하는 것을 그 문학적 소명으로 인식한다. 이론적으로 무장하지 않고는 읽어낼 수 없었던 전대의 소설들과는 달리 이들의 소설은 쉽게 읽힌다. 이들의 '실험'은 이미 소설장르 자체에 대한 실험이 아니라 삶에 대한 일반적인 지적 유희의 형태를 취하기 때문이다. 이들은 아주 단순화된 문체로 쓰인 지극히 일상적이고 평범한 사건들을 나열한다. 독자들은 사건들을 평면적으로 따라갈 수 있다. 그러나 조금만 예민한 독자라면 그 단순성 뒤에서 타락한 세계의 출구 없음을 드러내는 작가의 숨겨진 의도를 쉽게 눈치챌 수 있다.

  마리 르도네의 문체는 지극히 단순하다. 오히려 유치하다고까지 이야기할 수 있을 지경이다. 거의 한 페이지씩 물 흐르듯 유연하게 이어지는 프루스트의 우아한 프랑스어에서 그녀는 너무나 멀리 떨어져 있다. 거의 모든 형용사들과 부사들이 쫓겨난 아주 짤막하고 단순한, 차라리 가난하다라고 표현해야 할 문장들이 그녀

---

2 최현무, 위의 책, 290쪽.
3 최현무, 앞의 책, 293쪽.

의 소설을 끌고 간다. 그녀의 소설 속에는 단 한마디의 대사도 등장하지 않는다. 심지어 '그가 ……라고 말했다' 식의 간접화법조차도 아주 불가피한 몇 군데를 제외하면 철저하게 배제되어 있다. 사건들, 그것도 이야기의 전체적인 흐름과 별 상관이 없는 것처럼 보이는 자질구레한 사건들이 끝도 없이 이어진다. 한 문장은 온갖 감정이 배제된 채, 객관적인 차가움과 더불어 가능한 한 빨리 말해진다. 그 차가움은 그녀의 소설들이 모두 일인칭 서술 형태를 취하고 있는 만큼 더욱더 충격적으로 독자들에게 다가온다. 독자들은 주인공이 무엇을 느끼는지 무엇을 생각하는지 전혀 알 길이 없다. 주인공은 철저하게 무감각하다.『장엄호텔Splendid Hôtel』[4]에서는 소설이 후반부에 다가갈수록 주인공이 어떤 일정한 자신의 판단을 내리는 서술이 등장하지만, 이 작품과 더불어 3부작의 형태를 취하고 있는『영원한 계곡La Vallée éternelle』[5]이나『로즈 멜리 로즈Rose Mélie Rose』[6]의 경우에 주인공이 어떤 판단을 내리거나 자신의 느낌을 서술하는 경우는 거의 없다. 한 평자의 표현을 빌면 "겨우 씌어졌을까 말까한à peine écrite" 르도네의 가볍고 단순한 문장은 그러나 그녀가 그려 보이는 주인공들의 운명을 너무나 잘 드러낸다. 하나의 문장은 재빨리 다음 문장에 의하여 지워지기 위해서만 쓰이는 것처럼 보인다. 그것은, 소멸되기 위해서만 작가의 펜 끝에서 태어나는 것 같은 소설 속의 인물들과, 그들을 닮은 무너져가는 소설 속의 공간을 너무나 닮아 있다. 그래서 레이몽 벨루르는 그녀의 글쓰기를 "백색의 글쓰기une écriture blanche"라고 부른다. 압축된, 철저한 실재le réel인 문장. 그것은 다름 아닌 등장인물들의 실재이다. 그들은 그 어떤 소설에서보다도 문장의 결과물로서 존재한다. 그 실

---

[4] 마리 르도네,『장엄호텔』, 이재룡 옮김, 열림원, 1997.
[5] 마리 르도네,『영원한 계곡』, 강금희 옮김, 세계사, 2005.
[6] 마리 르도네,『로즈 멜리 로즈』, 김정란 옮김, 세계사, 2005.

재성은 『로즈 멜리 로즈』에서 주인공이 신화책 갈피에다 마치 그 신화 줄거리의 이정표처럼 끼워 넣는 열두 장의 폴라로이드 사진 ─ 게다가 복제가 불가능한, 단 일회의 실재성만을 보장하는 폴라로이드! ─ 이 가지고 있는 실재성과 똑같다. 순간의 정확한 포착, 은유의 배제, 내면의 부재, 해석의 부재. 그러나 그 실재성은 주인공 멜리가 소유하고 있는 또 다른 멜리의 초상화처럼 이윽고 지워진다. 멜리는 점점 더 지워져서 이윽고 "하나의 흰색 자국"으로 남는 또 다른 멜리의 초상화를 뒤로 돌려놓는다. 나도 르도네의 책을 다 읽고 나서 책의 뒷면을 뒤집어 본다. 존재는 어디에 갔나, 라고 나는 궁금해진다. 그러고 나서 나는 거울을 들여다본다. 거울 속에는, 아무도 없다. 맙소사, 존재는 지워진 것이다.

2. 고아 모티프

『장엄호텔』은 '늪'과의 싸움의 기록이다. '장엄'은 예정된 파국을 향해 서서히 다가간다. 지루하도록 똑같은 사건이 반복된다. 그것도 주로 '화장실'이 문제이다. 물이 빠지지 않는다. '장엄'의 상태를 인간의 몸에 비유한다면 ─ 실제로 이 호텔의 한심한 양상은 아델과 아다의 늙고 병든 육체의 직접적 상징이다 ─ 문제가 되는 것은 신진대사이다. 노폐물의 독이 빠지지 않으면 결과는 뻔하다. 그러나 '태초'에는 물론 신화가 있었다. 그것도 '글쓰기'라는 신화가. '장엄'은 글쓰기의 상징이다. 르도네는 특히 시각적 찬란함을 의미하는 스플랑디드*Splendid*라는 형용사를 랭보의 시집 『계시 *Ilumination*』에서 차용한다. "대상隊商은 떠났다. 그리고 극지방의 얼음과 어둠 속에 장엄호텔이 세워졌다." 이 부재에 대항하는 존재의 한 눈부신 전략인 '글쓰기' 신화의 주제는 『로즈 멜리 로즈』

에서 한결 더 심층적으로 다루어진다.

물론 그 '태초'는 랭보가 살았던 시점과 거의 겹쳐지는 것으로 보이는, 주인공의 할머니가 '장엄'을 지었던 벨 에포크 — 금테가 둘러진 계란 모양의 액자에 집안 식구들의 사진이 들어 있는(이 노랗게 빛바랜 사진의 주제는 『로즈 멜리 로즈』에서도 되풀이된다) — 라는 구체적 시점을 의미하는 것은 아니다. 그 태초는 오히려 어떤 의미에서는 엘리아데적인 태초다(『영원한 골짜기』에서 주인공은 '죽은 자'들을 찾는다. 그러나 그 죽은 자들은 시청의 고문서에 기록이 보관되어 있지 않은 아주 오랜 옛날에 살았던 사람들이다). 그 시간의 바깥에서나 가능했던, 이미 존재하지 않는 삶의 형식은 『장엄호텔』에서는 할머니 시절의, 잘 운영되던 호텔의 모습으로 제시된다. 주인공이 '어머니'의 존재를 배제시키고 있다는 점에 주의를 기울일 필요가 있다. 주인공은 호텔을 '할머니'에게서 상속받은 것이지 '어머니'에게서 상속받은 것이 아니다("어머니는 언제나 장엄호텔에 무관심했다"). 그녀는 주인공인 막내딸을 버려둔 채 두 딸을 데리고 세상을 돌아다니다가 대책 없이 몰락한 뒤에야 막내딸에게 얹혀 살러 온다. 처음부터 '어머니'는 '장엄'의 존재에 관한 한 아무 상관도 없는 아웃사이더이다. 어머니는 사진의 배경 속에 '희미하게' 존재하고 있을 뿐이다. '어머니' 또는 '아버지'(르도네의 3부작은 『장엄호텔』에서 얼핏 암시되는 신화적 태초가 점점 더 뚜렷하게 강조되는 방향을 따른다. 『장엄』에서 간접적으로나마 드러나는 '어머니' — 그나마 아버지에 대한 언급은 전혀 없다 — 와의 연결은 『영원한……』과 『로즈……』에서는 완전히 사라진다)는 주인공과 아무런 관계도 없다. 주인공인 '나'는 그들 없이 그냥 있다. 이 '그냥' 있는 존재의 지워진 기원은 신화 속의 많은 주인공들의 출생의 기원과 흡사하다. 거의 대부분 영웅들은 고아들이거나 버림받은 아이들이다. 그것은 그들이 세속적 혈연관계와 무관한 어떤 특별한 존재들임을 주장하기 위해서이다. 『장엄호텔』의 주인공의 정체성은 죽은 할머니, 그러나 분명히 죽어 주인공이 매장한 두 언니들과는 다른 방식으로 죽은("죽은 사람은 할머니가 아니라 내가 모르는 다른 누군가가 할머니 모습을 차지했다는 느낌이 들었다"), "마지막까지 젊었던" "늪"에 대항해서 "늪" 바로 옆에(이 주제는 『영원한 계곡』에서는 파헤쳐진 구덩이 옆에서 밤을 새우는 젊은 연인들의 모습으로 되풀이된다) 호텔을 세울 줄 알았던 존재에게서 구하여진다. 주인공은 할머니의 옷을 입고 할머니의 헤어스타일을 모방한다(옷은 르도네의 작품 속에서 대단히 중요한 위치를 차지한다. 등장인물들이 입는 옷들은 그들의 존재론적 표식이다. 그녀의 주인공들은 절대로 유행 의상을 입지 않는다. 그녀들은 구식 의상만을 — 그것도 존재의 무거움을 털어내기 위해서인 듯이 하늘하늘한 옷감으로 된 흰색의 의상 — 입는다. 게다가 그녀들의 옷에는 밑단장식 *volant* 또는 짧은 겉옷 *boléro*이 덧붙여져 있는데, 이 장식들은 '날다 *voler*'라는 동사를 강하게 환기시킨다. 이 '날기'의 상징성은 『로즈……』에서 주인공이 입기를 거부하는 몸에 꼭 끼는 빨간색 빌로드 옷과 상징적 대척점에 놓여 있다. 멜리는 육체의 선을 강조하는 꼭 끼는 옷 대신 헐렁한 가벼움을 택한다. 그것을 상징적으로 한층 더 강화하는 것은 그녀의 죽음의 장면을 지키는 하얀 갈매기들이다. 헐렁한 옷의 가벼움은 주인공이 신는 굽 높은 구두의 상징성에 겹쳐진다. 『영원한……』에서, 주인공이 그녀의 신화적 살기의 장소였던 '영원한 계곡'이 댐 공사로 인하여 영원히 물게 잠기게 된 뒤, '아랫마을'에서의 살기를 어쩔 수 없이 받아들이며 신는 신발은 '단화'이다. 그녀는 굽 높은 신발을 댐의 물속에 던져버린다. 아니, 오히려, 댐 속에 가라앉아 있는 '영원한 계곡'으로 되돌려 보낸다).

    주인공과는 다른 방식으로 호텔의 파멸에 대항하는 두 언니들도 죽음이 가까워오면서 할머니를 흉내내기 시작한다. 그녀들이 정말 그녀들다워지는 것은 죽어서 할머니의 면사포를 쓰고 죽은 할머니에게 합류할 때이다. 세 자매의 존재론적 근원은 어머니가 아니라 아득한 할머니다. 그 할머니는 '늪'의 침범에 대항할 줄 알았던 유일한 인물이었다. 지금 '장엄'은 허물어지고 있다. 할머니의 부재 때문이다.

'고아'의 주제는 『영원한 계곡』과 『로즈 멜리 로즈』에서도 되풀이된다. 『영원한 계곡』의 주인공은 어릴 적부터 사제관에서 길러진다. 그녀의 출신에 관해서 작가는 아무런 힌트도 주지 않는다. 그녀는 세상과 완전히 단절된 공간에서 늙어 죽어가는 반신불수 사제의 시중을 들며 살아간다. 그러나 그녀의 영락은 거기에서 그치지 않는다. 그녀는 사제관 바로 맞은편에 있는 댄스홀에서 무희 노릇을 하게 되고 아울러 창녀 노릇까지 하게 된다. 놀라운 것은 사제가(성당은 다 무너졌고, 마을은 텅 비어 있으므로 물론 미사도 드리지 않지만) 그 사실을 묵인한다는 사실이다. 그녀가 댄스홀에 나가면서 그 일에 대한 보상처럼(물론 주인공은 타락에 대한 아무런 자각도 하지 못한다. 그녀는 완전히 텅 빈 인간이다) 매달리는 일은 성당의 정원에서(마을의 나머지 부분은 완전한 돌밭이다. 성당 정원에서만 꽃이 피고 풀이 자란다) 죽은 자들을 찾아내는 일이다. 그것은 그녀가 자신의 신화적 근원의 회복에 매달리고 있음을 암시한다. 결과는 무참하게 실패로 끝나고, 그리고 죽은 자들을 찾기 위해 주인공이 파낸 네 개의 구덩이 중 두 개의 구덩이에는 실제로 주인공이 그 임종을 목격한 두 명의 남자 — 사제와 그녀가 이제 사랑하기 시작한, 세관원의 일이 적성에 잘 안 맞아 심장병을 앓고 있는, 그러면서도 기어이 세관원의 기질을 버리지 못하고 죽어간 밥Bob(작가가 이 흔하디흔한 미국식 이름을 택한 것은 그의 죽음을 통해서 미국 문화로 대표되는 물질문명에 꼼짝없이 예속되어 죽어가는 현대인의 모습을 그리려는 것이었는지) ― 의 주검이 파묻어진다. 나머지의 두 개의 구덩이는 다시 메꾸어진다. 마치 댐 공사로 인하여 영원히 수몰된 '영원한 계곡'처럼. 신화는 지워진다. 남는 것은 고달픈 나날의 밥벌이뿐이다.

그러나 "구덩이 곁에서 덩어리처럼 잠든" "나는 모든 것이 싫다"라고 말하는 주인공의 일상은 『로즈 멜리 로즈』에서는 ― 마찬가지로 파멸의 결말이기는 하지만 ― 한결 적극적으로 극복된다. 주인공 멜리는 동굴 속에서 로즈가 주워 기른 여자 아이이다. 멜리가 열두 살 나던 날, 그녀는 첫 생리를 하게 되고, 로즈는 죽는다. 멜리는 그녀가 살던 산꼭대기의 암자 (다른 곳으로부터 격리되어 있는 퇴락한 장소라는 설정은 『장엄호텔』, 『영원한 계곡』, 『로즈 멜리 로즈』에 모두 공통적으로 해당된다)를 떠나 아랫마을로 내려와 '신분증명서'를 가지게 되지만, 로즈의 사망신고는 하지 않는다. 로즈는 죽은 것이 아니다. 그녀의 생명은 첫 생리를 하는 멜리 속에서 이어져(로즈와 멜리가 같은 생명을 공유하고 있다는 사실은 여러 가지 상징적 장치들을 통해 확인된다. 이를테면 나중에 멜리가 로즈라는 이름을 붙이게 되는 그녀의 딸의 분만을 기다리며 머무는 집의 색깔은 그 즈음해서 분홍색*rose*으로 칠해지게 되고, 그 방에서 특히 멜리는 석양의 분홍빛 햇살에 행복해 한다) 멜리의 자궁을 통해 로즈라는 여자아이로 다시 태어난다. 멜리는 로즈와 로즈의 다리이다(멜리Mélie라는 이름은 르도네의 소설 속에서 부재하는 어머니를 대신하는 여성들의 공통된 이니셜인 ― 『영원한 계곡』의 마시Massi, 『로즈 멜리 로즈』의 마르타Martha, 또는 그녀와 이름이 똑같은 멜리 ― M과 (불어로 어머니는 mère) '연결하다'라는 의미를 가진 동사 lier를 합성한 것처럼 보인다). 멜리는 자기 어머니가 그렇게 했듯이 로즈를 동굴 속에 버린다. 그리고 '갈매기의 해안'에서 피를 몽땅 흘리고 죽는다. 멜리처럼 로즈도 고아다. 신화의 사이클은 계속된다. 아기 로즈의 머리맡에는 멜리가 늙은 로즈에게서 물려받은 신화 책이 놓여 있다. 그녀가 찍은 폴라로이드 사진 열두 장이 그 책의 갈피에 끼워져 있다.

3. 신화의 소멸?

『장엄호텔』에서 간접적으로 암시된 '신화'는 『영원한 계곡』을 거쳐 『로즈 멜리 로즈』에 이르면서 뚜렷한 모습을 드러낸다. 그러나 르도네의 신화는 미셸 투르니에의 경우처럼 존재의 원초적 충일성을 회복하는 '존재론적 재통합'의 기능을 가진 행복한 담론으로서의 역할을 수행하지 않는다. 그녀의 신화는 지워지고 부서지는, 거덜난 신화이다. 세 작품을 관통하고 있는 '대홍수grand déluge'의 신화 주제는 노아적인 신생의 희망을 제시하지 않는다. 모든 것은 물 밑으로 가라앉고 부식된다. 주인공들은 아무런 자각도 없이 그들이 살고 있는 풍경처럼 부서지고 망가져간다. 이를테면, 『로즈……』의 또 다른 나이든 멜리의 백내장은 투르니에의 작품에서였다면 틀림없이 '내면적 투시'의 능력으로 극복되었을 것이다 ─ 『오리나무왕』의 티포쥬의 근시는 예언의 능력으로 치환된다. 그러나 르도네의 주인공들의 육체적 망가짐은 그것 자체로 멈춘다. 치유는 이미 불가능하다. 가능한 최대치는 '현상유지' 정도이다. 이 절망적인 세계 이해는 『장엄호텔』에서는 암초에 걸려 좌초한 바지선의 모습으로 나타난다. "좌초했으니까 아주 가라앉아 버릴 염려는 없는 것이다."

혹자는 '비전의 부재'를 나무라리라. 그러나 어떻게 우리가 살아가고 있는 세계의 환멸스러움에 이보다 더 잘 대응할 수 있는가. '장엄'은 부서져간다. 그것이 사실이다. 오락가락하고, 자신에게 닥친 불행에 대해 남들의 핑계나 대고, 약을 파먹는가 하면, 잔뜩 화장이나 하고, 털 빠진 여우털 코트에 매달리며, 특히 '늪'에 대해 일관성 있는 태도를 취하지 못하는(아다와 아델은 상황이 호전되었을 때에만 '늪'에 관심을 가진다) 언니들과 주인공의 태도는 전혀 다르다. 그녀는 '장엄'이 곧 무너질 것이라는 사실을 인정한다. 그녀는 '늪'을, 그 가치와 그 폐해를 그대로 인정한다. '늪'은 없애버릴 수 없는 그 무엇이다. 그것은 '철도'로 상징되는 인간의 제도화된 노력이 — 이것은 『영원한……』에서는 세관으로, 『로즈……』에서는 시청으로 묘사된다 — 결코 완벽하게 제어할 수 없는, 인간의 능력을 벗어나는 그 무엇이다. '늪'은 우리가 더불어 살아야 하는 그 무엇이다. '늪'에 절반쯤 침범당한 삶, 그것이 우리가 물려받은 유산의 전부이다.

『장엄호텔』의 감동은 '밤'을 배경으로 빛난다. 절반쯤 부서진 존재 위에 애써 밝혀진, 그나마 절반은 어디로 달아나버린 스플랑디드라는 네온사인의 글자. 그것은 하늘에, 또한 땅에도 있다. 신화는 건져진 것일까? 거의 부서진 호텔처럼 비스듬히 *de travers*? 멜리는 암자를 내려오면서 '기념품상점'이라는 조그만 간판을 떼어가지고 내려온다. 그녀는 골동품상인의 집요한 유혹에도 불구하고 그 간판을 절대로 팔지 않는다. 그녀는 그 간판을 기어이 도로 암자에 가져다 건다. 또한 그녀는 폴라로이드 사진을 찍으면서 그 사진 뒤에 깨알 같은 글씨로 기록을 남긴다. 그 사진들을 의미 있게 하는 것은 그러므로 실재의 이미지가 아니라 글쓰기이다. 그녀의 신화책의 제목은 『요정들의 여왕 *Reine des Fées*』이다. 그녀가 사랑해서 그 아이를 가지게 되는 수부 엠 Yem의 배도 똑같은 이름을 가지고 있다. 그는 단지 신화에 그렇게 쓰여 있다는 사실 때문에 빙하로 파인 골짜기의 끝까지 '요정들의 여왕'호를 타고 가볼 결심을 한다. 물론 그는 돌아오지 않는다. 게다가 멜리는 자기의 순결을 빼앗아간 트럭 운전수를 좋아하지 않으면서도 그와 약속을 했다는 이유 때문만으로 바스트랭그 댄스홀에 들어가지 않는다. 그 '언어'에의 성실성은 무엇을 의미하는 것일까?

그러나 르도네는 망치를 하나 준비하고 있다. 첫 생리라는 생산적 피의 소실로 시작된 『로즈……』의 이야기는 죽음을 불러온 산후 하혈이라는 또 다른 파괴적 피의 소실로 끝난다. 멜리는 남편이 배를 타고 떠난 갈매기 해안에서 피를 흘리며 죽어간다. 그 해안에는 남편이 타고 떠난 배와는 비교도 안 되는 화려한 하얀색 요트가 떠 있다. 그 배 위에 역시 '요정들의 여왕'이라는 이름이 쓰여 있던 것을 멜리는 전에 보아 알고 있었다. 그런데 죽어가는 멜리의 눈앞에 떠오르는 그 배의 이름은 깡그리 지워져 있다. 나는 머리가 멍해진다.

허물어진 채로라도 스플랑디드라는 글자를 달고 있었던 부서진 호텔과 이렇게 깡그리 글자를 지워버린 화려한 부자들의 요트 — 그 앞에서 멜리는 구겨진 구식 흰색 모슬린 옷을 입고 피를 철철 흘리며 죽어가고 있다 — 의 대비를 나는 어떻게 이해해야 하는 것일까. 신화의 소멸? 오, 그렇게 말하지 말자. 나는 억지로 오독하고 싶다. 나는 멜리 곁으로 간다. 나는 억지로 말한다. 봐, 네 남편이야, 그는 글자가 필요 없는 나라에서 왔어. 그게 저 요트에 아무런 '기록'이 없는 이유야, 알겠니?

나는 거짓말쟁이다. '기록'이 없는 엑스칼리버는 없다. 그것을 빼어드는 자는 반드시 글자로 쓰인 계시에 접한다. 그러나 나는 르도네처럼 용감하지 못하다. 나는 환멸을 조금 비껴간다.

1991년

· 인명 및 작품 찾기

ㄱ

가이카, 마틸라(Matila Ghyka) 30, 31, 45
　『Philosophie et mystique du nombre』 30, 31, 45
가타리, 펠릭스(Félix Guattari) 290
강은교 129-133, 138, 141, 190
　『풀잎』 130, 141
　「자전自轉・Ⅰ」 130
　「자전自轉・Ⅱ」 131
　「단가 삼편, (늪)」 131, 132
　『풍경제』 132, 133
　「임진강」 132, 133
고정희 117, 120-121, 124, 127-130
　「한국 여성문학의 흐름」 117, 120-121, 124, 127-129
고흐, 빈센트 반(Vincent van Gogh) 100, 238
공옥진 242
괴테, 요한 볼프강 폰(Johann Wolfgang von Goethe) 161, 181, 369, 378
　『빌헬름 마이스터의 수업시대』 369
　『파우스트』 378
권대웅 109
　「공룡이 온다」 109
귀스도르프, 조르주(George Gusdorf) 103, 418, 420, 423, 444, 447, 449
　『Mythe et métaphysique』 103, 418, 420, 423, 444, 447, 449
그르니에, 장(Jean Grenier) 111
그리올, 마르셀(Marcel Griaule) 443

기유빅, 외젠(Eugene Guillevic) 287
기형도 23-27, 36, 41-46, 72, 77, 104, 302,
　『입 속의 검은 잎』 23-27, 36, 41-46, 77, 104
　「물속의 사막」 23, 24
　「나의 플래시 속으로 들어온 개」 25, 77
　「너무 큰 등받이의자」 25-26
　「소리」 27, 36, 41, 42
　「집시의 시집」 43
　「먼지 투성이의 푸른 종이」 43
　「숲으로 된 성벽」 43
　「포도밭 묘지」 43
　「나무공」 44
　「비가 2 — 붉은 달」 44
　「이 겨울의 어두운 창문」 45, 46
　「늙은사람」 104
김경수 120, 240
　「여성시의 원천과 분만의 상상력」 120
김기택 73, 109
　「쥐」 73
　「호랑이」 109
김남조 126, 128
김동인 123
김명순 123
김병익 185, 191-192
　『우리 시대의 작가연구총서 — 정현종』 185, 191-192
김수영 185
김수정 52

김승희 27-28, 79-80, 84-85, 120, 129, 132-137, 141, 229-242
　　『미완성을 위한 연가』 27-28
　　「무궁동無窮動」 27-28
　　「감전된 사람」 137
　　『달걀 속의 生』 79-80, 84, 133-136, 141, 233
　　「거위」 79-80
　　「달걀 속의 生·1」 84
　　「달걀 속의 生·3」 84
　　「실비아 플라스」 133-134
　　「시작노트·1」 135, 136
　　『왼손을 위한 협주곡』 135-136, 141, 233-242
　　「남도창南道唱」 239
　　「배꼽을 위한 연가 1」 241
　　「유서를 쓰며」 241-242
　　『태양 미사』 136, 224-228, 234-238
　　「시인의 영혼」, 234-235
　　「세 개의 모티브 ― 태양으로의 한 걸음」 235-236
　　「슬픈 적도赤道」 237
　　「파가니니와의 대화」 237-238
　　『어떻게 밖으로 나갈까』 141, 233
　　「유목을 위하여」 233
김용옥 234
김원주 123
　　「동생의 죽음」 123
김윤식 123-127
　　「여성과 문학」 123-127
김윤희 126

김재덕 109
　　「게」 109
김정란 18, 22-23, 25, 30, 33, 39, 136, 482
　　「오후 세시」 18
　　『다시 시작하는 나비』 22-23, 39, 136
　　「햇살, 세시의 상승」 22-23
　　「나의 병 3」 39
　　「L 씨의 주검에게」 136
김주연 90, 192, 207, 269
　　『길이 끝난 곳에서 길은 다시 시작되고』(김주연 편집 문학과지성사 시선집) 90
　　「철면피한 물질」 207
김중식 106-107
　　『황금빛 모서리』 106-107
　　「완전무장」 106-107
김지향 119, 122, 124, 126, 128
　　『한국현대여류시인론』 119, 122, 124, 128
김진석 238
　　『탈형이상학과 탈변증법』 238
　　「탈통일과 욕망의 정치경제학」 238
김춘수 185, 212-213
김하림 126
김현 25, 75, 127, 148, 154, 164, 177, 185-192, 269, 290, 428,
　　「로빈슨 크루소의 변용에 대하여」 428
　　「치욕의 시적 변용」 164, 177
　　『우리 시대의 작가연구총서-정현종』 185-187
　　『시인을 찾아서』 187

김혜순 129, 132-133, 137-139, 141
  『우리들의 음화』 137, 141
  「떠오른 시체」 137
  『어느 별의 지옥』 141
  『아버지가 세운 허수아비』 137, 141
  『또 다른 별에서』 138, 141
  「노을 속에 숟가락 넣고」 138

ㄴ

나타프, 조르주(Georges Nataf) 30, 32, 382
  『상징, 기호, 표지』 30, 32, 383
나혜석 123-124, 126
  「노라」 124
남진우 146-147, 153
  『바벨탑의 언어』 147, 153
노발리스(Novalis) 417
노영란 126
노천명 125-126
니체, 프리드리히 빌헬름(Friedrich Wilhelm Nietzsche) 297, 366, 453, 457

ㄷ

다빈치, 레오나르도(Leonardo da Vinci) 387
달리, 살바도르(Salvador Dalí) 374
도스토옙스키, 표도르 미하일로비치(Fyodor Mikhailovich Dostoevskii) 471
  『카라마조프가의 형제들』 471
데리다, 자크(Jacques Derrida) 423
데카르트, 르네(René Descartes) 416
뒤랑, 질베르(Gilbert Durand) 54, 64, 68-70, 76, 92, 96, 98-99, 117-118, 120, 198, 209, 246, 373, 419-420, 450
  『Les Structures anthropologiques de l'imaginaire』 54, 68-69, 92, 118, 120, 198, 373
  『Figures mythiques et visages de l'oeuvre』 419, 420
뒤메질, 조르주(Georges Dumézil) 447
드즈와이유, 로베르(Robert Desoille) 65, 95
들뢰즈, 질(Gilles Deleuze) 290
디포, 다니엘(Daniel Defoe) 426
  『로빈슨 크루소』 426

ㄹ

라신, 장(Jean Baptiste Raciné) 230-231
  『페드라』 230-231
랄루(Laloux) 37
  「달려가는 소리 하나」 37
랑크, 오토(Otto Rank) 98
랭보, 아르튀르(Arthur Rimbaud) 322, 354, 356, 409, 462, 483-484
  『계시Illumination』 483
레비-스트로스, 클로드(Claude Lévi-Strauss)

416, 418-421
　『구조 인류학』 419
　『야생의 사고』 421
로르샤흐, 헤르만(Hermann Rorschach) 65
르도네, 마리(Marie Redonnet) 479-490
　『장엄호텔』 482-489
　『영원한 계곡』 482-489
　『로즈 멜리 로즈』 482-489
르페브르, 앙리(Henri Lefebvre) 255, 287, 453-467
　『현대세계의 일상성』 255, 287, 453-467
리샤르(J. P. Richard) 10, 381, 403-404, 406-407
　『열한 명의 현대 시인 연구』 381, 403-404, 406
리스트, 프란츠(Franz Liszt) 238
릴케, 라이너 마리아(Rainer Maria Rilke) 398, 467

ㅁ

마광수 32, 174, 166
　『권태』 32
마그리트, 르네(René Magritte) 43
마르크스, 칼(Karl Marx) 61, 457, 466
말라르메, 스테판(Stéphane Mallarméé) 213, 320, 356
메를리에 프랑수아즈(Françoise Merllié)

413, 433, 434
　『Michel Tournier』 413
모랭, 에드가(Edgar Morin) 38
모윤숙 125-126
모차르트, 볼프강 아마데우스(Wolfgang Amadeus Mozart) 238, 472
민코프스키, 외젠(Eugène Minkowski) 100

ㅂ

바르트, 롤랑(Roland Gérard Barthes) 434
　『Nouveaux essais critiques』 434
바슐라르, 가스통(Gaston Bachelard) 36, 70, 92, 95, 100, 186, 195, 203-204, 352, 374, 378, 380, 419, 425,
　『공간의 시학』 36, 378, 419
　『La Terre et les rêveries du repos』 70
　『공기와 꿈』 195
　『물과 꿈』 374
　『불의 정신분석』 425
바이어슈트라스, 칼(Karl Weierstrass) 357
바흐, J.S.(Johann Sebastian Bach) 472
박남철 82
박용하 293-305
　『나무들은 폭포처럼 타오른다』 293-305
　「삼십 세」 295
　「서시」 295
　「지금, 그곳에선」 296
　「죽은 시인들」 297

「춘천 비가悲歌 1」 297
「춘천 비가悲歌 2」 298
「춘천 비가悲歌 4」 298-299
「서울의 밤과 비와 26세를 위한 여섯 개의 대 묵시默視」 300
「동해안 포구를 위하여」 302
「낭떠러지 앞에서」 304

박상륭 70
『열명길』 70
「유리장」 70

반경환 137
발레리, 폴(Paul Valéry) 360
발자크, 오노레 드(Honoré de Balzac) 417
배광훈 85
「구운 고기는 날아갔다」 85
백국희 125
베흐테레프, 블라디미르 미카일로비치 (Vladimir Mikhailovich Bekhterev) 76
벨루르, 레이몽(Raymond Bellour) 482
보들레르, 샤를 피에르(Charles-Pierre Baudelaire) 79, 80, 290, 366
보스케, 알랭(Alain Bosquet) 382
『Verbe et Vertige』 382
본느푸아, 이브(Yves, Bonnefoy) 35-36, 246, 351-394, 401, 403-404
『저 너머의 나라』 35-36, 352-355, 357-360, 362-364, 370-372, 374-375, 380, 386-388, 390
『두브의 움직임과 움직이지 않음에 대하여』 352, 354, 356, 377, 379, 381, 383-385, 391, 393,

『기록된 바위』 354, 391, 394
『문턱의 미혹 속에서』 354, 356, 359, 394
『옆길』 352, 354, 360-361, 374, 382, 389-390,
『있을 법하지 않은 것』 354, 380, 383
『빛 없이 있었던 것』 352
『반反플라톤』 352
『사막을 다스리던 어제』 392

불루미에, 알레트(Arlette Bouloumié) 416-419, 426-428, 431-432
『Michel Tournier - Le roman mythologique』 416-417, 419, 426-428, 432

브레이에, 에밀(Emile, Bréhier) 357
『La Philosophie de Plotin』 357

브륄, 레비(Lévi Brühl) 288, 449
『La Mentalité primitive』 449

브르통, 앙드레(André Breton) 389, 427
비에른, 시몬(Simone Vierne) 164, 360, 370, 373,
『의식, 소설, 통과제의』 164, 360, 369, 370, 373, 439, 446

ㅅ

사르트르, 장 폴(Jean Paul Sartre) 187
상티에(Santier) 37
「달려가는 소리 하나」 37

샤갈, 마르크(Marc Chagall) 86, 238
서정기 70
    『신화와 상상력』 70
    「살 속에서 살을 넘어 나아가기」 70
서정주 153, 181
성석제 106
    「노래와 숨」 106
송찬호 211-227
    『흙은 사각형의 기억을 갖고 있다』 211-227
    「세월」 214
    「장마」 214
    「문 앞에서」 216
    「바구니」 216
    「달빛은 무엇이든 구부려 만든다」 217
    「공중 정원 · 1」 217, 218
    「공중 정원 · 2」 224
    「불구의 집」 218, 219
    「머뭇거리다가 너는 그 구멍을」 220
    「설국雪國」 221
    「그대는 아직도 벌리고 있다, 암시?」 221
    「인공 정원」 221
    「말의 폐는 푸르다」 221, 222
    「동물원 창살 너머 꽃 한 마리」 222
    「술, 매혹될 수밖에 없는」 222-223
    「말은 나무들을 꿈꾸게 한다」 223
    「역병이 돌고 있다」 224, 225
    「어머니는 둥글다」 226
    「門 앞에서」 226
스필버그, 스티븐(Steven Spielberg) 98, 195
시몽, 클로드(Claude Simon) 456
    「플랑드르 가는 길」 456

ㅇ

알리기에리, 단테(Dante Alighieri) 181
얀켈레비치, 블라디미르(Vladimir Jankélévitch) 10, 111, 270, 271, 282, 284, 378,
    『L'Ironie, Flamarion』 270-271, 282, 284,
    『Philosophie première』 378
양선희 129, 243-265
    『일기를 구기다』 243-265
    「노상에서의 휴일」 247, 263
    「내 고향 지금은」 247
    「원인불명」 249
    「집으로 가는 길은 급경사다」 249, 256
    「하염없이」 250, 259
    「해는 아직 우습단다」 250
    「모퉁이를 돌 때 조심하라」 250-251
    「그해 봄의 잠기장」 252
    「나는 그를 제국주의자라 부른다」 252-253
    「악성빈혈」 253
    「빌어먹을」 254, 260
    「케이비에스 견학홀」 254-255
    「진술서」 255
    「나의 가롯 유다」 255-256, 263
    「그는 나를 훈련시킨다」 256

「삶이 나를 사랑하사」 256, 260
「울고 싶어라」 256, 261
「흑석동 환상곡」 257
「느닷없이 이런 일이」 258-259
「다 내 탓이다」 258
「빙글빙글」 260
「즐겁지 않다」 261
「서울야경」 261
「사무쳐서」 261-262
「그럼에도 불구하고」 262-263
「나는 휘파람을 분다」 263
「뿔 있는 소는 물 먹는다」 264
「지하철 역에서」 264
「무언극」 264-265

엘리아데, 미르치아(Mircea Eliade) 61, 88, 163, 170, 200, 367-369, 375, 386, 422-423, 484
『일기 초抄 Ⅱ』 61
『성과 속』 200, 367
『La Nostalgie des origines』 368
『영원회귀의 신화』 375, 422-423
『Naissances mystiques』 386

오규원 109-110, 267-292
『사랑의 기교』 269, 273, 275, 277-278, 280-285,
「콩밭에 콩심기」 269
「개봉동과 장미」 274-275
「꿈에 물먹이기」 278
「속續·순례·3」 280
「눈물 나는 잠꼬대·1」 281
「육체의 마을」 281

「순례·1」 283
「겨울 나그네」 285
『왕자가 아닌 한 아이에게』 269, 272-273, 279-280, 282-284
「환상수첩·1」 273, 284
「눈물나는 잠꼬대·2」 280
「양평동楊坪洞·5」 282-283
『이 땅에 씌어지는 서정시』 269, 271, 275-278, 282-283
「색깔이 하나뿐인 곳에서 인간의 노래」 276-277
『가끔은 주목받는 생이고 싶다』 269, 272, 277, 290
「무법無法」 272
「정방동에서」 277
「시인 구보씨의 일일一日」 290
『사랑의 감옥』 109, 110, 269, 273, 278-279, 282, 284-291
「명동 2」 109-110
「풀밭 위의 식사」 110, 188
「명동 3」 273, 279, 286
「金씨의 마을」 273, 284, 273, 274, 280, 284
「원피스」 285-286
「오늘의 메뉴」 287
「별곡別曲」 288
「풀의 집」 289
「개똥참외」 289-290
「상징은 이렇게 산다」 291
「짐승의 시간」 291

오선홍 109

『저 돌이 몸을 열어』 109
「오리」 104
원재훈 107-108
　『낙타의 사랑』 107-108
　「낙타의 사랑」 107-108
원희석 19-22, 39-41
　『첫사랑에 실패해본 사람은 더욱 잘 안다』 19-21, 40-41
　「오후 세시의 여름」 19-21, 40
　「하얀 땀, 검은 타르의 길」 40
　「콩」 41
웨스턴, 제시(Jessie L. Weston) 61
　『The Quest of the Holy Grail』 61
위고, 빅토르(Victor Hugo) 54, 161, 436
유리왕 117
　「황조가」 117, 119
유하 109, 301, 403
　『바람부는 날이면 압구정동에 가야 한다』 109
　「나와 여치의 불편한 관계」 109
윤동주 153
융, 칼 구스타프(Carl Gustav Jung) 29, 31, 33, 35, 39, 40, 47, 69, 154, 164, 248, 356
　『종교와 심리학』 29
　『연금술과 심리학』 31, 33, 37, 39, 356
　『여성의 신비』 248
이건청 108
　『하이에나』 108
　「하이에나-쓰러지고 싶은 사막」 108
이경림 77-78
　『토씨찾기』 77-78

「유배일지」 77-78
이남호 150
　「편모슬하에서의 글쓰기」 150
이동승 58
　「독일의 생태시」 58
이동엽 110-111
　「저물도록, 너 어디 갔었니」 110-111
이보배 52
　「달려라 하니」 52
이상李箱 273
이상무 52
　「독고탁」 52
이상희 71-74, 76-77, 129, 133-135, 141
　『잘 가라 내 청춘』 71-73, 76-77, 135
　「춤」 71
　「쥐들도 알다시피」 72
　「쥐」 72-73
　「세월」 76-77
　「모든 멈춘 피는 흙 속으로 가고」 135
이성복 25, 81-83, 100-101, 142-182, 302
　『뒹구는 돌은 언제 잠깨는가』 81-82, 142-182
　「몽매일기」 81
　「기억에 대하여」 81-82
　「1959년」 147-148, 153
　「구화口話」 149
　「그러나 어느날 우연히」 149
　「다시, 정든 유곽에서」 150
　「그날」 150
　「몽매일기 · 3」 151, 174

「어떤 싸움의 기록」151
「그해 가을」152-153
「정든 유곽에서·2」153-155
「정든 유곽에서·1」154
「그날 아침 우리들의 팔다리여」156
「이동」156-157
「제대병」157
「라라를 위하여」159, 161, 168-170, 172
「라라를 위하여·2」173
「구화口話·1」159
「구화口話·2」160
「구화口話·3」161
「루우트 기호 속에서」162, 169
「출애급·2」165
「자연」165-166
「금촌 가는 길·3」166
「꽃피는 아버지」166
「꽃피는 아버지·2」167
「가족풍경」167
「세월의 집 앞에서」169
「너는 네가 무엇을 흔드는지 모르고」171
「돌아오지 않는 강」171
「어째서 이런 일이 벌어졌을까」172
「연애에 대하여」172-173
「물의 나라에서」173
「봄밤」173
「아들에게」174, 182
「다시 정든 유곽에서·6」174
「人生·1978년 11월」175

「이제는 다만 때 아닌, 때늦은 사랑에 관하여」175-176
『남해금산』142, 145, 148, 155, 157, 158, 164, 169, 171, 175-181
「테스」155
「자고 나면 귀갑 같은 치욕이」158
「자주 조상들은 울고 있었다」158
「어머니·2」177
「이젠 내보내 주세요」178
「귀에는 세상 것들이」179-180
「어제는 하루종일 걸었다」180
「우린 전혀 다른 흰꽃들을 느끼며」180-181

이영도 126
이영희 126
이옥봉 122
이윤택 215
  「세계살해를 꿈꿀 권리」215
이정주 111-112
  『문 밖에 계신 아버지』111-112
  「돔 Dome」111-112
  「말로 다 되겠냐」112
이제하 46-49
  「유자약전」46-48
  「임금님의 귀」46
이종출 117
  『한국고시가연구』117
이진명 109, 129
  『밤에 용서라는 말을 들었다』109
  「곰」109
이철규 136

이하석 113-114
　「냇물 속에 뭔가가 있다」 113
　「밖」 113-114
이학성 109
　『여우를 살리기 위해』 109
　「여우를 살리기 위해」 109
이현세 52-53
　「떠돌이 까치」 52-53
　「야수의 전설」 53

ㅈ

자코테, 필립(Philippe Jaccottet) 395-410
　『올빼미』 397-403
　「파종기 X」 397
　「몇 개의 소네트」 397-400, 408-409
　「몇 조각의 이야기들 X」 398
　「내부」 402-403
　「말하기」 402
　『나무 아래에서의 산보』 405
　『무지한 자』 399, 405, 410
　『어둠』 398-399, 404
　『겨울 햇살 속에서』 401, 419
　「수업」 401
작자미상 116, 119
　「공무도하가」 116, 119
잠블리크(Jamblique) 30
장석주 27
　『붕붕거리는 추억의 한때』 27

「오후 세시는 어디에나 행복이 없다」 27
장정일 113
전영택 123
　「김연실과 그 아들」 123
정남식 86-88
　『시집』 86-87
　「1987 끝날」 86-87
정현종 36, 70, 82, 90, 183-209
　「발레」 82
　「꿈꾸는 자의 내면일기」 186-187
　195-197, 199, 201, 205-206
　『사물의 꿈』 181-209
　「독무」 189, 193-194, 197, 202, 204
　「공중놀이」 189-190
　「바람병」 189-191, 193
　「기억제 1」 190, 196
　「기억제 2」 191, 194-195, 197, 204
　「시비를 거시는 하느님께」 190
　「외출」 191-192
　「그리움의 그림자」 192-193
　「붉은 달」 193, 204
　「소리의 심연 4」 206
　「소리의 심연 3」 193, 204-205
　「술 노래」 193
　「배우를 위하여」 194
　「심야통화 2」 195
　「사랑할 시간이 많지 않다」 196
　「흐르는 방」 198
　「화음」 199, 202-203
　「빛나는 처녀들」 200

「한밤의 랍소디」 201
「자기의 방」 203
「물의 꿈 68」 204
「철면피한 물질」 206-207
「완전한 하루」 207
「말의 형량」 207
「물의 꿈」 208
「절망할 수 없는 것조차 절망하지 말고」 209
『고통의 축제』 188, 194, 197
「처녀의 방」 188
「사랑 사설 하나」 188, 194, 197
「노시인老詩人들 그리고 뮤즈인 어머니의 말씀」 188
『나는 별아저씨』 184, 194
「꿈속의 아모라」 184
「나는 별아저씨」 194

정화진 70-71, 78, 95-104, 129, 133, 302, 319,
　『장마는 아이들을 눈뜨게 하고』
　「춤」 70
　「붐비는 늑대」 78
　「햇빛은 켜켜켜」 98-99
　「줄무늬」 100-101
　「색연필」 101-102
　「누치」 102-103
　「안쪽으로 부는 바람」 103-104

조세희 325-348
　『난장이가 쏘아올린 작은 공』 325-348
　「뫼비우스의 띠」 328-330
　「칼날」 330-331, 345
　「우주여행」 331-332
　「난장이가 쏘아올린 작은 공」 332-333, 343, 345
　「육교 위에서」 333-334
　「궤도회전」 334-335
　「기계도시」 335
　「은강 노동가족의 생계비」 335-336, 347
　「내 그물로 오는 가시고기」 336, 339-340, 342, 347
　「잘못은 신에게도 있다」 337
　「클라인씨의 병」 337, 339-341, 343-344
　「에필로그」 328, 336-339, 345-346, 348

조이스, 제임스(James Joyce) 456
　『율리시스』 456

ㅊ

채호기 109
　『지독한 사랑』 109
　「뱀」 109

최석하 105-106
　『희귀식물 엄지호』 105-106
　「은어길」 105-106

최승자 129, 133-135, 138, 150, 175
　『이 시대의 사랑』 134
　「밤」 134

최승호 74-76, 78, 91,
　『세속도시의 즐거움』 69, 70, 72
　「뿔쥐」 74
　「뿔 돋친 벽」 75
　「개의 날」 76
　「엘리베이터 속의 파리」 76

ㅋ

칸트, 임마뉴엘(Immanuel Kant) 198, 416
콘래드, 조셉(Joseph Conrad) 436
크레티앙, 드 트루아(Chrétien de Troyes) 61, 426
　『Perceval le Gallois ou le conte du Graal』 61, 426
　『성배 이야기』Le Conte du Graal』 426
크리스테바, 줄리아(Julia Kristeva) 140
　「사랑 이야기들」 140
키에르케고어, 쇠얀(Søren Aabye Kierkegaard) 366, 457

ㅌ

투르니에, 미셸(Michel Tournier) 411-451
　『황야의 수탉』 45, 462
　「트리스탕 복스」 45, 462
　「성령의 바람」 413-414, 416-417, 421, 430
　『금방울』 412
　『가스파르, 멜시오르와 발타자르』 413, 415
　『대기현상』 414, 428, 431
　『오리나무 왕』 414, 432
　「아망딘 또는 두 개의 정원」 414, 430
　『사랑의 야식夜食』 414, 443
　「과묵한 연인들」 414, 423, 424, 426, 429, 435
　『방드르디 또는 태평양의 끝』 413-414, 416, 426, 428, 430, 434, 441

ㅍ

파스칼, 블레즈(Blaise Pascal) 190, 357, 409, 421,
푸생, 니콜라(Nicolas Poussin) 375
푸코, 미셸(Michel Foucault) 460
풀레, 조르주(Georges Poulet) 10, 37
　『Les Métamorphoses du cercle』 37
프로이트, 지그문트(Sigmund Freud) 61, 74, 164, 420, 471
프롬, 에리히(Erich Fromm) 297
프루스트, 마르셀(Marcel Proust) 427, 481
플라스, 실비아(Sylvia Plath) 133-134
플라톤(Platon) 33, 36, 213, 361, 363, 391, 445
　『티마이오스』 33, 36, 445

플로티노스(Plotinos) 361, 366, 390
피아제, 장(Jean Piaget) 68
　　『La formation du symbole chez l'enfant, Delachaux et Niesle』 68,

ㅎ

하딩, 에스더(Mary Esther Harding) 43, 49, 118-119, 248,
　　『Les Mystères de la femme』 43, 46, 50, 118-119,
하재봉 104
허난설헌 122
허수경 129, 139-141,
　　『슬픔만한 거름이 어디 있으랴』 139-141
　　「폐병쟁이 내 사내」 140-141
　　『혼자 가는 먼 집』 139
　　「가을 벌초」 139
허순위 307-324
　　『말라가는 희망』 307-324
　　『가장 쓸쓸한 역』 309
　　「환상」 310, 313-315, 317
　　「포도밭 이야기」 310, 313, 315-317,
　　「얼음방」 310,
　　「반달」 311-313
　　「약이 나인데」 316
　　「구석에서의 대면」 207, 318
　　「속눈썹을 위한 저녁기도」 319
　　「가을」 320
　　「오해」 320
　　「두 여자」 320
　　「지렁이」 321
　　「그 소리」 321
　　「회복」 322
　　「2월」 322
　　「밤폭우」 322-323
　　「독신녀」 323-324
허영자 128
헤겔, 게오르그 빌헬름 프리드리히(Georg Wihelm Friedrich Hegel) 365, 376, 457
헤세, 헤르만(Hermann Hesse) 469-478
　　『유리알 유희』 469-478
홍윤숙 126, 128
황동규 146, 148, 170
황미나 54-57
　　『녹색의 기사』 54
　　『상실시대』 54-57
　　「우리들의 고래는 어디로 갔나」 54-57
황인숙 91-96, 99, 104, 129, 135,
　　『새는 하늘을 자유롭게 풀어놓고』 91-94, 135
　　「병든 달」 91
　　「여섯 조각의 프롤로그·5」 135
　　「오리무중을 헤치며」 92
　　「여섯 조각의 프롤로그 2」 93
　　「새들은 하늘을 자유롭게 풀어놓고」 93
　　「추락은 가벼워」 94
　　『슬픔이 나를 깨운다』 92, 104

「몽환극」, 104
「상처」 92
황지우 80-81, 89-91, 150,
  『새들도 세상을 뜨는구나』 80-81
  「새들도 세상을 뜨는구나」 80-81
  「파리 떼」 89-91
  『게 눈 속의 연꽃』 90-91
  「산경山經-무등산경無等山經」 90-91
황진이 122

김정란 비평집

비어 있는 중심 미완의 시학

ⓒ김정란, 2017, printed in Korea

개정판 1쇄 발행 | 2017년 9월 7일

지 은 이 | 김정란
펴 낸 이 | 신동혁
편　　집 | 안희성
디 자 인 | 催側
펴 낸 곳 | 최측의농간
출판등록 | 제2015 - 000064호
주　　소 | 서울시 마포구 마포대로 25 7층 78 - 1
전자우편 | choicheuks@gmail.com
블 로 그 | http://blog.naver.com/choicheuks
대표번호 | 010 - 3693 - 6903
팩스번호 | 0504 - 467 - 6903

ISBN | 979-11-956129-9-4　03810

· 이 책의 판권은 지은이와 최측의농간에 있습니다. 이 책 내용의 전부 또는 일부를 재사용하려면 반드시 양측의 서면 동의를 받아야 합니다.
· 이 도서의 국립중앙도서관 출판예정도서목록(CIP)은 서지정보유통지원시스템 홈페이지(http://seoji.nl.go.kr)와 국가자료공동목록시스템(http://www.nl.go.kr/kolisnet)에서 이용하실 수 있습니다.(CIP제어번호 : CIP2017022240)